财经法治

民商法
经典文库

总主编 赵万一

学术研究系列

市场创新背景下的公司法与信托法

赵万一 主编

Civil and Commercial Law Classics

法律出版社 LAW PRESS·CHINA

总序:民商法学研究的时代使命

时至今日,虽然理论界对民商法在中国社会主义法律体系中的角色定位并未形成完全一致的看法,但对其在促进社会权利意识的觉醒、创造力的激发乃至社会经济的振导方面所发挥的巨大作用则几乎没有任何人能够予以否认。一方面缘于其调整内容的广博性、调整方式的人本性、调整范围的全覆盖性和规制目的的正义性;另一方面则得益于其所承载的使命的厚重性和立法理念的先进性与进步性。通过研读世界主要国家的法律发展史我们不难发现,具有时代引领意义的重要民商法律制度的制定通常是伴随一个国家社会制度的重构、社会政策的改变和社会观念的变革应运而生的。因此,民商法律制度的设计通常并不仅仅表现为单纯的制度进化和规则演变,而更多反映了社会经济政治制度环境的优化和社会意识的嬗变。我国也不例外。发轫于20世纪70年代末的经济体制改革,不但将现代中国社会深深打上了法治的烙印,而且极大激发了法律对社会关系特别是社会经济关系的调整冲动,从而将上层建筑对经济基础的促进作用发挥到极致。时至今日,伴随计划经济向商品经济和市场经济的成功转型而不断拓展其作用深度和广度的民商事立法,无论是对中国民众国民性格的塑造、行为模式的固化,还是对整个社会经济运行驱动力的重新构造，都产生了越来越显著的影响。以平等和自治为核心的民商法律制度不但成为国家调整社会关系特别是社会经济关系的最重要法律手段，而且成为社会主体行为选择的首要凭依因素；以公平和效益为主旨的民商法律思维已经深深嵌入人们的思维逻辑链条中，成为人们臧否立法和司法活动的主要标尺；以良善、诚信、忠实为先导的民法文化不但发挥着启佑民智之功效，而且已逐步内化为一种社会习惯和社会生活方式。但我们也不得不清醒地看到，在民商法极度繁荣的背后，实际上仍隐藏着深刻的价值认同危机。其主要表现是：在民商事立法过程中"泛政治化"倾向明显，公法权力侵犯私法领域的现象严重；私法依附于公法，私权受制于公权的状况仍未得到根本扭转，民商法的"婢女"地位并未得到彻底改变；作为民商法制度根基的平等原则并未得到有效贯彻，以政治上的先进性取代经济上的先进性，并进而在主体立法上采取差别性待遇的做法还比较普遍。在民商事司法领域中，由于未对价值取向各异的不同审判类型进行必要的审判理念区分，从而导致审判活动既无法满足以自然人为代表的普通民事主体对公平理念的强烈渴求，也无法有效实现以公司为代表的商事主体追求效益的行为动机。在法律意识层面上，民商法的私法属性和权利法属性并未获得普遍的社会认同，民商法所体现的一些基本法律价值和法律精神也没有随着民商事立法的繁荣而获得广泛的尊重和支持。造成这种广大民众对民商法的价值认同感不高的原因是多方面的，既缘于民商法的野蛮性增长完全受益于改革开放的机缘而缺乏必要的理论准备和必要的法治理念的积淀，更基于强烈的经济发展驱动而导致的对法律功能的误读和法律资源的配置错误。由于民商法是直接介入市场经济和商品经济形态塑造和规则设计的法律制度，因此无论在立法上还是在司法实践中，人们都有意或无意地将所有的民商事法律制度的作用都定位为促进市场经济的发展，从而严重背离和淡化了作为民商法精神内核的人本主义思想和人文主义理念。不仅如此，民商法的非理性繁荣还助长和神化了法律对社会关系的调整作用，包罗万象的法律规则试图将调整的触角延伸到公民生活的每一个领域。实际上，法律更多地是作为约束人类非理性行为的必要羁绊而存在的，任何类型的强制行为都不可避免地会对社会主体的行为及与此相连接的社会关系起到一定的限制作用。特别是当我们对法律的作用作偏狭理解的时候，法律的这种限制作用往往成为政府干预私人生活的重要工具。

从经济基础对上层建筑的作用结果来看,肇端于20世纪70年代末的经济体制改革和对外开放不但极大解放了长期受到压抑的生产力,而且充分激活了潜藏在人类内心深处追求财富的欲望,使人们从普遍的羞于言利转变成了不择手段的财富攫取。中国社会第一次感受到法律对社会生活的强大影响力和导引力。正是基于法律对社会经济关系的强力介入,不但彻底改变了利益的获取和分配方式,任何主体的正当经济利益诉求都必须通过法律加以固化、疏导和界定,而且极大地促进了社会财富的增加,使中国在很短的时间内从一个贫穷落后的国家跃居为世界第二大经济体。正是基于对法律作用的高度重视,我们在短短的30多年时间里建立起了比较完备的社会主义市场经济法律体系,从而为全面实现依法治国奠定了必要的法律硬件基础。但同样应当正视的现实是,虽然我们在民商法律制度设计层面上已基本上实现了与发达国家的接轨,但仍没有真正建立起符合中国需要的法治理念和法律精神,更没有建构出既能引领世界发展潮流又具有中国特色的法律制度和法律体系。实际上,任何国家的法治现代化都不能通过简单的对外国法律制度的借鉴而完成,成熟的法律制度除了要借鉴外国的先进法律经验外,还必须加强对本国法治资源的挖掘和对法治适用环境的建设和改造。为此,我们不但要重视对民商法具体法律制度的吸收和构造,而且更应加强对民商法基本理念、基本作用、基本精神和基本价值的研究和认识,更准确地定位民商法在构建新时代中国特色社会主义法律体系中的地位和作用,因为只有以先进理念作支撑的法律制度才能真正有效发挥其对社会关系的精准调整作用。

大学作为现代文明的发祥地和社会知识的集散地,既是民族文化的传承者,也是现代文明特别是现代法治文明的创造者和传播者。大学之所以具有这种文明创造和传播功能,一方面在于大学所独有的人才密集优势;另一方面则依赖于大学所秉持的自由之意志、独立之精神。正是基于这种独特的人文精神特点,大学才负有为天地立心、为生民立命、为往圣继绝学、为万世开太平的历史重任。相对于其他类型的院校而言,法科院校基于其独特的创设要求和人才培养目标,在创新社会法治理念、提供法律制度有效供给、推进国家现代法治文明建设方面无疑负有特殊的义务和责任。西南政法大学作为一所以法学为主的多科性院校,创设于新中国百废待兴之时,繁荣于改革开放的历史机遇期,不但见证了中国法治建设的曲折历程,而且对中国的法治建设贡献了自己的责任和智慧。其民商法学作为传统的优势学科之一,经过几代人的不懈努力,逐步形成了以民本天下为情怀、以商达经纬为志向、以知行合一为目标、以振兴国家为责任的学术精神和专业特色。自20世纪50年代开始,学科奠基人金平教授、杨怀英教授等老一辈开宗学者秉持学术报国之宏愿,开拓奋进、殚精竭虑,历经筚路蓝缕之磨难,披荆斩棘之艰辛,初创西南政法大学民商法之学林。80年代之后,沐浴改革开放之春风,西南政法大学民商法迎来第一次鼎盛时代,金平教授和杨怀英教授作为全国民商法领域中的重要领军人物,以他们的敬业精神和人格魅力,团结和凝聚了包括邓大榜、聂天贶、黄名述、李开国、柯瑞清、邓宏碧、张和光、赵勇山等30余位在全国具有一定影响力的中年骨干教师;以王卫国、伍载阳、张玉敏、尹田、吴卫国、赵万一等为代表的一批年轻学者开始在国内学术舞台上崭露头角。西南政法大学也自然而然地成为国内名副其实的民商法教学与研究重镇。90年代末期以来,在李开国、张玉敏、赵万一等学术带头人的带领下,本学科全体同仁励精图治、拼搏进取、内外双修、涅槃重生,不但使学科师资规模达到创纪录的100余人,而且在职称结构、学历结构、学缘结构等方面都有了实质性改善,教学科研水平也不断上升到一个个新台阶。我们坚信在国内外同仁的关心和支持下,经过本学科全体师生的共同努力,西南政法大学民商法学的明天一定会更加灿烂辉煌。

民商法作为一个应用性很强的实用性学科,并非产生于书斋中的理论推演,而应来源并服务于社会经济生活。本学科一直以关注民生、强调民本为己任,努力将自己的研究服务于国家的经济建设和法治建设。早在20世纪80年代,年逾花甲的杨怀英教授曾亲自带队,在当时条件十分艰苦的云南西双版纳和德宏自治州长途奔波数千里,开展了长达数月的田野调查,出版了具有填补空白性质的《滇西南边疆少数民族婚姻家庭制度与法的研究》。这个优秀传统一直传承至今,陈苇教授在主持司法部重点课题时,以"农村妇女土地权利保障"为视角,先后组织1000多名学生深入农村进行考察并形成了数十万字的调研报告。在2008年"5·12"大地震发生后不久,以本学科刘俊、谭启平、刘云生等教授为主的12位法学专家联名上书全国人大常委会,建议尽快制定重大自然灾害处置特别法令并草拟了一部近万字的《重大自然灾害处置特别法令(建议稿)》,充分体现了学者的责任与担当。

近年来,国际、国内民商法学科的迅速发展向我们提出了严峻挑战。国际上,无论是源于罗马法的大陆法系还是源于海洋经济需要而产生的英美法,都正朝着更深、更广、更前沿的方向延伸和发展,民商法学理论日益博大精深,法学流派呈现多元化趋势;民商法学研究更加注重与法律实践的契合,注重对对司法领域中出现的新的法律问题的审视和研究;在全球化趋势的推动下,各国民商法学日益走向相互渗透与融合,同时又更加注重与本国国情的结合,呈现出国际化与民族化共同繁荣的趋势;法学理论方面,跨学科研究方兴未艾,交叉学科、边缘学科如雨后春笋大量涌现。在国内,随着依法治国方略的推行,民商法学研究更加深入与务实。一方面在全球化的大潮之下,如何借鉴人类精神遗产,引进外国合理的法律制度与精神,成为摆在中国民商法学面前的重大课题,这个问题解决的好坏将直接决定我国民商法学发展的成败;另一方面在国内市场经济发展过程中出现的各种法律问题也向民商法学提出了挑战,如何立足中国的法律实践,利用世界各国的先进经验,发扬我国古代优良传统风俗,应对未来经济、政治、文化的重大转折,也是中国民商法进一步发展所必须解决的重大课题。为了总结西南政法大学民商法学科在过去 30 多年中取得的成绩,饮水思源,时刻铭记老一辈民法学者对本学科发展所做出的突出贡献,我们曾与法律出版社联袂于 2009 年编辑出版了 5 卷本的“西政民商法学阶梯”丛书和 20 卷本的“西南民商学人文库”和多卷本的“民商经典译丛”。为了发挥本学科在民商法基础理论特别是民法哲学方面的研究优势,我们先后编辑出版了两辑共 13 本“民法哲学”丛书。为了扩大与台湾地区的学术交流活动,我们曾与华中科技大学出版社、台湾元照出版公司倾力打造了“华中 · 元照西政民商法学术文库”和“华中 · 元照中青年法律科学文库”。在学术平台建设方面,由上海中汇律师事务所和学院联合打造的《中国不动产法研究》获学院倾力支持,于 2016 年成功入选 CSSCI 来源集刊。

为了进一步充分发挥法学研究对法律实践的引领作用,我们决定集合校内外各种资源,推出既能综合反映西南政法大学民商法学科科研实力,又能广纳群贤、有效荟集国内外最新民商法学研究成果,并能对中国法治建设起到推动作用的大型系列丛书——“民商法经典文库”。本文库分为民法哲学系列;经典译著系列；学术研究系列；前沿争鸣系列；名家讲坛系列；教育研究系列；经典案例系列及年度十大有影响力案例系列；研究随笔系列九个系列。同时，我们也真诚邀请国内外贤儒同人不吝赐稿积极支持我们的工作。我们相信，在国内外同行专家的共同帮助下，本文库一定能够达到预期目标。

是为序。

*

2011 年 11 月 6 日于西南政法大学

* 赵万一，西南政法大学民商法学院院长，教授、博士研究生导师，中国法学会商法学研究会副会长。

目 录

市场创新背景下董事责任之再建构 …………………………………… 陈彦良 1
关联交易
——一个商行为视角法律规制的展开 …………………………… 程淑娟 33
论董事忠实义务的判断标准及其立法完善 ………………………… 崔金珍 54
探究信托制度的起源与现代公司的特征
………………………………… [英]大卫·卡布雷利 著 林少伟 译 64
我国法语境下的推定信托制度的构建 ………………… 董新义 刘志超 79
我国表决权信托制度的理论构建与立法构想 …………… 范 健 熊 静 93
美国金融控股公司加重责任制度研究及其启示 ……………………… 方 芸 105
公司法(组织法)的死亡
——评估"福利公司法"对商业公司的挑战 …………………… 蒋大兴 123
商事信托受托人注意义务判定标准研究
——从信托公司"刚性兑付"困境切入 ……………… 李建伟 谢晓松 158
韩国公司法关于公司重组法律制度的法理变化 ……………………… 李哲松 168
公司利益辨析
——传统与变革之间 ………………………………………………… 林少伟 177
中国股份股东权利配置模式的变革 ……………………………… 汪青松 201
我国公司资本制度如何浴火重生 ………………………………… 吴建斌 217

中国公司注册资本认缴登记制的理论探讨与适用中的相关问题
——兼谈未来中国公司资本制度发展路径之选择 …………… 吴日焕 235
“得形”“忘意”与“返本”
——中国信托法的理念调整和制度转型 ………………… 夏小雄 253
有限责任公司股东协议的效力 ………………………… 徐强胜 王少禹 276
信托财产权的法律地位及信托受益权的性质研究 ………………… 赵廉慧 290
我国公司类别股设置与股东控制权分配的制度完善
……………………………………………………… 周林彬 韦宜耀仪 329
从信托受益权质押担保市场创新现状谈起 …………………… 明朗朗 348
商业信托的未来
——对美国与加拿大统一立法的比较分析
…………………………………… [加]保罗·B.米勒 著 唐小淇 译 367
表决权信托之目的正当性判断 ………………………………… 吴梦琪 393

市场创新背景下董事责任之再建构*

陈彦良**

一、前　　言

在市场创新之背景下,公司经营者面对着更大风险,不单单有经营风险,亦有法律风险,如何顾及董事风险及股东之保障以及对利害关系人如债权人的关注,便是一个极新的整合议题,特别是在董事之风险方面,也必须从新的面向加以切入,董事之风险有所谓法律风险、市场风险、声誉风险等,但在法学界的讨论中,多是聚焦于董事的法律责任,即法律上的风险。风险与责任其实是一体两面,未尽适当之责任自有风险之产生,我国台湾地区在2001年关于公司的有关规定修正前,台湾地区公司负责人义务与责任之界定内涵多必须仰赖台湾地区"民法"中善良管理人注意义务①的规定,修正后,台湾地区"公司法"第23条第1项规定:"公司负责人应忠实执行业务

---

* 本文系作者于中国台湾地区科技事务主管部门专题研究计划"德国股份有限公司董事责任与义务之演变——兼论部分亚洲大陆法系国家之相关发展"104 - 2410 - H - 305 - 031 - MY2之部分研究成果。

** 台北大学法律学系教授兼系主任,德国梅茵兹大学法学士博士。

① 参见王文宇:《公司法论》(第3版),台北,元照出版股份有限公司2006年版,第117页。

并尽善良管理人之注意义务,如有违反致公司受有损害者,负损害赔偿责任。"该规定将董事之忠实义务明文纳入台湾地区关于公司的规定中。

此为中国台湾地区"公司法"中第一次明文纳入忠实义务,但需厘清之处为:中国台湾地区"公司法"第23条所明文之规定,系为原本就存在中国台湾地区"公司法"中体系内的义务还是新加入之责任义务?

中国台湾地区"公司法"中董事的风险与责任的相关规定,其实与台湾地区"民法"中所规范之受托人之善良管理人注意义务仍有不同之处。德国法的董事风险责任集中于德国《股份法》第93条,将董事归为公司之机关,其责任义务都基于其公司机关的地位;台湾地区,除将董事与公司之法律关系界定为委任关系,从台湾地区"公司法"第192条第4项之规定可明白看出二者之间的委任关系,除适用台湾地区"民法"中有关委任规定外,并依台湾地区"公司法"第23条要求董事对公司负忠实、注意义务,而当董事懈怠其职务而造成公司损害时,其必须对公司负损害赔偿责任。董事之责任与义务由"民法"出发,当可有两个重要之观察点:首先是注意义务之程度与内容,而台湾地区"民法"第535条之有偿委任的善良管理人之注意程度是否等同于台湾地区"公司法"中对公司负责人所赋予之注意程度?其次,台湾地区"公司法"忠实义务的实质究竟为何?或可由同为大陆法系的德国法制,得出一个适当的结论。以下将主要针对德国的法制加以论述并与台湾地区的规定加以比较,以使董事责任义务法制更为周全。

二、德国法制之规范

(一)概说

如前所述,董事之风险有所谓法律风险、市场风险、声誉风险等,但在法学界的讨论中,特别是德国董事风险问题则是聚焦于董事之责任,即法律上的风险,有关于股份有限公司的董事责任系规定于德国《股份法》第93条第1项,该条系对董事会成员的注意义务和责任(Sorgepflicht und Verantwortlichkeit der Vorstandsmitglieder)有详细的规定。德国《股份法》第93条第1项第1句规定:"董事会成员执行业务时应尽通常及认真业务执行人一般的善良管理人注意义务。"若董事未尽到法条上所规定的善良管理人注意义务将必须负担对公司之损害赔偿责任,[①]而德国《股份法》第116条规定,监事准用德国《股份法》第92条规定,故监事亦等同于董事有其善良管理人注意义务。[②] 有限公司之董事责任则是规定于德国《有限公司法》第43条,其要件其实与德国《股份法》第93条相似,[③]另外与德国《股份法》第93条一样,同时亦应参考德国《民法典》第276条第2项所明文之“行为时所必要有之谨慎注意”[④]之含义,因彼此内涵相近。[⑤] 而忠实义务并未有明文规定,依通说,一般性规范系由德国《民法典》第242条诚信原则中可得出。[⑥] 也就是说,行为人应尽所有的力量准备、履行并必须确保给付之成果,若有侵害和危及目的或给付之成果的事项都不得为之,且此处是一个机关的忠实联结关系(organschaftliche Treubindugnen),其仅对公司有忠实义务而非对个别股东,而不是由一个作为社员团体之社员而生之对彼此社员所负的忠实义务,其尽义务之对象有所不同,拘束力也有不同。此忠实义务系建立于选任行为,而非契约,除对公司有忠实义务,不得将自己利益置于公司之上的义务外,也有与公司其他机关忠诚的充分合作义务,以及必须遵守德国《民法典》第242条所生的所有个别义务。而德国学界讨论董事风险责任多集中于《股份法》,因此,本文将主要针对德国《股份法》第93条讨论。

德国《股份法》对于董事有三个重要义务,即谨慎注意义务(Sorgfaltspflichten)、忠实义务(Treuepflichten)和守密义务(Verschwiegenheitspflichten)。根据通说,德国《股份法》第93条第1项第1句具有双重性标准的功能:其一,其为过失之程度标准;其二,其为概括一般化条款中之客观行为标准。[⑦]

中国台湾地区“公司法”第23条规定:“公司负责人应忠实执行业务并尽善良管理人的注意义务,如有违反致公司受有损害者,负损害赔偿责任。公司负责人对于公司业务之执行,如有违反‘法令’致他人受有损害时,对他人应与公司负

---

① Schmidt/Lutter, AktG, 2008, § 93 Rn. 25 ff.;至于有关德国股份有限公司组织运作类型关系可参见王志诚、邵庆平、洪秀芬、陈俊仁:《实用证券交易法》,台北,新学林出版股份有限公司2011年版,第59页。

② Clausen, Über die Vertaulichkeit im Aufsichsrat, AG 1981 S. 51 ff.

③ Baumbach/Hueck, GmbH-Gesetz, 18. Aufl., 2006, § 43 Rn. 8.

④ Palandt/Heinrichs, BGB, 68. Aufl., 2009, § 276 Rn. 12.

⑤ Baumbach/Hueck, a. a. O(Fn. 4), § 43 Rn. 8.

⑥ Hüffer, Aktiengesetz, 8. Aufl., 2008, § 84, Rn. 9.

⑦ Hüffer, a. a. O(Fn. 7), § 93 Rn. 3a.

连带赔偿之责。”其中对于公司负责人规定有忠实义务与善良管理人注意义务。[①]但是,德国《股份法》中并未有明文忠实义务(Treuepflichten),而在实务上仍认为董事对于公司有其忠实义务,其理由在于董事于公司当中居于“机关之地位”(Organstellung),故自然对公司亦负有忠实义务。[②] 也就是说,董事经由股东会选任之行为而取得为公司法人之机关地位,此时因其机关的地位而对公司负有义务,而非仅仅由受托人之关系而生之信赖关系所产生之注意与忠实义务。在德国《股份法》第 88 条有关竞业禁止的规定则是忠实义务的明文化[③]与具体化,当然除了法律明文规定外,董事对于公司有一个对公司忠实和实现公司利益的责任。[④]

依上述德国《股份法》第 93 条规定,董事必须在其委任期间内达到一定程度的忠实和注意义务之标准。此为对董事责任一般性的规定,此规定系源于 1937 年旧德国《股份法》第 84 条以及德国《商法典》第 241 条。该条之效力不但及于一般选任之董事,亦及于依德国《股份法》第 85 条,在急迫状况下法院依当事人申请所任命之董事会成员以及依德国《股份法》第 105 条第 2 项,监事代理董事会成员之代理董事。

注意义务的要求首先在于合法执行业务(Rechtsmäßigkeit der Gesäftsführung)之要求,而根据德国《公司治理准则》DCGK3. 1. 4 规定,“董事会必须确保法令上之规定均被遵守并使关系企业致力于规范之遵从”。此处之法令所指除了德国《股份法》外,亦包括《竞争法》[⑤]《税法》[⑥]《环境法》[⑦]等整体性之法规。另外,注意义务要求有一般业务执行人之标准,即与一般善良管理人标准近似但有程度上之不同,要有正确的领导和监控公司之业务,其有义务使公司组织上必须制定建立良好的组织系统使得将来得以即时获得正确资讯,此于第 91 条第 2 项

① 参见王文宇:《公司法论》(第 3 版),台北,元照出版股份有限公司 2006 年版,第 117 页。

② BGHZ 13,188,192.

③ Schmidt/Lutter,a. a. O(Fn. 2), § 93 Rn. 16 ff.

④ Kübler in FS Werner,1984,S. 437 f.

⑤ Kreiger/Uwe H. Schneider(Hrsg.),Handbuch Managerhaftung,2007, § 21.

⑥ Kreiger/Uwe H. Schneider(Hrsg.),a. a. O(Fn. 13), § 30.

⑦ Kreiger/Uwe H. Schneider(Hrsg.),a. a. O(Fn. 13), § 32. 有关 CGDK 有许多不同之译名,国内学者有翻译为德国公司治理准则、规约、法典,有关其实质内容及有无法规范效力和性质参见陈彦良:《股东会、董事会、监事会于德国公司治理法典中法规范地位之探讨》,载《政大法学评论》2006 年第 89 期。

便已明文董事会应建立良好的风险管控系统，以完善风险管理和风险控制，此于德国《公司治理准则》（规约）DCGK4. 1. 4 明文规定："董事会必须确保企业中之适当的风险管理及风险控制。"此处的注意义务包括了有无事前建立风险管控体系。董事的注意义务与一般民法上的善良管理人注意义务已有不同，特别是董事会系为他人所利用之利他性机关，且于执行业务时，商事行为较一般民事行为更有其特殊性和技术性，故更需小心谨慎。

董事的注意与忠实义务，特别是在经济性之业务执行以及领导决策之合目的性（Zweckmäßigkeit der Leitungsentscheidung），董事会所作所为以及处分经营者皆为他人之财产，而非自己之财产，故其不得去浪费、减损公司整体财产价值，不得做出有违公司利益之行为，也不允许在没有足够检验合理借贷需求的情况下举债而增加公司负担。[①] 对于善尽企业社会责任之公众性、慈善性目的之捐款，原则上是允许的，并未违反董事之注意义务，但是仍必须符合企业利益取向，[②]至于对公司完全无利益之捐款得否为之德国仍有争议，而且捐款必须系在适当范围内不得危及公司存续，且不得仅依个人喜好为之，如前所述必须以企业利益[③]为考量。

（二）举证责任转换和少数股东权

忠实义务与注意义务具有强行法之性质（zwingender Natur），不得以章程、监事会决议抑或利用委任契约加以免除或做有利于董事会成员的减轻，[④]至于在法政策的讨论上，在董事责任是否得以透过章程加以减轻，依拉丁法谚 *de lege ferenda* 原则——法应有的形样，当然是可用立法论的讨论加以立法明文修改，允许以章程减轻。[⑤] 根据德国《股份法》第 93 条第 2 项之规定，若董事会成员违反义务致生公司损失，董事会成员对于公司负有损害赔偿之义务。[⑥]

---

① BGH v. 16. 02. 1981, WM 1981, 440, 441.

② BGH v. 6. 12. 2001, AG 2002, S. 347 ff.

③ 有关德国企业利益概念得参见陈彦良：《企业社会责任与公司治理于股份有限公司中交错实践之可行性——德国股份法中企业利益对董事会职权影响之初探》，载《台湾法学杂志》2008 年第 111 期。

④ Schmidt/Lutter, a. a. O(Fn. 2), § 93 Rn. 3.

⑤ Schmidt/Lutter, a. a. O(Fn. 2) § 93 Rn. 3.

⑥ Hüffer, a. a. O(Fn. 7), § 93 Rn. 11.

所有董事都有自主的企业决策权限，但都有其界限和义务，此二者皆不得有所逾越。此项义务亦及于关系企业之中控制公司之董事会成员，有关于从属公司董事会成员之忠实、注意义务，则是规定在德国《股份法》的其他特别条文中。[①] 值得注意者在于德国《股份法》第93条第2项第2句之董事之说明责任及举证责任之倒置，其规定董事对其是否有尽到一般业务执行人之谨慎注意义务和忠实义务负有举证和说明的义务，而且在立法理由中已说明，虽在一般诉讼中，应由原告来举证，但是在追诉董事违反相关义务造成公司损失的诉讼中，若要求原告负举证责任，并无道理可言，因原告通常无法得到必要的业务执行相关资讯，而无能力就董事违反注意义务的情况提出具体之证明，因为公司所的资讯都在董事一方，因此，应由被告董事负举证责任方为合理，否则原告几乎不可能胜诉。也就是说，此说明与举证的负担(Darlegungs-und Beweislast)系在于董事，[②]而非提出诉讼之一方，而此处之举证责任转换(Beweislastumkehr)责任不单单在于义务违反(Pflichtverletzung)，在有无过失方面(Verschulden)亦包括在内。也就是说，此处在文义上会使德国董事的法律上之风险大为提升。当然由另一个面向来看，因董事的企业决策应负之责任加重也是对公司有较大之保障。而德国法界对于此项立法所持见解在于，有关于企业之决策，董事相较于外部人或股东应更清楚了解决策过程和事实，所以能对该决策的制定和执行能加以清楚地说明。故董事必须加以说明和举证其并未有违反义务或并没有过失。[③] 而且立法者为了保障投资人及股东亦有简化并加速少数股东得以提出诉讼的可能性，故于2005年通过《企业完善暨撤销权现代化法》[④](UMAG)，其中做出了不少的变革。该法修订了《股份法》，在《股份法》第148条中对于少数股东提起诉讼加以放宽，其中第1项中有明文，原先规定拥有资本额1%股份之股东方得提出诉讼，但修法后拥有资本额1%股份之股东抑或达到10万欧元的股东得提出诉讼之申请，此系少数股东诉讼权之规定，但同项第2句第3款有规定，应有存在怀疑之事实系透过不诚实可靠或重大违反法律或破坏章程之情事而造成公司的损害

---

① §§ 310,318,323 Abs. 1 Satz 2 und 3 AktG.

② Schmidt/Lutter, a. a. O(Fn. 2), § 93 Rn. 31.

③ BGH v. 4. 11. 2002 ZIP 2002, 2314, 2315 f.

④ BGBl. I 2005, 2802.

时为限。[1] 故此处其实已能对少数股东的滥诉加以限制。而德国《股份法》第148条之规定系取代旧德国《股份法》第147条第3项之规定。此项之放宽系为保障少数股东和投资人,于第63次德国法律人会议(63. Deutsche Juristentag)中已有所决议,[2]该意见其后亦被德国公司治理准则(规约)政府委员会[3]所继受。其后被放入德国《联邦政府拟改善资本市场法制的10要点计划》(10 Punkt-Programm[4])中。[5]

除了董事一般的注意和忠实义务责任之外,德国《股份法》亦有明文规定董事会成员和董事会其他具体的董事责任,例如,德国《股份法》第83条第2项规定:"董事会有义务执行股东大会依其职权范围所决议之措施。"以及德国《股份法》第88条之竞业禁止:未经监事会允许其不得经营相关业务行为。[6] 董事会应向监事会提出报告,若有重大事项亦应通知监事会主席。[7]

此外,于德国《股份法》第91条第2项亦有规定董事会对于建立监控系统应采取适当措施,始能早期发现危及公司存续之情事发展(Früherkennung bestandgefährdender Entwicklungen),此即现今时常提及的风险管控。此项规定系于1998年因德国《透明度加强法》(KonTraG)之规定而纳入德国《股份法》当中;[8]除此之外,德国《股份法》第93条亦有规定董事会于公司发生亏损财产不足支付债务及支付不能的情形时董事会的特别义务。此上皆为德国《股份法》中明文规定的董事会特别义务,董事会成员有义务和责任加以执行。

除了法律规定的特殊明文规定以及一般的董事责任(§ 93 I AktG)外,董事会也必须遵守德国《股份法》中机关分权的规定以及不得从事超越章程规定经营范围以外之业务、生产行为,其必须遵守章程之规定从事业务执行行为以及其他机关在其职权范围内所作成的决议,特别是股东会的决议。反面言之,也就是其不得执行股东会和监事会所做的逾权无效的决议。如果董事会之作为系根据股

---

① § 148 Abs. 1 Satz 2 Nr. 3 AktG.

② Baums, Gutachten zum 63. Deutsche Juristentag Leipzig 2000, S. 239 ff.

③ 有关德国公司治理法典及公司治理政府委员会请参见陈彦良:《股东会、董事会、监事会于德国公司治理法典中法规范地位之探讨》,载《政大法学评论》2006年第89期。

④ Pfitzer/Oser/Orth, Reform des Aktien-, Bilanz-und Aufscihsrechts, 3. Aufl. 2008, S. 92 f.

⑤ Schmidt/Lutter, a. a. O(Fn. 2), § 148 Rn. 4.

⑥ Armbüster, Wettbewerbsverbot im Kapitalgesellschaftsrecht, ZIP 1997, S. 1269 ff.

⑦ § 90 AktG.

⑧ Schmidt/Lutter, a. a. O(Fn. 2), § 91 Rn. 6.

东会合法且有权之决议,即依德国《股份法》第 83 条第 2 项之规定执行,此时董事会并无须负担任何责任。唯股东会之决议系违反授权的决议,此时董事并无法免责,且监事会也无权决议减免董事会之责任。

(三)经营判断原则之明文化

德国企业及资本市场法制之现代法之全速发展可从 2003 年 2 月 25 日由德国联邦政府所公布之《加强企业完整和投资人保护措施要点目录》(Maßnahmenkatalog zur Stärkung der Unternehmensintegrität und des Anlegerschutzes)得知,而此要点目录也被简称为《十要点计划》(10 – Punkte-Programm)。所谓《十要点计划》内容包括:

1. 董事会及监事会成员对公司负有个人责任,即改善股东的诉讼权利。

2. 加强改善投资人之集体执行其权益或请求权的可能性,也是加重对董事会或监事会成员因故意或重大过失而给予投资人错误资本市场资讯的个人责任。

3. 德国《公司治理准则》之持续发展,特别是有关董事会成员报酬透明度的加强,于 2003 年 3 月 21 日之对《公司治理准则》的修正中,其中第 4.2 条中亦有初步明文规范。

4. 对于内国的会计准则和原则应相对于国际会计准则的发展加以调整和修正,以符合国际潮流。

5. 加强会计师及企业内部审计人员的角色。

6. 透过独立单位对企业具体会计报表等的合法性监控。

7. 证券及交易所改革的持续进行,以及监督权(Aufsichtrecht)之持续发展。

8. 在各级交易市场中对于投资人保护的加强,特别是在有些法规较不明确的资本市场[灰色资本市场领域(Grauer Kapitalmarkt)]。

9. 通过具公信力的财务及评等机构加强对于企业评等、评价的可靠性。

10. 加重对于资本市场领域中的刑事、民事侵权法规责任。

根据这 10 个要点,德国进行了一个大规模之企业与资本市场法制的修改与现代化。德国《股份法》相关法规的修正与变革,特别是德国《公司治理准则》持续修正和 2005 年 9 月 22 日《企业完整暨撤销权现代化法》(UMAG)公布施行后对德国《股份法》之改变,其中很重要之部分是机关责任(Organhaftung)和相关的赔偿请求权,直接引入了英美法的经营判断原则(Business Judgment Rule)。德国《股份法》第92条第1项第2句规定:"当董事基于适当且足够的资讯理性为公司利益所为的企业决策,此时义务违反(Pflichtverletzung)并不存在。"至于为何引入经营判断原则,主要原因在于其实德国实务界早于1997年已有相关之判决确立此项原则,而非一味仿效美国的制度。而所谓经营判断原则和董事的行为之准则并不相同,而多是作为司法审查的标准,而当作有利于董事之推定原则,依学者之见解,此即于诉讼上,假设董事所作的商业决定系于充分被告知资讯下所做出的决策,即可推定董事系善意相信其决策系为公司最佳利益所为作为。①

德国极为著名之ARAG案②确立了经营判断原则的精神,该案中关系企业(康采尔Konzern)之控制公司其中一员董事(同时为董事会主席),其亦兼任该关系企业外国子公司的经理,系为有代表权的负责人,而这个国外子公司又与一家名声不好之公司做业务的来往,最后造成该子公司巨大损失。故该公司为此名董事与此一家名声不好的公司为业务之往来的决策,最后造成公司的损失,此违反本身应有的注意义务,此时必须赔偿公司的损失。德国联邦最高法院的见解认为,董事在执行公司业务时,仍应有一定行为"企业决策裁量空间",这也是经营公司所必需。在检视董事之损害赔偿责任时,应先判定董事会仅有在未有仔细调查事实获得适当资讯,且未依公司利益为依归,逾越权限造成企业风险和损害时方得视为义务违反,此时董事会方有损害赔偿之责。

董事会之成员虽有所谓企业裁量决策空间,但是各成员的权利并不能逾越一定之空间,该判决虽是确立了"企业决策裁量空间"之存在,但是并未明文化此空间形成和界限之标准。而仅有抽象的企业决策裁量权的限制原则。且此处所负之损害赔偿责任亦只有在明显地逾越其应所注意之范围,特别是在风险防范极度不足时方有产生的可能,并非做出错误的决策便生损害赔偿之责。判断上

① 参见王文宇:《公司法论》(第3版),台北,元照出版股份有限公司2006年版,第117页。而有关内容亦可参见陈丽娟:《从美国公司法制之商业判断原则论德国股份公司机关的责任》,载《东吴法律学报》2009年第3期。

② BGH v. 21. 4. 1997 ARAG/Garmenbeck, BGHZ 135, 244, 253. 此判决最大之贡献在于法院提出在检验董事会决策时应考量董事会在执行业务时应有广泛之裁量权,只有在董事会以极不负责之态度执行业务,造成公司的风险,方为因违反义务而负损害赔偿之责,此判决虽得到学界很大之肯定,但问题在于并未对董事之裁量权之空间加以明确之界定和说明。

在于董事会成员在执行业务的本质上所“必须”应有的作为却未行之,[1]此时就较易认定为存在有“义务违反”。

为了能够有效降低董事的风险,使董事在执行业务时能致力追求公司利益,而不会担心因决策的错误而导致产生巨额损害赔偿的风险,故明订德国《股份法》第93条第1项第2句的经营判断原则。如果董事担心过大之风险,反而会造成不敢积极任事。但是经营判断法则所给予之空间仅在于注意义务的弹性调整空间,只要董事做出符合义务的行为,就有免责的效果,对于忠实义务而言并无经营判断原则之适用。另外一问题在于,如果董事过于不敢任事,致使公司利益损失,董事的不作为是否亦有义务违反之可能性。当不能排除其可能性,但证明上又更为困难,最后造成之结果反而是公司受害。所以《企业完整暨撤销权现代化法》规定德国《股份法》纳入一个具免责效果的规定,将自1997年便已存在的企业裁量空间明文化,即以德国《股份法》第93条第1项第2句规定经营判断原则。通说认为于该条中构成要件主要有以下各项:企业决策(Unternehmerische Enscheidung);公司利益(Wohl der Gesellschaft);无过大风险(kein übergroßes Risiko);基于适当之资讯(auf der angemessener Informationen)。不过,依据通说见解,“无利益冲突”(frei von Interessenkonflikten)也是要件之一。

此等修法也有再次宣誓的意味,因为在德国联邦最高法院的判决中早已多次肯认,董事会成员有一个广泛的企业行为判断空间(Spielraum),若无此空间的存在不可能有企业的执行业务作为的可能性。而以往的相关判决亦得作为德国《股份法》第93条第1项第2句之具体化案例适用。

董事的作为在符合第93条第1项第2句时,便不存在有所谓义务违反,此处并非认为董事并无过失,而只是说并没有违反义务。这里并不是一个举证责任负担(Beweislastregel)之规定,而是一个实体法上的法规范。此处仅要达成客观的义务便符合了第93条第1项第2句之要件要求,法院亦不得对董事之决策过度强调是否具有可达成目的性和效益性加以审查。且不应以同样的情形下,他性质类似之公司董事所可能采用的决策加以比较作为义务违反的标准。因为比较基准难以认定,例如,取得资讯有所不同时,判断面向也不一。也因为经营判断原则之明文化,使认定德国《股份法》第93条第2项的董事损害赔偿义务

---

① Hüffer, a. a. O(Fn. 7), § 93 Rn. 4

(Schadensersatzpflicht der Vorstandmitglieder)已近同于德国《股份法》第84条第3项撤销对董事之选任,需有重大的事由方有可能成立。[①] 经营判断原则给予了所谓企业决策自由空间(Freiraum),此处所要达到的不单单是一个免责,而是一个企业决策之安全港(sicher Hafen)。而立法者所使用的文字亦是有意运用消极负向文字罗列规范(negative Textfassung)。也就是说,如果没有达到经营判断法则规定之要件,便存在有义务违反,此时根据德国《股份法》第93条第2项第2句,原则上便生举证责任倒置的效果。

德国《股份法》第93条第1项第2句在法释义学上之理解,其为一个不得以反证推翻之法律推定(unwiederlegbare Rechtsvermutung),[②]只要上述的5个构成要件存在,董事便不会面对违反注意义务之法律风险。但是此处并不得做直接的反面解释。也就是说,若董事未达到德国《股份法》第93条第1项第2句五个要件,并不会间接或直接推论出董事已违反注意义务,仍要以个案来判断之,而依第93条第2项第2句的规定,由董事自己举证并未违反董事责任。[③] 以下将就各个要件做进一步的阐述。

第一个要件为"企业决策"。经营判断原则系保障董事的企业裁量之可能性,故其仅适用于"企业决策",而企业决策所指的是根据一个合乎企业目的性观点(nach unternehmerisch Zweckmäßigkeitsgesichtpunkt)所作成的决策,而在做此决策时董事有其裁量权。而经营判断原则并不适用在董事所必须达成董事会任务的义务,如德国《股份法》第83条(董事会有义务执行股东会权限内所作成之决议)、第90条(董事会应向监事会进行报告)等。[④] 此外,董事措施决策亦必须遵守根据法律、章程、任命契约、业务规则所规定,不得逾越所生界限,[⑤]以及遵守章程所订之企业营业项目(Unternehmengegenstand),上述二种义务并不存在裁量空间,董事不得恣意为之。违法的行为亦不得适用经营判断原则,但是在法律的适用上若判断未违法的多个行为决策,仍有自由选择决策之自由。如果是违反

① Hüffer, a. a. O(Fn. 7), § 93 Rn. 4c.

② Hüffer, a. a. O(Fn. 7), § 93 Rn. 4d.

③ Schmidt/Lutter, a. a. O(Fn. 2), § 93 Rn. 11.

④ 此处董事应达成董事会任务的义务包括例 § § 83, 90, 91, 92 Abs. 1 und 2, 124, Abs. 3, 131, 161, 170 Abs. 1 AktG。

⑤ Begr. RegE UMAG BR-Drucks. 3/05, S. 18.

契约义务而侵害第三人权益之企业决策，仍有可能适用经营判断原则。[①] 企业决策亦有可能侵害到忠实义务，此时因经营判断原则仅运用于注意义务，此时便不得以符合经营判断原则 5 要件而推定董事未有义务违反。

第二个要件为“基于适当之资讯”。因条文中规定，董事必须基于适当之资讯而理智地采取有利于公司利益之作为。主要是因为董事做出一个针对符合企业利益未来之决策，本就是对于将来的臆测，此合理的决策自然必须基于已掌握有必要(nötig)之资讯。也就是说，在审查有无符合经营判断原则时，准备过程是否周全取决于有无适当之资讯。此资讯是否充足适当在于质而非在于量，此处所称之资讯系指董事会在通常执行业务之情形下于做决策之时间点所应有的资讯，而董事会基于适当资讯所做的决策裁量方为合理的决策。另外，适当的资讯亦不用是所有业务执行决策相关情形的详尽资料，而是在具体决策情形下，在取得资讯的时间考量、成本考量和运用范围考量下都有所关照，此即符合“适当”的构成要件基础。

第三个要件为“符合公司利益及无过大风险”。公司利益之要件标准一般而言，在于董事会决策能维持公司存续、促进获利性之持续、提升公司的价值，此时董事会之决策便是符合公司利益。而董事会是否应达成获利极大化之目标，还是有持续性获利即可？公司根据私法上结构和自治目的，其主要任务在形成公司与股东之利益，而董事会于经营领导企业时应实现公司营利性之利益，照顾到全体股东利益，股东也必须承受企业风险(Unternehmenrisiko)，董事会经营裁量空间也被限缩于其中。董事会在执行经营裁量权时，亦必须保障企业的存续和注意到持续性的获利。[②] 此被称为企业存续经营原则抑或适当获利性原则。如果没有一个安全的稳固经济基础地位，公司并无法存活下去。如果公司无法存活，债权人利益、劳工利益，抑或股东利益都不可能保障。于德国《股份法》第 91 条第 2 项亦明确规定董事会应采取适当之措施，特别是设置监控体系，即及早发现危害公司存续发展的情形。也就是说，董事会有义务设置风险管理系统以保障企业之永续经营也是存续保障义务(Bestandssicherungspflicht)的具体化条文，也将组织需求加以具体化。[③] 此等存续建立在公司应有长期性的获利。但是事

---

① Lutter, Die Business Judgement Rule und ihre praktische Anwendung, ZIP 2007, 841 ff.

② OLG Hamm AG 1995, 512, 514.

③ Hüffer, a. a. O(Fn. 7), § 91, Rn 6

实上很难去预见何为对企业具体化长期获利目标之情形,因为就长期而言,公司的部分作为或至少一些未能获利的作为,整体而言并不一定会使公司丧失经济基础。

短期或长期的获利极大化(Gewinnmaximierung)与有获利性(Rentabilität)二者并不相同,对于获利最大化的标准以时间点区分而言,最大获利系指结算后之盈余或是用会计估算盈余也没有一定的标准。①

而德国《股份法》中所谓之利润(Gewinn)与利用会计制度技术性计算出的实际利润数额并未有不同,所以在此等理解之下,并不存在有长期获利极大化的可能性,因为在会计制度上的利润都是限制在 1 年的期间,以 1 年来结算并编制财务报表,故董事会必须在 1 年内获得最多的利润方符合获利极大化原则。此处坚持获利极大化未必是真正有利于公司。也就是说,企业的获利攸关股利的分派,董事会的决策空间必须受到企业获利性之限缩,但此获利性应指持续性之获利,故相对于获利极大化,董事会则有较大的决策空间。若董事会决策有过大之风险,就算有高获利的可能性,此时也未必符合公司利益,特别是可能有害于公司的永久存续,故将此等风险决策排除于董事决策受经营判原则保护特权之外。

而真正的审查重点并不仅仅在于基于适当资讯和为公司利益而决策,而是在于允许董事能合理明智地采取适当之决策。特别是在作成决策的时间点之当时,该措施能展现出一般执行业务时所期待的正常决策观点。董事会基于公司利益根据经选择的重要资讯,其决策时即有明确的裁量空间以促进公司利益。

至于董事若做决策时有重大过失是否仍有经营判断原则的适用问题,在 UMAG 的立法草案中,并未将具重大过失之决策完全排除于经营判断原则之外,但在解释上若有重大过失,则法院将增加审查强度。特别是经营判断法则所形成的决策自由特权并非毫无界限,而重大过失就是一个界限,法院会对客观基准加以严格审查,当然对企业经营也会给予一定的弹性。

第四个要件是"无利益冲突"。根据德国一般观点,以美国为借鉴的经营判断原则必须在董事与公司无利益冲突时方有此安全港之适用。② 再者亦有一个

---

① Großmann, Unternehmensziele im Aktienrecht, 1980, S. 72 ff.

② Begr. RegE UMAG BR-Drucks. 3/05, S. 20; Lutter, a. a. O(Fn. 42), ZIP 2007, 844.

未明文的规范存在，即董事的行为必须是具有诚信而有利于公司利益，若没有诚信之存在是不可能将本身决策趋近于有利于公司利益的合理正当决策。也就是董事会必须基于善意做出决策，再者在有利益冲突的情形下，是否董事仍能做出对能达成公司最佳利益之行为也是值得怀疑的。故在结果上，多数学者仍是将无利益冲突视为经营判断原则之未明文要件。利益冲突一定是会被拿出来检验是毋庸置疑的。当然，董事于利益冲突时商业的判断是无法完全被排除的，但只有在法院极严格的审查下，方能确认该决策是否已尽注意的责任以及是否在内容上合理正当。故若有利益冲突的情形，自不适宜适用经营判断原则排除法院对实质内容的审查。①

（四）忠实义务

董事会成员对公司有忠实义务，法律基础在于其机关地位（Organstellung），②而依通说一般性规范系由德国《民法典》第 242 条诚信原则中可得出。③ 也就是说，行为人应尽所有的力量，准备、履行并必须确保给付的成果，若有侵害和危及目的或给付的成果的事项都不得为之，且此处是一个机关关系的忠实拘束（Organschaftliche Treubindugnen），其仅对于公司有忠实义务而非对个别股东，而不是由一个作为社员团体的社员而生的对彼此社员所负的忠实义务，其尽义务的对象有所不同，拘束力也有不同。此忠实义务系建立于选任行为而非契约，除了对公司有忠实义务，不得将自己利益置于公司之上的义务外，也有与公司其他机关忠诚的充分合作义务，以及必须遵守德国《民法典》第 242 条所生之所有个别义务，④再者若选任行为有瑕疵，是否会影响到董事之忠实和注意义务，因为在体系上，德国通说对于选任瑕疵（fehlerhafte Bestellung），而仍执行业务之董事承认其为事实上的机关成员（faktisches Organmitglieder），而有一个权利外观（Rechtsschein），所以依一般性法律原则其仍有事实上的机关责任，并不因选任瑕疵而生的选任无效而毋庸负责。⑤

---

① Lutter, a. a. O(Fn. 42), ZIP 2007, 841 ff.

② Schmidt/Lutter, a. a. O(Fn. 2), § 93 Rn. 16.

③ Hüffer, a. a. O(Fn. 7), § 84, Rn. 9.

④ Huffer, a. a. O(Fn. 7), § 84, Rn. 9 f.

⑤ MünchKommAktG/Spindler, § 93 Rn. 17 ff.

德国《股份法》第 88 条的竞业禁止原则,董事非经监事会同意不得兼任他公司之董事或业务负责人,亦不得与公司有竞业的行为,[①]此是法律的特殊化的具体明文。由此点出发亦可推导出董事对公司有一个概括性的义务,必须忠诚(loyal)地对待公司,并实现保障公司利益。董事会成员不得因个人私利而滥用其机关地位。[②] 特别是在对公司的营业机会(Geschäftchance)不得为私利擅自利用或将公司营运机会在违反公司利益下让与第三人。至于有关董事会成员本身与公司的董事任命契约的利益商议,此处董事并无须对本身的利益加以退让。[③]除此之外,若董事与公司有其他商业关系,则仍必须以公司利益为优先以保障公司利益。

(五)保密缄默义务

根据德国《股份法》第 93 条第 1 项第 3 句之规定,对于企业(Betrieb)及营业秘密皆有保密之义务,此为法律的强制规定。此保密义务及于所有种类的董事,亦包括法院依德国《股份法》第 104 条所指派的董事。此强制规定不得透过章程、董事会运作规则或是任命契约加以限缩。而保密之范围包括公司内部受信赖保护的业务、内部报告和机密。亦有学者认为此范围系既定范围,故亦不得加以扩张。释义学上可将其归类于机关体的忠实义务之明文,[④]亦有学者将之纳入注意义务的补充。[⑤] 受信赖保护之业务、内部报告并不限于该董事曾有经手,亦包括由第三人搜集整理而于董事会中曾参考咨询,该文件亦不用标明“机密文件不准外流”等字样。[⑥]

(六)保密内容和效力

保密义务之期限不单单限制于任职董事的期间,亦可在其卸职之后仍有保密义务。保密义务原则上是针对所有人,董事应保密的对象包括了股东、劳工和

---

① Schmidt/Lutter, a. a. O(Fn. 2), § 88 Rn. 6 ff.

② Mertens in KölnerKomm. AktG, § 84, Rn. 61 ff.

③ Mertens in KölnerKomm. AktG, § 93, Rn. 70.

④ Hüffer, a. a. O(Fn. 7), § 93, Rn. 6.

⑤ Mertens in KölnerKomm. AktG, § 93, Rn. ,75

⑥ Hüffer, a. a. O(Fn. 7), § 93, Rn. 7.

员工代表会等。[①] 而董事之间并无保密义务的存在,这主要是因董事会为一个合议之机关,若资讯无法共通,则难以作成最妥适之决策。董事对于监事会亦没有保密义务,其理由在于若监事会无法得到充足资讯就无法达成其监控的功能,也有违公司治理之原则。

除此之外还有其他的例外情形,例如,通说认为董事对关系企业的控制企业也例外地不用对其保密,根据德国《股份法》第 311 条以下之规定则有其他如适当补偿之责任等做配套。董事对于清算人和检查人亦没有保密义务。另外,在法令规定之情形下,董事也没有保密义务特别是在资本市场法制中有关特定公开揭露(ad-hoc Publizität)的规定,如《证券交易法》第 15 条之规定以及德国《证券交易法》第 21 条以下对利害关系人的通知义务的相关规定。[②]

保密义务与董事是否有无意图利用公司资讯获取本身利益无关,重点在于董事之缄默义务(Verschwiegenheitspfllicht),而非竞业禁止之部分,二者有很大之不同。

根据一般概括忠实义务亦可导出进一步的保密义务,董事在处理私人取得有关公司的资讯,当此资讯有关公司利益亦应对公司忠实的处理,并非因非由公司工作取得而可任意处置。

当公司的资讯揭露利益存在且此利益较保密利益更重大时,董事得将公司机密和信赖资料加以公开。另外,在例外的情形下,董事得为了法律防御上保护自己的法律权益而将公司内部资料加以公开,例如,其在被请求损害赔偿之诉讼情形下,抑或是被公司以基于重大理由卸任董事之时,都可以运用本身所知之公司内部资料为自身辩护。[③]

若董事违反保密义务,此时便该当了德国《股份法》第 84 条第 3 项第 1 句得以解任董事的重大理由以及得终止该董事的任用契约,(德国《民法典》第 626 条)若公司因此受到损害,公司亦得根据德国《股份法》第 93 条第 2 项请求损害赔偿。另外,董事若将不得公开之机密公开,根据德国《股份法》第 404 条亦有刑事责任。若该公司为公开上市公司,若公开了不得公开之内线消息,根据德国《证券交易法》第 38 条第 1 项第 2 款结合德国《证券交易法》第 14 条第 1 项第 2

---

① Hefermehl/Spindler in MünchKomm AktG, § 93, Rn. 51.

② Assmann/Schneider, WpHG, 5. Aufl. 2009, Vor § 21 Rn. 1 ff.

③ Hüffer, a. a. O(Fn. 7), § 93, Rn. 8.

款,该董事亦有刑事责任。

(七)董事对于股东及第三人之责任风险

一般之股东对于董事并不得以德国《股份法》第93条第2项为请求权基础,[①]因股东并非德国《股份法》第93条并同德国《民法典》第823条第2项所保护股东受害者利益之保护性条款之保护范畴,而董事任命契约其保护效力亦不及于公司的股东,除非是因违反其他保护股东法条导致的损害,股东方得引用德国《民法典》第823条第2项请求损害赔偿。在双重损害(Problem des sog. Doppelshadens)的情形下,公司和股东同时受到损害,股东所受间接之损失,系因公司由于董事不当之业务执行行为受到直接之损害,此时股东应是向公司请求损害赔偿给付,而非直接向董事请求。[②]

至于对于第三人之损害,例如,公司之债权人亦无法由德国《股份法》第93条第2项,抑或德国《民法典》第823条第2项结合德国《股份法》第93条第2项导出损害赔偿请求权基础。因依照德国通说,德国《股份法》第93条并非保护第三人利益之条款。

董事对于第三人的风险多在于契约责任,例如,董事在公司的商业契约中担任保证人抑或于契约中规定负担共同清偿之责任。[③] 另一种情形是,如果董事违反了德国《股份法》第92条第2项的在公司支付不能之情形下的破产申请义务,致使债权人受到损害,因德国《股份法》第92条第2项属于德国《民法典》第823条第2项之保护第三人利益条款,所以债权人得以依德国《股份法》第92条第2项结合德国《民法典》第823条第2项向董事会成员请求损害赔偿。

(八)董事风险的减免和事前防范——D&O保险

如前所述,董事的主要法律责任风险——忠实义务与注意义务具有强行法之性质,故不得以章程、监事会决议抑或利用委任契约加以免除或做有利于董事会成员之责任减轻,除非立法明文允许以章程减轻。故对于董事之风险防范减轻则是要利用保险制度为之。

---

① LG Bonn v. 15.05.2001, AG 2001, 484, 486.

② BGH NJW 1985, 1900.

③ Schmidt/Lutter, a. a. O(Fn. 2), § 93 Rn. 68.

德国的股份有限公司在近年对于负责人经营阶层的财产损害责任义务保险,即所谓的D&O保险(D&O Versicherung)的缔结有一直增加之趋势。德国使用D&O此字眼系直接援引美国的用法。董事暨高阶职员责任保险(Directors' and Officers' Liability Insurance,D&O责任保险)起源于1929年美国经济大恐慌引发的金融危机,而第一张D&O保单是在1930年左右,由英国劳依兹保险人(Lloyd's underwriters)为一家美国公司所承保,主要系为因应当时美国华尔街股市全面崩盘后,引发投资人对公司董事或重要职员等提起诉讼,请求赔偿投资人损失的浪潮而兴起的新兴保险产品。而关于D&O责任保险首次于法制上被引进,则在于美国1933年之《证券法》及1934年之《证券交易法》之制定。① 但是,由于当时核保较严格且保费亦高昂,加上该保险又相当复杂,是故在市场上并未受到重视。到了20世纪80年代,董事会以及董事的个人责任愈趋增加,其中最具体之发展即是董事会与个别董事被诉的可能性大为提升,且须负担之责任范围与程度,亦有越来越超越依其股权所应负责任之限度。② 由于董事被诉所衍生应承担的财务责任,往往逾越其持股或职权所应担负之责任限度之外。是故提供这种保险的保险人一直陆续增加,有些已经试着对D&O责任保险加以分门别类,或依不同地区提供不同保障。待进入1990年后,D&O责任保险市场始呈现稳定发展现象。而德国对于是否允许该种保险之缔结并没有任何之疑问,特别是该保险并未违反德国《股份法》第93条第4项。在学界仍是有一些担心之处,认为D&O保险仍是有可能减弱对董事的责任风险压力,使董事作为时会降低谨慎度。③ 所以基于这个理由,在德国《公司治理准则》(规约)第3.8条第2项④便建议,若公司为董事会缔结D&O保险,董事会成员仍应与公司约定最少由10%之损害数额至固定年薪酬一倍半的损害赔偿自负额。而德国《股份法》上并无这样的要求。⑤ 究竟多高的数额才是所谓适当之自负额也是很难认定。德国实务

---

① Seth Van Aalten, D&O Insurance in The Age of Enron: Protecting Officers and Directors in Corporate Bankruptcies, 22 Ann. Rev. Banking & Fin. L. 457, at 460 – 461 (2003).

② 参见许士军、林建山:《企业统理与公司法制议题》,载《经社法制论丛》2002年第30期。

③ Hopt in Großkomm. AktG, § 93 Rn. 519; Pammler, Die gesellschaftsfinanyiert D&O Versicherung im Spannungsfeld des Aktienrechts, 2006, S. 47 ff.

④ DCGK (in der Fassung vom 18. Juni. 2009) Ziffer 3.8 Abs. 2, "Schließt die Gesellschaft für den Vorstand eine D&O-Versicherung ab, ist ein Selbstbehalt von mindestens 10% des Schadens bis mindestens zur Hohe des Eineinhalbfachen der festen jährlichen Vergütung des Vorstandsmitglieds zu vereinbaren".

⑤ Hüffer, a. a. O (Fn. 7), § 93, Rn. 16.

上认为15% ~100%之间的年酬为较适当之自负额。①

比较有争论的问题在于是否可以把此类保险视为德国《股份法》第87条中所谓的董事(实物)报酬,而依该条之规定,董事之报酬应由监事会决定。故如果公司要为董事保险是否须有监事会的同意,不得自行决定之。有学者认为,公司对董事来保险仍是对公司有一定的财务负担,且此处未必不能把D&O保险归类为对董事之实物给付报酬,故仍应得到监事会的同意才可以为董事缔结D&O保险。② 另有学者见解认为,D&O保险并不具有薪酬性质,主要仍是在保障公司的财产利益。③ 此等看法亦为税务财政机关所接受,公司支付D&O保险费用并不被财政机关当作应有赋税义务的工资或个人收入。④ 由此可导出决定是否缔结D&O保险之权限是在董事会本身而非在监事会。⑤ 但由这个结果是否也能导出董事会亦有可能与董事会成员协议出适当的损害赔偿自负额,此时由于有利益冲突之情形,难以期待产生适当之自负额度。⑥ 此时由于存在明显的利益冲突情形,故比较好的方式仍应是由在董事会决议后,再交由监事会表决。德国《股份法》第111条第4项规定,业务执行措施不得移转由监事会为之,但章程或监事会决议可以规定特定的措施必须经由监事会同意后方得为之。此时由于缔结D&O保险为董事会职权事项,故监事会必须依德国《股份法》第111条第4项第2句先行规定,此时便能对董事会的D&O保险缔约内容有所监控。就算是监事会事前没有规定,如果董事会所缔结之D&O契约内容有不适当的利己条款,亦有可能构成义务违反,此时因为有利益冲突之情形,故亦不适用德国《股份法》第93条第1项第2句所规定的经营判断原则。

---

① Schmidt/Lutter, a. a. O(Fn. 2), § 93 Rn. 70.

② Hüffer, a. a. O(Fn. 7), § 84, Rn. 16.

③ Schmidt/Lutter, a. a. O(Fn. 2), § 93 Rn. 70.

④ BMF v. 24. 01. 2002, AG 2002, 287.

⑤ Schmidt/Lutter, a. a. O(Fn. 2), § 93 Rn. 71; a. A. Pammler, Die gesellschaftsfinanziert D&O Versicherung im Spannungsfeld des Aktienrechts, 2006, S. 167 ff.

⑥ Hüffer, a. a. O(Fn. 7), § 113, Rn. 2a.

三、台湾地区对董事责任义务之规定体系内涵——以台湾地区“公司法”第23条第1项为中心

(一)台湾地区“民法”的规范

当触及董事之责任与义务,虽由前述可知,其有三个不同的面向阶段:一是依选任行为取得公司机关地位;二是与公司订立委任契约;三是必须遵守法律之规定。台湾地区“公司法”第192条规定:“公司董事会,设置董事不得少于3人,由股东会就有行为能力之人选任之。”即由股东会作出选任决议后,在当事人同意的情形下,董事的义务与责任当即发生,其忠实与注意义务便已存在,因为被选任人在此时已取得机关地位,此时其对内及对外第三人的关系都是负有董事之义务与责任,但是董事与公司之间彼此对待给付若章程未有特别规定或详细规定,则是由委任契约即所谓任命契约加以补充实质的对待给付内容。董事个人与股份有限公司之间系为民法上委任的关系,不过此为特殊性委任关系,适用上必须先以公司法中有关董事的报酬、解任、董事之代理和竞业禁止的规定,而就公司法未规范之处,方有民法上委任关系适用的余地。①

而基于董事在台湾地区“民法”中的责任,有偿委任所负责任为善良管理人责任,程度上则是属于抽象轻过失,此为交易观念上有相当知识经验与诚意之人应尽之注意程度。② 而此处系属过失的程度标准,但是否与台湾地区“公司法”明文第23条规范之程度标准一致仍待检验,将于后文中讨论,而台湾地区“民法”对董事并无明文规定忠实义务,而台湾地区“公司法”则规定公司负责人亦应负忠实义务,但于台湾地区“公司法”修正纳入忠实义务前,依学者见解,由台湾地区“民法”第535条之解释适用,受任人处理受任事务即有忠实要求,故董事对公司仍应负有忠实义务。③

另于台湾地区“民法”第35条规定:“法人之财产不能清偿债务时,董事应即

---

① 参见王泰铨、王志诚修订:《公司法新论》(第5版),台北,三民书局股份有限公司2009年版,第467页。

② 参见1953年台上第865号判例。

③ 参见邵庆平:《公司法——组织与契约之间》,台北,翰芦图书出版股份有限公司2008年版,第49页。

向法院申请破产。不为前项申请,致法人之债权人受损害时,有过失之董事,应负赔偿责任,其有二人以上时,应连带负责。”此处的制度理由在于社团法人无资力时,若任其存在实有害于公益,此时董事会即须申请破产,使之解散。至于法人破产的要件依台湾地区“破产法”之规定,按法人的财产不能清偿债务之情形,唯董事知之,则申请破产之责,自应属之。若董事因过失而不为申请,致债权人受有损害时,其有过失之董事,当然负赔偿责任。而台湾地区“民法”中亦有自己代理与双方代理之规定,同时台湾地区“公司法”第223条规定董事为自己或他人与公司为买卖、借贷或其他法律行为时,由监察人为公司的代表,同时依台湾地区“公司法”第206条第2项准用第178条要求有利害关系的董事应回避表决。

再者,台湾地区“民法”对董事虽无忠实义务的明文规定,但是依德国的见解,忠实义务仍源自民法之诚信原则,这种见解是否能移植到台湾地区实有讨论之空间。学者认为①或可由台湾地区“最高法院”一则有关经理人判例观之:“商号经理人于营业上应负忠实之义务,若有违背此项义务,欠缺善良管理人之注意,以至于损害及于主人者,不能不负赔偿之责。”判例文中所指“忠实”二字意义如何,自以后有关委任的判决与台湾地区“公司法”之规定,并无法认定在台湾地区“最高法院”已认为受任人有类似英美法上之忠实义务,而应认为是一种诚信原则之宣示。也就是说,其实于台湾地区,忠实义务仍有可能由诚信原则所导出,而有其民法上的意义,不过民法上的因诚信原则所生的忠实义务系属附随义务乃被视为确保主给付义务的补充性附随义务,其包括有四项实质内涵:一是给付效果之准备与履行;二是给付效果之确保;三是双方当事人负有不得危害或破坏契约进行之义务;四是对契约内容之支持与关注照护(unterstützung und Rücksichtnahme)。但要以附随义务为本,由法院导出董事依委任关系而达成如英美法中的信义义务(fiduciary duty)以及事后的制裁效果亦有问题,所以学者认为,②附随义务仍无法补足委任与信义义务(fiduciary duty)的差距。而台湾地区“民法”与台湾地区“公司法”的确因彼此本质上有所不同,台湾地区因民商合一的体制,关于公司的规定的建构,大抵仍系囿于台湾地区“民法”基础概念的解

---

① 参见曾宛如:《公司管理与资本市场法制专论》(一),台北,元照出版股份有限公司2007年版,第25页。

② 同上书,第26页。

释,并无自主性,往往依台湾地区"民法"原则是从。[①] 详言之,台湾地区"公司法"大抵规范对象系自然人与自然人的法律生活,台湾地区"公司法"中却有别于"民法"对自然人规范概念,系以法人为核心规范主体,是否全然依台湾地区"民法"的基础原则加以解释即可达到尽善尽美的情形,仍有疑问?故上述见解值得赞同,台湾地区"民法"上的附随义务的确无法完全导出英美法的"fiduciary duty"(信义义务)。

另有台湾地区"民法"委任所规定的报告及计算的义务,其对公司负有交付因执行业务时所收取的金钱、物品、孳息的义务及移转所取得的权利之义务,(台湾地区"民法"第541条)以及对为自己的利益使用应交付于公司的金钱或使用应为公司利益而使用的金钱支付利息的义务及损害赔偿的义务。(台湾地区"民法"第542条)而台湾地区"公司法"第23条第1项为台湾地区"民法"委任关系中受任人义务之特别类型,二者之间的实质内涵不尽相同。以下将就台湾地区"公司法"有关负责人之注意义务和忠实义务分别述之。

(二)台湾地区"公司法"之注意义务的解构

台湾地区"公司法"第23条第1项规定:"公司负责人应忠实执行业务并尽善良管理人之注意义务,如有违反致公司受有损害者,负损害赔偿责任。"此处已说明董事执行业务并非以成功与否的结果论其责任,其仍为过失责任的一种。

2001年之修订相关规定,增订第23条第1项公司负责人的注意义务,制定理由表明:"为明确规定公司负责人对于公司应践行之忠实义务及注意义务,并对公司负责人违反致公司受有损害,应负损害赔偿责任,爰增订第一项。"此处已与民法委任契约所应负的责任有所不同。依台湾地区"民法"中委任规定,受任人处理委任事务,应与处理自己事务为同一之注意,其受有报酬者,应以善良管理人的注意为之,(台湾地区"民法"第535条)但依台湾地区"公司法"第23条第1项规定,董事不分有无受领报酬,都应该尽善良管理人之注意义务。有学者[②]认为,台湾地区"公司法"第23条有关"尽善良管理人之注意义务"之规定仅系单纯重复台湾地区"民法"已规定的注意程度。

---

① 参见王文宇:《公司法适用民法原则之探讨》,载《法令月刊》2003年第2期。

② 参见曾宛如:《公司管理与资本市场法制专论》(一),台北,元照出版股份有限公司2007年版,第4页。

至于此一注意义务的法定责任由何而生,若对公司采取法人拟制或法人否定说,此时公司在理论上并未有实体的存在,特别于英美法和诸多经济学者多质疑公司作为一个法人实体的说法,认为所谓的公司只不过是一种提供自然人共同经营企业,享受利益负担损失的机制,并提出公司实为诸多契约关系所结合而成的组织。契约连锁理论(Nexus of Contracts)将企业视为以生产商品或提供服务为目的的各式输入活动之结合体,①而董事为公司的受任人处于受托人之地位,②而对委托人负有受托义务,其后因公司法制臻于完善,管理者不再被视为受托人。但基于代理理论,受托人同样处于受他人托付及信赖之地位。因此,在公司法制中此信托关系中之受托义务乃转化为公司管理者或监督者对公司所负之义务,而注意义务与忠实义务则是由受托人关系而生。相对于此种说法,台湾地区与德国同样采用法人实在说,公司法人组织本身因不能为法律行为,故必须由公司之业务执行机关代表法人为法律行为,而董事于选任行为后具有机关之地位,此时因其机关之地位而对公司负有义务,而非仅仅是由受托人之关系而生之信赖关系所产生的注意与忠实义务。且若选任行为有瑕疵,也不会影响到董事之忠实和注意义务,因为在体系上,正如德国通说所言,③对于选任瑕疵,而仍执行业务的董事承认其为事实上的机关成员(faktisches Organmitglieder),而有一个法效外观(Rechtsschein),所以依一般性法律原则其仍有事实上的机关责任,并不因选任瑕疵使选任行为无效或被撤销,而溯及既往的使得此因瑕疵的选任行为而选出的董事毋庸负注意和忠实义务。

而台湾地区属于大陆法系,与德国同采取的法人实在理论,而在忠实和注意义务因台湾地区已明订于“公司法”第23条第1项当中,究竟是由机关地位而生的义务还是由受托人的关系而生并不会影响忠实与注意义务的存在与否。注意义务之要求的行为标准并不是单一固定标准,而会因所经营公司之不同,诸如公司规模、业务复杂度、员工人数……而有所差别,即必须尽到谨慎认真负责任之企业管理人所应尽之注意义务。也就是说,董事注意义务之要求程度亦不能完全排除主观因素,如果其董事拥有特别的专业技能,其注意能力原就比其他执行

---

① 参见王文宇:《公司法适用民法原则之探讨》,载《法令月刊》2003年第2期。

② 参见曾宛如:《公司管理与资本市场法制专论》(一),台北,元照出版股份有限公司2007年版,第29页。

③ MünchkommAktG/Spindler, § 93 Rn. 17 ff.

同类业务有之人有更高之可能性，所以其注意义务之标准则是建立于其他一般有同等能力的人的标准，而非所有一般人的注意程度，此处有“质”之不同，而不是以契约中规范义务条款“量”的不同。至于注意义务的始点，条文中并未有明订，但似可与德国相同，[①] 以股东会的董事选任（Bestellung des Vorstandmitglieder）决议完成且被选任人承诺此一选举或选任（Annahme der Wahl）时，为责任开始的始点，而非签订任用契约时，依契约才负有相关责任和义务。

（二）台湾地区“公司法”上忠实义务的解构

整体而言，可将我国台湾地区“公司法”第23条第1项视为台湾地区关于民事活动的规定中委任关系中受任人义务的特别类型，而内含了注意义务和忠实义务。而该条的规定简言之，其与民法委任人关系下应负的责任义务并不完全相同，而是利用该条来决定公司法上负责人“过失的标准”和“义务的法源”，使负责人能善尽其行为义务（Verhaltenspflichten），完善地为公司利益经营公司。

对于台湾地区关于忠实义务与注意义务的规定，有所谓同质论和异质论之讨论，而学者见解多是认为忠实义务与注意义务本来就是不同之概念，特别是在于台湾地区“公司法”第23条第1项在制定意旨上本就是将之区分为两种不同之概念，[②]虽曾有判决认为：“公司负责人在实际经营公司之各种各类不同行为中，本即难区分各该行为是否违反所谓‘忠实义务’‘忠诚义务’‘善良管理人注意义务’等，是以英美法中即不强加区分而径以一概括之‘fiduciary duty’称之。”故法院就具体个案为判断时，实亦无须强采学理上“异质说”看法，迳将公司负责人所为之各种商业行为逐一定性、判断是否违背善良管理人注意、忠实执行业务之义务，[③]但此种见解实有可议之处，因为二者本属不同的概念，且无论是在美国、日本还是德国也都是认为其有不同的本质内涵，台湾地区“公司法”第23条之忠实义务系台湾地区“民法”中诚信原则于有关公司的法律明文的具体呈现，公司的董事并不是如同一般契约当事人，而是法人的机关单位，处于一个特殊的

---

① MünchKommAktG/Spindler, § 93 Rn. 11.

② 参见刘连煜：《公司法理论与判决研究》（五），台北，元照出版股份有限公司2009年版，第16页。

③ 参见台北地方法院民事判决2004年度重诉字第144号判决。

机关地位,有组织法上的地位,其有所谓对公司利益积极保护的义务责任,必须将公司之利益置于本身利益之上,除了台湾地区"公司法"第23条明订之外,第178条规定:股东对于会议之事项,有自身利害关系致有害于公司利益之虞时,不得加入表决,并不得代理他股东行使其表决权。而台湾地区"公司法"第206条第2项就董事会之决议规定准用第178条之规定。董事回避行使表决权之法理,系基于受托理论下之董事忠实义务而来,与第178条股东回避行使表决权之法理有所不同。[①] 也就是说,台湾地区"公司法"第178条结合第206条第2项,是第23条第1项忠实义务的具体化特殊化之规定。当然,其本身也有问题存在,因董事应行回避,不得参与表决者,必须同时符合"有自身利害关系"且"致有害于公司利益之虞"两个不确定法律概念之要件,因其缺乏明确基准仍必须设法解决。不过反向来看,此处正是忠实义务的本质内涵,董事必须积极保护并关照公司,为公司利益而有所作为或不作为,把自己利益放在公司利益之后,这也是公司机关与公司本身,一种特殊信赖关系的联结。由此来看,董事忠实义务在义务的质与量部分都已不再是台湾地区"民法"上诚信原则所能全盘涵括而应在"公司法"上做进一步的演绎。

也正因为董事的注意义务和忠诚义务是台湾地区"公司法"中明文规定,此规定为强行规定,是否得以股东会之决议,对于负责人之义务与责任加以调整?此处若依股东会的决议以董事的任命契约来减轻董事的责任,即有违反台湾地区"公司法"第23条第1项强制规定之虞,且不符合公司的利益,特别是任命契约应仅有补充的作用,而非能调整之强行规定,特别是如果公司控制股东自行或推举他人担任董事,又以此等方式减轻董事责任,实有违背公司治理之推行,而2001年台湾地区"公司法"对第23条之修正,正是为了维护公司、股东和债权人的权益,自不应容许以契约来减免董事的责任义务。若有此等情事似可依台湾地区"民法"第71条之规定,该契约条款应为无效,若股东会有作成此决议,也应依本规定第191条,股东会决议之内容违反"法令"或章程者,无效。此处之无效,系指自始、当然、确定之无效,而无须待法院之判决。[②]

对于企业实务界挂名总裁、总监或顾问的经营习惯,虽未具备董事身份,却

---

① 参见廖大颖:《论股东行使表决权回避之法理》,载《月旦法学》2003年第99期。

② 参见刘连煜:《现代公司法》(第6版),台北,新学林出版股份有限公司2010年版,第363页。

握有实权,能够影响公司经营策略的情形屡见不鲜,对于这些隐身于幕后不具负责人身份而实质上控制公司之人,是否有台湾地区“公司法”第23条之适用?为此,经济部2010年第一次台湾地区“公司法”草案第23条之1对此拟增订:“非负责人而可直接或间接控制公司之人事、财务或业务经营者,应与公司负责人负同一之责任。”第一次草案并未特别排除相关行政与刑法责任,所以有可能涵盖范围和强度过大,而引发了不少的反弹和争议,所以台湾地区主管经济事务机构第二次台湾地区“公司法”草案第23条之一将其修改为:“公开发行股票之公司,非董事而实际执行董事业务或指挥董事或经理人执行业务者,准用前条之规定。”此时公司之实质负责人则会依前述台湾地区“公司法”草案第23条之一负有台湾地区“公司法”第23条之民事损害赔偿责任。[①] 实属正确必须于特定情形下,将此等事实上有执行董事业务的实质内涵者,课以如同董事的责任方能改变目前公司实务上有许多人能掌控公司,但却是有权无责的乱象。而修正草案则是由修正台湾地区“公司法”第8条着手,2010年5月7日台湾地区立法主管部门第七届第五会期第十二次会议,丁守中先生等20人建议修改台湾地区“公司法”第8条,说明鉴于相关规定就负责人认定系采形式主义,公司实际经营者往往退居幕后,名实不符的情况越来越严重。为使实际上行使董事职权,或对名义上董事下达指令者,均应负公司负责人责任,使其权责相符借以保障公司及投资人权益,故增订第8条第1项但书,“但实质上执行董事职权,或直接或间接控制公司之人事、财务或业务经营者,同为有限公司、股份有限公司负责人”。另2010年12月10日台湾地区立法主管部门第七届第六会期第十一次会议,立法主管部门陈淑慧女士等16人说明鉴于现行台湾地区“公司法”中对公司董事系采形式认定方式,如幕后董事之行为违反相关规定,或有害于公司或第三人时,无法依相关规定,课以民刑事责任,反而由无实质决定权的傀儡董事,就该幕后董事的行为向公司或他人负责,不符公平原则,且幕后董事有权无责,对公司治理、股东及债权人都将造成莫大损害,于是提出台湾地区“公司法”第8条修正草案,修正

① 有关幕后董事之概念可参见刘连煜:《现代公司法》(第6版),台北,新学林出版股份有限公司2010年版,第111页。在台湾地区,公司之董事依其显现于外之身份不同,董事在一般概念上有区分为:依规定选出并登记之一般董事、非董事而事实上有执行董事业务之实质内涵者的“事实上董事”,及非董事而经常指挥公司也未对外彰现其董事身份而借由指挥董事以遂行其执行公司业务之“影子董事”。

条文为:本规定所称公司负责人:在无限公司、两合公司为执行业务或代表公司之股东;在有限公司、股份有限公司为董事,及非董事而直接或间接控制公司之人事、财务或业务经营者。即将幕后董事列为公司负责人。由这些修订情况可得知,制定者也注意到了这个公司治理漏洞而拟加以修补。

(四)经营判断原则于台湾地区之适用

经营判断原则是美国判例法上对于"Business Judgement Rule"的译称,我国台湾地区亦有将之译为商业判断原则的,于台湾地区实务中,也有法院的判决认为台湾地区"公司法"亦适用所谓"经营判断法则"。该判决①认为台湾地区法院在判断公司负责人所为之营业行为是否符合"经营判断法则"似可采取与美国法相同之营业标准:(1)限于经营决定(abusinessdecision);(2)不具个人利害关系且独立判断(disinterested and independence);(3)尽注意义务(due care);(4)善意(good faith);(5)未滥用裁量权(no abuse of discretion)。若公司负责人为经营行为当时若具备此经营判断法则,则可推定其具善良管理人之注意义务,而毋庸对公司及股东负损害赔偿责任。但是也有判决采取否定之见解,承审法官明白表示程序法上的推定免责,应以法律规定者为限,台湾地区"公司法"中并无此推定免责之规定,不能采用美国判例法上的商业判断原则,若认有该法则适用,而使被告等人可推定为善意且对公司经营已有适当的注意,仍应按原告的举证情形,分别审酌之。② 以目前来看,台湾地区法院的见解仍属分歧,但论及经营判断原则之判决有增加之趋势,③但是据学者研究于台湾地区实务上其他有使用"经营判断原则"等文字的法院裁判并不多,而做出使用"经营判断原则"的法官也有重叠现象,且台湾地区"最高法院"一直无相关判决,④故在台湾地区实务上是否适用经营判断原则,仍是在发展阶段。至于说是否应引进经营判断原则,采否定见解学者认为,目前台湾地区对于公司告负责人因违反义务侵害公司利益的损害赔偿案件胜诉者已不多见,经营断原则有利于董事的推定,股东的反证推翻事实

---

① 参见台北地方法院民事判决2004年度重诉字第144号判决、台北地方法院民事判决2007年度诉字第2105号。

② 参见台北地院2003年度诉字第4844号民事判决。

③ 如台南地方法院2007年度金字第1号民事判决。

④ 参见廖大颖、陈启垂:《"台湾法"适用"商业判断原则"的争议》,载《台湾法学》2010年第153期。

上几无可能。因此,依经营判断原则由股东负反证推翻的责任,在台湾地区即显得极不公平。[①] 采肯定说见解之学者认为,[②]应肯认引进承认经营判断原则之判决,因为如积极进取、创新商业活动,而非保守、故步自封,此方足以鼓励董事承担风险,不过,其亦指出:若公司负责人为经营行为当时若具备此五项经营判断法则,则可推定其具善良管理人之注意义务,而毋庸对公司及股东负损害赔偿责任。此一法院见解有误,有学者[③]认为正确见解应是,"经营判断法则"推定五项要件均具备,若此项推定未被推翻,则董事及其决策即受保护,免受法院的事后评断。并不是说只要符合经营判断法则之要件,公司负责人即当然无须负责。也就是说,应该将初次举证责任分配予原告,由原告举证证明被告董事会在于作成决议之时,是在一个资讯不足的情况下或是基于"恶意"而作成决议,如果原告无法举证证明,被告董事也无须自己证明做决定时仍基于充足的资讯或系基于善意而作成决定,因此,法院也不能对该商业决定进行实质审查,所以就算是公司确实因被告董事之决策受到损害,也不必负损害赔偿责任。而持保留见解的学者认为商业判断原则与民事责任举证之负担,应该再做民事诉讼法学的论证研究,方得以明确经营判断原则推定的假设效果与举证责任的分配合不合理。[④]

至于如果将来确实通过判决引进承认经营判断原则,最后是否应法典化的问题,认为应法典化的学者认为,因为台湾地区属欧陆法制及典型的成文法地区,为了法律的安定性与明确性的保障,就经营判断原则的内容及法律效果,应该明定违反义务时的举证责任规定,以避免有争议发生。[⑤] 认为无须法典化的学者理由有二:其一,商业决策和决断,时常伴随风险与不确定性,应以公司本质的原因而承认所谓经营判断法则,使董事得以勇于任事,追求公司利益。其二,依台湾地区"公司法"第202条,相关规定意旨强调经营所有分离,经营判断法则乃在确保由董事经营公司,而不是由股东经营公司。容许股东经常轻易请求法院

---

① 参见廖大颖、陈启垂:《"台湾法"适用"商业判断原则"的争议》,载《台湾法学》2010年第153期。

② 参见刘连煜:《公司法理论与判决研究》(五),台北,元照出版股份有限公司2009年版,第18页。

③ 参见刘连煜:《现代公司法》(第6版),台北,新学林出版股份有限公司2010年版,第105页。

④ 参见廖大颖:《公司负责人之注意义务与商业判断原则的适用》,载《月旦裁判时报》2010年第1期。

⑤ 参见廖大颖、陈启垂:《"台湾法"适用"商业判断原则"的争议》,载《台湾法学》2010年第153期。

审查董事会之经营管理决策,决策权最终可能由董事会移转至好讼成性之股东手上。若因台湾地区为大陆法系似可仿美国的公司治理原则以“法教”之方式形成经营判断原则。[①] 综上而言,可知台湾地区对于经营判断原则仍是在发展中,学者对于是否该引进经营判断原则仍有不同之意见,特别是在该原则推定假设之效果以及举证责任分配上的合理性,以德国而言,是否适用经营判断原则对于构成要件的说明与举证责任在于董事一方,此种解释方符合德国《股份法》中对董事责任举证责任转换之规定,而于台湾地区如果引进经营判断原则,举证责任应在原告公司一方抑或被告一方,依学者说明美国法理之见解,举证责任应在于原告一方,原告必须证明被告董事违反了经营判断原则的五项构成要件之一,因为在台湾地区“于委任关系之债务不履行案件,原则上应由被告证明已依委任之本旨履行债务。盖契约责任是特定人间之结合关系,当事人对之有一定信赖,故于债权人受损害时,债务人若认为其具有不可归责事由,理应由债务人先负举证责任。因之,在有关董事违反委任契约之争议诉讼上,由何人负初次举证责任,便属重要”。[②] 不过,在实务判决中,的确是要求被告董事举证其决策行为是否符合经营判断原则之五大要件,亦有学者认为此可能是司法人员基于专业判断于适用经营判断原则时所做的调整。[③] 由此可知无论是在实务上还是在学术上,目前都未有一个统一见解,是一个仍在发展中的未明文的法律制度。若要确实要引进台湾地区,因台湾地区为大陆法系,故仍宜依台湾地区实际情况,明文分配举证责任及法律推定之效果。

四、我国台湾地区规定之检讨——代结论

综上所述,我们可得出对于董事之义务与责任,其实都是应该规范在一个可控制的风险范围,并利用适当之减缓机制如经营判断原则、董事责任免除抑或董事保险等方式,不会将董事的责任无限上纲造成董事风险过大,致使董事不敢积极任事,反而会有损公司利益。无论是德国还是台湾地区,都是往这一个方向在

① 参见刘连煜:《公司法理论与判决研究》(五),台北,元照出版股份有限公司2009年版,第40页。

② 刘连煜:《现代公司法》(第6版),台北,新学林出版股份有限公司2010年版,第105页。

③ 参见廖大颖:《论股东行使表决权回避之法理》,载《月旦法学》2003年第99期。

建构董事的责任与义务。

因为德国《股份法》第 93 条第 2 项第 2 句规定：若有争议时，董事必须自己举证来证明其执行业务行为已尽到通常及诚信的注意，故在以往的判决中已承认有所谓企业裁量原则，此原则类似经营判断原则，其实便是给予企业负责人一个对企业决策的裁量空间，若决策在此裁量空间之内，便不会成立注意义务的违反。当初此原则是一个未明文的法律制度，慢慢的，德国已将以往一些未明文的法律制度法条明文化，例如，经营判断原则明文于德国《股份法》第 93 条第 1 项第 2 句。在于责任认定类型化的部分，德国也多已经于《股份法》第 93 条中明文类型化，其中已包括了谨慎注意义务（Sorgfaltspflichten）、忠实义务（Treuepflichten）和守密义务（Verschwiegenheitspflichten），而且德国《股份法》第 93 条第 1 项第 1 句具有双重性标准的功能：其一，其为过失之标准；其二，其为概括一般化条款中之客观行为标准。台湾方面认为，台湾地区"公司法"第 192 条第 4 项规定：公司与董事之关系，除另有规定外，依"民法"关于委任之规定。故基本上董事与公司间之法律关系为委任关系，适用台湾地区"民法"中有关委任规定，并于台湾地区"公司法"第 23 条中要求董事对公司负善良管理人之注意义务和忠实义务，除此之外，还散见于"公司法"尚有对董事所做之特别规范，此另设规定之处便不适用台湾地区"民法"中有关委任之规定。但台湾地区"公司法"第 23 条均未如德国《股份法》第 93 条如此明文详述责任类型，故在台湾地区"公司法"第 23 条似可再更细致化的类型区分。

至于董事责任减轻部分，德国似较僵化，德国法对于董事之忠实义务与注意义务具有强行法的性质（zwingender Natur），不得以章程、监事会决议抑或利用委任契约加以免除或做有利于董事会成员之减轻。台湾地区"公司法"第 23 条亦为强行法规，似应与德国做相同之解释，如果想要让董事之责任和义务较有弹性，仍是一个立法论之问题，应修定为之。

在举证责任部分，德国明文采取举证责任倒置，德国《股份法》第 93 条第 2 项第 2 句规定了董事之说明责任及举证责任之倒置，其规定董事对其是否有尽到一般业务执行人之谨慎注意义务和忠实义务负有举证和说明之义务。也就是说，此说明与举证的负担系在于董事，而非提出诉讼之一方，而此处的举证责任转换责任不单单在于义务违反，在有无过失方面亦包括在内。台湾地区在此部分仍有不同之见解和争议，有认为似应由董事一方负举证责任，原则上应由被告证明已依委任之本旨履行债务。[①] 此等见解值得赞同,但是否所有法院都采此见解仍有疑问,故仍以相关规定明文举证责任倒置,由被告董事负举证责任为宜。

经营判断原则之部分,德国已于法条中将经营判断原则明文纳入,德国《股份法》第93条第1项第2句规定经营判断原则,并明文审查标准。台湾地区目前则是在部分判决中认为台湾地区亦有经营判断原则的适用,从台湾地区之司法实务所诠释的经营判断原则下,董事是否违反善良管理人注意义务,说明不得以结果反推董事有违善良管理人的注意义务,即并非单以董事行为造成公司损害此一结果论之,而系参照董事行为当时的状况,有无收集、调查、检讨合理的资讯,以及参照当时状况及董事被要求的能力水准,其有无为不合理的判断。而值得一提的是,台湾地区司法实务所发展出的经营判断原则,与美国的法理并不相同,于美国此一原则是对董事业务执行的有利推定:作成商业决策的董事被推定为"系在充分资讯下,本于诚信,并确实相信该商业决策之作成系本于公司之最大利益",诉讼原告若欲主张董事执行上违反其注意义务,必须先举证推翻此一推定。但是举证之所在,败诉之所在,纵使原告能举证推翻上述推定,此仍不足以证明董事确已违反其注意义务,法院必须再进入实质之决策审查。而台湾地区实务上则是认为"……若公司负责人为经营行为当时若具备此五项经营判断法则,则可推定其具善良管理人之注意义务……"由此看来,对于有无适用经营判断原则所保护之范围应由被告董事举证。此处由被告董事举证,若被告未能举证,法院则可以进入实质审查。部分判决的见解与德国规定似有相同之处,且台湾地区判决在事实上大多有审查董事经营判断内容本身以及其他相关执行业务之情事。

由上所述,德国系将董事责任举证责任转换明文化,并将当初未明文的法律制度——经营判断原则也写入法条当中,以避免董事风险过大,而台湾地区之部分,虽于2001年"公司法"修定时将忠实义务纳入,但虽有忠实义务之明却未规定忠实义务之内涵与适用情形,[②]故多以英美法概念填补其中空白。学者亦认为应对台湾地区"公司法"进行再次的修正,将第23条第1项的规定予以类型化、明确化,使法院在适用上有一定基础,并期许法院利用判例、判决及决议等方式,

① 参见刘连煜:《现代公司法》(第6版),台北,新学林出版股份有限公司2010年版,第105页。
② 参见王文宇:《公司法论》(第3版),台北,元照出版股份有限公司2006年版,第119页。

因应时代变迁，而将该条文的内涵予以扩张，使其更为完整。[1] 而德国与台湾地区同为大陆法系，相较于英美法制，因法系相近，德国法制的发展必有其参考之处。至于有关是否引入经营判断原则，以德国而言，除为了增加董事勇于任事，增加公司效益外，也是因为董事举证责任倒置，对董事之风险可能大增，在明文纳入德国《股份法》之前已先利用判决承认"企业决策裁量之空间"，台湾地区经营判断原则仍在发展当中，并未成形，董事之举证责任亦未如德国必须由董事需反证自身无罪，在现阶段是否直接纳入，仍有考量之空间，台湾地区目前虽然已有地方法院认为应适用"经营判断原则"，[2]但并未有深入的说明，且在这部分台湾地区到底有无全盘适用的可能性，仍有待学术与实务的发展，以明白说明经营判断原则内涵与举证责任负担于台湾地区的分配情形。德国对于董事责任与风险都有详细之论述与体系架构，若台湾地区"公司法"第 23 条的基础上能借用各国和地区经验再加上本地区的现况情势予以发展，必能建立适度风险和责任的董事义务，在法制规范之强度与密度上做出适合社会实际情况的制度，而不宜直接全盘引进商业判断法则及美国法制下的低度审查准则的内涵。[3] 在此之前可先行纳入"企业决策裁量空间"法理，抑或可以于台湾地区"上市上柜公司治理守则"第 37 条中先行纳入企业裁量空间之限制与保障，对台湾地区"公司法"第 23 条第 1 项作较清楚之释明，但此处法律上的意义仅是对法条内容更详明之重述，并不能去拘束法院见解，但仍应具有引导实务之作用，而留待法院实务来持续发展台湾地区本土的经营判断原则实质内容和效果。至于是否利用章程免除责任条款来减轻董事责任，则是一个立法论的问题，以目前台湾地区的负责人违反注意义务案件成立的数目和证明的困难度而言，可能要再多详加考量，不宜轻易行事修订直接纳入，如此方能使董事的责任义务与风险承担达到一个平衡点，建构具有台湾地区特色的董事责任义务架构。

---

① 参见曾宛如：《董事忠实义务之内涵及适用疑义》，载《法学丛刊》2003 年第 190 期。

② 参见台北地方法院 2004 年度重诉字第 144 民事判决。有关学界之概念内容，亦可参见王志诚：《不符合营业常规交易之判定与类型》，载《政大法学评论》2001 年第 66 期。

③ 参见邵庆平：《公司法——组织与契约之间》，台北，翰芦图书出版有限公司 2008 年版，第 362 页。

关联交易

——一个商行为视角法律规制的展开

程淑娟*

当前资本市场风起云涌,不断创新,监管层对上市公司关联交易的规制态度发生了重大变化。2015 年 11 月 6 日发布的《首次公开发行股票并上市管理办法(征求意见稿)》和《首次公开发行股票并在创业板上市管理办法(征求意见稿)》及修订说明中,取消了“五独立”的发行条件,将原规定中的“发行人与控股股东、实际控制人及其控制的其他企业间不得有同业竞争或者显失公平的关联交易”的相关要求取消。[①] 但仍要求主板和中小板发行人做到“关联交易价格公允,不存在通过关联交易操纵利润的情形”;今后上市公司仍需遵守中国证监会关于信

* 西北政法大学民商法学院教授,法学博士。

① 《公开发行证券的公司信息披露内容与格式准则第 1 号——招股说明书》(2006 年修订)及《公开发行证券的公司信息披露内容与格式准则第 28 号——创业板公司招股说明书》(2014 年修订)中关于“同业竞争与关联交易”一节中的披露要求,拟上市公司仍须披露涉及同业竞争与关联关系的相关问题及相应规范措施。

息披露的具体规则。[①] 此外，上市之后，持续信息披露也仍要求对关联交易进行披露。[②] 应当说，对关联交易规制态度的变化既体现了监管层对资本市场发展的积极推进态度，更体现出将关联交易的规制回归市场和法治本位的基本立场。然而，我们在略感欣喜之余却必须承认，我国公司法对关联交易的规制在整体上仍存在若干制度性缺陷，这些缺陷迫切需要补足，唯有如此，才能使法治作为一种制度供给更好地回应资本市场的发展需求。

一、关联交易效果的双重性

关联交易既普遍存在于上市公司的经营活动中，在大量的非上市公司中也较为常见，它已经成为当下典型的公司集团化、交易复杂化背景中的商行为类型。关联交易可以分为经营性和非经营性两类。经营性的关联交易包括因买卖、租赁、提供或接受劳务而发生的关联交易，这种类型的关联交易存在对价性，采取了一般商事交易的模式，大都属于公司自身的业务类型。非经营性的关联交易主要指担保、出借公司资金，其本身可能不存在对价，交易本身也不必然为公司的业务类型所包容。关联交易还可以分为公允的关联交易和非公允的关联交易，这是依会计准则对交易是否公平进行的分类。为了防止利用关联交易操纵利润，公允性成为会计准则对关联交易的基本要求。

如果我们将关联交易与普通的商事交易相对照，就会发现关联交易具有双重效果：

一方面，关联交易有其客观性和合理性。普通商事交易假定的前提是市场

---

① 参见《首次公开发行股票并上市管理办法（征求意见稿）》《〈首次公开发行股票并上市管理办法（征求意见稿）〉修订说明》《首次公开发行股票并在创业板上市管理办法（征求意见稿）》《〈首次公开发行股票并在创业板上市管理办法（征求意见稿）〉修订说明》，载中国证券监督管理委员会网：http://www.csrc.gov.cn/pub/zjhpublic/G00306211/201307/t20130712_230700.htm，最后访问日期：2015年11月6日。

② 《上市公司治理准则》第12条规定："上市公司与关联人之间的关联交易应签订书面协议。协议的签订应当遵循平等、自愿、等价、有偿的原则，协议内容应明确、具体。公司应将该协议的订立、变更、终止及履行情况等事项按照有关规定予以披露。"第13条规定："上市公司应采取有效措施防止关联人以垄断采购和销售业务渠道等方式干预公司的经营，损害公司利益。关联交易活动应遵循商业原则，关联交易的价格原则上应不偏离市场独立第三方的价格或收费的标准。公司应当对关联交易的定价依据予以充分披露。"

的充分竞争,而关联交易可以使交易各方充分利用关联关系带来的内部资源和信息优势,节约代理成本和交易费用,提高关联方整体的资本运营能力,实现经营的多元化和规模效应,增强企业的竞争能力;并在资本市场上,与投资相关的关联交易大都以"组织战略"的形态出现,一荣俱荣的联动效应可以大幅度提升企业整体价值。可见,关联交易具有存在的客观性和合理性,因而法律对其态度不可能是禁止,而是需要理性的规制。

但另一方面,关联交易也存在显性的弊端。普通的商事交易假定交易各方都是独立的财产权主体,遵循传统民法的意思自治,交易互换的是财产、利益和意志与自由。但关联交易中,"关联"不仅指交易各方财产权和利益的一致性,更是因关联方存在股权或人事等"控制"关系,而直接导致了意思表示这个传统法律行为核心性要件的虚化或形式化,关联交易就可能成为一方控制另一方或者对另一方产生重大影响的交易,而"关联方"作为交易的主体,内含着一种冲突的可能:公司的股东、实际控制人或董事及高级管理人员既要承担对本公司的忠实义务,同时又是关联交易的利害关系人。这种冲突极易导致关联交易的非公允性而导致本公司利润转移、控制权旁落,投资者或中小股东、债权人的利益受到损失。[①] 而"非公允性"有时由交易价格直观体现,有时则有其他更为隐蔽的利益损耗。我国上市公司治理中曾存在严重的通过关联交易掏空上市公司的问题。还有学者对10年前中国证券市场上712笔上市公司的关联交易进行统计后发现,其中376笔存在现金流出,138笔现金流入,说明有利于上市公司的非公允关联交易所占比例较少,大部分都是不利于上市公司的非公允关联交易。[②] 还有学者在对我国上市公司关联交易进行实证研究后指出,那些董事、大股东参与的关联交易大多降低了企业的价值;关联交易会显著地影响盈余的质量,关联交易与盈余持续性呈负相关。关联交易特别是非公允关联交易的大量存在,可能会使市场和其他投资者对关联交易"用脚投票",因而影响到上市公司的盈余质量。[③] 对关联交易的这一效果,显然无法用传统民法的法律行为制度来包容,因而探究关联交易法律规制的应有路径是有意义的。法律规制关联交易的目的应当是

① 参见(2015)民二终字第324号民事判决书。

② 孙爱林:《关联交易的法律规制》,法律出版社2006年版,第21页。

③ 参见上海证券交易所第21期联合研究计划项目:《上市公司关联交易研究报告》,课题负责人罗中洲、司徒大年。

防止关联交易导致的不正当利益流动,维护公司、股东和债权人的合法利益。

二、当前我国法律在规制关联交易中存在的问题

综观现行法律规定,我国已经形成了公司法、证券法、会计法等多个部门法对关联交易“多管齐下”的规制现状。表面看来,多个部门法各自分管一片,公司法界定关联关系,以忠实义务约束董事、监事和高管人员,证券法及中国证监会规章规制上市公司的关联交易和关联方信息披露以实现投资者的知情权,会计法运用会计准则来确保公司财务信息的真实规范和国家税收安全,由此确实形成了一个调整关联交易的复杂法律“机制”,并且长久以来,在大部分学者的观念中,关联交易由多个部门法规制,已经成为关联交易法律规制的固有特色。然而,多个部门法齐头并进,实则割裂了关联交易的法律规制的统一性和权威性。以下三个问题较为明显:

(一)对非上市公司的关联交易缺乏有效规制

上市公司因接受中国证监会的监管,已经以信息披露为主线形成了一系列较为完整的制度,加之中国证监会拥有以监管为内容的行政权力,因而对上市公司关联交易的治理较为有效。这也是近期中国证监会调整主板和创业板发行条件的原因之一。学界对于关联交易的研究也多聚焦于上市公司。尽管我国《公司法》第216条并未局限于上市公司,但显然,因不涉及证券法的适用,诸多非上市公司的关联交易还没有引起人们足够的重视。然而,非上市公司也需要规范的公司治理,市场经济法治化的微观基础在很大程度上取决于公司治理的法治化水平。在很多企业集团内部,关联交易大量存在,有些损害到了公司的利益,有些损害到了股东和债权人的利益。由于非上市公司缺乏监管机关,在信息披露方面要求较低,[1]并且通过现有公司法的相关制度以及民法的撤销权、民事诉讼法中的第三人异议之诉等制度予以矫治的成本过大,对非上市公司的关联交易至多只能做到事后按关联交易损害公司利益赔偿纠纷处理,缺乏有效的事前规制措施。即使采用事后救济,也存在法律适用的若干模糊问题。例如,股东代表诉讼通常被认为是一种有效地防止内部人损害

① 2014年10月1日起实施的《企业信息公示暂行条例》中要求企业公示设立企业、购买股权信息及有限责任公司股东股权转让等股权变更信息等信息,但并未明确对关联交易、关联方的公示要求。

公司利益的制度,但《公司法》第152条第3款中的"他人"应当如何解释还不明确,有判决认为该条仅列举了3种公司内部人员可以成为适格的股东代表诉讼的被告,未明确控股股东、实际控制人损害公司利益时能否提起代表诉讼,以及前置程序,[①]因而不能认定该款"他人"包括控股股东和实际控制人。

(二)司法实践对关联关系的法律适用仍有争点

《公司法》第216条有"关联关系"的规定,而且第21条和第148条、第149条等也可以用于对关联关系的规制。然而,《公司法》对何为"关联交易"尚无界定,《会计法》以及中国证监会的规章中对关联交易虽有规定,但也存在差异。这种分散立法、多头齐下的法律调整机制本身就有机制的协调和运行成本,容易带来法律适用的混乱。如果我们仅分析《公司法》对关联关系的相关规定,司法实践中出现的以下争点问题值得关注:

1. 对"关联关系"的认定有不同标准

我国《公司法》第216条规定,"关联关系,是指公司控股股东、实际控制人、董事、监事高级管理人员与其直接或间接控制的企业之间的关系,以及可能导致公司利益转移的其他关系"。对"公司控股股东、实际控制人、董事、监事高级管理人员与其直接或间接控制的企业之间的关系"作为关联关系的认定应无争议,但对"以及可能导致公司利益转移的其他关系"中的"其他关系"就有不同理解了。有判决认为,"其他关系"是指存在控制或重大影响,因而当然可以包括人事控制。[②] 但也有判决认为,关联关系应界定为控股股东等与其直接或间接控制的企业的关系,即仅限于股权控制而不认可人事控制。"根据《公司法》第216条关联关系的含义以及第21条对禁止关联行为的规定,可以看出,公司法并未禁止关联关系,只是禁止关联行为。而且关联关系是指公司控股股东等与其直接或

---

① 参见(2013)民二终字第58号民事判决书。

② 例如,(2013)鄂民二终字00084号民事判决书中指出,原审法院认为,虽然A公司的工商登记资料并未载明余某某2009年至2010年在A公司任职,但从余某某曾代表香港某公司与当地政府签署协议设立A公司,代表A公司收购B公司股权、代表A公司担任B公司董事等,以及其家族企业在2011年之后成为A公司的主要股东,其兄弟是A公司法定代表人等事实看,即便不能认定余某某直接或间接控制了A公司,也可以认定余某某对A公司的财务及经营政策有重大影响力;其兄弟在A公司成立时亦被登记为监事也可以佐证。故符合第217条关于关联关系的规定。该判决还指出,通说认为,"重大影响力"也是该条所规定的"其他关系"的内容,即余某某作为C公司的董事,基于其对A公司的重大影响力,可能导致C公司的利益转移至A公司。

间接控制的企业之间的关系，并非两个企业之间的关系，但法律并不禁止同一人在不同的公司投资入股。”①

2. 关联交易是否有效的司法审查有不同态度

在对涉及第三方的关联交易合同效力进行判断时，司法实践体现出较大差异性。例如，有判决认为，关于协议效力，因该协议是签约三方的真实意思表示，亦符合法律规定的形式要件，且因契约行为并非都是以利益交换作为契约成立的条件，故协议主体的契约行为应当受到法律保护。原告所称“股东不得利用其关联关系损害公司利益”的规定，是规范公司内部管理关系的，若股东具有上述行为，则公司或者其他股东可据此要求其承担相应的法律责任。法律并不要求与公司发生业务往来的当事人在从事交易过程中对此情形负担注意义务，如果公司的每一个交易行为都需要公司内部审批才能对外产生法律效力，则交易相对人的权利难以保障，交易的便利与信赖将荡然无存，原告法定代表人与其他公司股东之间是否存在身份上的关联关系，并不影响协议的效力。② 但也有法院或当事人举证将审查重点放在关联方与第三方是否存在恶意串通，进而因符合恶意串通而认定合同无效上。③ 此外，在关联交易的效力认定方面，未履行股东会或董事会批准程序的关联交易究竟是导致交易无效，④

① 参见(2014)青民二商终字第59号民事判决书。该案中某公司的两名股东同时又是另一公司的股东。

② 参见(2015)郑民三终字第506号民事判决书。

③ 如(2012)民四终字第1号民事判决书。该案所涉《国有土地使用权及资产买卖合同》的签订和履行期间，福建A公司与B公司(C公司)属于“实际控制人直接或者间接控制的企业之间的关系”，应认定是关联关系。D公司成立后只买了案涉土地使用权，没有办公场所，没有实际经营。D公司的董事、监事同时也是C公司的法定代表人或董事汇成员，其与C公司实际是一套人马、两块牌子，两公司之间的买卖合同由可能导致C公司利益的转移，符合上述法律规定的关联关系的情形。该《国有土地使用权及资产买卖合同》的签订被法院认定为逃废债务意图明显，属于恶意串通，转让后使福建A公司成为一个空壳公司，导致了E公司对福建A公司的债权无法实现，故判决最后按恶意串通确认合同无效，要求按无效合同的处理返还财产进而保护E公司的债权。

④ 参见大连市中级人民法院(2014)大民一终字第1587号民事判决书。该案中，刘某某是大连A公司的总经理，其将200万元以高息借给公司。法院认为：公司高级管理人员对公司负有忠实和勤勉义务，公司高管不得利用在公司的地位和职权为自己牟取私利，不得将自己置于与公司利益相冲突的地位。刘树海在担任大连A公司总经理期间，向其出借大额款项，并收取高息利息，系重大关联交易，依据《公司法》第149条第1款第4项应当经股东会同意。但本案刘某某并未提供证据证明已经得到股东会同意。《公司法》第149条为强制禁止性规定，违反该条款的民事行为当认定为无效，故本案判决某某与公司的借贷合同无效。

还是可撤销，[①]还是认为关联交易的相关程序规则仅是公司内部管理性要求，关联交易的合同并不受内部程序控制。[②]

3. 关联交易损害赔偿的法律适用有疑问

在因关联交易导致的损害赔偿方面，法律适用的观点也有较大差异。例如，有判决认为《公司法》是特别法，根据《侵权责任法》第5条“其他法律对侵权责任另有规定的，依照其规定”的规定，以及特别法优于普通法的法理，公司法的损害赔偿问题排除侵权责任法的适用。[③] 但也有判决支持公司法与侵权责任法、民法通则的共同适用。[④]

（三）以行政权为主的规制方法难以应对现实中复杂的关联关系

目前，我国对于关联交易的规制应用最多的是属于会计法范畴的会计准则和《证券法》，特别是中国证监会的部门规章及上海证券交易所、深圳证券交易所的规范性文件。这些规范中对关联方、关联交易予以了具体化，虽然可执行性较强，但依赖行政权主导关联交易规制本身就是一种制度的异化。以行政权规制为主导存在的突出问题就是易以对有无关联交易的事实判断替代对关联交易是否“公平”的价值判断，从而导致关联交易规制目的的含混。关联交易具有效果的双重性，法律对其规制的目的应当是确保公司利益，防止公司利益向关联方的不正当、不公正流动，从而损害公司、股东和债权人的利益。原上市条件中“发行

① 例如，(2014)呼商终字第76号民事判决书指出，法律并不当然禁止董事等高管与公司订立合同或交易；董事等高管在依据公司章程和股东会同意的前提下可以与公司进行交易，只是在出现董事等高管利用关联关系损害公司利益或其他股东利益的情形时，股东可以代表公司或直接提起请求确认交易行为的无效、撤销交易行为或损害赔偿的请求权，因此构成关联交易的无效、可撤销或损害赔偿的要件是，关联交易违反公司章程或未经股东会、股东大会同意且存在损害公司利益。

② 参见(2015)郑民三终字第506号民事判决书。该判决认为：A公司所称股东不得利用其关联关系损害公司利益的规定，是规范公司内部管理关系的，若股东具有上述行为，公司或者其他股东可据此要求其承担相应的法律责任；法律并不要求与公司发生业务往来的当事人在从事交易过程中对此情形负担注意义务，如果公司的每一个交易行为都需要公司内部审批才能对外产生法律效力，则交易相对人的权利难以保障，交易的便利与信赖将荡然无存，A公司法定代表人与B公司股东之间是否存在身份上的关联关系，并不影响协议的效力。

③ (2013)民二终字第58号民事判决书中引用浙江省高级人民法院的观点认为，本案属于公司诉讼，公司法与侵权责任法相比具有特别法属性，A公司援引侵权责任法和民法通则的有关规定来确定五名被告的连带责任缺乏法理和法律规定的依据。

④ 参见(2013)鄂民二终字00084号民事判决书关于责任主体的认定，该案支持依据民法通则第131条要求各关联责任人承担连带责任。

人与控股股东、实际控制人及其控制的其他企业间不得有同业竞争或者显失公平的关联交易”，事实上也有可能使关联交易选取更为隐蔽和多样化的方式，行政查处的成本也更高。而对有关交易是否为应禁止的非公允关联交易，也存在法律依据和具体标准不明的问题，对诸如“实质重于形式”中究竟何谓“实质”、何谓“形式”仍有探讨的余地。① 近期上市规则的重大修改受到市场的欢迎，也说明今后中国证监会的监管将尊重市场规律，聚焦信息披露，保护投资者的知情权和选择权；但关联交易涉及的其他利益主体包括股东、债权人等的保护问题仍

---

① 前述《上市公司信息披露管理办法》第71条最后一种情形中的“潜在关联人”，即“中国证监会、证券交易所或者商事公司根据实质重于形式的原则”来确立的关联方。在中国证券监督管理委员会行政复议决定书(炎黄在线)〔2013〕1号中，就适用了这一“实质重于形式”的潜在关联人认定方法。在该案中，申请人A公司认为，〔2012〕48号《行政处罚决定书》中所认定的其“未按规定披露关联关系及关联交易”缺乏事实和法律依据。其一，B控股的股东是王某树和北京E公司。时任申请人副董事长甲在2006年12月之前并没有担任B控股的董事、监事和高级管理人员，也未持有B控股的股权。B控股工资单上有甲的名字是因为其被聘为公司管理顾问，甲在财务审批单据上签字，只是对相关单据业务的核实，其对B控股财务等经营活动没有最终决定权。其二，C股东为乙和丙，丁只是受C的委托，代办了工商登记手续。C收购资金的来源不能作为判断是否构成关联关系的因素，资金来源本身并不影响交易的性质。其三，D第一大股东是国资委下属中国F集团的全资子公司中国物流，作为央企，D不可能将控制权交给民企性质的中企华盛和B控股。丁在B控股和D担任的职务与申请人没有利害关系，且其几次证言前后不一致，不应作为认定事实的依据。此外，申请人认为，其第六届十次董事会会议纪要等证据证明，申请人对关联交易的审核在程序上符合法律规定。但中国证监会认为，申请人的复议理由不能成立。B控股的《工资单》、财务凭证、戊等人的询问笔录等证据材料证明：2006年12月23日至2008年1月7日，甲在担任申请人副董事长期间，一直在D控股领取工资且其工资记录位于《工资单》首位，金额最高；在B控股大额支出财务凭证附件上主管审批栏曾多次出现甲签字，且在调查过程中相关财务凭证曾被多次篡改；戊、梁某某询问笔录证明甲是B控股实际控制人；B控股股东出资来源存在冒用他人身份证和使用虚假身份证情况，其中姚某某(甲原北京证券同事)询问笔录证明其2006年3月31日汇入王某树(B控股出资人)账户30万元系甲让其汇入，中国证监会调查人员在向B控股出资人王某树及其子核实B控股的设立、注册资金来源、董事会人员、财务负责人及公司与申请人的业务往来等情况时，二人均无法说清或说法与事实不符；2007年4月，B控股法定代表人变更为王某忠(甲之父)，7月25日，B控股股东王某树将股份转让给北京诚通伟业物流有限公司(法定代表人为王某忠)。D是B控股和申请人第一大股东中企华盛的参股公司，2006年8月至2007年6月公司法定代表人丁系B控股派出，丁同时担任B控股董事。丁在询问笔录中承认2006年度D的实际控制人为B控股。C的工商登记资料显示，2005年7月5日，丁(时任B控股副董事长)办理该公司变更注册登记，2006年12月C购买A公司债权的580万元资金来源于D和B控股。根据上述情况及相关证据，可以认定申请人与B控股、D和C构成关联关系，上述公司之间的交易属于关联交易。申请人关于甲不是B控股、D和C的股东、戊等人的证人证言不能采信等抗辩理由，不足以推翻本会根据“实质重于形式”原则、认定A公司与B控股等3家公司存在关联关系的结论。参见《中国证券监督管理委员会行政复议决定书(炎黄在线)》，载中国证券监督管理委员会：http://www.csrc.gov.cn/pub/zjhpublic/G00306211/201307/t20130712_230700.htm，最后访问日期：2013年11月5日。

需《公司法》的适用。这一重大变化也表明,对关联交易需要学界以规范的法学方法,继续探索行政权规制之外的可行路径。

笔者认为,关联交易的法律规制应当回归关联交易作为商行为的本质。即应当由《公司法》构建较核心的关联交易内涵及构成要件,包括关联方、交易方式以及关联关系;在此基础上,《会计法》《证券法》和中国证监会的规范性文件在符合《公司法》规定的前提下再予以具体化和细化;司法实践中也应逐步建构起对关联交易认定及法律适用的更规范和更统一的具体规则体系。为此,从商行为构成要件的视角研究关联交易,就是上述法律规制需求的学理性命题。当然,这一法律规制的研究并非简单立足立法论,而是商法视角的立法、法律解释、法律适用的综合对策性研究。

三、关联交易:一个商行为视角的法律规制

关联交易是商法中典型的商行为。商行为的构成要件是无法为民法意思表示要件所涵盖的行为主体、方式、动机等,与抽象概念不同,商行为的这些构成要件具有灵活性,并且相互之间可以参引、相互解释。[①] 概念法学为德国民法体系的清晰化和适用法律的便捷性作出了不可忽视的贡献,《德国民法典》被认为是概念法学派的杰出学术成就。在这种法学方法论下,"借着抽象程度较低的概念涵摄于'较高等'之下,最后可以将大量的法律素材归结到少数'最高'概念上。此种体系不仅可以保障最大程度的概观性,同时亦可保障法安定性,因为设使这种体系是完整的,则于体系范畴内,法律问题仅借逻辑的思考操作即可解决。它可以保障由之推演出来的所有结论,其彼此不相矛盾,因此可以使法学具有纯粹科学之学术概念意义下的学术性"。[②] 然而,经济现实却常常使这种法的理想逻辑遭遇涵摄不能,而类型作为中等程度的抽象,同样可以起到对事物的科学认识,并且往往可以补足抽象涵摄不能的窘境。尽管商行为的各个构成要件不能做到抽象概念构成要素那般具有独立性和排他性,但商行为是更贴近经济现实、更灵活且适用性更强的法学方法,在商法的研究中应是普遍的法学方法。笔者

① 参见程淑娟:《商行为:一种类型化的诠释》,载《法制与社会发展》2013 年第 3 期。

② [德]卡尔·拉伦茨:《法学方法论》,陈爱娥译,商务印书馆 2004 年版,第 316~317 页。

对关联交易的构成要件界定为如下三个：主体为关联方、方式为利益的流动、动机为关联关系的运用，这三个要件之间存在联系，需要互相参引和解释，任何一个要件都无法成为判定关联交易存在的独立依据。

(一)关联交易的主体是关联方

对何为“关联方”的判断成为判断何为关联交易的决定性因素。对大部分社会事实的法律规制，我们应当从法理角度对它们将是哪一种法律规范类型予以区分。德国著名的法哲学家、民法学家拉伦茨教授将法律规范按其意义分为3种类型：一是经验性的经常性类型。当法规范指示应参照交易伦理或商业习惯时，其涉及的就是经验性的经常性类型。交易伦理是指某特定社会族群的成员，就直接或间接与其业务有关的事务，一般会有的“社会典型的行止形式”。如果法律或个别案件中的契约指示应当参照它们，它们便变成为法规范。二是规范性的真实类型。规范性的真实类型用来描述某类人的社会角色，该类型均属于“描述”而非抽象概念，在描述时所使用的特征并非哪一个个别要素，而是整体的表现形象，这种表现形象来自经验。在选择标准的表现形象及详细界分类型时，规范目的及规范背后的整个法律思想也有决定性的作用。因而，经验性、规范性是该类型法律规范的特定，如动物占有人、事务辅助人、商业代理人及经理人等。三是法的构造类型。这种类型用于详细描述某些形态的法律关系，它涉及的正是法律性创作的特殊构造，其中有些纯粹是法学的产物，如主观权利的类型（人格权、支配权、形成权、参与权与期待权等），但大部分都是在法律交易中产生的，全部的债权契约都属于法的构造类型。① 对照这一法学方法，笔者认为，“关联方”显然属于第二种即规范性的真实类型。所以，以公司法按主体路径，按经验性和规范性的思路推进对关联方的界定是必要的。

由于作为“规范的真实类型”的关联方界定所固有的经验性，通过列举来列明关联方必然会存在明显的不周延性，因而笔者将关联方界定为有关联关系的任何主体。但列举也可以帮助我们认识关联方的外延，有助于规范性的实现。

2007年中国证监会《上市公司信息披露管理办法》第71条规定从关联交易

---

① 这三种类型的法律规范区分详见[德]卡尔·拉伦茨：《法学方法论》，陈爱娥译，商务印书馆2001年版，第337～348页。

的主体角度加以界定:“上市公司的关联交易,是指上市公司或者其控股子公司与上市公司关联人之间发生的转移资源或者义务的事项。”可见,中国证监会对关联交易的界定除了列明关联交易是转移资源或义务之外,还规定有“关联人”的具体情况,关联人包括关联法人和关联自然人。按其规定,具有以下情形之一的法人,为上市公司的关联法人:(1)直接或者间接地控制上市公司的法人;(2)由前项所述法人直接或者间接控制的除上市公司及其控股子公司以外的法人;(3)关联自然人直接或者间接控制的,或者担任董事、高级管理人员的,除上市公司及其控股子公司以外的法人;(4)持有上市公司5%以上股份的法人或者一致行动人;(5)在过去12个月内或者根据相关协议安排在未来12月内,存在上述情形之一的;(6)中国证监会、证券交易所或者上市公司根据实质重于形式的原则认定的其他与上市公司有特殊关系,可能或者已经造成上市公司对其利益倾斜的法人。具有以下情形之一的自然人,为上市公司的关联自然人:(1)直接或者间接持有上市公司5%以上股份的自然人;(2)上市公司董事、监事及高级管理人员;(3)直接或者间接地控制上市公司的法人的董事、监事及高级管理人员;(4)上述第一项、第二项所述人士的关系密切的家庭成员,包括配偶、父母、年满18周岁的子女及其配偶、兄弟姐妹及其配偶,配偶的父母、兄弟姐妹,子女配偶的父母;(5)在过去12个月内或者根据相关协议安排在未来12个月内,存在上述情形之一的;(6)中国证监会、证券交易所或者上市公司根据实质重于形式的原则认定的其他与上市公司有特殊关系,可能或者已经造成上市公司对其利益倾斜的自然人。该规定虽然仅针对上市公司,但其对关联方的具体列举较为周全,如果按自然人、法人这样的序列,则还应当再增加关联“其他组织”。其中最后一种“根据实质重于形式的原则”中“实质重于形式”中的实质,也应当解释为是指发生关联交易的实质,“实质重于形式”就是指不拘泥于股东、董事等身份或任职方面的形式要件,而更看重实质性的控制、决定或重大影响而造成的利益倾斜。

未来公司法大约难以应对如上琐碎的关联方之具体列举,因而《公司法》一方面可以将具有股权和人事控制的关联方列出,另一方面也应当明确关联方包括列举范围之外的有其他关联关系者。列举的意义是将经验事实中的典型关联方予以展示,但不可能穷尽,更不能简单从《公司法》第216条再推出“关联关系是指公司控股股东等与其直接或间接控制的企业之间的关系,并非两个企业之间的关系”这样僵化的结论。

(二)关联交易的方式是权益的流动

较早规定关联交易的是1997年5月财政部颁布的《关联方关系及其交易的披露准则》,其中曾规定:“关联方交易是指在关联方之间发生转移资源或义务的事项,而不论是否收取价款。以下是关联方交易的例子:(1)购买或销售商品;(2)购买或销售除商品以外的其他资产;(3)提供或接受劳务;(4)代理;(5)租赁;(6)提供资金(包括以现金或实物形式的贷款或权益性资金);(7)担保和抵押;(8)管理方面的合同;(9)研究与开发项目的转移;(10)许可协议;(11)关键管理人员报酬。”

从比较法角度来看,英美法系国家对关联交易方式的描述大多放在董事行为的规制中,这种做法也影响了大陆法系不少国家,例如,修订后的日本《公司法典》第356条列举出了以下关联交易的方式:“竞业及利益相反交易的限制:董事,在下列场合,须在股东大会公开有关该交易的重要事实,并得到承认:一、董事要为自己或第三人进行属于股份公司事业部类的交易时;二、董事要为自己或第三人与股份公司进行交易时;三、股份公司为董事的债务提供担保及其他要与董事之外者进行股份公司和该董事之间利益相反的交易时……”我国也有学者提出,关联交易的方式可以归纳为公司与其关联方之间就公司股权转移和其他一般权益转移这两大类。前者包括股权的买卖、赠予、公司股权与资产的交换以及公司配股的分配等,后者包括公司一般交易、董事、监事及高级管理人员的报酬、给董事和监事及关联方的财政及信用资助等。①

现实中发生的诸多关联交易,依然采用了传统民法债的关系模式。但是,在关联方这个主体因素以及关联交易动机的影响下,关联交易的方式较一般商事交易更加复杂,有时有直观表现,有时较为隐蔽,而关联交易的标的往往涉及普通商事交易不涉及的公司资产以及股权。有学者从经济学角度将关联交易的方式按四大可供交易的资源间形成六种形式,包括资金与货物间、资金与信息间、资金与关系间、货物与信息间、货物与关系间、信息与关系间等。② 这种观点较为

① 参见孙爱林:《关联交易的法律规制》,法律出版社2006年版,第90页。

② 参见管[illegible]:《关联交易内幕》,中华工商联合出版社2003年版,第3~5页。

客观地描述了关联交易的形式，因而笔者借鉴其思路将关联交易的方式用权益的流动来加以界定。结合关联交易的另外两个构成要件，权益流动发生在具有关联关系的关联方之间，就有一种实质性的危险，即权益流动的非公允性。现实中大量存在的关联交易，很有可能就是权益的不公允流动，那些掌握着关联交易控制权的一方很有可能损害关联交易对方或第三方的利益。按照规范性的要求，公司法应当构建起对关联交易的程序控制和事后救济措施。

从前述我国法院对关联交易的司法审查来看，焦点问题主要是关联交易是否有效性。最高人民法院在一份民事判决书中指出，涉案公司担保合同效力的认定，因其并未超出平等商事主体之间的合同行为的范畴，故应首先从《合同法》相关规定出发展开评判……公司作为不同于自然人的法人主体，其合同行为在接受《合同法》规制的同时，当受作为公司特别规范的《公司法》制约。《公司法》第1条和第16条第2款已然明确了其立法本意在于限制公司主体行为，防止公司的实际控制人或者高级管理人员损害公司、小股东或者债权人的利益，故其实质是内部控制程序，不能以此约束交易相对人。故此上述规定宜理解为管理型强制性规范。对违反该规范的，原则上不宜认定合同无效。另外，如将其作为效力性规范认定，则将降低交易效率和损害交易安全，也给公司动辄以违反股东决议主张合同无效的不诚信行为留下制度缺口，最终危害交易安全，不仅有违商事交易的诚信规则，更有违公平正义。[①] 对关联交易法律效力的评价体现出法律的价值判断和规制关联交易的司法态度，由此也能构建出有效关联交易的制度框架。作为商行为的关联交易，一方面，在交易方式方面遵循了普通商事交易的模型，因而司法审查首先要尊重商业判断准则，尊重当事人自治，运用法律行为的一般性效力判断规则；另一方面，因关联交易交易地位不平等的特质，故应运用特有效力规则。当然，这两方面并非孤立，很可能交叉运用。在这一思路下，对关联交易效力的司法审查具体如下：

1. 审查关联交易有无违反我国《合同法》关于法律行为有效性的规定

《合同法》的效力判断规则在当前我国合同无效规则逐渐谦抑化的背景下，应无太大争议。关联交易发生在公司控制股东、实际控制人以及董事、监事、高管等与第三人之间时，法院的司法审查重点是其与第三人交易时是否存在违反

---

① 参见(2012)民提字第156号民事判决书。

《合同法》第52条无效规定的情形。按照商事交易的外观主义原则,如果第三人为善意,或交易本身价格公允,则固然不能因关联关系的存在而否定与第三人的合同效力;如果符合恶意串通的构成要件,则该交易合同当然无效,[①]这是关联交易以合同形式进行的一般性规则。当然,在判断是否有恶意串通时,除了主观方面具备知情要件外,还应当重视交易条件是否公允,有无交易异化的现象。一般而言,缺乏对价或价格不公允或许不能成为认定交易无效的唯一标准,但在存在关联关系的前提下,缺乏对价或价格不公允很难说明交易对方作为善意相对人而应需要法律的保护。

2. 关联交易本身是否符合关联交易应有的有效性要求

关联交易的特有有效要件包括两个。

(1)关联交易要符合应有的程序要件

笔者认为,违反股东会批准程序或未经无关联关系的股东同意的关联交易是否有效,应当结合关联交易的具体情形来加以判断,如果属于董事、高级管理人员的自我交易,则应当将股东会批准或无关联关系股东同意作为该交易的生效条件;未履行知情和批准程序的自我交易则应按所附条件不成就而不生效,而不宜作为可撤销或无效。这是因为《公司法》第148条对董事忠实义务的规定,参照最高人民法院判例的精神,尽管属于强制性法律规范,但却并非效力性强制规范,因而这种情况以程序性规范以"条件"对待,条件不成就,法律行为不生效处理较为适宜。这种处理办法也符合当前合同效力认定的一般性规则。如果是与公司之外的第三人发生的关联交易,则按前引最高人民法院的指导案例,因债的相对性而不宜因未履行相关程序而直接认定该交易无效。

(2)关联交易是否损害了公司或其他股东的利益

关联关系的存在,往往使交易中的利益向对关联关系有控制权的一方流动,因而非公允性的关联交易是有其现实性的。由于董事、高级管理人员对公司的实际控制,大量非公允的关联交易极易由董事和高级管理人员操纵,从而损害公司、股东以及债权人利益。美国2002年颁行的《萨班斯—奥克斯利法案》第402条即"强化的利益冲突条款",该条规定(a)对高管人员借款的禁令——在1934年《证券交易法》第13条后增补:(k)对高管人员借款的禁令——原则上,发行人

---

① 参见(2015)民申字第1684号民事判决书。

直接或间接,包括通过下属机构,以个人借款形式向其董事或高管人员(或其他同等人员)提供或者继续持有信用贷款、安排信用贷款的展期或对展期的再展期,均属违法……我国《公司法》第148条的规定对董事和高管人员从忠实义务的角度有行为限制,第21条还从关联交易角度明确了禁止非公允关联交易和避免董事、监事、高管人员利益冲突的基本态度;第115条规定,股份公司不得直接或通过子公司向他们提供借款;第124条则规定了董事会对关联交易表决权的限制。从这些立法可以看出,我国《公司法》禁止涉及董事、监事和高管人员的非公允性关联交易,实践中法律适用的难点则聚焦于关联交易是否损害了公司利益。关联交易是否损害了公司和其他股东的利益,本身属于实质审查,在商事营业维持的商法理念下,法院对此实质审查应采谨慎态度,严守司法审查的限度,不宜干涉公司的自主经营。对此,应由主张关联交易损害公司或股东利益的原告承担举证责任。

关联交易本身的有效性条件包括程序和实体两个方面。司法审查时应当是程序在先,实体在后。如果关联交易符合程序要件,就无须再进行实质审查;如果关联交易不符合程序要件,则应当进行实质审查。在此原则之下,如果仍有股东认为股东会决议或董事会决议违法,则应依据《公司法》第22条的规定按股东会或董事会决议的无效或可撤销之诉处理。

(三)关联交易的动机是关联关系的运用

普通商行为的动机往往被描述为营利,或因营利的事实属性而无须描述。但对关联交易而言,动机则呈现出复合形态,或者是为了获取营利,或者是获得其他利益;有些关联交易符合常规,有些则是为虚报利润,粉饰营利。关联交易的动机如何,有时也是判断关联交易合法性、公允性的一个重要因素。因而与普通商行为并不过多关注动机不同,对关联交易的动机不可忽略。

笔者认为,与普通商事交易的营利性动机相比,关联交易的动机可以描述为关联方之间关系性的运用,这种"关系性"是指关联方之间的控制、决定或影响力。"关系性"这个术语来源于美国社会法学家麦考尼尔在20世纪60年代提出的"关系契约"这一理论,他认为契约是一种交换关系,而交换包含两类特性:一是交易性;二是关系性。麦考尼尔教授从以下11个方面说明了契约的关系性:(1)私人关系的嵌入;(2)交换物品难以被测量;(3)契约持续时间长;(4)没有明确的开端或结束时间；(5)事前难以对交易进行精确的计划，但有可能对关系结构进行界定，并且在履约过程中对计划进行完善；(6)交换能否成功完全依赖于履约过程中的进一步合作；(7)参与者共同分担收益或者承担成本，但收益或成本常常难以在参与者之间严格分配或分担；(8)契约中存在不需明文规定的内生义务；(9)契约难以被转让；(10)参与者常常有多个；(11)参与者之间认识到履行契约的过程中会有很多困难，并通过协调来解决。当交换关系中这些方面的关系性较强时，就构成关系契约，理解关系契约时必须将交易放在关系的具体情境中去考虑。① 关系契约理论对经济学、管理学和法学研究都产生了重要的影响，自20世纪90年代开始，经济学界开始利用博弈论研究如何缔结最优的关系契约，将企业之间、企业内部垂直或水平的关系都作为关系契约，认为关系契约在很大程度上是由参与者自行协调完成的，没有经过制度、仲裁等第三方的干预；还认为关系契约具有易调整性和绩效评估的主观性等特征。管理学界则致力于研究关系契约的治理。

关联交易作为一种典型的关系契约，将"关系性"作为这种交易的内在特质是客观且有必要的。笔者将关系性之运用作为关联交易的动机也符合关联交易的实践。我国《公司法》第216条规定："关联关系，是指公司控股股东、实际控制人、董事、监事、高级管理人员与其直接或间接控制的企业之间的关系，以及可能导致公司利益转移的其他关系。"从字面解释来看，《公司法》的规定已经描述出关联关系的"关系"性。最高人民法院在针对一起非上市公司的民事判决书中也指出："公司法所称关联公司，既包括公司股东的相互交叉，也包括公司共同由第三人直接或者间接控制，或者股东之间、公司的实际控制人之间存在直系血亲、姻亲、共同投资等可能导致利益转移的其他关系。"②关联关系是社会关系的一种，表现为法律上独立的主体间利益的影响性、联动性、协同性，实质上是主体间存在的控制、决定或影响关系。

美国法学家伯利与经济学家米恩斯将"控制"概括为"一小群股东，实际上有权通过下列方法之一选择董事会：(1)普通股的完全所有权；(2)多数控股权；

① 参见[美]麦考尼尔：《新社会契约论》，雷喜宁、潘勤译，中国政法大学出版社2004年版，第4页。

② 参见(2015)民二终字第324号民事判决书。

(3)通过法律手段进行的控制;(4)少数控股权;(5)经营者控制”。[①] 而关联关系中,之所以能够发生一方对另一方的控制,是因为控制方掌握的某些权利,因投资、持股或掌握某种资源以及人事安排而使其拥有的这些权利在被集中、整合之后,[②]发挥出远大于对方的影响力。2006 年我国财政部出台的会计准则中规定:一方控制、共同控制另一方或对另一方施加重大影响,以及两方或两方以上同受一方控制、共同控制或重大影响的,构成关联方。控制,是指有权决定一个企业的财务和经营政策,并能据以从该企业的经营活动中获取利益。共同控制,是指按照合同约定对某项经济活动所共有的控制,仅在与该项经济活动相关的重要财务和经营决策需要分享控制权的投资方一致同意时存在。重大影响,是指对一个企业的财务和经营政策有参与决策的权力,但并不能够控制或者与其他方一起共同控制这些政策的制定。笔者认为,这一对关联方及控制、重大影响的界定是值得肯定的。此外,还应注意到关联方和控制、重大影响是一种双向综合的影响,既包括关联方对公司的控制或重大影响,也包括公司对关联方的控制或重大影响。至于控制的具体情形,一般包括以下两种:一是股权的控制,即包括单独直接或间接持有某公司一定比例股权,也包括与他人共同持股形成的控制以及相互持股形成的控制;二是人事的控制,即董事、监事及高级管理人员独任或兼任,及其家庭成员任职形成的控制。

麦考尼尔在关系契约治理的著名描述“我们无法完全对关系契约进行计划,但有可能对其结构进行计划”。关系契约理论提示我们,关联关系的规制不仅依赖于交易结构的事前规定、理性规划,还依赖于一些社会过程和社会规则的控制。因而关联交易的规制,除了需要沿用传统合同法对交易合同本身的规则设计之外,还要针对关系性之运用有一系列法律应对措施,如关联交易的股东会审批程序、信息披露、关联交易的定价规则等,这些都是法律应予规制的着眼点。将动机作为关联交易的构成要件予以规制,也展现了法律对商业实践的积极回应姿态,特别是我国《公司法》不仅需要对关联交易积极构建事先的行为模式,也需要消极运用《公司法》的各项救济措施对利益受损方的予以救济,由此才能引导关联交易趋利避害,使公司与各类市场交易行为都能规范运作,从而进一步提

① [美]阿道夫·A. 伯利、加德纳·C. 米恩斯:《现代公司与私有财产》,甘华鸣等译,商务印书馆 2005 年版,第 9 页。

② 参见陈醇:《集中性民事权利的滥用及其控制》,载《法商研究》2008 年第 6 期。

高公司治理水平,优化资本市场。

笔者认为,对作为“关系契约”的关联交易,可以针对关联关系这个特有的商行为动机从以下 4 个方面予以规制:

1. 明确关联关系中关联方应相互承担诚信义务

学界基本均认可控制股东对中小股东承担的诚信义务。在有交易性法律关系的当事人之间,诚实信用承担着基本的利益调节功能,确立该义务的目的是尽量防止和减少对受控方的损害。例如,我国《公司法》第 216 条第 2 项对控股股东界定如下:“控股股东,是指其出资额占有限公司资本总额 50% 以上或者其持有的股份占股份有限公司股本总额 50% 的股东;出资额或者持有股份的比例虽然不足 50% ,但依其出资额或者持有的股份所享有的表决权已足以对股东会、股东大会的决议产生重大影响的股东。”该条第 3 项还规定了实际控制人,是指“虽不是公司的股东,但通过投资关系、协议或者其他安排,能够实际支配公司行为的人”。笔者认为,确立关联关系关联方彼此间的诚信义务与控股股东对中小股东承担的诚信义务在法理上是一致的,是关联方中的控制方基于对关联交易的支配性影响而应当承担的法定义务。但如前所述,关联方中具有控制力的一方不一定局限于控制股东和实际控制人,而更多的是指在关联关系中具有控制、决定和影响力的一方,这种控制力可能来源于资本多数决,也可能有其他事实上的来源。所以,明确关联关系中的关联方应相互承担诚信义务仍有现实的必要性。

2. 对关联交易施行程序性控制

尽管关联交易中要求控制方承担诚信原则具有合理性,但该原则仍具有太大解释空间而需要更为具体的制度。正如学者所指出的,公司法中程序的意义相当重要,“私法程序理论不仅仅意味着法定程序对私人行为的控制,因为程序也可能构成对行为自由的保护;而且以程序控制优势权利的滥用也非常有必要的。不止是有权力的人会滥用权力,有优势权利的人也会滥用优势权利”。[①] 关联交易效果的双重性说明关联交易是一个法律事实,给予单纯的否定性法律评价毫无意义;而关联方对关联交易的控制力和影响力也是一个事实,基于公司自治和经营自由的理念,即使司法审查也是有限度的。所以,法律唯有设计周全的程序性规则才能对关联交易的结构“予以计划”。对商行为的程序控制,还需要

---

① 陈醇:《私法程序理论的法理学意义》,载《法制与社会发展》2006 年第 6 期。

处理好其与交易效率、交易安全的关系，因此，关联交易的程序性控制除上市公司必须遵守相应的强制性程序规定以及信息披露要求外，首先应当允许章程来特约，《公司法》则可以以倡导性法律规范的形式，按关联交易的具体类型予以细化：

(1)非经营性关联交易由股东会或股东大会，或无关联关系的股东享有批准权。非经营性关联交易并非商行为的常态，也不会为公司带来利益，因此，即使有损交易效率，也应在程序上控制较严。非经营性的关联交易包括为关联方提供担保以及《公司法》第148条规定的董事、高级管理人员将公司资金出借给关联方。我国《公司法》对这两种非经营性关联交易的态度不完全相同，《公司法》第16条第2款规定："公司为公司股东或者实际控制人提供担保的，必须经股东会或股东大会决议。"而第148条规定，董事、高级管理人员将公司资金出借则按公司章程规定由股东会、股东大会或董事会批准，但未明确出借给关联方的情形。非经营性关联交易利益重大，除非章程特约，较适宜于由股东会或股东大会，或无关联关系的股东来享有批准权。并且在解释论上宜将第16条的公司股东、实际控制人扩张至"以及其他关联方"。此外，遵循关联股东的表决权回避原则，在由股东会、股东大会决议时，有关联关系的股东应无表决权。

(2)经营性的关联交易按交易具体情况或由股东会、股东大会批准，或由董事会批准。对董事、高级管理人员与公司的自我交易应当遵守《公司法》第148条的规定，依章程约定由股东会、股东大会批准。其他的经营性关联交易应由董事会批准。董事会的决议也应当按表决权回避规则。关联方在相关决议时不享有表决权。

3. 加强公司治理，发挥监事会对非公允性关联交易的监督职能

上市公司的独立董事担当有对公司经营的监督职能，但更多的监督职能应当由监事会履行，这在上市或非上市公司应无差异。我国《公司法》第53条要求监事会履行的职责之一是检查公司财务，因而关联交易属于监事会监督的范围。监事会还享有对有违反法律、行政法规、公司章程或者股东会决议的董事、高级管理人员的罢免建议权；对董事、高级管理人员的行为损害公司利益时要求予以纠正的权利；以及依据《公司法》第151条对侵害公司的董事、高级管理人员提起股东代表诉讼的权力等。此外，《公司法》第54条规定监事会在公司经营情况异常时有权进行调查，该条规定也应当包含对关联交易的调查权。

4. 以"民事责任束"约束关联关系

民事责任具有独有的等价性和公平性,相比刑事责任和行政责任,对当事人的民事不法行为具有更强的约束力。当前,《公司法》已经初步搭建起了违反《公司法》的民事责任体系,因关联关系而发生的损害赔偿基本可以在这一责任体系内实现,但期待未来的《公司法》对此有更为系统和明确的规定。如果借鉴民法上常用的"权利束"这个表达,则这些民事责任比较符合"责任束"的样态。

(1)关联交易相关民事责任的适用情形。关联交易可能造成公司、股东和债权人利益的损害,不同情形下承担民事责任的主体也应具体判断:一是公司的损害赔偿请求权,包括《公司法》第 21 条规定的控股股东、实际控制人、董事、监事、高级管理人利用关联关系损害公司利益民事赔偿责任;董事、高级管理人员违反《公司法》第 148 条规定的忠实义务、第 150 条规定的执行职务违法时给公司造成损失的损害赔偿责任。其中第 148 条还规定了董事、高级管理人员违反义务所得收入公司拥有的归入权。二是股东的损害赔偿请求权,包括第 151 条的股东代表诉讼和第 52 条的股东直接诉讼。在股东代表诉讼中,除了董事、监事、高级管理人员可以作为被告外,第 151 条第 3 款中的"他人"应当按股东代表诉讼的制度目的,明确包括操纵关联交易的控股股东、实际控制人以及其他有关联方。三是债权人的利益保护。债权人的请求权依据呈现多元化的特色,既有公司法上的依据如《公司法》第 20 条的公司法人格否认,以及未来可能在公司破产程序中应用的"深石原则"、衡平居次等;也有合同法上的撤销权、侵权责任法上的侵权损害赔偿请求权等作为依据。

(2)关联交易相关民事责任的法律适用。关联交易所引起的民事责任较为复杂,因诉讼标的的不同,法律适用也有所不同。但总的原则是对关联交易一方面适用《公司法》这一商事特别法;另一方面也应当适用其他民事法律,不能简化地以商事特别法优先于民事普通法的理由排除《民法通则》《侵权责任法》等的适用。是否有《民法通则》《侵权责任法》的适用空间应在具体案例中考虑。《侵权责任法》第 5 条"其他法律对侵权责任另有规定的,依照其规定"的规定应当解释为如有与《侵权责任法》不同的规定时才排除适用,[①]在《公司法》没有规定的情形下,当然可以适用《民法通则》《侵权责任法》等民事法律。例如,不少关联

① 参见(2013)民二终字第 58 号民事判决书。

交易的损害赔偿纠纷中，可能涉及多个被告，多个被告之间能否成立连带责任或不真正连带责任就只能依据《民法通则》和《侵权责任法》来确定。例如，有判决指出，关于本案责任主体，余某应当按第 21 条承担赔偿责任，作为与余某有关联关系的弘建公司，与余某有意思表示一致性以及利益取得的共同性，故依据《民法通则》第 130 条承担连带责任。[①] 该判决即将关联各方按共同侵权对待，适用连带责任维护债权人利益，其法律适用的包容性思路值得肯定。

四、关联交易的合理安放：对公司集团立法的展望（代结语）

作为商行为的关联交易，其法律规制较为复杂。这种状况乃是社会现实中商行为的常态，也是普通商事交易无须面对的特有法律命题。我国《公司法》第 2 条将公司定位为“企业法人”，与当今大多数国家和地区一样均以单一公司为规制对象。按照这一定位，公司具有独立的法人资格，承担独立的法律责任。这一对公司的认识非常符合法律逻辑，特别是符合法人实在说的法人本质观，然而却不符合经济现实。由于分散风险、家族传统、税收驱动以及公司收购等多种原因，现实中存在的是大量公司集团。关联交易之所以得以发生，大多是因为关联方存在以股权、人事以及其他方面的控制关系，交叉持股、转投资、股权转让、公司合并等行为在公司集团中已经成为常态，也是资本市场创造新价值的具体路径。在公司集团中，某些被控制的公司既无独立财产，更无独立的人格，早已经动摇了传统公司法的独立人格和独立责任。而且可以预见的是，未来中国资本市场越发达，所形成的公司集团将越多，涉及的利益相关方不仅包括公司本身、公司控制股东及各类投资者（类别股股东）、债权人等，而且也包括控股股东与从属公司之间的关系。所以，关联交易的法律规制应当置于对公司集团中关联关系的规制背景之下，借鉴德国等对企业集团的先进立法经验，才能合理地安放诸如诚信原则、程序控制并形成更为清晰的民事责任体系。这将是未来我国《公司法》从立足独立公司迈向公司集团，并实现《公司法》结构变迁的发展空间。

---

① 参见（2013）鄂民二终字 00084 号民事判决书。

论董事忠实义务的判断标准及其立法完善

崔金珍*

现代公司的治理架构已经从以股东会为中心逐渐转向以董事为中心，因此，公司董事会的权限也就随之变得越来越大，董事信托义务成为公司治理的核心问题。忠实义务作为信托义务的一项重要内容，也越来越受到各国的重视，为了更加周全地保护公司的合法权益，各经济发达国家的公司立法都在不断强化董事的忠实义务。

由于作为信托义务重要内容的忠实义务本身是道德法律化的结果，其表现极具抽象性，虽然我国通过法律的形式对董事的忠实义务作了规定，但相对于具有判例传统的英美法系国家而言，还是缺少了实践的优势，在实践应用中对于是否违反董事忠实义务的界定比较模糊。另外，虽然我国相关法律对董事信托义务的规定并没有违反国际上对现代公司发展的趋势，但在很大层面上移植了英美法系的相关规定，在与我国本土法律的衔接上难免存在不适合之处。① 因此有必要对董事忠实义务进行深刻的分析，并讨论出在具体实践中对董事是否违反这一忠实义务的判断标准，以改善利用董事信托义务进行

---

* 天津财经大学法学院副教授。

① 参见周蓉蓉：《法律移植语境下公司董事信托义务的研究》，载《企业改革与管理》2014 年第 4 期。

公司治理的实际效力。

一、董事忠实义务之一般标准

倡导判例法的英美法系国家在判断董事之忠实义务时大多进行个案研究，最终由法官进行归纳总结。我国是传统的成文法国家，在判定董事是否违反其忠实义务时常常依据法律条文来确定。但是，伴随着我国社会经济的飞速发展，关于忠实义务的相关规定也存在一定变化，若还是照搬法律的明文列举，是不能满足具体实践的需要的。因此，很有必要制定统一的判断规则，用来解决法律滞后性带来的系列问题。从对董事忠实义务的表现内容可知，可以从以下3个方面进行判断。

（一）基本标准：诚实守信原则

在市场经济活动中，诚实守信原则是一项非常重要的基本道德准则，更是现代法治的一项基本法律规则。在公司法中要求公司及其股东不为欺诈行为，不得故意规避法律，要恪守信用，尊重交易习惯，尊重社会利益和他人利益。从董事忠实义务表现形式上来看，其中也都一定程度地体现了诚实信用原则，例如，董事应当承担不得外泄公司秘密的义务，董事未经许可不得擅自处理属于公司的财产等。由此可知，诚实信用原则渗透在市场经济活动的各个方面，在判断董事是否违反忠实义务时应首先从该项原则出发。

（二）补充标准：公平公正原则

自古以来，公平正义不仅是一种重要的价值追求，更是判断事物是否得到公正处理的具体标准。作为公司高管的董事在尽自己忠实义务时就不能随意地篡夺本应属于公司的重要商机，即商业机会，当然更不能违反竞业禁止义务等。因此，如果《公司法》和《信托法》对董事是否违反忠实义务的界定模糊不清时，司法机关可以依据公平公正原则来进行确定。同时，当情势发生变更，而相关法律法规对董事忠实义务的规定过于严苛时，董事便可基于情势变更而请求为其进行变更。公平公正原则主要是使得双方都能够得到公平对待，确保无一方受损。

基于此,该原则可以作为判断董事是否违反忠实义务的补充标准。[①]

(三)重要考量:利益矛盾冲突

利益矛盾冲突就是董事对公司信赖利益的损害。无论是从英美法系规定的信托关系还是大陆法系规定的委任关系来看,董事都对公司负有忠实义务,各国对忠实义务有关规定的最终期望就是通过利用该义务进而减少双方的矛盾。

二、董事忠实义务之具体标准

通过前文可知,虽然两大法系对于董事和公司关系的规定有所不同,但实际上,两大法系对于董事忠实义务的规定并无实质性的差别。纵观两大法系对董事忠实义务的认识,可以看成董事对公司的忠诚以及个人利益服从公司利益。董事忠实义务的具体表现形式应当包含不得违反规定进行自我交易、不得夺取公司的商业机会、不得外泄公司的商业秘密、不得侵占更不能擅自处理公司财产、不得利用其董事职权而收受贿赂等。在市场经济活动中,违反忠实义务的表现呈现动态化和多样化,而仅靠原则性的标准来判断董事是否违反忠实义务又过于笼统,因此就需要明确具体的标准,使之能够作为董事是否违反忠实义务的硬性判断依据。

(一)我国《公司法》对于董事忠实义务的规定

第一,违反规定进行自我交易禁止义务。董事自我交易行为是董事与公司之间利益冲突的主要形式,极易引发损害公司利益的不当后果。因此,为了能够更好地保护公司和股东的利益,《公司法》第148条第4项规定了董事、高级管理人员不得违反公司章程的规定或者未经股东会、股东大会同意,与本公司订立合同或者进行交易。[②] 董事违反上述规定的,便属于董事违反规定进行自我交易。按照《公司法》的规定,若董事出现违反自我交易禁止义务,并对公司造成损失,

---

① 参见许孝乐:《信托法中受托人忠实义务的判断与完善》,载《黄冈职业技术学院学报》2014年第3期。

② 参见高扬诚:《我国公司法中董事忠实义务制度缺陷及其立法完善》,载《上海商学院学报》2011年第6期。

需承担损害赔偿责任,只要对公司造成损害,不论其是否已履行自我交易的事实披露义务,都需承担相应的责任。[①] 除此之外,即使该违规行为并未给公司造成实际损失,对董事所获得的利益也应当收归公司所有。

第二,竞业禁止义务。公司将主要业务托付于董事以及其他高级职员,则这些人员需尽职尽责地为公司服务,并且不得进行任何与其任职公司具有竞争性质的行为。[②] 我国《公司法》从法律上明确规定董事、经理不得自营或者为他人经营与其所任职公司同类的营业或者从事损害公司利益的活动。若董事出现违反竞业禁止义务的情况,并因此给公司造成一定的经济损失,则需向公司承担相应的损害赔偿责任。此外,违反该义务所造成的赔偿责任是一种无过错责任,即不管董事是否存在主观过错,只要违反了该义务并给公司造成损失,董事就须承担一定的责任。

第三,董事篡夺公司商业机会之禁止义务。公司商业机会是指董事或高级管理人在其任职期间获取的,与公司经营活动有关的本应属于公司的各种商业机会。[③] 在当前市场经济环境下,公司的交易机会同经营信息一样都是公司市场竞争力的重要因素,无论是从受任人角度来讲,还是从受托人角度来讲,董事都必须忠诚保护公司利益,不得篡夺公司的商业机会,保护公司的商业机会实质上就是在保护公司的市场竞争力。

除了以上法律规定外,我国在实践中,判断董事是否违反忠实义务,还应从以下几方面考虑:首先,严禁泄露公司的商业秘密。董事因为其地位的特殊性,容易得知公司的商业秘密等重要经营信息,因此,为了保护公司利益,法律规定董事不得外泄公司的商业秘密。不管董事在任职期间还是离职以后,均需严格遵守这一规定。其次,不得任意侵占或擅自处理公司的财产。虽然董事是公司的高级管理人,但依公司章程或法律规定,董事不得利用职权侵占或擅自处理公司财产。若董事违反章程或相关规定而出现这一行为,则其须向公司返还财产并承担相应的法律责任。最后,董事不得利用职权收受贿赂或其他非法收入。

---

① 参见刘志强:《日本董事保险的构造及问题点》,载王保树主编:《商事法论集》(第4卷),法律出版社2000年版,第296页。

② 参见孙宏涛:《论董事之忠实义务》,载《西南交通大学学报》(社会科学版)2013年第2期。

③ 参见傅建武:《英美法上的公司机会理论》,载《北京化工大学学报》(社会科学版)2003年第3期。

董事是公司治理结构中重要的管理人员，对董事的行为进行规范是十分必要的。严格遵守公司章程，尽职尽责地为公司服务，是董事应具备的基本要求。董事需始终维护公司利益，不得利用自身有利地位而谋取私利。

（二）《信托法》对忠实义务的具体规定

从董事作为公司受托人的角度来讲，要确定判断董事是否违反忠实义务的具体标准，还需参照《信托法》对受托人忠实义务的相关规定。我国《信托法》虽然没有对忠实义务进行明确的规定，但其整体上还是包含忠实义务的内容，并且对其他义务也有一定的引领作用。《信托法》第 25 条第 2 款规定："受托人管理信托财产，必须恪尽职守，履行诚实、信用、谨慎、有效管理的义务。"该条款就可以概括为受托人的忠实义务。而《信托法》中第 26 条到第 33 条关于受托人义务的具体规定，就是忠实义务的具体体现。[1]

（三）董事忠实义务在治理公司过程中的功能体现

公司能否运营好取决于公司的经营决策和业务执行机构即董事会，而董事会始终尽最大的忠诚贯彻执行股东会对公司作出的重大决议。如果想更有效地发挥该项义务的功能，就应当更明确地界定董事违反忠实义务的标准。将遵守董事信托义务和发挥董事的职权结合起来，从法律规定和公司章程两方面约束董事的行为，使其更好地行使经营决策权和业务执行权，以提高其治理公司的效率。董事忠实义务在治理公司的过程中除有此项功能外，还体现在以下两点：

第一，健全公司管理机制，促使公司治理规范的形成。无规矩不成方圆，对于一个企业来说，更是需要健全的管理机制和治理规范来保证其正常运行。目前，随着市场经济的发展，董事的地位越来越高，其行为对公司的权益有着直接而重要的影响，因此，对董事的行为进行规范在整个公司治理规范中显得尤为重要。董事忠实义务的内在要求将公司对其管理者忠实经营的预期固定成为一种法律规范。它的出现不仅保障了董事职权的合法行使，还促使了公司在高级管理人员这一层面的治理规范的形成，并对其他部门以及层面的治理产生了重大影响，使公司内部监督和外部的法律规制结合起来。总的来说，其对形成健全的

① 参见赵磊：《信托受托人的角色定位及其制度实现》，载《中国法学》2013 年第 4 期。

管理机制和治理规范有着不可替代的作用。

第二，预防道德风险，惩罚违规行为。忠实义务是道德法律化的结果，对这一义务进行法律化的规定，有助于用法律的硬性标准来规范人们对道德的遵守。董事忠实义务对董事哪些行为可为和不可为做了具体规定，并对董事违反这一义务的情形也作了惩罚性规定，这就增强了董事对法律的畏惧，坚定了守法观念，同时也培养了董事遵守忠实义务的自觉性，使公司上下形成一种对忠实义务的整体推崇，这样，在治理公司的过程中，就可以使董事的行为得到有效的约束，从而预防道德风险，减少高级管理人员犯罪。①

当然，在实践中也存在董事违反忠实义务的例外情形。即使董事违反了忠实义务，但根据法定情形，也可以不追究董事责任。例如，依据章程规定，在股东会、股东大会同意的情况下，董事可以自我交易；经股东会或者股东大会同意，董事夺取公司机会时，可以不追究董事责任；经股东会或者股东大会同意，董事出现竞业禁止不允许的行为时，可以免除董事责任。但无论是何种情况，只要董事挪用与侵占公司财产或者损害第三人利益的，其都需要承担损害赔偿责任。

三、我国董事忠实义务法律规定的缺陷及完善

通过前文可知，忠实义务在公司治理过程中发挥着重大的作用，可见，在实践中，合理运用《公司法》《信托法》中对忠实义务的相关规定来进行公司治理是十分必要的。然而，我国的《公司法》《信托法》起步相对较晚，从现行法律规定来看，虽然我国《公司法》和《信托法》分别对董事的忠实义务和受托人的忠实义务作了较明确的规定，但还是存在诸多不足之处，有必要进一步完善。

（一）《公司法》中关于禁止义务的界定

1. 自我交易的界定

当前我国《公司法》只是对董事与公司之间的直接交易作了规定，并没有涉及董事与公司间的间接交易。所谓间接交易，就是指董事的利害关系人与董事

① 参见廖茂莉：《从"忠实义务"约束的把不同层面探索公司高级管理人员的管理方式》，载《法制博览》2014 年第 9 期。

所在职的公司进行的交易。对间接交易这一内容规定的缺失，使自我交易禁止义务的主体范围过于狭窄，不利于保护公司及股东的利益。此外，我国目前的《公司法》对董事遇到自我交易时的披露义务也未作明确规定。披露义务旨在通过董事的主动披露，使公司可以对该董事与公司进行的各种交易进行审核并判断该交易是否符合公司法规定，从而达到维护公司利益的目的。①

2. 竞业禁止

我国《公司法》针对竞业禁止义务主体范围的规定也存在一定的问题。从现有规定来看，仅包括股东、董事、高级经理等人，而未将其他相关义务主体包括其中。现行的《公司法》也未对董事离职以后如何遵守竞业禁止义务加以明确。从当前条款来看，其仅对董事在任职期间内的竞业禁止义务作了规定，并没有具体说明董事离职以后是否仍旧需要遵守该义务以及在离职多长时间内依然负有该义务。目前我国相关法律对于竞业禁止义务内容的表述相当混乱，没有一个统一的并被普遍认可的规定。此外，我国也没有设立约定竞业禁止制度。所谓约定竞业禁止义务，就是在法定竞业禁止义务不能提供因公司特殊经营范围和行业而需要更多的时间和保证时，对其加以补充。②

3. 关于董事篡夺公司商业机会禁止义务的规定

《公司法》关于董事篡夺公司商业机会禁止义务的规定过于粗糙，对用什么标准来判断某一商业机会是否属于公司没有作具体说明。此外，《公司法》中也没有对认定公司机会的例外情况加以规定。例外情况就是指当董事向公司提供了该机会并履行了一定的披露义务，但公司却因其他原因不能利用该机会时，这种情况下董事利用该商业机会的，不属于违反禁止义务。③ 可见，当前我国相关法律对这一例外情况的规定是存在缺失的。

(二)《信托法》中对于受托人忠实义务规定的缺陷

我国《信托法》中虽然规定了受托人不得利用信托财产为自己谋取私利，但

---

① 参见李宁：《论对董事忠实义务法律规制的缺失及完善》，载《福建工程学院学报》2010 年第 5 期。

② 参见高扬诚：《我国公司法中董事忠实义务制度缺陷及其立法完善》，载《上海商学院学报》2011 年第 6 期。

③ 参见陈憬菁：《论董事篡夺公司机会之禁止义务》，载《学术交流》2000 年第 3 期。

关于何为“谋取私利”并没有明确的判断标准。《信托法》中还缺乏对受托人竞业禁止的规定,这是我国信托法律体系的一大欠缺。此外,我国在《信托法》和《信托投资公司管理办法》中都规定了严禁受托人将信托财产归入自己的固有财产,也不得利用自己固有财产与信托财产进行相互交易。然而,由于法律中并没有规定如何区分受托人固有财产和信托财产的具体方法,使以上禁止类的规定在实践中难以实现。最后,我国《信托投资公司管理办法》虽然也包括受托人从事关联交易的规定,但是并没有对关联交易的概念、范围、禁止事项以及具体的判断标准作明确说明,从而在实践操作中,无法判断受托人是否进行了关联交易,这就使得要求受托人进行关联交易时必须进行信息披露及公平交易的做法流于形式。①

四、在法律层面上完善我国的董事忠实义务

针对以上立法中的不足,我国应该在借鉴国外先进经验的基础上,结合我国的具体实际,建立健全《公司法》《信托法》中关于忠实义务的制度,以下便提出了一些完善我国董事忠实义务的立法建议。

(一)从《公司法》角度出发

1.董事自我交易禁止义务

针对我国缺少间接交易的规定而导致自我交易主体范围过于狭窄这一缺陷,可以把该范围扩大到董事的利害关系人。关于如何判断何种情况下其属于董事的利害关系人,我们可以参考发达国家在公司立法这一领域的做法,主要包括两种标准:一种是情感标准。从其他各国立法不难看出,很多国家都将董事、高级管理人员的直系近亲属列入董事的利害关系人,这样就能尽可能地减少这些人规避法律的行为。另一种是利益标准。董事是否与第三人有直接的物质利益关系。② 事实上,在实际操作中,为了防止遗漏,这两种标准还可以结合起来同

① 参见李萌、李峣:《信托受托人信义义务及我国立法现状分析》,载《河北科技大学学报》(社会科学版)2013年第3期。

② 参见高扬诚:《我国公司法中董事忠实义务制度缺陷及其立法完善》,载《上海商学院学报》2011年第6期。

时使用。此外，在我国之后的立法中，还应明确规定董事自我交易时的披露义务，只有在公司全面了解该交易信息，并在获得公司的允许授权时方可进行自我交易，否则董事进行的自我交易都属于违背了该项义务。

2. 禁止竞业之义务

根据以上关于我国现行法律关于法定竞业禁止义务主体规定的欠缺，借鉴其他国家的做法，我们可以将股东、监事和其他重要职员也列入竞业禁止义务主体的范围中。其他重要职员主要是指除监事、董事、高级管理人员以外的掌握一定商业秘密和公司经营机密的员工，如技术研发人员、重要管理岗位的人员等。[①]参照国外立法经验，对董事离职后如何遵守该义务进行明确，比如可以将董事竞业禁止义务的遵守期限延长到董事离职后的一段时间（如4年）。同时，针对当前各个法律对法定竞业禁止义务表述混乱不一的局面，需要统一说法，明确法定竞业禁止的内容，通过对国外立法经验的总结，可以将竞业禁止的内容分为以下3种情况：第一，同业禁止，即不得自己经营或为他人经营与其所任职企业同类的业务；第二，兼业禁止，即义务主体不得在其他同类经济组织中任职；第三，营业禁止，义务主体不能参与其他经济组织的竞业经营。此外，对约定竞业禁止这一规定加以明确，从内容、表现形式以及如何利用等方面对其进行详细规定。

3. 董事篡夺公司机会禁止义务

我国可以借鉴以下几种标准来确定现行《公司法》中关于公司机会的判断标准。首先是利益与预期利益。该标准是英美法系关于公司机会的判断标准，是指如果公司对于某个商业机会已经有了获得的利益或者预期，或对公司来讲是必不可少的商业机会，[②]则董事须在利用此公司机会之前获得公司的同意。其次是权力滥用标准。如果董事能够证明其所取得的商业机会不是通过滥用其自身受信人的权力而获取的，那么就可以认定该机会属于公司机会。再次是经营范围标准。在这一标准下，如果一项机会与公司的经营范围有关，或者在公司的经营范围之内，同时公司合理的期待参与该行为，那么就可以认定该项机会属于公司机会。此外，公司"经营范围"的概念并不只限于公司现存的业务范围，还包括

① 参见李宁：《论对董事忠实义务法律规制的缺失及完善》，载《福建工程学院学报》2010年第5期。

② 参见傅建武：《英美法上的公司机会理论》，载《北京化工大学学报》（社会科学版）2003年第3期。

公司期待从事的业务。最后还可以从公正、公平的角度出发,以补充使用以上 3 种标准判断何为公司商业机会的缺陷。针对我国当下《公司法》对于例外情形规定的缺失,可以参考美国公司立法的相关规定来进行设计,明确相关法律条文,使得董事在公司批准的条件下可以利用该商业机会而不被追究。

(二)从《信托法》角度出发

针对以上关于受托人忠实义务规定的缺陷,在今后对《信托法》的立法完善上,可以从以下几点出发:

首先,增加法律对受托人利用其有利地位,如其管理信托事务的身份条件、所掌握的信息、机会等为自己谋取私利,也要的禁止性规定,同时,对何种情况属于受托人利用其自身有利条件谋取私利,也要制定明确的判断依据。[①] 其次,制定信托财产的登记制度,按照法律规定对信托财产进行登记,使受托人自己的固有财产与其管理的信托财产区分开来,从而达到受托人对信托财产与其固有财产分别管理的目的。再次,借鉴发达国家的先进立法经验,完善我国《信托法》对受托人竞业禁止的相关规定。最后,明确我国受托人忠实义务对关联交易的限制,增加规范交易的规定。

五、结　　语

综上所述,随着市场经济的发展,董事的职权越来越大,其在公司治理过程中也扮演着越来越重要的角色。因此,需要强化董事忠实义务的立法,以约束和规范董事的行为。董事忠实义务在治理公司的过程中发挥着不可替代的作用,它可以将公司内部监督和外部法律规制结合起来,双重约束董事的行为,增强董事守法观念,提高价值信仰,减少高管犯罪。然而我国《公司法》《信托法》起步相对较晚,在关于董事忠实义务的相关规定上还存在一定的缺陷与不足,这就要求我们要通过学习和借鉴国外先进经验,结合自身特殊国情,不断完善我国相关法律制度,使其更能适应市场发展的需要。

---

① 参见李萌、李晓:《信托受托人信义义务及我国立法现状分析》,载《河北科技大学学报》(社会科学版)2013 年第 3 期。

探究信托制度的起源与现代公司的特征

[英]大卫·卡布雷利[*] 著 林少伟[**] 译

一、导 言

本文的目的,是强调信托和信托法的重要性,力图使我们对公司制度有进一步的理解,并以公司法作为从事商业活动的准则。Jensen、Meckling、Easterbrook 和 Fischel 的"契约关系理论"可以解释现代公司出现的经济原理;同时,源于契约关系理论的代理理论能够阐释公司所有权、控制权分离可以缩减现代公司产生的代理费这一公司法规则的合理性。本文认为,这两种理论都淡化了公司"实体保护"功能的中心地位。个人认为,如果有人考察公司"实体保护"功能的体系,则他完全可以沿着信托发展脉络直接窥视到信托与实体保护功能的一个关键性的特征——限制资金池。就公司而言,此种限制的目的在于保护公司的资产免于受到公司的所有者或管理者的债权人的侵害;就信托而言,由于只有信托财产的债权人才得以用囊括信托财产的资产池抵偿债务,因而受托人或受益人的债权人不能对该资产池主张权利。通常情况下,人们会认为这是与法人人格不可分割的,而本

* David Cabrelli,英国爱丁堡大学法学院副教授。

** 西南政法大学民商法学院副教授。

文会论证如何将实体保护分离为公司的独立功能,并探究它的类似于信托的特征。同时,该文也会说明一系列合同当事人之间进行大量的合同交换不能产生信托和实体保护的原因,从而进一步得出结论,即类似于信托的某些特质仍在现代模式的企业管理中占据着至关重要的一席之地。此外,本文也强调需要进行深入的研究来发掘信托机制与完全实体保护持久的共性,更全面地论述本文所探究的标准含义,即它们如何影响我们对公司的构想及适用的规则的理解。

本文共有六部分。第二部分简述了公司的契约关系理论和代理理论的影响;第三部分和第四部分探究的是实体保护的概念以及它与有限责任和法人独立人格的区别,同时也阐述了公司的这种实体保护功能是如何和兼具合伙与信托特征的公司前现代的化身紧密联系在一起的;第五部分更详细地探究了实体保护中类似于信托的特质,同时强调仅通过一系列的合同交换就想达到获得信托和实体保护的特性的目的是不可行的;第六部分是总结。

二、公司的契约关系理论和代理理论

一种最有影响力的现代理论认为:从经济学上来看,公司是一种更加具有成本效益的,可以组织利益相关者们进行一系列合同交换的模式。公司的运营离不开董事、股东、债权人、雇员、供应商和客户。① 由于公司作为一个机构是法律拟制的一种形式,因而可以把它设想成一种为公司各独立成分之间交换各种合同的工具,其中包含生产者、经营者、管理者及消费者之间的复杂关系。当这种交换逐渐成为一种长期规律的基础时,为了降低产品输入输出产生的成本和实现利益最大化而围绕自主的法律实体合并合同,从经济学角度来看是很有意义的。而这个自主的法人实体就是公司。支持这种契约关系理论的学者们被称为"契约论者"。他们提出了这样的论点:从策略方面考虑,公司法采纳合同法的传统理论时所使用的方法是适当的。而且由于现代公司是相关的主体之间进行各

---

① See M. C. Jensen & W. H. Meckling, "Theory of the Firm: Managerial Behavior, Agency Costs and Ownership Structure", (1976) 3 *Journal of Financial Economics* 305; F. H. Easterbrook & D. R. Fischel, *The Economic Structure of Corporate Law* (Harvard University Press, 1996); EF Fama, "Agency Problems and the Theory of the Firm", (1980) *Journal of Political Economy* 288; S. J. Grossman & O. D. Hart, "The Costs and Benefits of Ownership", (1986) *The Journal of Political Economy* 691.

种交易所选择的一种有效的模式，所以公司法规则借鉴合同法的规定也是无可厚非的。契约论者认为公司法应该增加解除管制的措施，包括抛弃强制性规则，用自由的克减规则进行代替，如此当事人可以自主地选择采用或不采用。有观点认为体系中注入自由规则，抛弃不可克减的规则可以使公司运营主体的相关范围与公司联系起来，使他们的个人偏好最大化，从而实现效益的最大化。

"代理成本理论"与契约关系理论密切相关。[①] 现代公司的股权分离制导致股东与管理者或利益相关者的利益不匹配。Armour[②] 等人研究了公司所适用的"代理成本"理论，详细说明了"代理成本"的 3 种划分：

1. 董事/经理和股东被称为"纵向代理成本"。这些代理成本表明了对公司投资。股东的利益和负责管理公司事务的董事的利益之间存在差异。这种差异在英美法"自由市场经济"[③]模式下更显著。例如，众所周知，英国和美国主要公共有限公司的股份在伦敦证券交易所、全国证券交易商自动报价系统协会或纽约证券交易所被列为一种抵押物。

2. 大股东和小股东被称为"横向代理成本"，一般会出现在民法"协调市场经济"模式中，比如，在法国、德国和意大利主要的公共股份有限公司的股份趋向于集中在一个外部大股东或者少数大股东手里。

3. 股东们和非股东的利益相关者，如债权人、雇员、供应商等。

"纵向代理成本"一般被视为把法律职责强加在董事身上，促使他们对公司尽忠实、勤勉义务的正当方式。基于此，董事和第三当事人或大股东之间的关联

---

① See M. C. Jensen & W. H. Meckling, "Theory of the Firm: Managerial Behavior, Agency Costs and Ownership Structure", (1976) 3 *Journal of Financial Economics* 305; EF Fama, "Agency Problems and the Theory of the Firm", (1980) *Journal of Political Economy* 288; EF Fama & MC Jensen, "Separation of Ownership and Control", (1983) 26 *Journal of Law and Economics* 301; M Singh & WN Davidson, "Agency Costs, Ownership Structure and Corporate Governance Mechanisms", (2003) 27 *Journal of Banking & Finance* 793 and FH Easterbrook & DR Fischel, "Close Corporations and Agency Costs", (1986) 38 *Stanford Law Review* 271.

② See J. Armour, H. Hansmann and R. Kraakman, "What is Corporate Law" in R. Kraakman, J. Armour et al., *The Anatomy of Corporate Law: A Comparative and Functional Approach* (OUP, 2nd edition, 2009).

③ See AP Hall and D Soskice, *Varieties of Capitalism: The Institutional Foundations of Comparative Advantage* (Oxford, Oxford University Press, 2001) and B Hancké, M Rhodes and M Thatcher, *Beyond Varieties of Capitalism: Conflict, Contradictions, and Complementarities in the European Economy* (Oxford, Oxford University Press, 2007).

交易也被禁止或限制。履行这种义务有利于股东和董事的利益同步,用这种方式激励董事,也会进一步扩大股东的利益。这些规则削弱了董事推卸责任或者做坏事的能力,而且通常会配有以获益为基础的补救措施,可以迫使公司"吐出"由于董事违反职责所享有的利润以及弥补公司所遭受的一切损失。同样地,大股东也要承担法律义务以保证他们不会过分损害小股东的利益。例如,限制关联交易的范围,并对其进行合法的规定,使小股东得以因为大股东的原因遭受的损失获得救济。

三、实体保护,有限责任和独立法人人格

本文讨论"实体保护""有限责任"和"独立的法人人格"等制度,以及这些制度对适合从事商业贸易的法人、组织以及法律形式和公共机构的重要性。一旦理解了企业形式的这些性质,分析评估法律所认可的组织、机构就有助于我们理解并得出一种不同的观点,即可以评估契约关系理论和代理理论的价值。如此,该部分进行了简单的概述。

第一,关于"实体保护",Hansmann、R. Kraakman 以及 R. Squire 称它为"法人实体的必要条件"。① 一个公司若没有实体保护就不可能作为一个独立的法人而存续,②此时足以说明实体保护为什么会有"弱实体保护""强实体保护"和"完全实体保护"3 种特定形式。基于此,企业的所有者、董事或经理的私人或商业债权人有权要求法院对企业财产进行强制执行,亦有权对企业的资产进行详尽的尽职调查以了解所有者、董事或经理是否已完全履行义务,以及所有者、董事或经理是否有资不抵债的情况。但这些权利的追索权仅属于企业自身的债权人。③ Hansmann、Kraakman 及 Squire 认为美国各州的法律所确认的传统的任意合伙是

① H. Hansmann, R. Kraakman and R. Squire, "Law and the Rise of the Firm", (2006) 119 *Harvard Law Review* 1333, 1338.

② 下面就会论证这一说法可能走得太远。

③ See H. Hansmann et al., "Law and the Rise of the Firm", (2000) 119 *Harvard Law Review* 1337 - 1338; H. Hansmann and R. Kraakman, "The Essential Role of Organizational Law", (2000) 110 *Yale Law Journal* 387, 394 - 395.

一个体现弱实体保护的最好的例子。因为公司的债权人有权对公司资产[①]优先提出诉求。相反,拥有强劲实体保护的企业的特点是兼具清算保护原则与弱实体保护,并限制公司所有者及其私人债权人的能力,以迫使其偿付所有者持有的公司净资产份额。[②] 清算保护原则的概念是各种法律规则概括,即企业所有者、董事或经理无权任意要求企业用份额抵偿债务。[③] 在英国公司法中,资本维持原则,[④]多数决解散公司原则[⑤]及限制公司在累积实际利润少于累积实际收益时分红的规则,[⑥]是清算保护的3种特别规定。Hansmann、Kraakman及Squire根据英国2006年《公司法案》对比分析了"强实体保护"与作为注册公司特征的"完全实体保护":

"完全实体保护否认非公司债权人(包括该公司的所有者的债权人),否认他们针对公司财产提出的所有诉求……该企业的管理者和受益人的私人债权人也不能对公司财产提出任何诉求。企业资产仅能用来清偿企业自身欠债。"[⑦]

所有依据英国公司法、公司设立准则以及其他欧美国家的法律(如《特拉华法》)成立的公司拥有完全实体保护的特征,这一确定又独有的特征遍及世界其他公司。

第二,有限责任是实体保护的一种翻版。在此情况下,当企业债权人向该企

---

① See H. Hansmann, R. Kraakman and R. Squire, "The New Business Entities in Evolutionary Perspective", (2007) 8 *European Business Organization Law Review* 59, 66.

② See H. Hansmann, R. Kraakman and R. Squire, "Law and the Rise of the Firm", (2006) 119 *Harvard Law Review* 1333, 1338.

③ See H. Hansmann, R. Kraakman and R. Squire, "Law and the Rise of the Firm", (2006) 119 *Harvard Law Review* 1333, 1338; H. Hansmann et al., "Law and the kise of the Firm", 1337 - 1338; H. Hansmann and R. Kraakman, "The Essential Role of Organizational Law", (2000) 110 *Yale Law Journal* 387, 394 - 395.

④ In re Exchange Banking Company (Flitcroft's Case) (1882) LR 21 Ch D 519 和 Trevor v. Whitworth (1887) 12 App. Cas. 409, HL(现在属于英国2006年《公司法》第690节),规则大意说由于限制承认的例外规定,公司的资本不得归还给股东。参见"重塑第二欧洲公司法指令"21 - 27;2012/30/EU欧洲国会和委员会2012年10月25关于保护成员国和其他国利益的规定,由跨国公司成员国依据条约54条"欧盟的机能"第2段的内容提出的,目的是达成与经济区文本等效的意见。2012 O. J. (L 315) 74(《第二公司法指令》)——在此之前,是1976年12月13日的指令77/91/EEC,1976 O. J. (L 26) 1。

⑤ 参见1986年《英国破产法》第84(1)(b)条。

⑥ 英国2006年《公司法》第830条;《第二公司法指令》第17~18条。

⑦ H. Hansmann, R. Kraakman and R. Squire, "Law and the Rise of the Firm", (2006) 119 *Harvard Law Review* 1333, 1338.

业主张权利时,该债权人不能针对所有者、董事、主管或经理的个人资产行使追索权。有限责任(Hansmann 和 Kraakman 把它称作“反向资产分割”[①]或者“所有者保护”)或许可以样像实体保护一样划分成强和弱的模式。弱所有者保护赋予了企业所有者、董事、主管或经理的私人债权人优先于企业债权人追索出资人私人财产的权利。同时,企业债权人有权要求法院强制执行企业所有者、董事、主管或经理的个人资产。但这一权利仅限于所有者、董事、主管或经理的个人或商业债权人。强所有者保护则剥夺了企业债权人对企业所有者、董事、主管或经理的个人资产的追索权,企业债权人仅能针对企业财产主张权利。

第三,“独立法人人格”指的是企业的人格化,以此区别于成员、所有者和管理者。即它属于个人权利的私法范畴,而非义务、财产或是救济方式范畴。一个普遍的错误观点认为,实体保护和有限责任只有在企业拥有不同法人资格的情况下才可能出现。也就是说,企业只有被人格化后才能拥有自己的资产,[②]此时股东和董事才承担有限责任。由于这 3 个范畴是互斥的,各个范畴均可以独立存在,因而本文将会在后面的第四部分证实以上这种观点是多么的荒诞。

四、实体保护、有限责任、独立法人人格及“代理理论”之间的关系

本文认为实体保护、有限责任、独立法人人格这几个基本原则不会为彼此的出现提供必要条件。它们之间是互斥的,因而可以独立发挥作用。当然,“独立法人人格”从某些意义上来说是一个有用的概念,有助于律师分割资产池以及确立资产在公司或其股东、董事之间的权利归属。[③] 实体保护、有限责任和独立法人人格这一概念有关,但后者绝不是前两个制度确立的先决条件。比如,一个法

---

① See H. Hansmann, R. Kraakman and R. Squire, “Law and the Rise of the Firm”, (2006) 119 *Harvard Law Review* 1333, 1338; H. Hansmann et al., “Law and the Rise of the Firm” Vol. 6, 1337 - 1338; H. Hansmann and R. Kraakman, “The Essential Role of Organizational Law”, (2000) 110 *Yale Law Journal* 387, 394 - 395.

② Buckmaster 法官在 Macaura v. Northern Assurance Company 一案中,明确表明公司拥有独立财产。事实上,股东拥有股权并不意味着其对公司资产拥有财产权利这一观念,Evershed 法官在 Short v. Treasury Commissioners[1948]1 KB 116, 122 一案中有所澄清。

③ See J. Armour and M. Whincop, “The Proprietary Foundations of Corporate Law”, (2007) 27 OJLS 429, 461.

律制度完全可以在没有独立法人情况下兼具实体保护与有限责任制度。先前英国生效的1844年《合股公司法》和1855年《有限责任法》规定了现代公司的强劲实体保护和有限责任,执业律师通过创设可以拥有大部分资产份额的非法人股份制公司使私法机制得以完善。该企业本质上是复杂的合伙企业和信托的混合体,即合伙人基于协议将合伙财产授予自己选择的受托人。如图1所示,图1展示了一家1844年以前的股份公司,它是基于信托建立的合伙企业。图1用直线将合伙人A、B、C、D和E与受托董事连接起来,反映了这5个合伙人的部分个人资产转化为依据协议确立的股份制公司受托管理委员会的资产,此时,信托资产由合伙人联合持有而非个人持有。股份制公司信托财产的受益人是现在的或将来入伙的合伙人,他将有权利分割和清算股份公司的复合资产池。但必须强调的是,股份制公司本质上是一个合伙企业,它没有自己独立的法人人格和自己的资产,故资产只能登记在其受托人的名义下。同样地,基于股份公司协议确定的资产将由在受托管理委员会中的受托人持有,他们中的某些人可能是5个合伙人中的某一个或某几个。对于股份公司的到期债务,其债权人有权就复合资产池获得清偿,但不能向受托委员会中的受托人个人或商业资产主张权利,这使受托人的财产免受侵害。同样,《信托法》也规定了受托委员会中受托人名义下的资产和他们的个人资产是分开的。信托制度把不同债权人依附的不同的资产池区分开来,因而是一个非常有效的制度设计。

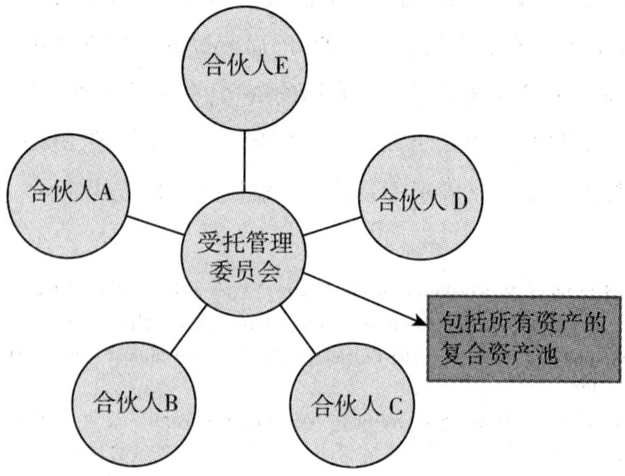

图1

自17世纪末或18世纪初期[①]以来,信托制度的出现使受托人的债权人不能要求法院强制执行受托人的信托财产,信托受益人的私人债权人也不能要求对信托财产进行强制清算。建立在信托基础之上的合伙企业发展成的股份公司有利于实现强劲的实体保护。[②] 此外,股份公司使用"有限"的字眼并在公司的官方文件及与第三方的合同中明确股东的有限责任,[③]那么依据与股份公司的债权人签订的合同条款的规定,就可以确保公司股东的有限责任。同现代企业一样,一些股份公司拥有可转让的股份,可以进行永久继承,专业化管理也仅限于为数不多的受托人,即受托管理委员会。

实体保护、有限责任及独立法律人格是有区别的。为了证实这一点,有必要通过对比苏格兰及英格兰的合伙企业以进行深入探究。当然,为达到这一目的,也需要抛开法人、信托及传统股份公司的体制的束缚。苏格兰合伙企业的性质在1890年《合伙法》第4项第2款作出了概括规定,而法学家Bell[④] 也明确表示:根据《苏格兰法》的规定,合伙企业是独立的法人。这种规定可能最早出现在1773~1800年。[⑤] 学者在探讨苏格兰合伙企业提供的实体保护强还是弱的问题时,有观点认为Hansmann、Kraakmann、Squire并没有完全捕捉到这些合伙形式的微妙之处。为了明确苏格兰合伙企业所提供的实体保护的强弱程度,有必要区分以下3种独立的情况:

---

① See *Crane v. Drake*(1708)2 Vern. 616 and *Ellis's Case*(1742)1 Atk. 101.

② H. Hansmann, R. Kraakman and R. Squire, "Law and the Rise of the Firm" (2006) 119 *Harvard Law Review* 1333, 13.

③ 信托法有类似规定。See J. Sears, *Trust Estates as Business Companies* (Vernon Law Book Company, Kansas City, 2nd edition, 1921, reprinted by The Lawbook Exchange Ltd. Union, New Jersey, 1998) paras. 39 and 54 - 56 at pages 53 - 54 and 74 - 82.

④ Bell, *Commentaries*, II, 507 - 508 (7th edition from 1870 by M'Laren); Erskine *Institute* II, 744; *Commissioners of Treasury v M'Nair*, Faculty Collection, 14 Feb, 1809 and Hume's Lectures Vol. II, pp. 172, 177, 183 - 184.

⑤ P. Hemphill, "The Personality of the Partnership in Scotland", (1984) *Juridical Review* 208, 216. 18世纪末19世纪初,大量的苏格兰法律案例的判决有很大的迷惑性,即剥夺合伙企业人格的规定是合理的。当合伙人或合伙企业的债权人起诉该合伙人或合伙企业时,有利于保护他们的合法权益。由于合伙企业及合伙人抵偿债务的案件时有出现,有必要确认个人债务与企业债务。See Bell, *Commentaries*, II, 515 - 516 and 553 (7th edition from 1870 by M'Laren); *Mackie v. M'Dowall* 1774 M. 2575; *Williams' Trs. v. Inglis, Borthwick Gilchrist & Co.*, 13th June 1809, Faculty Collection; *Bogle and Bannatyne*, 8th February, 1793; *Ritchie Ltd. v. Union Transit Co.* (1915) 32 Sh. Ct. Rep. 此处的观点认为若允许董事抵销他的债权人向公司主张的债务,而不允许他抵销他向该债权人主张的债务,那么"刺破面纱"不能发挥应有的效用。

1. 合伙人/所有人及合伙企业均为破产者/无偿债能力者，破产合伙企业的债权人有权优先针对合伙企业的财产提出诉求，而合伙人/所有人的私人债权人仅能针对剩余财产主张权利。

2. 合伙人/所有人是破产者，则他们的私人债权人不能要求法院强制执行公司财产抵偿债务，也不能强迫合伙人/所有人让与公司财产。

3. 合伙人/所有人是破产者，他们不能单方面退出合伙企业，他们的私人债权人既不能要求他们退出也不能强迫他们用公司财产偿还债务。

由此可见，企业仅具备以上所涉第一种和第二种特点的不能提供较强的实体保护，而同时具备以上三种特点的才可以提供强劲的实体保护。

根据1890年《合伙法》第39项及第44项，约定了存续期间的（以下简称定期）苏格兰合伙企业①适用以上第一种情况。当然也能适用第二种情况，因为合伙人没有权利出售公司财产，②而他的私人债权人也不能凭借令状要求法院强制执行公司财产。此处的令状亦指破产宣告，即在合伙人与合伙企业均破产的情况下，法院对定期合伙企业的财产所作出的裁决，③而不是表示债权人有权处分合伙人的股份，也不意味着他们能够要求对企业未来的财产进行强制清算。④ 更重要的是，依据1890年《合伙法》第26项第1款及 *Moss v. Elphick*⑤ 判例（依据《苏格兰法》）⑥的规定，以上所涉第三种情况也是可适用的。第三种情况之所以很重要，在于它印证了 Hansmann、Kraakmann 及 Squire 提到的“强实体保护”。苏格兰合伙企业在约定了存续期间的情况下，合伙人的判定债权人只能在合伙企

---

① See Bell, *Commentaries*, II, 523 (7th edition from 1870 by M' Laren); Partnership Act 1890, ss 26, 32, 33; *Moss v. Elphick* [1910] 1 KB 846; Law Commission (Consultation Paper No. 159) and Scottish Law Commission (Discussion Paper No. 111), *Joint Consultation Paper on Partnership Law*, para. 2.28 at page 12.

② 忽略1890年《合伙法》第5项的规定，即合伙人的行为对合伙有约束力。

③ 事实上，Clark 认为基于任意合伙这种情况不可能发生。

④ Erskine III, 3.24.

⑤ [1910] 1 K. B. 846. Walters v Bingham (1988) 138 NLJ《法律报告7》。

⑥ “联合协商”和“合伙企业法改革的讨论文件”对 Moss v. Elphick 一案提出了多种观点，苏格兰法律委员会并没有表明此案例中的规定不能适用《苏格兰法》。See Law Commission (Consultation Paper No. 159) and Scottish Law Commission (Discussion Paper No. 111), *Joint Consultation Paper on Partnership Law*, paras. 2.27, 6.8 and 6.18 at pages 12, 58 and 61.

业解散时才能分割公司财产使自己得到清偿。①

至于苏格兰任意合伙企业，依据1890年《合伙法》第26项第1款的规定，仅适用以上所涉第一种和第二种情况，②因为合伙人（合伙人的债权人需要被授予代理权）有权单方面解散合伙企业，并且可以要求对公司进行清算，合伙人是否有清偿能力并不重要。定期合伙企业具备以上三种情况的，可以提供"强劲实体保护"。与此相比，任意合伙企业具备第一种和第二种情况的，仅能提供"弱实体保护"，正如Hansmann、Kraakmann及Squire的主张，合伙制企业与公司制企业的区别在于实体保护的程度。无论定期苏格兰合伙企业还是任意合伙企业，③它们都是企业的一种形式。定期苏格兰合伙企业兼具盎格鲁—美国任意合伙企业与传统的注册公司的特点，实现了对合伙制与公司制④的融合与完善，是一种混合模式。

同苏格兰合伙一样，英格兰合伙也具备以上第一种情况所展现的弱实体保护的特点，*Craven v. Knight*⑤ 这一判例（依据1890年《合伙法》第39项和第44项规定）对此做出了阐释。克雷文（Craven）认为：破产合伙企业的债权人对合伙企业的财产享有优先诉求，而合伙人的私人债权人只能对剩余财产享有诉求。

---

① 然而，定期苏格兰合伙企业的强实体保护不是绝对的，这一问题不容忽视。例如，合伙企业的债权人 可能会试图对约定的规定作出回应，要求提供明确的术语削弱实体保护，即在协议中约定合伙企业因为合伙人破产而解散。因此，企业可能会依据1890年《合伙法》第33(1)条的规定。但是，依据英格兰1985年《破产法》，合伙人的个人债权人需要说服法官合伙人确实已破产。也就是说，合伙人向债权人提供了书面证明明示他到期不会偿还债务或者债权人在法定期内要求其偿还750英镑以上的债务，该合伙人未在3周内清偿。

② 有意思的是，Burgess、Morse 和 Clark 也认为苏格兰任意合伙企业可以提供强实体保护，以因为苏格兰法院从未发表声明否认合伙人的债权人自己或迫使负债合伙人解散合伙的权利。See R. Burgess and G. Morse, *Partnership Law and Practice in England and Scotland* (Sweet & Maxwell, London, 1980) 170 and F. W Clark, *The Law of Partnership and Joint Stock Companies according to the Law of Scotland* (T&T Clark, Edinburgh, 1866), Vol. I, pp. 630 - 631.

③ 参见上述脚注。

④ See H. Hansmann, R. Kraakman and R. Squire, "The New Business Entities in Evolutionary Perspective" (2007) 8 *European Business Organization Law Review* 59, 66.

⑤ See H. Hansmann et al., "Law and the Risk of the Firm", (2006) 119 *Harvard Law Review* 1381; J. Getzler and M. McNair, The Firm as an Entity Before the Companies Acts in P. Brand, K. Costello and W. N. Osborough (eds.), *Adventures of the Law: Proceedings of the Sixteenth British Legal History Conference, Dublin*, 2003 (Four Courts Press, Dublin, 2005) 267, 268.

苏格兰合伙不适用 1890 年《合伙法》第 23 项第 1 款的规定，[①]即当合伙人不能清偿债务时，其债权人不能仅凭执行令状要求以合伙财产抵偿合伙人的个人债务，但可以依据 1890 年《合伙法》第 23 项第 2 款清算合伙人的财产份额及权益来清偿债务，[②]因此可以确定英国任意合伙企业也不能提供强劲实体保护。也就是说，由于 1890 年《合伙法》第 26 项第 1 款规定合伙人可以退出合伙并可以对公司财产进行强制清算，因而英国任意合伙不适用以上第三种情况。然而也并非没有例外，若英国合伙企业约定了存续期间，那么合伙企业便能提供强劲的实体保护（参见 *Moss v. Elphick* 判例[③]）。总之，英国任意合伙适用以上第一种和第二种情况，而英国定期合伙则适用以上三种情况。这样看来，英国法与苏格兰法似乎对此并没有本质区别，而事实上是有区别的，其关键区别就是两者之间合伙企业模式的不同。根据英国法，合伙企业与公司只是说法不同而已（参见判例 *Sadler v. Whiteman* [④]），而苏格兰法中却没有类似的规定。因而，在英国法中，合伙企业没有独立的法人人格，约定的合伙协议不同，企业所提供的实体保护的程度也就不同。

实践中，也会存在享有独立人格的有限责任公司不能提供实体保护的情况。例如，私人股份有限公司或一人公司。这种体制下，股东债权人有权利要求法院强制执行欠债股东的公司财产，而这一规定可以由股东及债权人在契约条款中

---

① 依据英国法和美国各州的法律合伙人的判定债权人有权要求法院强制执行合伙企业的有形财产。See *Heydon v. Heydon* 1 Salk. 392（1693）；D. Lewis，"The Uniform Partnership Act"（1915）24 *Yale Law Journal* 617，629 – 634；D. Lewis，"The Uniform Partnership Act-A Reply to Mr. Crane's Criticism"，（1916）29 *Harvard Law Review* 158，162 – 164；G. Rosin，"The Entity-Aggregate Dispute：Conceptualism and Functionalism in Partnership Law"，（1989）42 *Arkansas Law Review* 395，399 and 417 – 419；Rt. Hon. Sir N. Lindley，*A Treatise on the Law of Partnership*（W. Maxwell & Son，London，5th edition，1888）356；J. Story，*Commentaries on the Law of Partnership as a Branch of Maritime Jurisprudence*（Boston，Little Brown & Co.，7th edition，1881 reprinted by The Law Book Exchange，Ltd.，Clark，New Jersey，2007）para. 261，pp. 403 – 405.

② See Halsbury's Laws of England，（5th edn.，2008）Vol. 79 "Partnership" at paras. 95 – 96，pp. 61 – 62. 债权人可以依据令状依据约定或法律规定出售合伙人的股份，像苏格兰合伙企业一样，债权人可以有效避开实体保护，设法使个人合伙人破产。1890 年《合伙法》第 33 项第 1 款有规定。但是，像苏格兰法一样，债权人要有成分的证据证明合伙人已破产。若合伙人的债权人得到了令状威胁到了合伙企业的利益，其他合伙人可以依据 1890 年《合伙法》第 33(2) 条规定解散合伙，这种情况下，合伙人的债权人可以要求法院强制执行合伙企业财产以获得财产。

③ [1910] 1 K. B. 846.

④ [1910] KB 868，889 per Farwell J.

进行约定。因而这就证明,依据1986年英国《破产法》第84(1)(b)项的规定,股东可以与债权人协议,当个人不能清偿债务时以公司财产抵偿。依这种合同制度,股东债权人可以要求获得股东持有的公司份额。在这种情况下,《公司法》规定的清算保护机制(例如,多数人决议条款规定股东处分公司财产需得到大多数股东同意)及资本维持原则失去应有的效力,股东可以轻易地避开这一规则。上述情况除了出现在一人公司中,也会出现在几个股东共同持股的公司中。

此外,法人人格是否独立与提供的实体保护的程度是不相关的。这里不得不提一下英国任意合伙企业,它既不是独立法人人格,也不是有限责任的,法律提供的是弱实体保护。但这种实体保护可以通过将企业模式由不定期改为定期从而转变为强劲实体保护。因此,剥夺合伙人或其私人债权人/商业债权人于企业破产财产之外清算合伙人的公司份额的权利的这一规定(参见 *Moss v. Elphick*①)是合理的。另外,一些地区物权法的规定继承了大陆法系的传统,允许特定的法人将财产分割成单个或多个不具有法人人格的资产池。② 资产池指的是独立的有特殊用途的财产。因而只要是信托财产,受托人还未完成特定目标,那就要受到物权法规定的特定性规则及物权法定原则③的约束。无论法人有没有偿债能力,其个人债权人都无权利用该信托财产进行抵偿。苏格兰法规定,关于分割受托人的信托财产的信托职能是限定信托财产的用途,以防止受托人的债权人清算受托人所持有的信托财产抵偿债务。④ 在信托条件下,当法人的财产不足以清偿债权人或受益人的债务时,法人在信托财产之外对债权人或受益人承担的个人责任便不是有限责任。同样的,18世纪、19世纪出现的非公司企业也采用了这一方式。法人以订立条约或进行公示的方式明确有限责任来应对那

---

① [1910]1 K.B.846.

② See G. R. Elgueta, "Divergences and Convergences of Common Law and Civil Law Traditions on Asset Partitioning: A Functional Analysis", (2010) 12 *University of Pennsylvania Journal of Business Law* 517.

③ See S. Bartels *et al.* in S Bartels and M Milo, *Contents of Real Rights*, 12 – 22, 29 – 31, 99 – 113, 115 – 147, 149 – 150 and T. W. Merrill and H. E. Smith, "Optimal Standardisation in the Law of Property: The *Numerus Clausus* Principle", (2000) 110 *Yale Law Journal* 1, 3.

④ See G. L. Gretton, "Trusts without Equity", (2000) 49 *International and Comparative Law Quarterly* 599; K. G. C. Reid, "Patrimony Not Equity: the Trust in Scotland", (2000) 8 *European Review of Private Law* 427.

些针对信托财产提出诉求的债权人是很普遍的。[①] 因而,不规定有限责任可以作为一项违约条款,由合同当事人自由约定。

信托财产不存在独立法律人格。在此条件下研究相关的有限责任,会使该问题更加清晰明了。信托财产法律人格之所以不独立,是因为债权人没有权利针对该财产提起诉讼。信托一旦成立,信托财产即自行封闭与外界隔绝,这些财产的用途通常也会依据合同进行限制,并非增加了法人的个人财产。

五、依据公司的完全实体保护特征评价契约关系理论和代理理论

前面提及的合伙形式所展现出来的,关于现代公司中完全实体保护与弱实体保护和强实体保护对比的讨论或许有助于指出契约关系理论说服力的部分不足。例如,根据 Hansmann 和 Kraakman 提出的,[②]由 Armour 和 Whincop 形成的观点,[③]公司法将现代公司的一些特征具体化,而这些特征并不是通过一系列有关联的合同(董事、股东、雇员、债权人等自然人享有合同权利,承担合同义务)来确定的,而是根据法律规定的严格的产权规则提出的,[④]由此奠定了公司法的专有基础。实体保护是公司的特点之一,在此条件下,对公司、股东、董事的财产及财产性权利进行严格的区分。这一特点,是经由有力的论证证明出来的,而非仅凭一系列合同就能确定的。[⑤] 例如,公司法中规定的公司所特有的清算保护规

---

① 比如,在苏格兰法中即是如此。See *Gordon v. Campbell*(1842)1 Bell's App. 428 and *Brown v. Sutherland*(1875)2 R. 615,621.

② See H. Hansmann, R. Kraakman and R. Squire, "The New Business Entities in Evolutionary Perspective",(2007)8 *European Business Organization Law Review* 59,66.

③ See J. Armour and M. Whincop, "The Proprietary Foundations of Corporate Law",(2007)27 OJLS 429.

④ See H. Hansmann, R. Kraakman and R. Squire, "Law and the Rise of the Firm",(2006)119 *Harvard Law Review* 1333,1338.

⑤ See H. Hansmann, R. Kraakman and R. Squire, "Law and the Rise of the Firm",(2006)119 *Harvard Law Review* 1333,1338; H. Hansmann et al., *supra* n 6,1337 – 1338; H. Hansmann and R. Kraakman, "The Essential Role of Organizational Law",(2000)110 *Yale Law Journal* 387,394 – 395; J. Armour and M. Whincop, "The Proprietary Foundations of Corporate Law"(2007)27 OJLS 429; J. Armour, H. Hansmann and R. Kraakman, "What is Corporate Law", in R. Kraakman, J. Armour et al., *The Anatomy of Corporate Law: A Comparative and Functional Approach*(OUP, 2nd edition, 2009)6 – 9.

则,也就是资本维持原则。根据该原则,公司资产必须返回股东手中;公司必须以其利润额为限分红;经股东的绝大多数请求才能解散公司。这些特征和规则对于“锁定”公司“所有者”投资的资产是一个极其有效的机制,①因为这些所有者或他们的债权人在未经其他绝对多数所有者同意时,无权依个人意愿清算资产(在世界上有些地区,此处的“所有者”也包括了董事会)。如果我们试图仅通过合同法就想取得同样的效果,则意味着公司每个“所有者”都会受到无数潜在的合同的制约,这将使公司资产和公司的债权人陷入商业风险,不言而喻,这将产生巨大的交易成本。因而,根据公司法的规定,清算保护更加有效。

同样,公司法的大量规则为现代公司的完全实体保护提供了辅助支撑。这些规则确保了由股东通过公司章程约定的资产权利的共享,比如,公司法规定的清算保护制度就主张完全实体保护。这些维系机制无法通过公司的董事、股东和债权人之间的合作交易再现。例如,当董事或大股东让与公司资产的行为违反宪法或者违反他们义务时,公司法会保护其他股东的权益不受侵害。如果董事或大股东实施了这样的非法转让行为,那么公司法就以确认第三方权利无效的方式保障股东的权利。以下是涉及董事和主要股东的情形:

1. 以低价向第三方转让公司资产;

2. 缔结条约授权第三方在将来某个时间点以低于市场价格取得重要资产;

3. 缔结条约以公司的重要资产作为特殊担保向第三方履行义务。

在上述情况中,法律关于董事义务的规定授予股东撤销权。即股东有权撤销前述3种情形所对应的买卖合同、期权合同、公司和第三方订立的担保合同。然而,如果董事将资产的所有权或占有转移给善意第三人,那么他的法定责任会更重。同样,若第三人有合理理由认为股东依据公司章程转移财产,基于对该股东的信任,即使股东是以公司的名义转移的财产,该第三人也有权取得此项财产。公司法承认并保护基于信任达成的产权交易协议。在保护股东利益的同时,这些规则同样也保障了那些依靠资产共有权利来实现债权的公司债权人利益。有一个强有力的论点认为,这些本质上来源于信托法的保护机制起源于历史上作为公司前身的基于信托产生的大型合伙。

---

① See M. Blair, “Locking in Capital: What Corporate Law Achieved for Business Organizers in the Nineteenth Century”, (2003) 51 *UCLA Law Review* 387.

契约论者认为,公司法应当将关于寻求现代公司产生的垂直和水平代理成本最小化的规定作为违约规则进行重置,以此确保各方当事人通过合同协议使自己的选择权最大化。例如,通过删除或修改规则来体现各方对经济风险和利益的自愿的分配。现行法作为强制性规定明确了董事的责任、执行以及执行的救济方式,这种说法与现行法(明确了董事责任、执行及执行的救济方式的强制性规定)形成鲜明对比。契约论者认还为代理理论只是隔靴搔痒,因为它既不能解释那些类似于信托的构成了股东法定责任的中心环节强制性规定,也不能解释为了保护公司实体保护功能而设计的关联交易法。此外,与公司法信任导向属性的功能相比,合同以及正统的合同法规范的功能是令人怀疑的。因为这需要大量的公司利益相关人,如董事、大股东、小股东、债权人等彼此达成协议,但这样会大大增加成本,从而变得不可行。因此,契约关系理论的支持者提出的被废除规则的不可克减性没有充分说明公司法规定的完全实体保护发挥的重要作用。鉴于此,契约论者认为"公同法不如合同法"的论断确实有点夸张。

六、结　　论

本文的主要目的是强调信托对现代典型公司的重要性。有人认为,公司不会因为那些致力于产品生产的厂商和负责产品输出的董事、股东、债权人、雇主、供应商及客户之间的一系列合同交换而轻易地获得"实体保护"功能。在此基础上,本文强调了公司作为一种机制是由一系列合同规定和制约的法律拟制的观点缺少经济学解释的支撑。而且"代理理论"观点的反对者既不能全面地解释本文所阐释的公司法理论,也不能充分地说明完全实体保护、独立法人人格与有限责任的不同之处。本文通过探究现代公司实体保护功能的特征及其与法人独立人格、有限责任的不同,将英美法的信托制度有条理地贯穿起来,以此凸显了商业界呈现出的一个主要现象,即英美法系的该"遗产"是基于公司的发展。无论是实体保护还是信托,它们都通过形成独立的限制资产池和负债池来发挥作用,由此不同的债权人可以分别获得赔偿。此外,本文也强调了需要进行深入的研究来发掘信托机制与完全实体保护持久的共性,更全面地论述本文所探究的标准含义,即它们如何影响我们对公司的构想及适用的规则的理解。

我国法语境下的推定信托制度的构建

董新义[*]　刘志超[**]

一、推定信托概述

(一)推定信托概念及其构成要件

推定信托(constructive trust)是为了衡平的目的而由法律来设立的。与其他种类的信托不同,推定信托是由法院强制性地认定受托人的行为在当事人间成立信托关系,因而推定信托不依赖于当事人的意思而独立产生。依据多数学者观点,推定信托的构成要素包括以下几点:依据法律规定而产生;具有可辨认的、确定的财产;存在信托关系或信义关系;防止不当得利的可能发生。①

第一,依据法律规定而产生是指推定信托独立于设立人的主观意愿,依据法律规定产生。A. J. Oakley 在《结构信托》一书中认为,推定信托总是依法而成立,独立于当事人意思。法庭从未像探究明示信托或归复信托那样探究当事人的实际或假定意思(presumed intention)。② 推定

---

* 中央财经大学法学院副教授,法学博士。

** 中央财经大学法学硕士研究生。

① 参见邢建东:《衡平法的推定信托》,对外经贸大学法学院2006年博士学位论文。

② See A. J. Oakley, *Constructive Trusts*, Third ed., Sweet & Maxwell, 1997, p. 1.

信托一旦被施加,推定受托人将负有对物责任和对人责任两个方面的责任。① 一方面,推定信托的施加使受益人享有信托财产的受益权;另一方面,推定受托人负有亲自管理财产并因其行为对受益人负责的义务。不过,在推定信托法律关系中,具体的财产受益权和信托义务由法院决定。

第二,具有可辨认的、确定的财产。根据这一性质,只有存在明确的可以辨认的财产时,法院才可以施加推定信托。确定的时间可以是在提起诉讼时或在起诉之前。关于推定信托财产的独立性和可辨识性,有以下两点需要提出说明:一是如果其他财产替换了被告通过不当得利获得的财产,则只要可以区分清替换财产与持有人的其他财产,推定信托还是可以被依法设立的。二是如果被告不当得利行为取得的财产与其他财产发生混同,那么就需要对其他财产进行划分。

第三,只要存在信义关系。信义关系是信托制度的前提条件,受托人以信托财产所有人的身份默默承担对委托人的忠诚义务是因为他受到了充分的信任。受托人在管理和处置信托财产的过程中享有一种权利,使他能够自由发挥自己的才能,以信托财产去获得最大的收益,这种权利就是自由裁量权。推定信托与明示信托不同,它不考虑设立人的意思。推定信托的成立根本上依赖于当时的设立的情况。因此,只要存在信义关系,就可以创立推定信托。强调信义关系,使推定信托广泛适用于现代商业社会的许多商业活动。

第四,防止不当得利的发生。传统观点认为,推定信托是在特定情形下的财产上的制度性救济,不当得利在英国或澳大利亚的主流观点中还没有成为独立的提起诉讼的诉因。但在加拿大,由于推定信托已经成为救济性质,不当得利可以成为一项独立的诉因以便提起诉讼。对于不能成为独立的诉因的国家而言,不当得利可以成为推定信托成立的其中一个考虑因素,或目的性——推定信托的产生是可以防止不当得利的可能发生。

(二)推定信托产生的情形

传统的推定信托,首先出现在家庭财产的遗嘱继承中,然后发展到家庭财产

① 对物责任和对人责任的英文表达为"property liability"和"personal liability",又有"proprietary liability"。它表现为受益人对物的所有权。当物无法恢复到受益人手中,受托人对受益人的责任转为对人的责任。

的分配中。当社会发展到非婚姻家庭成为可以接受的社会现象时,非婚姻的伴侣间的财产分配同样适用财产的推定信托。而商业社会的广泛及复杂促使人们认为,推定信托同样可以适用在商业领域。在普通法学说上,还没有一个共同的对推定信托的产生原因进行界定的学说。通说从产生的角度对推定信托归类,一般认为推定信托起源于下列3种情形:一是当一个人以欺诈或不公平的方式获得利益时;二是受托人违反忠实义务而获得利益时;三是当受托人违反信托处置财产而获得利益时。

这3种情形是推定信托产生的最主要的情形,并得到了普遍的认同,因此又称这些情形产生的推定信托为典型推定信托。但在实践上,也有一些非典型推定信托。它包括秘密信托、共同遗嘱、①可以强制实施的房地产销售合同上附加的推定信托,②抵押权人抵押权行使产生的推定信托以及当法律没有规定时,衡平法赋予财产转移效力而产生的推定信托等。在英美法系国家,在很多情况下,法官和学者们均将其归入推定信托中。

二、我国法上类似推定信托制度

根据上述推定信托概念和构成要件,在我国的现有法律规定中,存在许多与推定信托制度类似的法律制度。

(一)婚姻法上的类似推定信托制度

最高人民法院出台的《关于适用〈中华人民共和国婚姻法〉若干问题的解释

① 夫妻双方共同设立遗嘱,假如一方已经去世,显然他不能再改变遗嘱,在这种情况下,法院可以给幸存者施加一项推定信托,以遗嘱指定的第三人为受益人。

② 在衡平法上,从订立合同之时起,购买者被看作是土地的所有者,土地转让人就被认为是购买者的受托人。这种受托人有特殊性,他被授权保护好自己的利益,有权保留土地租金等收益,直到出售完成之时为止。他针对购买者保留财产的占有权,直到购买者付清价款。如果在地价付清之前土地就被转让,他对土地享有留置权。一旦出售完成,价款完全付清,卖方就必须转让土地或者其他财产。在这种情形下,转让人和受托人像其他任何受托人一样,有责任合理谨慎地维护财产处于一个合理的状态,这也是信托当事人履行自己责任的表现。

(二)》第24条作出了类似推定信托的规定。[①] 因为婚姻伴侣对彼此享有相对的权利义务关系,所以婚姻伴侣之间存在一种默示的信任关系,他们之间互相享有日常事务代理权,他们对家庭共同财产互为受托人和委托人,其中一人单独对外界产生关系时,交易相对人就有充足理由认为该行为是婚姻伴侣双方共同意思表示的结果,所以为了维护社会公平交易,维护交易安全,认定婚姻伴侣之间存在信托关系是很有必要的。

(二)合同法上的类似推定信托制度

推定信托适用的前提是这个国家的法律制度中存在双重所有权理论,在我国的法律体系里并没有找到这个制度的身影,但仔细搜索,我们不难发现一个与之相似的身影——所有权保留制度。《合同法》第134条对所有权保留制度作出了具体规定,此规定是对所有权保留制度的规定,由此规定可以推导出两个结论:一个是交付并不是标的物所有权转移的唯一条件,还可能有其他条件,视买卖合同的具体约定来调整;另一个是所有权转移的时间可由当事人共同商定,当事人享有合同上的意思自治。[②]

《最高人民法院关于审理商品房买卖合同纠纷案件适用法律若干问题的解释》第7条对被拆迁人与拆迁人签订拆迁安置补偿合同作出了规定,[③]该规定与一般商品房买卖中规定买受人的债权享有同等地位不同,提出被拆迁人对拆迁房产享有优先权利的观点,这其中的法理为拆迁安置的房产仅是对原有房产的改造,而被拆人对拆迁的房产是享有所有权的,房产的改造不能使被拆迁人的所有权丧失。被拆迁人优先权包含两部分内容:一是对特殊权利可创设物权;二是

① 《最高人民法院关于适用〈中华人民共和国婚姻法〉若干问题的解释(二)》第24条规定:"债权人就婚姻关系存续期间夫妻一方以个人名义所负债务主张权利的,应当按夫妻共同债务处理。但夫妻一方能够证明债权人与债务人明确约定为个人债务,或者能够证明属于婚姻法第十九条第三款规定情形的除外。"

② 《合同法》第134条规定:"当事人可以在买卖合同中约定买受人未履行支付价款或者其他义务的,标的物所有权属于出卖人。"

③ 《最高人民法院关于审理商品房买卖合同纠纷案件适用法律若干问题的解释》第7条规定:"拆迁人与被拆迁人按照所有权调换形式订立拆迁补偿安置协议,明确约定拆迁人以位置、用途特定的房屋对被拆迁人予以补偿安置,如果拆迁人将该补偿安置房屋另行出卖给第三人,被拆迁人请求优先取得补偿安置房屋的,应予支持。被拆迁人请求解除拆迁补偿安置协议的,按照本解释第八条的规定处理。"

所有权调换。保护被拆迁人的权利是出台该司法解释的目的所在,用推定信托制度进行详细分析,我们可以发现,拆迁人与被拆迁人之间存在信任关系,拆迁人有义务为被拆迁人的利益而管理该信托财产。在这个信托关系中,拆迁人是推定信托受托人,被拆人是推定信托受益人,固定地理位置的房产是推定信托财产。

(三)商法上的类似推定信托制度

《公司法》规定,对于董事、监事、高级管理人员违反法律规定,将公司的资金挪用、借贷给他人或者运用手中的职权收受贿赂,用公司的资产为其他个人或本公司的股东提供担保等损害公司利益的非法行为,公司有权给予违反规定的高级管理人员处分,并将违法所得收入予以没收。《公司法》还规定董事、经理违反法律相关规定为其他人经营管理或者自己经营管理与其所在公司同类经营业务的,不仅公司要对该人进行处分,还要将其违法获得的收入收归公司。① 由此可见,《公司法》对公司中高级管理人员的竞业行为和收受贿赂行为,在给予处罚并收缴违法所得的同时,强调将所得违法收入归公司所有,公司享有优先受偿权,可从高级管理人员、董事的违法所得中优先获得清偿。若将上述规定以推定信托的视角进行分析,公司为推定信托的受益人,高级管理人员或董事为推定信托的受托人,而公司财产为推定信托财产,公司高级管理人员、董事之间存在一种信任关系,公司出于对高级管理人员、董事的信任,将公司财产移交给其管理处分。公司高级管理人员、董事为他人经营管理或自行经营管理与公司同类业务、收受贿赂的行为可以理解为是高级管理人员、董事违反信义义务,非正当地行使了公司授予的权利。

在商法的特别领域,也存在类似推定信托的制度,如最高人民法院出台的

---

① 参见《公司法》第147~148条。第147条规定:"董事、监事、高级管理人员应当遵守法律、行政法规和公司章程,对公司负有忠实义务和勤勉义务。董事、监事、高级管理人员不得利用职权收受贿赂或者其他非法收入,不得侵占公司的财产。"第148条规定:董事、高级管理人员不得有下列行为:(一)挪用公司资金;(二)将公司资金以其个人名义或者以其他个人名义开立账户存储;(三)违反公司章程的规定,未经股东会、股东大会或者董事会同意,将公司资金借贷给他人或者以公司财产为他人提供担保;……(五)未经股东会或者股东大会同意,利用职务便利为自己或者他人谋取属于公司的商业机会,自营或者为他人经营与所任职公司同类的业务。董事、高级管理人员违反前款规定所得的收入应当归公司所有。

《关于冻结或划拨国有企业下岗职工基本生活保障资金的通知》中规定，在审判经济纠纷案件时法院不得将基本生活保障基金归为企业的财产处理，不得将该资金冻结或划拨用于清偿企业债务。① 若以推定信托视角来分析，则基本生活保障基金的信托受托人是企业，企业（受托人）是无权处分职工（受益人）的基本生活保障基金的，职工是基本生活保障基金真正的受益人，企业仅是代职工对该基金进行管理，对基本生活保障基金下岗职工具有优先受偿的权利。

2000 年 1 月 10 日最高人民法院出台的《关于执行封闭贷款管理暂行办法和外经贸企业封闭贷款管理办法中应注意的几个问题的通知》中规定，人民法院不允许采取财产保全措施或者先予执行债务人的封闭贷款结算专户。这个规定可以理解为信托财产独立性在商业信托中的具体表现。②

最高人民法院颁布的《关于破产企业国有划拨土地使用权应否列入破产财产等问题的批复》规定，国家划拨的国有土地使用权是不能归入到企业破产财产中的，当企业陷入破产困境时，人民政府可以依法律规定收回并处置该国有土地。③ 这一规定也类似于推定信托制度。

（四）诉讼法上的类似推定信托制度

我国诉讼法上也存在类似推定信托的规定。最高人民法院出台的《关于人民法院民事执行中查封、扣押、冻结财产的规定》第 2 条第 3 款规定不动产等财产由第三人占有或者登记在第三人名下的，第三人用书面的形式确认该财产是

---

① 《最高人民法院关于严禁冻结或划拨国有企业下岗职工基本生活保障资金的通知》第 24 条规定："债权人就婚姻关系存续期间夫妻一方以个人名义所负债务主张权利的，应当按夫妻共同债务处理。但夫妻一方能够证明债权人与债务人明确约定为个人债务，或者能够证明属于婚姻法第十九条第三款规定情形的除外。"

② 参见 2000 年 1 月 10 日颁布的《最高人民法院关于执行〈封闭贷款管理暂行办法〉和〈外经贸企业封闭贷款管理办法〉中应注意的几个问题的通知》。其第 1 条规定："人民法院审理民事经济纠纷案件，不得对债务人的封闭贷款结算专户采取财产保全措施或者先予执行。"第 2 条规定："人民法院在执行案件时，不得执行被执行人的封闭贷款结算专户中的款项。"

③ 《最高人民法院关于破产企业国有划拨土地使用权应否列入破产财产等问题的批复》第 1 条指出："根据《中华人民共和国土地管理法》第五十八条第一款第（四）项及《城镇国有土地使用权出让和转让暂行条例》第四十七条的规定，破产企业以划拨方式取得的国有土地使用权不属于破产财产，在企业破产时，有关人民政府可以予以收回，并依法处置。纳入国家兼并破产计划的国有企业，其依法取得的国有土地使用权，应依据国务院有关文件规定办理。"

属于被执行人的,法院可以依法对其进行查封、扣押、冻结。[①] 从此规定可以看出,对第三人占有的财产或者登记在第三人名下的财产,第三人是享有代为管理处分的权利的,但是第三人并非该财产真正的所有人,该财产的真正所有人是被执行人,第三人只是代被执行人持有该财产,法院能够对该财产进行查封、扣押、冻结也是基于该信托原则。

在诉讼法的特殊领域,也有类似推定信托的制度。2000 年 2 月 18 日最高人民法院出台的《关于在审理和执行民事、经济纠纷案件时不得查封、冻结和扣划社会保险基金的通知》中规定,社会保障基金应设立专门的户头进行专门管理,专门用于保险企业失业人员以及退休职工的基本生活保障,属于不得挪作他用的专项资金。[②] 由此可知,社会保险基金是属于参保人员的信托财产,不属于作为信托受托人的社会保障机构,社会保障机构仅负责管理保险基金。法院不得查封、扣押、冻结该笔基金,社会保障机构同样也不能用该资金偿还机构债务。

三、推定信托制度的比较法考察

(一)美国法上推定信托制度

在美国,推定信托并非一种实体法上的信托种类,而是一种纯粹的程序性的救济制度,即推定信托制度作为矫正不法行为或阻止不当得利的一种手段而强加的救济措施。在美国,法院给被告施加一项推定信托义务是基于这样一个原则——需要阻止被告不当得利。就不当得利来说,原告可依据准合同提起诉讼。但在下面几种情况下,原告也可以请求法院给被告施加一项推定信托义务:(1)被告仍然拥有财产;(2)原告希望特定的财产归复原告;(3)被告破产财产的价值增加了,原告希望获得增值的利益。

美国法的观点普遍认为,救济性特征是信托最显著的特征,信托本身代表或者反映了在某种具体情况下能够得到衡平法的救济,推定信托更是如此。推定信托是一种涉及财产的救济,这种救济可以被调整和修正,以使衡平法的原则相互协调并适用于具体案件。作为衡平法救济的一种,推定信托只有在公认的衡

① 参见《最高人民法院关于人民法院民事执行中查封、扣押、冻结财产的规定》。

② 参见《最高人民法院关于在审理和执行民事、经济纠纷案件时不得查封、冻结和扣划社会保险基金的通知》。

平法原则认为必需的时候才能被使用。换言之,只有依据衡平法的原则要求,财产法律上的所有权人应当为了他人的受益或者为了他人之利益而拥有该财产,才能以推定信托的方式给予衡平法救济,推定信托主要用于违反信任义务领域。普遍性不当得利原则为推定信托的施行在原则上提供了可以接受的理论依据。只要推定受托人以推定受益人的利益为代价获取了某一项财产而获得不当得利,就可以对其施加推定信托义务。当然,这并非说明只要存在不当得利即可实施推定信托,这种类型的信托只不过是法院采取的各种各样的救济手段之一。

(二)英国法上推定信托制度

与美国不同,在英国法上推定信托被认定为一种实体性制度。法院根据判例已经确定的类型施加一项推定信托,并产生一定后果。推定信托的目的是用来保护预先存在的财产权利。法院根据判例已经确立的施加推定信托的情形包括以下几类:受托人或者其他信任人不当利用授予给他的信托财产或利用其地位谋取未经授权的利益;第三人明知违反信托接受或帮助处分信托财产等。强制执行此种信托的救济方式有对推定受托人提起诉讼、回复信托财产或者追索此财产之出售价款。

对于美国的程序性的推定信托救济方法,英国学者认为,其存在以下问题:第一,何种情形下产生推定信托并不确定。其结果只能是毫无必要地增加纠纷和诉讼的数量。第二,推定信托具有的财产性质,可能会影响无辜第三人的权益。特别是普通债权人会发现,信托项下的受益人比他们享有优先受偿还的权利。例如,某人为了甲的利益设立了一项信托,指定乙为受托人,丙为乙的普通债权人。结果,乙违反信托为自己谋取了不正当利益,但后来乙破产了。那么,甲可以申请法院给乙施加一项推定信托,从而对乙的破产财产享有优于丙获得清偿的权利。如此一来,法院随意地施加推定信托,就会使破产清偿的顺序失去意义,普通债权人显然要面临更大的不确定性。第三,施加推定信托常常会影响推定委托人的财产权,他可能会被全部或者部分地剥夺财产权。同样,法院随意施加推定信托,也会给整个社会的财产所有权带来不稳定,特别是对婚姻财产影响更大。事实上,英国法院已经在这个领域施加推定信托,并且引起了许多人的关注和担忧。

（三）评析

英、美两国信托法对推定信托性质持有的不同态度导致了两种不同的结果。在英国法上，当事人只要能够证明该案件属于先例中存在的推定信托，那么法院就可以在该案中施加推定信托。在美国法上，法官认定该案件情况需要适用推定信托来维护公平正义，那么当事人就可以获得推定信托的救济。因此，依据美国法，推定信托的适用范围会更加广泛，与此同时，也会带来对判决结果的不可预见性。不仅如此，在对待信托成立的时间上英美两国也有不同的观点。英国法认为推定信托所证明的权利产生于法院宣告推定信托成立之前。美国法则认为推定信托所证明的权利产生于法院宣告推定信托成立之时，并对未来生效。

虽然法院在施加推定信托时，通常会要求受托人将财产及其收益返还给受益人，授予受益人一种财产上的救济，似乎美国的救济性制度的主张会更符合推定信托的性质。但实质上不管是推定信托还是其他类型的信托，都具有一个相同点，这个相同点就是信托财产的独立性。这一独立性包括受托人破产时信托财产的破产隔离功能，即被排除在破产财产之外、独立于受托人的个人财产、抵销与混同的限制、强制执行和拍卖的禁止。所以从真正意义上来说，推定信托与其他类型的信托是相同的。法院授予当事人救济，即宣布推定信托的存在，只是承认早已存在的事实。

四、我国现有法律制度缺乏推定信托制度功能

虽然我国依据不当得利、善意取得、无因管理等法律规定能够在一定程度上解决纠纷和实现当事人权利救济，但其均存在许多不足，因此需要导入推定信托制度。

（一）善意取得制度不具推定信托功能

在我国物权法上，善意取得制度与推定信托比较相似，但是二者的价值取向及目标并不相同。通说认为，民法中需保护的安全类型分为两类：一类是针对所有权的保护，也就是财产所有权的静态安全；另一类是针对交易的安全，也就是财产交易的动态安全。在现实中保障这两类安全皆十分重要。根据《物权法》第

106 条的规定，构成善意取得之前提须是无权处分人转让动产或不动产。也就是说无权处分人与第三者之间的交易行为只能是法律行为。即王利明教授所称："善意取得制度是为保护安全所设定的，只有让与人和受让人之间存在交易行为时，法律才有保护的必要。"[①]可见，善意取得是一种以牺牲财产所有权静态安全为代价去保障财产交易动态安全的制度。而推定信托的目的之一是在一个受信任者或第三人以不正义的行为取得财产时，衡平法院将为其施加一种信托拘束，把他看成一个推定的受托人，这样即可阻却其谋取不正当利益，从而保护了受害者的财产利益。在此意义上来说，推定信托侧重保护的是财产的原权利人，也就是保护了财产所有权之静态安全。

另外，善意取得制度与推定信托的救济方式存在差异。大陆法系认为善意取得是一种实体法意义上的制度。相比而言，推定信托除了具有实体性制度的属性外，更多地表现为一种救济性手段。此外，推定信托相对于善意取得而言，在对受益人权利的保护力度和权利救济的可操作性上可谓"技高一筹"。

（二）不当得利制度不具推定信托功能

第一，不当得利在性质上属于实体性权利。我国《民法通则》第 92 条所规定的不当得利是实体权利。我国属于大陆法系，习惯运用演绎推理，当符合不当得利的构成要件时，原告的诉讼请求才能得到支持。这与英美法系中所主张的"救济优先于权利"原则有很大不同。对于权利需要救济的观点来看，法律若不能实际体现为一种平等、公正的救济体系，那么再完美的实体权利对权利人而言也只是"镜中花、水中月"，没有实际作用。[②] 推定信托在很大程度上是一项救济性权利，它由衡平法院根据良心和正义的实际需要而做出推定，并非一项事先就制定好了的法律制度。

第二，不当得利是一种债权请求权。不当得利的权力性质已被公认为一种债权请求权，即当存在不当得利时，不当得利请求权人只能对人起诉而不可获得物权性保护。因此保护力度大为减弱，但若是推定信托则问题可以迎刃而解，卖方不当可提起标的物返还之诉，而且当买方破产时，卖方可享有优先受偿权。再

---

① 王利明：《论无权处分》，载《中国法学》2009 年第 3 期。

② 参见程燎原、王人博：《权利及其救济》，山东人民出版社 1998 年版，第 368～370 页。

者，卖方还可对买方非法处置财产行使追及权利。可见，推定信托对权利保护的力度和广度都超过了不当得利。

第三，不当得利的返还范围太小。当不当得利成立时，司法实践往往只将原物及其孳息列为返还利益，其他增值利益的返还请求往往不能根据不当得利而得到支持，这显然有失公平。

(三)无因管理制度不具推定信托功能

通说认为，无因管理中的本人可以要求管理人返还全部利益。但实际情况是，该请求权的性质是债权请求权，当管理人出现无力支付或被申请破产的情形时，本人和管理人的其他债权人也仅能参与债权的分配，可见其保护力度非常有限。但若适用推定信托制度，受托人则负有将他人财产所有权以及管理财产过程中获得的利益都返还本人的义务。由此可以看出，推定信托的优势就在于：其一，不受诉讼时效限制；其二，当受托人被申请破产时，财产不属于破产财产本人可优先于受托人的债权人而得到清偿。显然，在此种情况下，本人的利益能得到最大程度的保护。

五、我国推定信托制度构建的路径：修改《信托法》

基于前述，我国有必要导入推定信托制度，但我国属于成文法国家，在观念上强调法律的确定性。所以，笔者建议在成文法上设立推定信托的相关规则，以便能够统一裁判标准和执法尺度。当然，对一个法律制度来说，创制规则提供一定的确定性是重要的，但保持必要的弹性以应付不能预见或特殊的情形也是同样重要的。所以，在具体制定施加推定信托的主要情形之前提下，同时也应通过弹性条款使规则保持一定的开放性，从而给法官留下自由的空间。我国现行《信托法》调整的对象是明示信托，笔者认为需要对其相应的内容进行扩充改造才能够为引入推定信托提供法律基础。

(一)扩充"信托"的含义

依照我国《信托法》第 2 条可知，推定信托与明示信托在构成要件上最大的差别在于是否存在当事人明确的意思表示，推定信托是依据法律推定成立的，无关当事人的意思。[①] 而明示信托是依据当事人具体而明确的意思表示成立的，并且信托的内容是由当事人的意思来确定的。由此，可将信托的定义修改为："本法所称信托，是指委托人基于对受托人的信任，将其财产权委托给受托人，由受托人按委托人的意愿以自己的名义，为受益人的利益或者特定目的，进行管理或处分的行为或者法院依法推定的由受托人为受益人的利益而持有财产权的其他行为。"

（二）修改"信托财产"的相关规定

依照《信托法》第 14 条第 1 款规定，在明示信托中成立信托财产要求受托人作出信托承诺。[②] 而对于推定信托来说则不需要受托人作出任何承诺，而是由法院根据法律的规定认为应当对他施加一项与信托受托人一样的义务，就好像其被明确宣告为他人以信托的方式持有该财产。所以应当将该款修改为："受托人因承诺信托而取得的财产是信托财产，依法律规定而设立的信托，受托人无须作出承诺。"

（三）修改信托设立的条件

现行《信托法》第 7 条要求在明示信托中信托的设立必须有具体明确的财产存在。[③] 而在推定信托中是没有委托人存在的，完全由法律决定推定信托成立与否，在法院设立推定信托之前，信托财产都是不确定的。因此，笔者认为应将该规定修改为："设立信托，必须有确定的信托财产，并且该信托财产必须是委托人合法所有的财产，但法律另有规定的除外。"

同时，《信托法》第 8 条要求设立信托一般应当采用书面形式。书面形式包括遗嘱、信托合同或者法律、行政法规规定的其他书面文件等。采取信托合同形式设立信托的，信托合同签订时，信托成立。采取其他书面形式设立信托的，受

---

① 《信托法》第 2 条规定："本法所称信托，是指委托人基于对受托人的信任，将其财产权委托给受托人，由受托人按委托人的意愿以自己的名义，为受益人的利益或者特定目的，进行管理或者处分的行为。"

② 《信托法》第 14 条第 1 款规定："受托人因承诺信托而取得的财产是信托财产。"

③ 《信托法》第 7 条规定："设立信托，必须有确定的信托财产，并且该信托财产必须是委托人合法所有的财产。本法所称财产包括合法的财产权利。"

托人承诺接受信托时,信托成立。[①] 而实体性推定信托在法律所规定的事实发生时即告成立,无须满足书面形式的要求,因此,该条规定应当修改为:“信托可以通过书面形式或者在某些情况下依法律规定设立。书面形式包括信托合同、遗嘱或者法律、行政法规规定的其他书面文件等。采取信托合同形式设立信托的,信托合同签订时信托成立。采取其他书面形式设立信托的,受托人承诺信托时,信托成立。依法律规定而设立的信托在满足法律所规定的条件时,信托成立。”依照我国《信托法》第10条的规定可知,信托的办理需要进行登记,不进行登记的,信托归于无效。[②] 但只是对明示信托具有登记的要求,推定信托则无此要求。所以应当将该规定修改为:“设立信托使用书面形式的,有关法律、行政法规规定信托财产应当去相关部门办理登记手续的,应当依法办理登记。未按照前述规定办理登记的,应该补办相关信托登记手续。不主动补办信托登记手续的,该信托不发生法律效力。依法律规定设立信托,无须办理信托登记。”

(四)完善受益人的撤销权

《信托法》第23条和第49条规定了信托当事人的相关权利。[③] 由于信托事务的处理与受益人的利益攸关,英美信托法都给予了受益人终止信托的权利,前提是满足两个条件:一是受益人具有完全的民事行为能力;二是如果受益人不止一人,须取得受益人全体一致同意。而在推定信托中,受益人有权要求受托人返还信托财产及从信托成立时起由信托财产所产生的利益的权利,并停止信托,体现了推定信托具有的财产权益转移功能。而受托人的义务一般仅局限于尊重信托财产是为受益人的利益,并在受人指示时,将信托财产权益移转给受益人。所

① 《信托法》第8条规定:“设立信托,应当采取书面形式。书面形式包括信托合同、遗嘱或者法律、行政法规规定的其他书面文件等。采取信托合同形式设立信托的,信托合同签订时,信托成立。采取其他书面形式设立信托的,受托人承诺信托时,信托成立。”

② 《信托法》第10条规定:“设立信托,对于信托财产,有关法律、行政法规规定应当办理登记手续的,应当依法办理信托登记。未依照前款规定办理信托登记的,应当补办登记手续;不补办的,该信托不产生效力。”

③ 《信托法》第23条规定:“受托人违反信托目的处分信托财产或者管理运用、处分信托财产有重大过失的,委托人有权依照信托文件的规定解任受托人,或者申请人民法院解任受托人。”第49规定:“受益人可以行使本法第二十条至第二十三条规定的委托人享有的权利。受益人行使上述权利,与委托人意见不一致时,可以申请人民法院作出裁定。受托人有本法第二十二条第一款所列行为,共同受益人之一申请人民法院撤销该处分行为的,人民法院所作出的撤销裁定,对全体共同受益人有效。”

以该规定应当修改为“受托人违反信托目的处分信托财产或者管理运用、处分信托财产有重大过失的,具有完全民事行为能力的受益人经受益人全体一致同意后,有权依照信托文件的规定解任受托人,或者申请人民法院解任受托人。依法律规定而设立的信托,受益人可以随时解除”。

我国表决权信托制度的理论构建与立法构想

范　健* 　熊　静**

一、引　言

作为股东表决权与信托制度结合的产物，表决权信托（voting trust）在其起源地——美国，已经盛行100余年。即便表决权信托在美国最初因其展现出的可能操作公司而导致垄断的力量被立法与判例所否认，但其合法性终因强大的生命力和应用价值而被美国各州立法所认可，只是法律对其较为谨慎并施加了限制。引入信托法的大陆法系国家和地区商事信托较民事信托更发达，但即便如此，表决权信托这种典型的商事信托在我国公司实践中并未发挥出应有的功能，其涉及的相关法律问题也未得到立法者足够的关注。然而，在信托制度已经向各领域开始扩张的今天，信托作为一种工具和机制如何在公司实践领域内被运用，已然是一个无法回避的问题。在实践中，已有不少企业运用表决权信托成功实现某种目的的案例。例如，在中国青岛啤酒股份有限公司（以下简称青啤公司）和世界最大的啤酒酿酒商安海斯—布希

* 南京大学法学院教授。
** 南京大学法学院博士研究生。

公司(百威啤酒品牌的拥有者,以下简称 A - B 公司)正式签署的战略投资协议中,双方约定青啤公司向 A - B 公司分 3 次发行总额为 1.82 亿美元(约合 14.16 亿港币)的定向可转换债券,该债券在协议规定的 7 年内将全部转换为青啤 H 股,总股数为 30,822 万股。A - B 公司在青啤公司的股权比例将从之前的 4.5% 上升至 9.9% 和 20%,并最终达到 27%。协议执行完毕后,青岛市国资办依然是青啤公司最大的股东,A - B 公司则成为青啤公司最大的非政府股东。由于担心 A - B 公司通过在二级市场上收购流通股的途径成为第一大控股股东,协议要求 A - B 公司将拥有超出青啤公司 20% 股权的表决权通过信托的方式授予青岛市国资办行使,将 7% 的股份转移给 Law Debenture Trust 有限公司,国资委再将 7% 的表决权信托给该公司,由该公司成为双方股份和股份表决权的共同受托人。通过上述安排,青岛啤酒股份有限公司在引入外资的同时保留了青岛国资委对公司的控制权,从效果来看,可谓一次表决权信托的成功运用。但是,从公司法理角度分析,这样的操作并不完全符合公司法规则。可见,由于缺乏具体法律规则的指引,一旦发生纠纷,表决权信托的法律效果与行为人的预期或许会有较大偏差。因此,为确定表决权信托这种商事信托行为的法律后果,明确当事人的权利义务关系,有必要对表决权信托制度进行研究,以此推动该类型信托功能的发挥。学者对表决权信托研究已有一些成果。这些研究的重点集中在表决权信托的客体上,即在表决权信托中股东转移的信托财产是股权本身还是从股权分离出来的表决权。这是表决权信托最基本的问题,但学界并未达成共识。另外,在表决权信托制度构建中,配套制度的建立也必不可少。本文试图阐明表决权信托制度的基本理论问题,并从表决权信托的形式、公示方法以及如何与公司法其他制度兼容等方面提出相应立法对策,以此解决我国公司法实践中表决权信托的应用无法可依的困境。

二、表决权信托的起源与大陆法系的表决权信托

(一)表决权信托的产生背景

1864 年美国一家名为 Pacific Mail Steamship Company 公司的股东为实现将表决权交由他人行使的目的,创造性地将信托制度应用于股东表决权领域,这是表决权信托(voting trust)的第一次运用。在得到美国联邦最高法院的效力确认

后,表决权信托作为一种集中公司控制权的工具开始被众多公司尤其是集团公司所青睐。起初,表决权信托在公司重组过程中发挥了重要作用,可谓在一定程度上促进了美国经济的发展。但当企业发展到一定程度时,如何维持自身的优势地位、保持强劲的竞争力就成为企业在越来越激烈的市场中首先考虑的问题,而通过利用表决权信托这种制度联合企业、打压同行业其他企业的发展也成了不少企业的选择。事实上,这种联合垄断或形成了维持垄断的壁垒。最具有代表性的案例发生在1870年,美国石油大王洛克菲勒与其联营者(40家公司)组成一家新的公司——标准石油(Standard Oil)又名俄亥俄美孚石油公司,然后利用表决权信托将这40家公司股东的股票"委托"给这家新公司的9名董事,由他们作为受托人行使表决权。这种"托拉斯"形式在收购竞争对手、提高公司运营效率等方面展现了巨大的威力,给资本家带来了丰厚的超额利润,但是,这种组织形式破坏了自由资本主义的经济结构,其限制竞争、垄断价格、控制贸易的行为使公众、中小企业主、农场主利益受损,批评与反对的声音广泛存在。随着采取"Trust"形式的集团公司的增多,美国政府认为有必要通过立法手段来限制这种形成垄断组织形式的"Trust",于是在1890年美国通过了第一部反垄断法《保护贸易及商业以免非法限制及垄断法案》,简称《谢尔曼反托拉斯法》(Sherman Antitrust Act)。可见,在美国,最初的反垄断(Antitrust)实际上是反对这种将公司控制权集中的"Trust"。在反垄断、促进竞争思想的指导下,19世纪末美国法官在绝大多数表决权案例中否定了表决权协议的效力。美国学术界观点与判例一致,也对表决权信托持否定态度。学者认定表决权信托协议无效主要有两个方面的原因:第一,股东作为公司财产实际所有者,应在年度董事选举会议上审慎判断相关事项。显然,这种义务不能被除股东以外的其他人妥善履行,因为他人不会从公司分得红利,也不会有与股东同等的热情。第二,部分人的联合势必导致另外一些人优势地位的丧失或者劣势地位的形成,进而造成股东地位之间的倾斜,甚至导致部分股东遭到排斥,这是不被普通法所允许的。① 另外,还有学者总结了其他方面的原因:(1)任何一个股东都对其他股东附有在公司管理上发挥自己判断的义务,甚至为了避免公司违法,股东对公共利益负有义务。所以,股东将其股份予以信托的行为是无效的。(2)表决权信托可能被用于欺诈目的。

① See Maurice Finkelstein, "Voting trust Agreements", 24 *Mick. L. Rev.* 344, 1925 - 1926.

多数股东利用其控制权以牺牲少数股东利益和公司利益为代价获得特殊利益,是不合法的。(3)股东表决权类似于政治选举中的表决权,正如后者不能以任何方式转让或集合一样,股东表决权也不能被这样处置。① 诚然,当时表决权信托协议的签订者一般包括公司大部分股东,表决权信托确实是被律师和商人用来实现集中公司控制权目的的工具。受托人行使的最主要权力为董事选举时的投票权,由于受托人有能力选出董事会中的大部分成员,公司的控制权可能实际上被受托人所掌控。但是,任何一个制度的运行都将付出一定成本,关键在于如何通过合理的规则设计将制度成本控制在可接受的范围。表决权信托在证明其为一种具有强大的生命力和应运价值的创新之后,美国立法上开始有条件地接受表决权信托的运用。1901 年纽约州率先立法承认表决权信托的效力,此后,美国各州纷纷效仿。表决权信托如今在美国已经是公司股东为实现一定的商业目的而普遍采取的手段。

(二)大陆法系的表决权信托

股东委托他人代为行使表决权的需求不会因英美法系与大陆法系之间法律规则的差异而改变,只是两大法系的立法者设计了不同的制度来满足这种需求。譬如,考虑到在公众公司中部分股东"搭便车"的心理和对公司经营管理漠不关心的现实,德国《股份法》允许信贷机构和营业行为人代股东行使表决权。德国《股份法》规定的这种"代为投票"并不是一种信托行为,而是一种表决权代理。但是,代理人的权限十分有限。例如,德国《股份法》第 135 条规定,股东未明确作出指示的,则概括代理权只能使信贷机构获得如下权利:根据股东的表决建议行使表决权,或者根据董事会或者监事会的建议,或者在二者建议相左的情况下根据监事会的建议行使表决权。该条第 3 款规定,信贷机构在行使表决权时偏离股东的指示,或者股东未作出指示时偏离其自己的建议的,应通知股东并说明理由。在其自己的股东大会上,只有股东对于个别议题作出明确指示时,被授权的信贷机构才能基于其代理权行使表决权。② 法国《商事公司法》规定了表决权代理制度,但并没有表决权信托制度的规定。

---

① 参见雷晓冰:《表决权信托制度研究》,华东政法大学经济法学院 2007 年博士学位论文,第 32 页。

② 参见《德国商事公司法》,胡晓静、杨代雄译,法律出版社 2014 年版,第 135 ~ 136 页。

不少大陆法系国家和地区已经成功引入滥觞于英国的信托制度并制定了信托成文法,表决权信托在这些国家与地区有其制度基础。但遗憾的是,在引用表决权信托的态度上,这些国家和地区是比较保守与谨慎的。日本是大陆法系国家中较早制定信托成文法的国家,因此,信托制度在日本有较大的应用余地。但是,日本《信托法》没有关于表决权信托的规定,学界对于表决权信托是否有效也未达成共识。由日本《证券交易法》演变而来的、旨在寻求金融法律规制改革的日本《金融商品交易法》中的相关规定倒似乎为表决权信托的运用预留了空间。该法在“金融商品交易所”的章节中,对表决权的持有作了限制性的规定,即任何人不得取得或持有公司制金融商品交易所所有股东表决权20%。同时,考虑到表决权取得和持有的状态,该法规定了对象表决权。持有的对象表决权的数量超过公司制金融商品交易所所有股东持有比例5%的持有者(称为“对象表决权持有者”)必须根据内阁府令的规定,立即向内阁总理大臣提交记载了对象表决权持有比例(指对象表决权持有者持有的对象表决权的数量占所有股东持有数量的比例)、持有目的及其他内阁府令规定的事项等的对象表决权持有申请书。同时规定,取得或持有公司制金融商品交易所所有股东的表决权持有基准比例数额以上的对象表决权者必须在成为之日起3个月内采取相应措施,将表决权持有数量降低到该公司制金融商品交易所的持有基准比例之下。这种对象表决权已取得或持有的方式包括:基于现金信托合同、其他合同或法律规定,拥有或相当于拥有得以行使公司制金融商品交易所的对象表决权的权限,或指定该表决权的行使权限者。① 由此可见,信托是对象表决权取得或持有的方式之一。我国台湾地区“企业并购法”对表决权信托作出了明确规定:“公司进行并购时,股东得将其所持有股票移转予信托公司或兼营信托业务之金融机构成立股东表决权信托,并由受托人依书面信托契约之约定行使其股东表决权。”但是,我国台湾地区的相关规定只在企业并购时规定了表决权信托,表决权信托是否能在更大的范围内得到运用在台湾学界存在争议。

由此可见,在未引入信托制度的大陆法系国家和地区,表决权代理制度为股东委托他人行使表决权提供了途径,但代理人的权限受到多方主体的限制;在实

① 参见《日本金融商品交易法》,朱大明译,法律出版社2015年版,第29~295页、第306~307页。

行信托法的大陆法系国家和地区,表决权信托的可适用的范围并不大,但扩大适用是一种趋势。我国自颁布《信托法》已经有10余年时间,表决权信托在我国既存在制度基础,也存在实践需求。

况且,表决权信托的功能并不能被我国已经确定的表决权代理制度所替代。诚如学者所言,表决权信托与表决权代理毕竟是两种不同的制度,两者具有不同的性质,适用于不同的情况,具有不同的构成要件和法律效果。法律应当给当事人尽可能多的制度选择,这也是尊重当事人意志的私法自治的体现。① 因此,我国是具备构建表决权信托制度的法律环境的。

三、表决权信托的信托财产

表决权信托(voting trust)通常是一种持有封闭公司有表决权股票的信托,它赋予受托人行使表决权的权力,但受托人并非股东,其只是股票的管理人。②《元照英美法词典》把"voting trust"定义成一种"公司股东将其投票选举权转让给受托人行使的信托协议",即公司的一般股东与受托人签订信托协议,或者由不同股东分别与共同受托人签订的一组内容一致的信托协议,规定在一定的年限内,或者在某一意外事件发生之前,或在信托协议的有效期内,股东把股票的控制权授予受托人,受托人行使表决权不必再征询股东或其指定人的同意;股东保留对股票、红利和收益的所有权。③ 从词典的定义来看,表决权信托的信托财产并不明确。我国《公司法》与《信托法》都没有对表决权信托予以规定,学界提倡我国应建立表决权信托制度,但对于表决权信托最基本的理论问题——表决权信托客体问题,学界却仍有分歧。关于表决权信托的客体,学界分为两大阵营:其一是认为,表决权信托的客体应为股权本身,表决权信托不能单独成为信托财产并转移给受托人。例如,有学者认为,所谓的表决权信托,并非仅以表决权为标的物所设立的信托,而是以移转股份为手段所设立的信托,其目的则在于统一行使表决权。④ 又有学者认为,表决权只能起到在服从公司和全体股东利益条件下要

---

① 梁上上:《论表决权信托》,载《法律科学》2005年第1期。

② See *Black's Law Dictionary*, West Publishing Co., Tenth Edition, 1748.

③ 薛波主编:《元照英美法词典》,北京大学出版社2014年版,第1409页。

④ 赖河源、王志诚:《现代信托法论》,中国政法大学出版社2002年版,第78页。

求公司兼顾局部利益的作用,其实质上是股东的决策权,是不能以金钱价值交换的权利,这一非财权权利的属性使之不能成为表决权信托的载体,因此,"从利益分配请求权分离出来的表决权信托是不成立的"。① 其二是认为,表决权可以从股权中分离出来,成为一种具有财产属性的权利,因而可以独立于股权成为信托客体。例如,有人认为根据公司合同理论推导出的股东投票权与剩余索取权不可分离的经典判断并非无懈可击,原因如下:风险控制机制不足以支持股东对表决权的绝对享有;公众公司中很难出现"巨大"的代理成本;因激励不足而产生的代理成本,在实际情况中可能根本不会发生。之后,该学者又论证了表决权既不是"人格权",也不是"身份权",得出了表决权作为一种具有经济价值的权利资源是可以作为信托财产的结论。② 本文认为,表决权信托的成立须将股份转移至受托人,表决权不能单独成为信托关系的客体,这是符合信托法原理的安排。同时,股权信托的模式也能更好地与我国公司法相关制度兼容,具体理由如下:

首先,表决权信托的物质基础应为股权还是表决权本身,这个问题归根结底依然是源于英美的信托被大陆法系国家接受后基于体系的冲突而造成的问题。众所周知,信托是英国衡平法的伟大创造,其脱胎于中世纪用益制度并逐步发展成为一种独特的财产管理制度。而英美信托财产的双重所有权无疑是整个信托运转的核心。信托财产被转移至受托人后,受托人拥有普通法上的所有权,而受益人拥有衡平法上的所有权,两种权利的相互制约使委托人与受托人之间的信任在法律上可以得到维护。大陆法系国家无衡平法之传统,且大陆法系物权法奉行"一物一权"的原则,因此,以双重所有权为制度基础的信托在移植到大陆法系法律框架时,势必会存在矛盾与冲突。这种冲突可以说是与信托财产相伴随的,表决权信托的信托财产自然也不例外。表决权信托在其发源地美国被要求股份必须转移至受托人,这是英美信托基本原理的规定,表决权股东为股权法律上的所有人,受益人(一般是委托股东)享有衡平法上的所有权,两者之间的权利义务关系非常明确。美国《示范商业公司法》(Reviesd Model Business Corporation Act)第七章第三节第7.30条规定:"一个或多个股东可以签订协议建立表决权信托,设定与信托目的有关的任何事宜,并将其股份表决权或与此相关的权利让

① 覃有土、陈雪萍:《表决权信托:控制权优先配置机制》,载《法商研究》2005年第4期。

② 参见郇志茹:《表决权信托之理论正当性证明》,载《法学》2007年第10期。

与受托人,股份转移至受托人人名下。表决权信托协议一旦签署,受托人应准备包括该项信托中所有受益人的名称与地址的一份清单,列明该信托的各类股份的数量、类别,并将该清单副本和表决权信托协议送交公司主要办事处。”事实上,英美信托更关注的是一种财产性权利,而不是所有权本身。法律史学者曾经这样描述受托人的权利:财产权是一种服从于一定条件的财权权,它是一种附条件财产权。当受托物被用以实现非信托人所指定的目的时,或者当出于种种原因,信托人所指定的目的变得不可能被实现时,所设定的条件就会产生效力。结果,受托人的财产权利(proprietary right)就会终止,并在无须让与的情形下归于信托人或继承人。[①] 大陆法系虽然没有双重所有权的物权结构,但我们可以通过特殊的财产公示制度以及明确受益人与受托人之间的权利义务来起到制衡信托关系当事人之间失衡地位的作用,但如果既想要实现信托目的又要抛弃信托的形式,甚至另辟蹊径将附属于股权的表决权分来出来,这不仅有违信托机理,而且也有悖于物权法的传统理论。

其次,仅以股东权利束中的表决权作为信托财产,则表决权信托财产很难具有独立性地位。信托财产的独立性,即信托财产独立于信托当事人(包括委托人、受托人及受益人)的固有财产,具体体现为信托财产的非继承性、破产财团的排除、抵销的禁止、受益人撤销权的行使和混同的限制。[②] 虽然有一些学者通过否定表决权人身权或身份权的性质扫除了表决权作为一种财产性权利的障碍,但是,即便表决权具有一定的财产属性,其终究也不能完全脱离于股权而独立存在,股权流转则表决权也将附随流转。也就是说,当股权发生变动时,股权所包括的所有权利都将一并发生转移,表决权作为信托财产的独立性将被打破。例如,当股东无法清偿债务时,债权人可以将股东的股权纳入责任财产,但如果股东之前将股权信托给受托人,那么股权作为信托财产可以免于债权人的追及。但如果只是表决权作为信托财产,则股权不具有信托财产的独立地位,其将被债权人追及,而依附于股权的表决权当然也不能隔离。这种情况类似于以不动产未来收益、应收账款作为信托财产设立的信托。由于这种未来收益、应收账款因其所依赖的基础财产可能发生转移,如不动产转让,所以这种信托财产不具有隔

---

① 参见[英]F. W. 梅兰特:《国家、信托与法人》,樊安译,北京大学出版社2008年版,第81页。

② 参见赖河源、工志诚:《现代信托法论》,中国政法大学出版社2002年版,第81~89页。

离性,有违信托财产独立性之法理。因此,严格来说,以依赖基础性财产的利益、财产性权利作为信托财产设立的信托原则上是无效的。

最后,以表决权作为信托财产可能会使受托人沦为股东的代理人。受托人具有的独立的法律地位,其应自主、审慎地履行自己的职责,履行忠实义务与勤勉义务,根据自己掌握的信息作出最有利于受益人的独立判断。但是,如果在表决权信托中股东只是将表决权转移至受托人,则受托人由于信息不对称很难独立地作出判断选择。表决权正当行使的前提是权力行使人充分掌握关于公司组织及经营方面的信息,而这些信息的获取是以股东权中其他权利为基础的,如股东查阅权、股东知情权,若受托人不具有股东身份,则上述权利的行使在公司法上并不能找到依据,公司也完全可以拒绝将公司相关经营信息告知受托人。如此,受托人就不得不依赖股东并最终可能沦为股东的代理人。

四、我国表决权信托制度的构建

表决权信托行为与一般信托行为相比具有特殊性,其不仅事关信托关系当事人的切身利益,同时也对其他股东、公司、利益相关者产生了影响。因此,在表决权信托制度的构建中,法律不仅要合理分配表决权信托关系中委托人、受托人、受益人的权利义务,通过设定的默认规则补充当事人协议未考虑周全的地方,同时也要考虑表决权信托制度如何在公司法的框架内可以较好地与公司法其他制度兼容。本文试从以下 3 个方面提出立法建议。

第一,表决权信托协议须采用书面形式。表决权信托中的受托人具有独立的法律地位,其权利在理论上可以扩张到委托股东所享有的全部权利。但是,委托股东或者受益人为了使受托人为他们的利益而持有股票并能按照他们的意图行使权力,一般都会与受托人约定详尽的相关权利义务以约束受托人。在商事外观主义原则下,表决权信托中的受托人作为名义股东完全有机会做出违背表决权信托中的协议的行为。如表决权信托中的受托人将股份转让给善意不知情的第三人,则根据《最高人民法院关于适用〈中华人民共和国公司法〉若干问题的规定(三)》第 26 条的规定,善意第三人可以获得股权。此时,委托股东只能根据表决权信托协议追究受托人违反信义义务的责任。因此,委托人与受托人须将表决权行使等相关具体事项以书面的形式固定下来,使其具有确定性。另外,因为表决权信托一旦成立便不可撤销,所以表决权信托协议中必须规定信托的存续期限,这也是一种限制受托人的权利及保护受益人的一种方式。例如,美国法律规定表决权信托期限不得超过 10 年,如果延长信托期限,则必须修改表决权信托协议,否则信托无效。

第二,建立我国股权信托公示制度。信托财产独立性条件的成就有赖于以物权变动为中心的信托财产公示原则。信托公示是信托财产的公示,由于表决权信托本质上是一种股权信托,因此,我国应完善股权信托公示制度。首先,应明确表决权信托公式的申请人。美国《示范公司法修正本》明确规定受托人为表决权信托的公示申请人,受托人负有将有关受益人名称及地址的清单及其副本、记载信托股份数量与类别的文件及信托协议送达公司主营办事机构的义务。我国台湾地区"公开发行公司股份处理准则"第 15 条就股票信托过户作了规定,即委托人及受托人应填具过户申请书及于股票背面加盖留存印鉴。本文认为,我国股权信托公示制度可规定申请人为委托人及受托人,至于具体由谁履行相关义务则可以由委托人和受托人在表决权信托协议中商议。其次,在表决权信托的公示方式上,应根据公司组织形态的不同设立不同的公示方法。上市公司股票的信托登记应符合《证券法》《证券登记结算管理办法》的规定,同时可以考虑建立信托交易信息披露制度。非上市公司应在股东名册上注明受托人的信息,并在股票上注明"表决权信托"。在这方面可以参照美国《特拉华州公司法》第 218 条的规定,公司要注销委托人转移给受托人的股份,向受托人签发新的载明其依据为信托合同的股份证明,同时在股东名册上在受托人名称下注明"表决权信托"。最后,我国应确立信托公示的对抗效力而非生效效力。若仅以信托财产未登记公示进而以信托财产不具有独立性而全盘否定信托关系,则不仅信托内部当事人的利益安排得不到充分的尊重,受托人信义义务承担的时间点也会变得模糊。考虑到这点,日本与我国台湾地区对信托的规定采用了信托财产登记对抗主义,日本 2006 年《信托法》第 14 条规定:"在不登记或不注册就无法以权利的得失或变更对抗第三人的财产方面,不履行信托登记或注册的,不得以该财产为信托财产对抗第三人。"我国台湾地区"信托法"第 4 条规定:"以应登记或注册之财产权为信托者,非经信托登记,不得对抗第三人。"因此,"独立性"应是信托财产对抗第三人的条件,而非信托成立的条件。我国《信托法》第 10 条采用了信托财产登记生效主义,这实属矫枉过正。当表决权信托未进行公示时,法律不赋予信托财产基于独立性而衍生的功能即可,信托内部法律关系依然成立。

第三,应在我国《公司法》中对表决权信托如何与公司法其他制度的融合作出规定。表决权信托事关公司控制权的转移,股权结构、股东之间的地位或将因此而发生变化。表决权信托行为或许会在公司内部产生一种紧张关系,如何处理好委托股东与非委托股东之间、委托股东与公司之间、受托人与公司之间的关系是我国《公司法》应该考虑的问题。公司契约论认为公司是一系列合同的联接,是一种开放式的标准合同。合同的签订是缔约方意思自治的结果,因而私法自治、公司自治应是《公司法》的基本品格。因此,对于本质上也可以视为一种公司合约的表决权信托协议,《公司法》也应该给予足够的宽容。诚然,在表决权信托中,股东将其所有的股份交由受托人管理是一种对私有财产的处分行为,股东的意愿应该得到法律的尊重。但是,除了契约性质,公司同时具有团体性特质,是一种个人利益与团体利益的结合。公司内部的个体选择将在一定程度上影响利益相关者及公司整体的利益,公司意思(与个体意思不一定一致)的作出也将影响公司内部个体的利益。在团体主义理念下,个体的自治在团体内会受到约束,私法自治在公司领域从以个人意思为中心上升到以团体意思为中心。私法以团体为逻辑起点,以其所归属的“类”的利益为考量,计算自己的得失,规定团体成员间的交往规则,形成团体间的交往模式,进而发展出团体和成员、国家、社会间的规则。[①] 这种规则具有补充性甚至强制性的特点,旨在平衡团体内部个体之间的关系,照顾利益相关者的利益以及提升团体的运转效率。具体到表决权信托,本文认为,《公司法》在设计相关规则时应考虑以下问题:首先,在表决权信托中,股权虽然转移至受托人,但这不等同于一般的股权转让行为,也不存在转让的对价,因此,股东优先购买权的规则不能适用于表决权信托的情形。但是,股东的改变毕竟可能破坏非公开公司的人合性,非公开公司若通过公司章程规定表决权信托设立的限制性条件,本文认为公司法应尊重公司自治性团体规则。但若公司章程完全限制表决权信托的设立,那么这种条款应该无效。其次,当出现某一委托股东与股东大会讨论的议题有特别的利害关系情形时,《公司法》和公司章程规定的表决权行使回避规则应适用于该委托股东的受托人;若复数股

① 参见刘向林:《论公司契约的团体主义特质——以有限责任公司股权转让为例》,载王延川主编:《公司法上的合约》,法律出版社2011年版,第42页。

东将股权转移给受托人,只存在单个股东与股东大会决议事项有重大利害关系,那么就应规定受托人可以分开使用表决权(可以行使没有重大利害关系股东的表决权部分),而不是只能一次性行使。最后,表决权信托成立可能导致交叉持股的情形,我国《公司法》对于这种情形下受托人行使表决权应设定相应限制。为了防止表决权的行使被歪曲,日本公司法对互相持有股份作了限制规定。例如,如果甲公司(单独或者与甲公司的子公司一起)有可能实际上支配乙公司[该情况下合伙等经营形态也包括在内(日本《公司法施行规则》第67条第1款、第2条第3款第2项)]的经营——甲公司(包括其子公司)持有乙公司的全体股东表决权(对董事、会计参与、监事的选任以及修改章程的全部议案无法行使表决权的股份的表决权除外)的1/4以上时,乙公司所持的甲公司的股份将被停止表决权(日本《公司法施行规则》第308条第1款)。[①] 我国《公司法》可以借鉴日本相关立法经验,防止表决权信托成为不正当支配交互持股企业的工具。

---

① 参见[日]山本为三郎:《日本公司法精解》,朱大明等译,法律出版社2015年版,第131页。

美国金融控股公司加重责任制度研究及其启示

方　芸[*]

金融控股公司的加重责任是20世纪80年代末在美国金融法和公司法领域发展起来的一种特殊责任承担制度,通常是指作为母公司的金融控股公司在作为子公司的银行出现财务状况显著恶化、资本不足甚至破产倒闭等情形时,对该银行进行资本填补或者对负责该银行破产处置的联邦存款保险机构(Federal Deposit Insurance Company,FDIC)损失的存款保险基金予以适当补偿。由于金融控股公司的加重责任突破了公司法上传统的股东有限责任原则,所以从其诞生之日到最终获得立法支持,始终处于各方关注的风口浪尖之上。研究美国金融控股公司加重责任制度的具体内容、理论基础和法律效力,对于完善我国金融控股公司立法具有借鉴意义。

一、金融控股公司加重责任的主要内容及其立法演进

美国现行的银行体系主要由商业银行、储蓄银行

* 四川省社会科学院法学研究所助理研究员,民商法学博士。

(Savings Bank)和储蓄与贷款协会(Savings and Loan Association,以下简称储贷协会)组成。联邦政府和州政府都拥有发放银行牌照和监管银行的权力;在联邦层面,则有多个政府机构对不同类型的银行及其控股公司进行监管。[①] 有鉴于此,金融控股公司[②]加重责任的立法进程主要通过两条线路平行展开:一是由联邦住宅贷款银行委员会(Federal Home Loan Bank Board,FHLBB)创设的资本维持承诺规则,适用于储贷协会或储蓄银行的控股公司;二是由美联储理事会创设的"力量之源"规则,适用于商业银行的控股公司。两者最终在金融危机之后通过的《多德—弗兰克华尔街改革与消费者保护法案》(Dodd-Frank Wall Street Reform and Consumer Protective Act,以下简称《多德—弗兰克法案》)中实现了统一。

(一)资本维持承诺

资本维持承诺(Capital Maintenance Commitment)起源于20世纪70年代中期FHLBB在批准金融控股公司收购储蓄银行或储贷协会时附加的一项条件,即要求该控股公司必须明确保证其所意图兼并的储贷协会具有并能够保持债务清偿能力,否则FHLBB将拒绝其收购申请。[③] 这些协议一开始在业内被称为"资本净值维持协议"(Net-worth Maintenance Agreement),后改称"资本维持承诺"。

资本维持承诺规则在实施之初的条件十分苛刻,FHLBB等联邦监管机构通

---

① 需要特别指出的是,银行控股公司(Bank Holding Company)在美国法上有广义与狭义之分:前者是指包括商业银行、储蓄银行与储贷协会在内所有银行类金融机构的控股公司,后者则仅指商业银行的控股公司。本文所称银行控股公司,是一个广义的概念。

② 在美国法上,"金融控股公司"(Financial Holding Company)的概念脱胎于银行控股公司。1999年《金融服务现代化法案》打破分业经营的藩篱,规定符合以下两个条件的银行控股公司可以向其监管机构申请升级为金融控股公司,从事在该法案颁布前不被允许开展的金融业务:(1)该银行控股公司及其控制的参保银行资本充足,管理良好;(2)银行控股公司控制的参保银行在最近依据1977年《社区再投资法》进行的信用评级检查中取得的等级为"满意"。参见12 U.S.C. §1843(1)(2)。

③ FHLBB是美国国会最早设立的负责监管储蓄银行、储贷协会及其控股公司的联邦政府机构,同时建立的还有联邦储蓄与贷款保险公司(Federal Savings and Loan Insurance Corporation, FSLIC),作为储蓄银行和储贷协会的存款保险机构。1989年《银行改革、复兴与实施法案》撤销了FHLBB和FSLIC,新设储蓄机构管理局(Office of Thrift Supervision,OTS)取代FHLBB作为储蓄银行和储贷协会及其控股公司的联邦监管机构,并将FSLIC名下的储蓄协会保险基金(Savings Association Insurance Fund)划归FDIC管辖。后根据《多德—弗兰克法案》的规定,OTS被并入货币监理署(Office of the Comptroller of the Currency,OCC),其对储蓄银行和储贷协会的监管权被OCC继受,对储蓄银行和储贷协会的控股公司的监管权被移交给美联储理事会。

常要求金融控股公司对其收购的储贷协会或储蓄银行做出开放式的财务支持承诺,即在收购完成后,作为母公司的控股公司必须采取包括重新注资在内的一切手段来保证作为其子公司的储贷协会或储蓄银行拥有符合监管部门规定的最低资本净值,并且不能为前述义务的履行期限或注资金额等设定限制。

在美国20世纪80年代中期发生的储贷危机中,由于大量进入破产程序的储贷协会或储蓄银行存在严重的资金缺口,联邦监管当局对资本维持承诺的推行日益普遍,不堪重负的金融控股公司纷纷开始抵制该承诺的执行。加上越来越多的收购者因为担心背负沉重的债务负担而不愿意收购在危机中破产的银行,相关联邦监管机构不得不于1988年发表声明,宣布废止有关开放式资本维持承诺的政策。从1993年年末开始,资本维持承诺不再作为监管机构批准金融控股公司申请收购储贷协会或储蓄银行时的附加条件;但是监管机构根据资本维持承诺要求金融控股公司承担加重责任的案件并没有减少。因为根据《联邦存款保险法》第38条的规定,当适格的联邦监管机构要求问题银行提交资本重整计划时,如果参保银行的资本不足,其控股公司应当作出保证,承诺该银行将遵守资本重整计划直至其在随后4个连续季度内的资本水平达到既定标准,并为此提供适当的履行保证。银行控股公司所承担保证责任的限额不得超过:(1)银行资本不足时该银行总资产的5%;(2)或者当银行未能遵守资本重整计划时使其恢复到满足既定资本标准所必需的金额,以两个方案中数额较少者计算。① 这既是监管机构接受该资本重整计划的必备条件之一,往往也成了监管机构要求金融控股公司向其控制的储贷协会或储蓄银行履行资本维持承诺的重要法律依据。

(二)"力量之源"

对"力量之源"规则(Source of Strength)最早的应用可以追溯至20世纪60年代中期。当美联储理事会根据1956年《银行控股公司法》②的授权审查收购商业银行的申请时,通常会将控股公司能否为其收购的商业银行提供必要的金融

---

① 12 U.S.C. §1831o(e)(2)(c),(E).

② 需要特别说明的是,1956年《银行控股公司法》所规定的"银行控股公司"实际上仅限于商业银行的控股公司,不包括储蓄银行或贷款协会的控股公司,后者主要由1933年《住宅所有人贷款法》和1967年《储蓄与贷款控股公司法》规范。

和管理资源作为一个重要的考虑因素。[①] 随后,美国联邦最高法院在 1978 年的美联储理事会诉第一林肯坞公司(First Lincolnwood)案中确认了监管机构有权将“力量之源”规则作为其决定是否批准控股公司收购商业银行股份或者资产申请的判断标准。[②] 尽管当时理论界对力量之源规则的评价褒贬不一,但是美联储理事会仍然不遗余力在实践中予以推行适用,并且将“商业银行的控股公司应当作为其银行子公司财务和管理上的力量源泉”这一对“力量之源”规则的规范性表述写入了自己制定的《银行控股公司与银行控制变化》(以下简称 Y 条例)之中。[③] 1987 年美联储理事会在依据“力量之源”规则要求霍克艾银行控股公司向其濒临破产的银行子公司注入资金未果后,[④]对“力量之源”规则的具体内容进一步做出了明确的政策性解释,即商业银行的控股公司应当动用一切必要的资源,向其陷入财务困境或者濒临破产的银行子公司提供包括重新注资在内的各种财务上的援助。美联储理事会同时声明,如果商业银行的控股公司未能遵照“力量之源”规则履行其对银行子公司的财务支持义务,将会被视为违反 Y 条例或者从事不安全和不稳健的经营活动,其有权根据法律的授权对该控股公司发出禁止令或者采取其他强制措施以矫正其违法行为或者其行为产生的后果。[⑤]

1999 年通过的《金融服务现代化法案》首次以成文法的形式对“力量之源”规则的适用条件和法律效果作出了具体规定。根据该法第 730 条对《联邦存款保险法》第 18 条第(u)款的修改,当商业银行的控股公司依照美联储理事会发出的资本填充指令向其银行子公司转让资产后,任何人不得就该资产转移事项向

---

① 根据 1956 年《银行控股公司法》第 3 条第(c)款第(2)项的规定,在任何情况下,美联储理事会都必须考虑该公司及其关联公司和银行的金融资源、管理资源和公司前景,以及其所服务社区的便利和需要。See 12 U. S. C. § 1841(a)(1),(c),(j);1842(c)(2).

② Board of Governors v. First Lincolnwood Corp. ,439 U. S. 234(1978).

③ Y 条例是美联储理事会制定的关于《银行控股公司法》和《银行控制变动法》的实施细则,其对力量之源规则的英文表述是“A bank holding company shall serve as a source of financial and managerial strength to its subsidiary banks”,See 49 Fed. Reg. 820(1984),codified at 12 C. F. R. § 225. 4(a)(1)(1990)。

④ 当美联储理事会要求霍克艾银行控股公司向其控股的埃里森银行(Bank of Allison)注入 120 万美元资本金时,遭到了后者的拒绝,其理由是这一注资行为违反了该银行控股公司与其债权人之间的协议。美联储随即以霍克艾银行控股公司从事不安全的银行经营活动为由对其发出告诫通知,但是在该银行控股公司申请的行政听证会召开之前,撤销了自己提出的指控。See “Fed Drops Case Against Hawkeye”,*American Banker*, May 4th, 1987, p. 11.

⑤ 52 Fed. Reg. 15707, April 30, 1987; effective April 24, 1987.

美联储理事会提起返还之诉或者要求赔偿损失等法律救济。① 令人遗憾的是,《金融服务现代化法案》并没有对"力量之源"规则的法律效力争议进行正面回应,特别是对于当商业银行的控股公司拒绝向其控制的银行提供财务支持时,美联储理事会能否向法院申请强制执行的问题,法案没有作出明确规定。

在2008年金融风暴之后出台的《多德—弗兰克法案》对"力量之源"规则表现出了前所未有的肯定和重视。依照该法第616条对《联邦存款保险法》第38条的补充,"力量之源"规则正式上升成为具有法律效力的银行监管法规,其适用范围也从商业银行的控股公司扩展至储蓄银行与储贷协会的控股公司以及直接或者间接控制参保银行的其他所有金融控股公司。② 对"力量之源"规则的定位不再是监管机构凭一己之力所推行的政策性规定,而是法律为了维护金融秩序的稳定,对包括OCC、FDIC和美联储理事会在内所有适格的联邦监管机构提出的法定要求。当然,由于储蓄银行和储贷协会的控股公司在实践中已经发展形成了通过资本维持承诺履行其加重责任的行为方式,《联邦存款保险法》第38A条对"力量之源"规则的规定在某种意义上只是为这些业已存在的具体措施提供基本的法律依据。需要特别注意的是,《联邦存款保险法》第38A条第(e)款对"力量之源"规则的定义——"控股公司向其陷入困境的参保银行子公司提供财务支持的能力",与美联储在1987年作出的政策性解释之间仍然存在一些差异:该条规定并没有把向陷入困境的银行子公司提供财务支持直接表述为金融控股公司的法定义务和责任,而是代之以"能力"(Ability)这样一个较为含混的概念进行表述。

二、金融控股公司加重责任产生的理论基础

由于金融控股公司加重责任背离了股东有限责任的基本原则,并将公权力

① 12 U.S.C. §1828(u)(1), §1844(g)(1).

② 根据修改后的《联邦存款保险法》第38A条的规定,适格的联邦银行监管机构应当要求金融控股公司作为其银行子公司在财务上的"力量之源";如果参保银行不是该控股公司的子公司,适格的联邦银行监管机构应当要求直接或者间接控制该参保银行的公司作为该银行在财务上的"力量之源"。由前述规定可知,那些曾经被《银行控股公司法》和《住宅所有人贷款法》排除在外的参保银行的母公司,例如信用卡银行(Credit Card Bank),以及证券公司设立的有限目的信托公司(Limited Purpose Trust Company)或者工业贷款公司(Industrial Loan Company)等今后也将受到"力量之源"规则的约束。See 12 U.S.C. §1831o-1(a)(b).

干预引入公司自治领域,对金融控股公司及其股东的权益影响甚巨,所以自联邦监管机构大举推行各种形式的加重责任伊始,法学界就围绕金融控股公司加重责任的正当性和必要性,展开了激烈讨论,并形成了以下5种具有代表性的理论学说。

(一)成本补偿说(Cost-Defraying Explanation)

从金融控股公司加重责任的发展进程来看,美国国会和联邦监管机构之所以不断推动此项立法,最显见的目的是补偿公共资金在银行破产处置中的支出。成本补偿说的解释路径如下:当作为子公司的银行陷入困境后,如果政府决定利用包括存款保险基金在内的公共资金对问题银行提供援助,则面临着类似财务困境的母公司将会从中受益;由此产生的一个客观效果是,为维护金融安全和存款人利益而投入的公共资金被变相地输送给了金融控股公司,最终演变为政府为非银行的私人企业的财务危机埋单。据此,因作为子公司的银行受到存款保险制度保护而获益的金融控股公司应当在公共资金的损失被传递给纳税人之前予以分担和补偿。①

该理论受到了一些学者的质疑。首先,从政府投入的公共资金援助中获益的市场主体,除了金融控股公司外,还包括存款人、贷款人和银行雇员等,但是后者并没有被要求承担加重责任。其次,认为金融控股公司从公共资金援助中获益的观点忽略了作为子公司的银行已经向存款保险机构依法缴纳保费的事实。②换言之,要求金融控股公司补偿存款保险基金的支出在很大程度上是财政政策的考量,它无法为政府部门介入私权利关系提供正当性的理由。

(二)"饿狼"说(Hungry Wolf Hypothesis)

按照传统的公司法理论,金融控股公司与其成员子公司各自具有独立的法人人格,控股公司仅以出资额为限向子公司承担有限责任。"饿狼"说认为,由于

---

① See Howell E. Jackson, "The Expanding Obligations of Financial Holding Companies", *Harvard Law Review*, Vol. 107, 1994, pp. 507 – 619, 560.

② See Testimony of Ricki Helfer, Chairman, Federal Deposit Insurance Corporation, Before the Subcommittee on Capital Markets, Securities and Government Sponsored Enterprises of the Committee on Banking and Financial Services, U. S. House of Representatives, Mar. 5, 1997, Accessed on Nov. 10, 2015, http://www.fdic.gov/publish/speeches/97spchs/sp05mar.html.

银行在一国金融体系中的特殊地位，银行破产给其债权人带来的损失主要由存款保险基金或政府承担，这就增加了金融控股公司为实现自己的利润最大化而滥用其对银行子公司控制权的道德风险，甚至"像'饿狼'一样通过股利分红、收取管理费、自我交易或其他存在利益冲突的交易对其银行子公司进行盘剥"。① 如果银行因此破产倒闭，在股东有限责任原则的约束下，负责处置问题银行的政府机构不能要求其控股公司在出资限额之外履行资本填充义务或者对公共资金的损失予以补偿。因此，立法有必要突破股东有限责任原则，对金融控股公司实行加重责任，以有效制约其道德风险和不当动机。

对"饿狼"说的反对意见主要来自两个方面：首先，银行的控股股东，无论其是自然人还是法人或者其他组织，都存在被某种程度的道德风险所诱惑的可能性，但是关于采取金融控股公司的组织架构比其他类型的股东控股具有更大道德风险以至于必须施以加重责任的原因，尚未得到清晰的阐述。其次，目前的实证研究仍然没有找到金融控股公司对其银行子公司的剥削已经普遍达到"饿狼"说所担忧程度的确凿证据，这使该种理论的说服力受到了削弱。②

(三)市场约束说(Market Discipline Hypothesis)

市场约束理论最早是由罗格斯大学法学院的海伦·A. 加滕(Helen A. Garten)教授提出的。他认为，一方面，银行的债权人(包括存款人)、股东和其他利益相关方可以根据银行的不同经营状况作出不同的行为选择，通过把管理落后或不稳健的银行逐出市场等手段来迫使银行进行安全稳健的经营。③ 由于控股股东对银行管理层的影响力远远超过债权人，所以有必要对金融控股公司课以加重责任，促使其严格控制银行管理层的冒险行为。另一方面，与监管机构相比，金融控股公司在经营管理的过程中掌握了大量关于其银行子公司的财务信息，很多内容甚至是监管机构通过现场检查无法获取的，通过加重责任促使金融

---

① Eric J. Gouvin, "Of Hungry Wolves and Horizontal Conflicts: Rethinking the Justifications for Bank Holding Company Liability", *University of Illinois Law Review*, 1999, pp. 949 - 1014, 963.

② See Howell E. Jackson, "The Expanding Obligations of Financial Holding Companies", *Harvard Law Review*, Vol. 107, 1994, pp. 507 - 619, 573 - 576.

③ See Helen A. Garten, "Banking on the Market, Relying on Depositors to control Bank Risks", *Yale Journal on Regulation*, Vol. 4, 1986, pp. 129 - 167, 133 - 139; Helen A. Garten, "Market Discipline Revisited", *Annual Review of Banking Law*, Vol. 14, 1995, pp. 187 - 206, 203 - 204.

控股公司加强自律性管理，可以很好地解决外部监管存在的信息不对称、监管成本过高等问题，有效降低银行经营失败的风险。①

批评者则认为市场约束说夸大了银行董事会在银行安全稳健运营方面所发挥的作用。尽管金融控股公司拥有选举其银行子公司董事会或多数董事的控制权，但是董事的决策行为受到商业判断规则的约束，令其承担比其他行业的公司董事更高的注意义务是“不公正和不合时宜的”；②而且即使采用更高要求的注意义务标准，在管理层有意隐瞒的情况下（实践中非常普遍），银行的董事也很难获取可以用来判断银行经营是否安全稳健的信息。③ 因此，希冀通过加重责任的施压使金融控股公司对下属银行管理层的冒险行为进行约束，效果如何仍然具有不确定性。

（四）企业责任说（Enterprise Liability Hypothesis）

该理论认为，法律结构只是对经济结构的映射，既然公司集团内所有法律上具有独立法人地位的企业在经济生活中已经组成了统一的企业实体，那么就应当将其作为一个主体对待。④ 特别是对于全资控股的子公司而言，其与公司分支机构在作用和地位上的差异仅仅是形式上的，既然两者的实质相同，那么就应当给予相同的法律待遇。美国的公司集团法专家菲利普·I. 伯朗博格教授（Phillip I. Blumberg）就明确指出，“共同控制”（Common Control）正是立法者打破公司法人人格独立的防火墙，要求金融控股公司为其银行子公司承担加重责任的关键所在。⑤

持反对意见的学者则认为，该理论在解释金融控股公司加重责任的正当性时并没有预期中那么成功。一方面，金融控股公司旗下的银行与其他银行一样，

---

① See Lissa L. Broome, “Redistributing Bank Insolvency Risks: Challenges to Limited Liability in the Bank Holding Company Structure”, U. C. *Davis Law Review*, Vol. 26, 1993, pp. 935 – 994, 976.

② Principles of Corporate Governance: Analysis and Recommendations 4.01 (a) reporter's note 18, at 161 (Proposed Final Draft Mar. 31, 1992).

③ See John D. Hawke, Jr., “The Limited Role of Directors in Assuring the Soundness of Banks”, *Annual Review of Banking Law*, Vol. 6, 1987, pp. 285 – 290, 288.

④ See Virginia Harper Ho, “Theories of Corporate Groups: Corporate Identity Reconceived”, *Seton Hall Law Review*, Vol. 42, 2012, pp. 879 – 950, 899.

⑤ See Phillip I. Blumberg, “The Increasing Recognition of Enterprise Principles in Determining Parent and Subsidiary Corporation Liabilities”, *Connecticut Law Review*, Vol. 28, 1996, pp. 295 – 345, 303.

需要遵守法律在资本充足率等方面所设定的各类监管指标,其特殊性导致它与金融控股公司内部的分支机构存在本质性差异;另一方面,急切地否定银行作为子公司的独立法人人格而对金融控股公司施行加重责任,与现行金融监管体制竭力在公司集团内部将银行隔离为独立法人的做法似乎存在矛盾。①

(五)准代理说(Quasi-agency Approach)

西新英格兰大学的艾瑞克·J. 古文(Eric J. Gouvin)教授首先提出运用准代理的理论来解释金融控股公司加重责任的正当性。他认为,银行子公司的董事会面临着一种特别复杂的横向冲突(horizontal conflict):一方面,董事会需要对股东和其他利益相关者负责;另一方面,在金融控股公司掌控下选举产生的董事会常常选择为控股股东的最大利益服务,而忽略了所有其他各方的利益,特别是对银行本身所负有的信义义务。在这种情况下,银行子公司的董事会应当被视为金融控股公司的准代理人,并由控股公司来直接承担因子公司董事会违反信义义务所产生的法律责任。②

准代理说面临的最大挑战是实证研究表明很多问题银行经营失败的原因或者主因并不是由于其董事会违反信义义务所致,例如,OCC 通过对美国 1987 年至 1992 年破产倒闭的银行进行调查后发现,其中有 35% 的银行的破产原因应当主要归咎于通货膨胀、经济衰退、行业竞争或者利率变动等外部环境变化。③ 准代理说无法解释在银行子公司的董事会不存在过错的情况下,联邦监管机构为何仍要求金融控股公司承担加重责任。

综上所述,美国法学界对于"金融控股公司加重责任的理论基础究竟是什么"这一问题尚未达成共识。从立法的初衷来看,联邦监管机构和国会之所以敢于突破公司法上的有限责任原则,要求金融控股公司承担加重责任,无疑是出于减少公共资金在银行破产处置中损耗的现实需要的考虑。现有的理论学说在解释监管机构运用公权力干预公司自治的正当性和必要性时,主要立足于两个理

---

① See Eric J. Gouvin, "Of Hungry Wolves and Horizontal Conflicts: Rethinking the Justifications for Bank Holding Company Liability", *University of Illinois Law Review*, 1999, pp. 949 - 1014, 974 - 975.

② Ibid., p. 963.

③ Congressional Budget Office, U. S. Congress, The Changing Business of Banking: A Study of Failed Banks from 1987 to 1992, at 20, 1994.

论分析框架：一是从金融监管的角度探讨加重责任在减少公共资金支出、降低监管成本和银行破产风险方面的作用；二是从公司治理结构的角度分析加重责任在防止金融控股公司滥用控制权方面的功效。尽管其仍有不尽如人意之处，但就其总体而言，仍然深刻地揭示出了加重责任制度从监管实践一路升迁为法律规范背后深层次的原因。

三、金融控股公司加重责任的法律效力之争

正是由于对金融控股公司加重责任存在不同认识，当监管机构依据资本维持承诺或者援引“力量之源”规则向法院申请强制执行时，监管机构和金融控股公司往往各执一词，效力之争延续至今。

在有关资本维持承诺的法律诉讼中，联邦监管机构一开始依据的是普通法上的合同理论，将资本维持承诺解释为金融控股公司与监管机构之间为维护作为第三方的储蓄银行或储贷协会的利益而缔结的合同，并主张 FDIC 等监管机构作为接管人取得了原储蓄银行或储贷协会的所有权利，因此有权要求做出承诺的金融控股公司实际履行其注资义务。但是这一主张并没有得到法院的支持，大部分法院仍然认为，政府对资本维持承诺的界定突破了母公司对子公司以出资为限承担有限责任的传统法则，这种没有经过充分协商，又缺乏详尽书面条款的注资承诺对金融控股公司不具有合同法上的拘束力。①

从 1990 年开始，联邦监管机构改变了原有的诉讼策略，开始将资本维持承诺具有法律拘束力的理由解释为监管机构对金融控股公司采取的行政强制措施。根据《联邦存款保险法》第 8 条的规定，如果金融控股公司存在下列行为：(1)违反联邦监管机构在同意金融控股公司提出的申请、预先通知或者其他要求时，以书面形式附加的任何条件；(2)或者与联邦监管机构之间订立的书面协议，适格的联邦监管机构有权发布命令，要求金融控股公司对其行为造成的损失予

① 法院在拒绝将资本维持承诺视为普通法上的合同时，阐释了不同的理由，主要包括以下三点：(1)金融控股公司在作出承诺时没有获得相应的对价；(2)从承诺的内容含混不清和书面文件证据的缺失可以推断出双方当事人没有就该承诺达成合意；(3)FDIC 不是合同法上适格的受益第三方。See In re Conner Corp.,1990 Bankr. LEXIS 1751;Tetco,758 F. Supp. at 1162 – 63.

以归还、提供补偿、赔偿或担保,或者采取其他监管机构认为适当的行为。① 联邦监管机构认为,资本维持承诺可以归入前述法律条文中所规定的“附加条件”或“书面协议”,因此自己有权要求金融控股公司依照资本维持承诺履行其对清偿能力不足的银行子公司的注资义务。虽然将资本维持承诺作为强制措施对待,使得监管机构增加了对这一加重责任承担方式的程序性控制,②但是并没有完全撼动联邦法院在司法审查中所持的否定态度。在1993年的山核桃投资公司和瓦赫特尔等人诉OTS案中,美国哥伦比亚特区联邦巡回上诉法院就认为,金融控股公司对其银行子公司的资本维持承诺必须受到《联邦存款保险法》第8条第(b)款第(6)项第(A)分项限制条件的约束,即除非监管机构能够证明金融控股公司不计后果地漠视了法律、条例以及监管机构先前发布的命令;或者金融控股公司就其不法行为获得了不正当利益,否则该资本维持承诺对金融控股公司就不具有法律拘束力。③

考虑到举证不易,只能另辟蹊径。随后,联邦监管机构又在美国《破产法典》

① 12 U. S. C. §1818(b)(1),(6)(A)-(F),(e).

② 根据美国《联邦行政程序法》和《联邦存款保险法》的规定,在适格的联邦银行监管机构决定是否发布禁止令之前,应当向当事人发出告诫通知,并举行由行政法官(Administrative Law Judge)主持的听证会,行政法官有权根据听证会的案卷记录向监管机构提出裁决建议。对监管机构发布的禁止令,联邦法院有权进行司法审查。See 12 U. S. C. §1818(d);(h)(i);5U. S. C. §556.

③ 本案中,原告山核桃投资公司(Hickory Investments,以下简称投资公司)是位于田纳西州纳什维尔市的投资者联邦储蓄银行(Investors Federal Savings Bank of Nashville,Tennessee,以下简称储蓄银行)的控股股东,包括大卫·K. 瓦赫特尔在内的另外5名原告是投资公司的全体股东。1977年,在5名原告取得投资公司的股权之前,储蓄银行向FSLIC申请加入联邦储蓄贷款保险基金,与此同时,投资公司也向FHLBB申请保留对储蓄银行的控制权。这两项申请都获得了批准,但是FHLBB在批准投资公司的申请时将开放式的资本维持承诺列为了批复条款,投资公司的董事会随即通过了两项解决方案来践行FHLBB的批复。1979~1984年,瓦赫特尔等5名原告先后取得了投资公司股权,投资公司向FHLBB发出控制权变更的通知,同时提出希望通过贷款的方式将其在储蓄银行的持股比例从73%提高至90%,FHLBB同意了投资公司的申请但要求该公司的全体股东对储蓄银行做出资本维持承诺,5名原告向FHLBB寄送了书面承诺函。1986年因为储蓄银行的资本净值水平下降,投资公司向监管机构申请通过资金借贷的方式向储蓄银行注资,后者再次以资本维持承诺作为附加条件予以批准,投资公司及其股东对这一附加条件进行了批注,表明其对储蓄银行资本净值的维持义务仅限于“尽力而为”(Best Efforts)的范围,这一限制性解释没有被监管机构接受。1989年储蓄银行再次陷入财务困境。1990年1月30日,FHLBB的继任机构OTS向投资公司及其股东发出其违反资本维持承诺的告诫通知。1990年3月9日,OTS任命重组信托公司(Resolution Trust Corporation)接管储蓄银行并依据《联邦存款保险法》第8条第(b)款第(1)项的规定,要求投资公司及其股东出资530万美元以填补储蓄银行的资本净值差额。美国哥伦比亚特区联邦巡回上诉法院经过审理,以投资公司及其股东不存在漠视法律义务和不当得利行为,OTS发布禁止令超越法律赋予的权限为由,撤销了该禁止令。Wachtel v. Office of Thrift Supervision,982 F. 2d 581,1993.

上找到了新的法律依据。该法典第 365 条第(o)款规定:“在进入本法第十一章规定的重整程序时,破产管理人应当首先履行债务人向联邦银行管理机构(Federal Depository Institutions Regulatory Agency)①或者其前身作出的任何关于维持参保银行资本的承诺,立即填补该银行的资本不足;因债务人违反该承诺而产生的请求权具有本法第 507 条规定的优先权效力。”②因此,如果在 FDIC 对问题银行进行破产处置的同时,该银行的控股公司也进入了破产程序,FDIC 通常会援引前述《破产法典》的规定向法院起诉,要求母公司的破产管理人履行该公司之前为其银行子公司履行资本重整计划作出的资本维持承诺,并主张 FDIC 基于此项承诺所拥有的请求权优先于其他一般债权人。但是由于《破产法典》没有对第 365 条第(o)款中的“承诺”“维持”和“资本”等重要概念进行明确界定,金融控股公司向监管机构作出的承诺是否具有法律强制力还有赖于判例法规则不断予以完善。在 2001 年的 OTS 诉欧弗兰帕克金融公司一案中,美国联邦第十巡回上诉法院将《破产法典》第 365 条第(o)款中规定的“承诺”解释为“对某项事务答应照办的协议或者保证”,它无须满足合同法上的生效条件。因此,即使金融控股公司单方作出的开放式资本维持承诺没有对价,其仍然对承诺方具有法律拘束力。③ 但是在

---

① 根据《破产法典》第 101 条第 21B 款的规定,“联邦银行管理机构”是指:(1)《联邦存款保险法》第 3 条第(c)款第(2)项定义的参保银行在未被接管或者托管之前,适格的联邦银行监管机构;(2)对参加存款保险的信用社而言,无论其是否被接管或者托管,都是指国家信用社管理局(National Credit Union Administration;(3)被任命为参保银行接管人或者托管人的重组信托公司;(4)被任命为接管人或者托管人的 FDIC。See 11 U. S. C. § 101(21B).

② 该规定最早可追溯至 1990 年美国国会颁布的《综合节俭机构和银行欺诈检控及纳税人资金偿还法案》,其立法目的是防止银行的关联方在因欺诈和管理不善而导致银行经营失败后,利用申请破产保护来逃避其对银行监管机构作出的对其控股银行的资本维持承诺。

③ 本案中,欧弗兰帕克金融公司(Overland Park Financial Corp.,以下简称弗兰克金融)在向 FSLIC 和 FHLBB 申请收购欧弗兰帕克储贷公司(Overland Park Savings & Loan Corporation,以下简称弗兰克储贷)时,由弗兰克金融的总经理向 FSLIC 签发了书面的承诺函,保证在必要时会向弗兰克储贷注入额外的资金以维持其资本净值符合法律的要求。1992 年 11 月 OTS 任命重组信托公司接管弗兰克储贷并对其实施重整,当时弗兰克储贷的风险资本存在 407.3 万美元的缺口。1994 年 7 月弗兰克金融依据《破产法典》第十一章向法院申请破产保护,OTS 援引《破产法典》第 365 条第(o)款的规定向破产法院提交动议要求弗兰克金融按照其作出的资本净值保证立即补足弗兰克银行的风险资本缺口,破产法院以该承诺不具有合同法上的强制力为由拒绝了 OTS 的动议申请,OTS 提出上诉,堪萨斯联邦地区法院审理后以弗兰克金融的资本净值保证即为资本维持承诺,具有法律拘束力为由,撤销了破产法院的裁决并将案件发回破产法院重新审理;但同时认为 OTS 提出的索赔证明没有法律意义(Mootness),双方当事人均提出上诉。联邦第十巡回上诉法院审理后维持了联邦地区法院撤销破产法院裁决的判决,撤销了联邦地区法院关于 OTS 提交的索赔证明没有法律意义的认定。In re Overland Park Financial Corp.,236 F.3d 1246,C.A.10(Kan.),2001.

2012 年的 FDIC 诉 Am 信托金融公司案中，联邦第六巡回上诉法院却进一步补充指出，金融控股公司所作出的，保证参保银行遵守其所提交的资本重整计划的承诺并不一定都构成《破产法典》第 365 条第（o）款所规定的“维持参保银行资本的承诺”，也有可能只是控股公司对参保银行遵守重整计划负有监管职责的一般性表述，必须结合外部证据（Extrinsic Evidence）综合加以判断。①

对“力量之源”规则法律效力的司法审查同样存在争议。一开始时，联邦法院对“力量之源”规则的法律效力主要持否定态度。在 1989 年 MCorp 银行控股公司破产案中，美联储理事会就曾依据“力量之源”规则发出告诫通知，指控 MCorp 银行控股公司的不安全和不稳健经营行为导致公司资产发生重大浪费，致使该公司无法成为其银行子公司的“力量之源”，并据此要求 MCorp 公司向其丧失清偿能力或者即将丧失清偿能力的银行子公司履行注资义务。但是联邦第五巡回上诉法院在审查联邦破产法院根据 MCorp 银行控股公司的申请所颁布的针对美联储的初步禁令（Preliminary Injunction）时却指出，《银行控股公司法》并没有授权美联储在批准商业银行的控股公司收购银行股份或者资产的申请后再继续适用“力量之源”规则的权力，而且银行控股公司拒绝向其陷入困境的银行子公司进行注资也不构成《联邦存款保险法》第 8 条所规定的“不安全和不稳健

---

① 本案中，Am 信托金融公司（以下简称 Am 金融）是 Am 信托银行（以下简称 Am 银行）的控股公司，OTS 在被撤销以前是这两家银行的主要监管者。2008 年 9 月 OTS 将 Am 银行的综合评级下调为 4 级，并于同年 11 月 19 日分别向 Am 金融和 Am 银行发出了禁止令，要求 Am 银行在 2008 年 12 月 31 日之前，将其资本水平恢复到资本充足率 12% 以上，核心资本充足率 7% 以上；同时要求 Am 金融提交一份维持 Am 银行资本水平的计划，并且“要求 Am 金融的董事会保证（ensure）该银行遵守对其发布的禁止令中的所有条款”，两家银行的董事会都依照规定披露了禁止令的内容而没有申请行政听证。2009 年 1 月资产状况持续恶化的 Am 银行再次向 OTS 提交了通过银行重组减少高风险资产的计划，尽管该计划排除了 Am 金融向银行注资的可能性，但还是获得了 OTS 的批准。2009 年 11 月 30 日，Am 金融向法院申请破产重整，4 天后 OTS 宣布 Am 银行破产并任命 FDIC 作为接管人。FDIC 依据《破产法典》第 365 条第（o）款的规定向法院申请支付令，认为 Am 金融同意担保 Am 银行遵守禁止令中包括资本充足率在内的全部条款是其向 OTS 作出的资本维持承诺，因此 Am 金融应当立即履行对 Am 银行的注资义务。俄亥俄州北部联邦地区法院审理后认为，OTS 向 Am 金融发出的禁止令内容模糊，其真实的意思表示应当是 Am 金融对 Am 银行恢复并维持符合 OTS 规定的资本充足率负有监管职责，而非资本维持承诺，据此法院驳回了 FDIC 的诉讼请求。FDIC 提出上诉，联邦第六巡回上诉法院审理后认为，OTS 向 Am 金融发出的禁止令中所包含的担保条款，在文字意义上存在两种合理的解释，一是资本维持承诺，二是对 Am 银行维持资本充足率负有监管职责。但是从 Am 金融没有向 OTS 签发书面的承诺函，以及 Am 银行向 OTS 提交的风险削减计划表明 Am 金融不会对银行进行注资等外部证据来看，后一种解释更具有合理性。据此，上诉法院维持了地区法院的判决。See In re AmTrust Financial Corp.，694 F. 3d 741，C. A. 6（Ohio），2012.

行为”。因此,“力量之源”规则对银行控股公司不具有法律拘束力。①

在《多德—弗兰克法案》将“力量之源”规则正式写入了《联邦存款保险法》后,“力量之源”规则的法律拘束力开始逐渐得到法院的承认。只是从目前司法实践的反馈来看,联邦法院的审查标准非常严格。判例法坚持除非金融控股公司服从联邦监管机构依据“力量之源”规则发出的指令,明确承诺向陷入困境的银行子公司注入资本金或者提供担保,否则监管机构无权向法院申请对该指令的强制执行。例如,在2010年的FDIC诉殖民银行集团公司案中,美国阿拉巴马中区联邦地区破产法院就认为:尽管殖民银行集团公司承诺作为殖民银行的“力量之源”并利用其财务和管理资源以保证殖民银行能够遵照禁止令的要求达到监管机构设定的资本充足率标准,但是该承诺的语言表述过于笼统和模糊,不能解释为其同意向殖民银行重新注资或者为殖民银行的资本充足率达标提供担保,因此,FDIC无权要求殖民银行集团公司的破产管理人对殖民银行的资本不足承担填补责任。②

---

① 尽管联邦最高法院最后以尚未完结的行政程序不适用《破产法典》的自动冻结规则并且不受司法审查为由撤销了上诉法院的判决,但却没有对“力量之源”规则的效力问题作出正面回应。MCorp Financial, Inc. v. Board of Governors Federal Reserve System of U. S., 900 F. 2d 852, 1990; Board of Governors of Federal Reserve System v. MCorp Financial Inc., 502 U. S. 32, 1991.

② 本案中,殖民银行集团公司(Colonial BancGroup,以下简称殖民集团)是一家商业银行控股公司,殖民银行(Colonial Bank)是其全资子公司。2008年6月10日,殖民银行从国民银行转为在亚拉巴马州注册的非美联储成员的州立银行,其主要的监管机构是亚拉巴马州银行业务部和FDIC。2009年6月15日,FDIC和亚拉巴马州银行业务部向殖民银行(其综合评级此前已被降为3级)发出禁止令A,要求该银行在2009年9月30日之前将其资本充足率恢复至12%以上,核心资本充足率应在8%以上。2009年7月15日,美联储理事会和亚拉巴马州银行业务部向殖民集团发出禁止令B,要求殖民集团作为殖民银行的力量之并采取一切必要的措施以保证殖民银行能够遵照禁止令A的要求达到监管机构设定的资本充足率标准,殖民集团明确表示同意该禁止令的各项要求。2009年8月14日,亚拉巴马州银行业务部宣布殖民银行破产并任命FDIC作为接管人,FDIC通过购买与承接交易将破产银行的全部资产整体出售给BB&T公司(Branch Banking & Trust Company)并于2009年9月29日完成了对殖民银行的重整并购。2009年11月5日,FDIC以接管人的身份向亚拉巴马中区联邦地区破产法院(殖民集团向该法院提交了破产重整申请)提起动议,称殖民集团对禁止令B的同意构成了《破产法典》第365条第(o)款规定的资本维持承诺,故殖民集团的破产管理人应当向作为接管人的FDIC履行其对殖民银行金额为10亿美元的注资义务。See In re Colonial BancGroup, Inc., 436 B. R. 713, 2010.

四、美国金融控股公司加重责任制度对我国的借鉴意义

自 2005 年党的十六届五中全会正式提出“稳步推进金融业综合经营的试点”开始，我国金融控股公司的发展历程已有 10 年。依据母公司的行业属性，我国现有的金融控股公司可以划分为 4 类：第一类是非银行金融机构组建的金融控股公司，如中信控股有限责任公司、光大集团等；第二类是由大型商业银行组建的金融控股公司，如中国银行、建设银行和工商银行等；第三类是由实业部门控股金融机构形成的金融控股公司，如山东电力集团组建的山东鑫源控股有限公司；第四类是近年来随着互联网金融平台的兴起而出现的像蚂蚁金融服务集团这样的新型金融控股公司。

与金融控股公司如火如荼的发展态势相比较，我国对金融控股公司的立法工作仍处于起步阶段。迄今为止，还没有出台专门针对金融控股公司的法律法规，虽然“一行三会”在 2004 年联合发布了《中国银行业监督管理委员会、中国证券监督管理委员会、中国保险监督管理委员会在金融监管方面分工合作的备忘录》（以下简称《备忘录》），对金融控股公司的监管问题做出了一些制度安排，但这只是在现有金融监管架构下解决金融控股公司监管机构缺位问题的一个框架性和指导性文件。而金融控股公司的法律地位、市场准入条件、组织形式、治理结构以及风险控制等具体制度的构建等方面还存在大量的法律真空地带。特别是当作为子公司的金融机构陷入财务困境时，母公司承担法律责任的范围和界限亟待明确。有鉴于此，笔者认为，美国法上的金融控股公司加重责任对于我们加强和完善金融控股公司立法具有以下 5 个方面的启示。

第一，确立加重责任有助于防范金融控股公司的道德风险。金融控股公司面临的道德风险主要来自两个方面：一是由股东有限责任原则引发的道德风险。利用母子公司在形式上相互独立的法律人格，金融控股公司可以通过其所控制的银行从事高杠杆性、高风险的金融业务以获得高额回报，而无须担心在业务失败时遭受银行债权人的追索。二是由存款保险制度引起的道德风险。即无论银行如何债台高筑，大部分的赔付责任最终都由政府和纳税人承担。特别是当银行陷入财务困境后，其控股公司具有很强的冒险投机行为，也许是为了改善银行的资产状况，也许是因为预见到银行难以恢复稳健运营，所以放手进行赌博性投

资,争取在失去对银行的控制权之前获取更多的利益。确立加重责任制度,不仅能够有效控制金融控股公司对银行的控制权在有限责任原则与存款保险制度的双重作用下因缺少义务约束而引发的道德风险,而且从经济成本的角度考虑,也有助于弥补公共资金在银行破产处置中的损失,减轻政府的财政负担。

第二,确立加重责任有助于完善我国金融控股公司的监管体系。一个健全的金融监管体系是由外部的政府监管与金融机构内部的自律管理共同组成的。"金融控股公司作为现代企业经营模式中的'航母',其本身就是规模经济、范围经济的产物",[①]特别是随着金融国际化发展的日益深入,政府对金融控股公司进行外部监管的难度和成本都在不断增加。监管当局开始越来越多地依靠公司集团内部的自律性管理来补充传统监管方式的不足,从而在监管者与被监管对象之间形成了一种"公私结合机制"(Public-private Partnership)。[②] 加重责任就是美国联邦监管机构在实践中发展起来的一种公私结合的制度创新。确立加重责任,通过对金融控股公司进行经济施压来督促其主动加强对银行子公司的风险管理,可以在一定程度上提高监管效率,降低监管成本,同时也符合国际金融监管"公私结合"的发展趋势。

第三,确立加重责任需要明确其与公司法人格否认制度之间的关系。公司法人格否认制度("揭开公司面纱")起源于美国,而要求金融控股公司承担加重责任,其实质也是否认子公司独立的法人人格,追究其股东的连带责任。我国2005年新修订的《公司法》第20条第3款对公司法人格否认作出了明确的规定,因此,在立法上引入加重责任需要首先厘清两者之间的关系。从美国的法律实践来看:一方面,加重责任与公司法人格否认存在差异。首先,加重责任只适用于金融控股公司,而公司法人格否认适用于所有类型的公司;其次,加重责任以作为子公司的银行陷入财务困境为触发条件,而公司法人格否认以股东滥用公司人格为前提;最后,要求金融控股公司承担加重责任的是银行的监管机构,而在公司法人格否认制度中,权益受到侵害的债权人可以直接向股东进行追索。另一方面,加重责任与公司法人格否认也存在同时适用的可能性。例如,当金融控股公司滥用控制权而导致其银行子公司发生破产倒闭时,负责该银行破产处

---

① 雷兴虎:《论我国金融控股公司的风险防范法律机制》,载《中国法学》2009年第5期。

② 参见[美]约瑟夫·诺顿:《当代国际金融监管发展的新动向——日益依赖公私结合机制》,刘轶译,载徐冬根主编:《跨国法评论》(第2辑),北京大学出版社2005年版,第94~97页。

置的 FDIC 可以要求控股公司承担加重责任,不在存款保险范围内的债权人或者未在存款保险中获得足额赔付的存款人也可以利用公司法人格否认制度追究控股公司的连带责任。

第四,构建加重责任制度需要在立法上明确其适用条件和责任范围。与监管机构和国会在推动加重责任立法上的大刀阔斧不同,联邦法院在司法审查中迟迟不肯承认金融控股公司加重责任具有强制执行力。最主要的原因还是考虑到股东有限责任这一公司法的基础性原则不能轻易动摇。特别是在加重责任的适用条件和责任范围尚不确定的情况下,不能贸然赋予公权力干预私权利关系的合法性。美国法院作为判例法的缔造者,其在司法审查中表现出来的这种审慎的态度很值得借鉴。因为我国的国家—社会模式长期处于"强国家—弱社会"的状态,在其传统权力体系中匮乏"社会独立于国家之外,并获得不受国家干预的自主权利的观念和理论"。[①] 加上我国的经济体制改革主要是在政府的主导下,通过自上而下的方式贯彻实施的,使我国在构建金融控股公司加重责任时所面临的一个首要问题,就是如何将公权力对私权利的干预限定在合理范围之内。笔者认为,在立法上明确加重责任的适用条件和责任范围是解决这个问题的第一步。从适用条件来看,美国联邦法院的态度是比较明确的,即除非金融控股公司明确、具体地作出承诺,将向陷入困境的银行子公司注入资本金或者提供担保,否则监管机构无权向法院申请强制执行。至于责任范围,虽然需要监管机构在个案中综合考虑问题银行财务状况的恶化程度、存款保险基金的支出金额以及金融控股公司自身的稳健经营等因素来确定,但《联邦存款保险法》对控股公司承担加重责任的最高限额作出了明确规定,为金融监管机构行使自由裁量权划定了合理的区间和界限,有效防止了竭泽而渔的情况发生。

第五,构建金融控股公司加重责任制度需要强化法院的司法审查职能。这是防止公权力不当干预私权利的第二个步骤。从执行的角度来看,尽管金融控股公司的加重责任已经在美国法上正式上升为一项法定义务;但如果控股公司拒绝履行注资义务或者向 FDIC 承担赔付责任,监管机构自身并没有强制处分控股公司股份或者资产的权力,而是必须由法院通过实质性的司法审查,以颁布执

---

① 陶鹤山:《市民群体和制度创新——对中国现代化主体的研究》,南京大学出版社 2001 年版,第 194 页。

行令或禁止令的方式进行。这种将加重责任施行牢固建立在司法制约之下的做法对于我国构建金融控股公司加重责任制度具有重要的意义。我国的金融监管机构对行政强制权的行使虽然也采用“法院执行为主,行政机关执行为辅”的模式,但是法院对监管机构的决定只进行形式上的审查,行政强制权在行使过程中受到的约束非常少。另外,立法关于金融监管机构行政强制实体权力的规定虽名目繁多,但缺乏具体实施规则,而对于制约金融监管机构行政强制权行使的规定却明显不足,由此导致实践中监管机构对行政强制权的行使常常偏离了法治的轨道,侵犯行政强制相对人合法权益的情况时有发生。在这样一个大环境下,必须强化法院的司法审查职能,改“诉讼不停止执行”的做法为“先诉讼后执行”,并将传统的形式审查提升为实质审查,通过引入双方当事人对抗辩论环节、具备金融领域专业知识的人民陪审员等程序性设置,来加大司法权对加重责任强制施行的监督和制约力度。否则,如果只是简单规定监管机构有权在金融控股公司拒不承担加重责任时采取强制措施,则无疑是在我国公权力干预与私权利保护本已失衡的天平上又压上了一枚沉重的砝码,增加了公权力过度扩张而对私人利益进行不合理侵夺的危险。

公司法(组织法)的死亡

——评估"福利公司法"对商业公司的挑战

蒋大兴

在1995年前,①公司法的世界基本被商事公司法笼罩。社会组织及组织法的结构基本采取二分法方式,即根据营利性之标准,将组织区分为营利性组织与非营利性组织(商事组织与非商事组织),相应采取不同征税标准及组织法架构。例如,对营利性组织征收所得税,而对非营利性组织之所得予以免税;营利性组织以公司法为主体规整,而非营利性组织以其他社团法为主体规整。由此,公司被界定为以营利为目的的组织,公司法也相应地被缩减为"商事公司法"。1995年比利时议会批准了一项法案,创设了一种称为"社会目的公司"(Société à Finalité Sociale,SFS)的新型企业,并试图鼓励该种类型的社会企业活动。② 其后,在民间组织的鼓动下,美国各

---

① 之所以以此为界,是因为比利时在1995年专门通过了有关社会公司的法案,这是社会企业领域较早的专门立法。如果以美国为例,时间划界还可以延后一些。

② Jacques Defourney & Marthe Nyssen, Belgium: Social Enterprises in Community Services, in The Emergence of Social Enterprise, (Carlo Borzaga & Jacques Defourny eds., 2001), at 47. Quoted from Matthew F. Doeringer, "Fostering Social Enterprise: A Historical and International Analysis", *Duke Journal of Comparative & International Law* [Vol. 20:291 2010].

州纷纷制定了专门的“福利公司”(benefit corporation)法案,认可混合有营利及公益目标的组织,从而打破了传统的“商事—公益”二分法格局,使商事公司与非营利组织的界限趋于模糊。由此,引发了关于组织类型的区分标准、组织法的体系、组织治理、组织融资及组织解散标准等诸多规则的连锁反应。乃至衍生了关于“公司法是否已经死亡”的质疑。

混合组织的出现,使公司法正处于十字路口。在欧洲及美国,各种形式的“社会企业”(social enterprise)纷纷出现,极大地挑战了公司(组织)法的体系与结构。迄今为止,美国已有31个州出台了有关社会企业的专门立法。当混合有多重目的的“福利公司”开始成为立法上的独立类型时,问题被进一步复杂化,商事公司法开始面临危机,诸如营利与非营利组织的类型标准、公司法与组织法的体系、公司治理与组织治理的原则、资本市场的目标与功能、公司收购与公共利益公司的解散等既存规范,都可能面临重组。一些观点认为,社会企业会导致公司法历史的终结;另一些观点则对此持保留或者怀疑态度。可是,当2013年7月17日特拉华州州长Jack Markell签署了《公共利益企业法》(PBC law)之后(该法于2013年8月1日生效),①社会企业的历史地位更是得到空前凸显——这是因为如同耶鲁大学法学院Roberta Romano教授所说的那样:“作为公司设立领先于全国的特拉华州,一直以来致力于重大和持续的法律创新……特拉华州并不是唯一一个持续修改公司法的州:但其他州总是效仿该州修改公司法以跟随特拉华州的法律创新。”②所以,Joseph W. Yockey认为:社会企业法正在席卷美国全国。企业家们现在可以依据多种新的法律形式组建企业,包括“福利公司”的形式。理论上,这些选择能够使心系社会的公司更容易追求利润与公益的双重底线,即实现经济效益和社会效益的“双丰收”。③

笔者认为,美国法(其实也涉及欧洲法)上的这一发展动态并未被中国公司

---

① See Governor Markell Signs Public Benefit Corporation Legislation, News. Delaware. Gov. (July 17, 2013), available at http://news. delaware. gov/2013/07/17/governor-markellsigns-public-benefit-corporation-legislation/; see also Governor Jack Markell, A New Kind of Corporation to Harness the Power of Private Enterprise for Public Benefit, Huffington Post (July 22, 2013), http://www. huffingtonpost. com/gov-jack-markell/public-benefit-corporation_ b_3635752. html.

② Roberta Romano, The Need for Competition in International Securities Regulation, 2 The Oretical Inquiries L. 387, 394 n. 21, 509 (2001).

③ See Joseph W. Yockey, Does Social Enterprise Law Matter? University of Iowa Legal Studies Research Paper Series, Number 14 - 06, March, 2014, available at: http://ssrn. com/abstract = 2389024.

法学者所关注,主流学说仍在坚守“公司的营利性”本质,即便对公司社会责任的讨论,也仍局限于从一般营利性公司的角度展开,①而尚未从“社会企业”这一相对独立的企业类型视域讨论如何维护、兑现公共利益的问题,②更不可能整体化地思考公司法及证券法该如何应对社会企业所带来的变革。因此,在中国公司法学界,并没有太多人特别关注“福利公司法”领域正在发生的这场变革。③ 本文拟对社会企业的出现及其对公司(组织)法的挑战进行探讨,尝试透视公司法及公司组织法的在未来可能的发展趋势,以初步回应社会企业将如何改变公司法及公司组织法的一般结构。

一、福利公司法之诞生

“社会企业”或“福利公司”是一个拥有多重含义的简单词汇,④但对于什么是社会企业或福利公司,却无一致定义。例如,Marthe Nyssens 教授认为,社会企业“仍是一个非常广泛、往往很模糊的概念”。⑤ 有人统计发现,现行刊物有超过 20 个对社会企业的不同定义。⑥ 而且在不同法域,对社会企业的定义也存在差异。在美国,有关社会企业的定义反映出其在整体上关注那些提供社会服务的机构收入,而这些服务被认为是通常由非营利领域提供。例如,提供免费眼科检查的机构低价将眼镜卖给低收入人群。而在欧洲,社会企业的定义逐渐发展为关注解决长期结构性失业的问题。这种理解差异主要是因为美国和欧洲对过去

① See Matthew F. Doeringer, “Fostering Social Enterprise: A Historical and International Analysis”, *Duke Journal of Comparative & International law*[Vol. 20:291 2010].

② 参见楼建波、甘培忠主编:《企业社会责任专论》,北京大学出版社 2009 年版。

③ 只是在非营利组织法的研究中,有学者关注到这些问题,但并非从公司法角度展开理解。参见金锦萍:《社会企业的兴起及其法律规制》,载《经济社会体制比较》2009 年第 4 期;潘晓:《第三部门法的“社会企业”运动——欧美两种路径下的制度演进》,载《北大法律评论》2012 年第 1 期。

④ See Jeff Trexler, “Social Entrepreneurship as an Algorithm: Is Social Enterprise Sustainable?” E: CO Issue Vol. 10 No. 3 2008, pp. 65 – 85, available at: http://ssrn.com/abstract = 1307752.

⑤ Nyssens, M. (2006). Social Enterprise: At the Crossroads of Market, Public Policies and Civil Society, 2006, pp. 4 – 10. Quoted from Jeff Trexler, Social Entrepreneurship as an Algorithm: Is Social Enterprise Sustainable? E: CO Issue Vol. 10 No. 3 2008, pp. 65 – 85, available at: http://ssrn.com/abstract = 1307752.

⑥ See Paul C. Light, “The Search for Social Entrepreneurship” 1 (2008), Appendix; Quoted from Matthew F. Doeringer, “Fostering Social Enterprise: A Historical and International Analysis”, *Duke Journal of Comparative & International law*[Vol. 20:291 2010].

所面临的不同的经济困难有不同反应，故其对社会企业的总体评价也有所不同。①

有学者提出，关于社会企业的最简单的定义方式是将“社会”和“企业”分别定义。Merriam-Webster 将“社会”定义为“与人类社会相关的……个体和团体的集成……（或者）人类作为社会成员的福利”；②将“企业”定义为“经济组织和活动的联合……尤其是商业组织”。③ 将这两个术语结合起来理解，任何考虑人类社会和人类福祉的商业组织都是社会企业。这一定义是含糊的，但它包含了许多在社会企业这个大概念下所形成的广泛概念。还有学者认为，社会企业是一种“混合组织”（hybrid organizations），它是混合了营利目的与非营利目的的商事组织。社会企业中最常见的例子包括为低收入的借款人提供信用贷款的小额贷款机构、以公平方式销售产品的公司、工作整合公司（work integration firms）及向发展中国家提供质优价廉产品的公司。这些企业融合了商业目标和社会目标，而不仅将活动局限于某一特定领域。④ 也有学者认为，社会企业最主要的共同特征是致力于与其利益相关者进行交易，这些利益相关者可以是企业商品的购买者、员工以及供货商。因此，对混合组织恰当的定义应该是，混合组织是（对该组织从事慈善的）补贴（subsidy）源自某类特定受益人的商事企业。⑤ “作为社会企业，其责任在于与受益人进行交易，即使受益人没有贡献任何实质性的补贴。”⑥ 尽管仍然存在各种争议，但社会企业目前在美国及欧洲已步入专门立法阶段，由于立法机构越来越多地颁布福利公司法，在美国弥漫着一种日益沉重的担忧——公司法正在走向死亡。虽然这样的判断可能有些“过于悲观”和“武断”，但我们似乎有理由相信，商事公司法一统天下的格局正在发生改变——公司法以及组织法正面临因福利公司法而衍生的诸多挑战。

---

① See Matthew F. Doeringer, “Fostering Social Enterprise: A Historical and International Analysis”, *Duke Journal of Comparative & International Law*[Vol. 20:291 2010].

② Webster's third New International Dictionary 2161(1993).

③ Webster's third New International Dictionary 757(1993).

④ See Ofer Eldar, “The Role of Social Enterprise and Hybrid Organizations”, John M. Olin Center for Studies in Law, *Economics, and Public Policy Research Paper*, No. 485.

⑤ Ibid.

⑥ Ibid.

2010 年马里兰州率先通过了福利公司法的相关条款。① 迄今,美国已有 31 个州通过或者正在考虑通过专门的社会企业立法来促进社会企业的创设,该类企业以创造“混合价值”②的方式来促进“人、地球和利润”三重底线的维持。③ 当然,在具体立法过程中,各州所采法案名称存在差异。其中,9 个州——伊利诺伊州、路易斯安那州、缅因州、密歇根州、北卡罗来纳州、罗得岛州、犹他州、佛蒙特州和怀俄明州等已通过微利有限公司(low-profit limited liability company,L3C)法;④12 个州——加州、夏威夷、伊利诺伊州、路易斯安那州、马里兰州、马萨诸塞州、新泽西、纽约、宾夕法尼亚、南卡罗来纳、佛蒙特州和弗吉尼亚等州已通过《公共利益公司法》(或称普惠公司法、福利公司法,benefit corporation law);⑤其他州也在考虑类似立法。⑥ 一些州还通过微利有限公司和普惠公司以外的社会企业法,包括马里兰州的普惠有限责任公司法(benefit limited liability company statute,BLLC),⑦加利福尼亚州的灵活目的公司法(flexible purpose corporation

---

① See John Tozzi, Maryland Passes "Benefit Corp." Law for Social Entrepreneurs, Bloomberg Businessweek, April 13, 2010 (noting that in April 2010 Maryland became the first state to pass benefit corporation legislation.). Quoted from J. Haskell Murray, "Social Enterprise Innovation: Delaware's Public Benefit Corporation Law", *Harvard Business Law Review*, Vol. 4 (2014); Electronic copy available at: http://ssrn.com/abstract=2437001.

② Antony Bugg-Levine & Jed Emerson, "Impact Investing: Transforming how We Make Money While Making a Difference", 10-11 (2011) (defining "blended value" to describe the mix of economic, social, and environmental value that social enterprises produce). Jed Emerson coined the term "blended value." See Why Focus Our Conversation on the Nature of Value?, Blended Value: http://www.blendedvalue.org/.

③ In his book Cannibals with Forks: The Triple Bottom Line of 21st Century Business (1997), John Elkington describes how social enterprises pursue a "triple-bottom line" to benefit "people, profit and planet."

④ See Latest L3C Tally, Intersector Partners (Dec. 16, 2012), L3C, available at http://www.intersectorl3c.com/l3c_tally.html.

⑤ State by State Legislative Status, Benefit Corp. Info. CTR., available at http://www.benefitcorp.net/state-by-state-legislative-status (last visited Dec. 16, 2012).

⑥ See Benefit Corp. Info. CTR., supra note 8 (showing that Connecticut, Michigan, North Carolina, and Washington, D. C. have introduced benefit corporation legislation); see also J. Haskell Murray & Edward I. Hwang, Purpose with Profit: Governance, Enforcement, Capital-Raising and Capital-Locking, 66 *U. Miami L. Rev.* 1, 4 (2011) (stating that over seventeen other states are at some stage of considering L3C statutes).

⑦ MD. CODE ANN., CORPS & ASS'NS §§ 4A-1101 to -1108 (LexisNexis 2011).

statute, FPC)[①]和华盛顿州的特殊目的公司(social purpose corporation, SPC)。[②](参见表1)

表1　美国各州通过5类社会企业立法情况统计

公共利益公司法 Benefit Corporation(已通过31个)	亚利桑那州、印第安纳州、纽约州、阿肯色州、路易斯安那州、俄勒冈州、加利福尼亚州、马里兰州、宾夕法尼亚州、科罗拉多州、马萨诸塞州、罗得岛州、康涅狄格州、明尼苏达州、南卡罗来纳州、特拉华州、蒙大拿州、田纳西州、佛罗里达州、内布拉斯加州、犹他州、夏威夷州、内华达州、佛蒙特州、爱达荷州、新罕布什尔州、弗吉尼亚州、伊利诺伊州、新泽西州、华盛顿州、西弗吉尼亚州
公共利益公司法 Benefit Corporation(审议中5个)	阿拉斯加州、新墨西哥州、俄克拉荷马州、肯塔基州、北达科他州
微利有限责任公司法 Low-Profit Limited Liability Company(已通过9个)	伊利诺伊州、密歇根州、犹他州、路易斯安那州、北卡罗来纳州、佛蒙特州、缅因州、罗得岛州、怀俄明州
社会目标公司 Social Purpose Corporation(已通过2个)	华盛顿州、加利福尼亚州
公共利益有限责任公司 Benefit Limited Liability Company(已通过1个)	马里兰州
灵活目标公司 Flexible Purpose Corporation(未通过)	目前唯一发现通过此法的加州已于2011年进行修订,转为SPC

在欧洲,比利时与英国的社会企业立法较有代表性。欧洲人把社会企业当

① CAL. CORP. CODE § § 2500 – 2517(West 2012).

② WASH. REV. CODE § § 23B. 25. 005 – 23. B. 25. 150 (West 2012). Also, the City of Philadelphia recently passed a sustainable business tax credit. PHILA., PA., CODE § 192604(10)(a) – (d)(2011).

作减少失业率的工具。[①] 据欧盟委员会估计,欧洲有接近 200 万家社会企业,大概占欧洲所有公司数量的 10%,这些企业在欧洲大约雇用了 1100 万人,[②]显然有助于就业问题的解决。在比利时,社会企业的诞生更是为了解决失业问题。比利时是实施支持社会企业政策的首批欧洲国家之一,但其社会企业政策并不十分成功。比利时官方将社会企业定义为“以服务社区民众而非追求利润为目的,自主经营、民主决策,在收入分配中民众和劳动者优先于资本家的企业形式”。[③]比利时的社会企业最初是因为经济衰退导致结构性失业,一些比利时人为解决失业问题而开设了整合就业市场的慈善机构,这些团体多以非营利实体形式组织,被称为无目标利润协会(Associations sans but Lucratifs, ASBLs)。这些无目标利润协会与美国的非营利企业非常相似,他们仅可从事一些限制性商业活动和申请政府津贴。这些商业活动上的限制阻碍了社会企业的效率。[④] 1995 年比利时议会通过法案,创设了“社会目的公司”(SFS),此种企业形式比 ASBLs 可以从事更多的商业活动。SFS 的公司章程中通常需规定:公司成员追求有限的利润或零利润,利润分配不能超过投资者本金年收益率的 6%。当公司被解散时,应把偿还债务后的剩余资产和向投资者返还的资本再投资于那些有助于实现 SFS

---

① The Commission of the European Communities recommends creating policies to facilitate the growth of entrepreneurship, including social entrepreneurship, as a method for strengthening the overall European Economy. Communication from the Commission to the Council, The European Parliament, The European Economic and Social Committee and the Committee of the Regions, Action Plan: The European Agenda for Entrepreneurship, COM (2004) 70 final (Feb. 11, 2004) [hereinafter European Agenda for Entrepreneurship]. See also Rafael Chaves Ávila & José Luis Monzón Campos, The Social Economy of the European Union, 7 – 8, delivered to the European Economic and Social Committee, CESE/COMM/05/2005(2005).

② European Commission, Enterprise and Industry: Social Economy, http://ec. europa. eu/enterprise/entrepreneurship/craft/social_economy/soc-eco_intro_en. htm.

③ Acques Defourny, Towards a European Conceptualization of the Third Sector, in Images and Concepts of the Third-Sector in Europe 3(Jacques Defourny et al. eds. ,2008), at 11. Quoted from Matthew F. Doeringer, "Fostering Social Enterprise: A Historical and International Analysis," *Duke Journal of Comparative & International law*[Vol. 20:291 2010].

④ See Matthew F. Doeringer, "Fostering Social Enterprise: A Historical and International Analysis", *Duke Journal of Comparative & International law*[Vol. 20:291 2010].

社会目标的公司或慈善机构。[①] SFS 实质上是以营利公司形式运营,但在利润分配上存在额外限制。与其他常规的营利公司相比,SFS 除具有被认证成社会企业的潜在品牌价值外,并不能给企业提供任何融资优势。因此,社会企业家要么选择完全放弃商业运营而设立 ASBLs,要么直接设立无利润分配限制的营利公司。结果,只有很少的企业家选择运用 SFS 来设立社会企业。从 1995 年到 2003 年,比利时政府登记的 SFS 只有 400 家,SFS 的缺陷限制了社会企业在比利时的发展。[②]

在英国,2004 年社区利益公司(Community Interest Company,CIC)被写进了公司法。[③] CIC 类似于有限责任公司,但法律对其有一定限制以保证其为社会利益服务。CIC 可能是保证有限公司,即公司保证将其所有收益投入到公司发展中;也可能是股份有限公司,即公司可从股东手里筹集股本并将有限股息红利发放给股东。[④] 股息红利之发放受两方面限制,即每股回报不得超过英国银行基本贷款利率 5%,且分配股息红利的总额不得超过公司全部利润的 35%。[⑤] 在这两个限

---

① Marthe Nyssens, Belgium, in Social Enterprise in Europe: Recent Trends and Development 13, 13 (Jacques Defourney et al. eds., 2008) (arguing that the SFS is really just a label) [hereinafter Belgium, Social Enterprise in Europe]. Quoted from Matthew F. Doeringer, "Fostering Social Enterprise: A Historical and International Analysis", *Duke Journal of Comparative & International law* [Vol. 20:291 2010].

② Matthew F. Doeringer, "Fostering Social Enterprise: A Historical and International Analysis", *Duke Journal of Comparative & International law* [Vol. 20:291 2010].

③ The Companies (Audit, Investigations and Community Enterprise) Act, 2004, c. 27. Quoted from Matthew F. Doeringer, "Fostering Social Enterprise: A Historical and International Analysis", *Duke Journal of Comparative & International law* [Vol. 20:291 2010].

④ See The Regulator of Cmty, Interest Cos., Community Interest Companies: Frequently Asked Question 21 (2008), available at http://www.cicregulator.gov.uk/guidanceindex.shtml (last visited Nov. 15, 2009) [hereinafter INCORPORATING A NEW CIC]. Quoted from Matthew F. Doeringer, "Fostering Social Enterprise: A Historical and International Analysis", *Duke Journal of Comparative & International law* [Vol. 20:291 2010].

⑤ See the Regulator of Cmty. Interest Cos., Community Interest Companies Frequently Asked Question 11 (2009), available at http://www.cicregulator.gov.uk/CICleaflets/FAQ%20-%20October%202009%20V5.00%20Final.pdf [hereinafter FREQUENTLY ASKED QUESTION]. Quoted from Matthew F. Doeringer, "Fostering Social Enterprise: A Historical and International Analysis", *Duke Journal of Comparative & International law* [Vol. 20:291 2010].

制中,后者更具约束性。[①] CIC 的最大好处在于它让社会企业(另外,其有可能以慈善组织的形式运营)可以不受限制地从事商业活动,只要该社会企业为社区提供利益。在英国社会企业事业的发展中,CIC 起到了关键作用,其受欢迎程度远超政府最初计划所预期。在社区利益公司形式产生的第一年,就有 360 家 CIC 进行了注册登记,[②]两年后超过了 1000 家,[③]在 2010 年时有超过 3000 家 CIC。[④] CIC 数量的增长,促进了人们对社会企业事业的认识。在 CIC 产生两年后,在英国知道社会企业概念的人数比 CIC 出现前多了 12%。[⑤] 而且许多人相信,CIC 扩展社会经济方面的潜力仍未全部展现。一些金融分析师认为,CIC 监管规则中所要求的透明度为具有生命力的二级市场发展提供了巨大机会。[⑥]

福利公司法在美国及欧洲日渐成为潮流,不仅仅是商业社会的一种“法律秀”(show of law),还意味着传统的营利性公司法格局受到了挑战。我们需要思

---

① See Fraser Valley Centre for Soc. Enter, “Analysis of L3C and CIC Social Enterprise Models 5 (2008)”, available at http://www.centreforsocialenterprise.com/f/L3C_and_CIC_social_enterprise_models_Oct_2008.doc. Quoted from Matthew F. Doeringer, “Fostering Social Enterprise: A Historical and International Analysis”, *Duke Journal of Comparative & International law*[Vol. 20:291 2010].

② See Fraser Valley Centre for Soc. Enter, “Analysis of L3C and CIC Social Enterprise Models 5 (2008), available at http://www.centreforsocialenterprise.com/f/L3C_and_CIC_social_enterprise_models_Oct_2008.doc. at 4. Quoted from Matthew F. Doeringer, “Fostering Social Enterprise: A Historical and International Analysis”, *Duke Journal of Comparative & International law*[Vol. 20:291 2010].

③ See Jacques Defourny & Marthe Nyssens, Social Enterprise in Europe: Introduction to an Update, in Social Enterprise in Europe: Recent Trends and Development 4, 6 (Jacques Defourney et al. eds., 2008). Quoted from Matthew F. Doeringer, “Fostering Social Enterprise: A Historical and International Analysis”, *Duke Journal of Comparative & International law*[Vol. 20:291 2010].

④ As of January 8, 2010, there are 3322 registered CICs. The Regulator of Community Interest Companies, List of Community Interest Companies, http://www.cicregulator.gov.uk/coSearch/companyList.shtml (last visited Jan. 8, 2010). Quoted from Matthew F. Doeringer, “Fostering Social Enterprise: A Historical and International Analysis”, *Duke Journal of Comparative & International law* [Vol. 20:291 2010].

⑤ See Cabinet Office, “Office of the Third Sector, Social Enterprise Action Plan: Two Years on 5 (2008)”, available at http://www.cabinetoffice.gov.uk/media/84387/seap_two_years_on.pdf [hereinafter TWO YEARS ON]., at 2. Quoted from Matthew F. Doeringer, “Fostering Social Enterprise: A Historical and International Analysis”, *Duke Journal of Comparative & International law*[Vol. 20:291 2010].

⑥ See Matrix Group Discussion Paper, Finance for Foundations: Expanding the Toolbox for Impact (UBS Philanthropy Servs., Discussion Paper No. 2007-06-05)., at 21. Quoted from Matthew F. Doeringer, “Fostering Social Enterprise: A Historical and International Analysis”, *Duke Journal of Comparative & International law*[Vol. 20:291 2010].

考的问题是，传统的“营利—非营利”两分法组织构造标准是否应当改变？以及这样的一种公司法革命仅仅是企业承担社会责任的一种短期形式吗？或言之，福利性公司作为一种公司形式，能否长期延续？①

二、公司（组织）类型标准之再造

社会企业对公司（组织）法最直接的挑战是组织类型构造标准是否需要再造？社会企业的诞生，使此前按照营利性与否区分公司与慈善组织的传统标准几乎完全失效。在传统社会组织类型区分及定位中，营利性组织从事公益事业受到限制，公益性组织从事营利行为/商业活动，同样也受到限制——以此区分商业组织与非商业组织的不同类型，已经成为法定惯例。具有混合目的的社会企业的出现，打破了此种界限分明的分类习惯。因此，有必要重新整理社会组织的分类标准——从事营利性活动及公益事业的混合组织到底是公司还是慈善机构？这涉及公司法（营利公司法）与慈善组织法（非营利公司法）是否还有继续区分的必要，即涉及公司（组织）法的未来——在法律体系构造上，公司组织法是继续维持目前的两分法结构，还是合二为一？

股东利益最大化长期以来是公司董事们谨遵的教条，但社会企业的出现——允许董事会追求非营利目标，挑战了这一教条。同时，通过慈善捐赠筹集善款长期以来也是非营利组织经典的慈善方式，社会企业的出现——通过从事商业活动筹集善款，同样挑战了这一法律信条。横跨营利性公司与慈善机构的社会企业，未来会发展成商业公司成分更多的营利性机构，还是会发展成慈善成分更多的非营利机构，现在还很难做出判断。但毫无疑问，这种夹杂在公司与慈善机构之间的组织形式，搅乱了传统的组织分类标准。如果社会企业是企业，则其应更多地彰显其作为企业的特点，相反，如果社会企业是慈善机构，则其应更多彰显非营利性的一面，而无论何种选择都可能会影响社会企业的可持续性。

一些学者看重社会企业作为“营利性公司”（corporation for profit）的一面，认

① See Jeff Trexler, “Social Entrepreneurship as an Algorithm: Is Social Enterprise Sustainable?” E: Co. Issue Vol. 10 No. 3 2008, pp. 65 – 85, available at: http://ssrn.com/abstract = 1307752.

为社会企业是指“任何能为公众利益产生劳动收入的企业”,[①]社会企业本质上是企业——“社会企业的根本存在于公司身份本身——特别是作为模拟复杂新兴模式的组织形式的历史性作用”。[②] 按照这一逻辑,社会企业无论其名称里包含了多少公益的因素,它都只是一种追求增加或者稳定客户及利润数量的方式/手段。还有学者看重社会企业作为“慈善组织”(charity organization)的一面,认为社会企业是指“采用高效业务指标的非营利组织”,或者将其视为“一个本质上与商业并不相似的运动,是为社会问题寻求创新性的解决方式”。[③] 因此,社会企业只是慈善机构的 Web2.0 版,一个可以开放解释为罗氏墨渍测验(Rorschach blot.)的革命。[④] 按照这一逻辑,社会企业不过是慈善组织利用营利公司的机制而寻求自身发展的通道,社会企业的本质功能仍仅在解决如何有效地履行社会义务的问题。因此,社会企业被称为“劝说慈善圈外的人对社会企业的发展给予切实支持的杀手级应用(a killer app)”。[⑤]

如果社会企业只是公司或慈善机构的变种,则社会企业的存在并不意味着组织形态或区分标准发生了革命性变革。因此,Jeff Trexler 认为,站在公司的角度,社会企业只是一种过渡形式,一个重要但最终还是属于临时组织的技术。社会企业对稳定“人类文化和生活世界”外部制度的需要并不产生伦理必要性,也不需要我们做出没有根据和站不住脚的断言,认为所有社会企业都是混乱的系统或者传统的市场不是网络状的。相反,它来自企业身份的本质本身。每一个企业都是一个社会企业,理解为什么是这样的时机已经到了。[⑥]

另一个涉及组织类型构造标准的问题是,公司与慈善组织的区分,到底在于其营利性的差异,还是在于其设立目的之差异?组织类型的区分在本质上是受制于组织法上的科学界分,还是受税法影响的被动构造?是组织法的分类标准影响税法,还是税法影响组织法的分类标准?

---

① Jeff Trexler, “Social Entrepreneurship as an Algorithm: Is Social Enterprise Sustainable?” E: Co. Issue Vol. 10 No. 3 2008, pp. 65 - 85, available at: http://ssrn.com/abstract = 1307752.

② Ibid.

③ Ibid.

④ Ibid.

⑤ Ibid.

⑥ Ibid.

三、公司(组织)治理:商业判断 vs. 公益判断

(一)福利公司组织治理之特殊性

与传统公司不同,除了追求利润目标外,福利公司须明确提出一种或更多的公共利益。[①] 福利公司的管理层也须平衡和考虑每个公司利益相关者的利益,决定应如何促进公司的社会和财务目标。[②]

为避免公司管理者遭遇更多责任,福利公司法通常会规定:(1)公共福利追求是公司的最佳利益;(2)阐明董事对公司公共福利以外的第三方受益人不负任何义务;(3)对董事为公共福利而采取的行动予以个人责任豁免。[③] 以此建立公司管理层的决策防火墙。其他一些福利公司法还规定,只要董事在作出决策时予以告知且是无私的,董事就满足了其在促进社会目标实现上的信义义务。[④] 总之,这些规定旨在扩大管理层的自主权,避免其以股东利益最大化之名主张将公司的社会目标居次。然而,很明显,福利公司法并未阻止公司取得大量利润,而只是规定公司并非必须追求利润最大化。[⑤] 这些法案所创造的管理者的自由宽泛的自主权,意味着执行和问责工具是必要的,以确保管理者在发展公司社会使命、完成公益目标方面的灵活性。

社会企业法的支持者坚定地认为,传统公司强调股东福利严重限制了经理

---

① Benefit Corp. Information Center, http://benefitcorp. net (last visited Jan. 25, 2014). Quoted from Joseph W. Yockey, Does Social Enterprise Law Matter? University of Iowa Legal Studies Research Paper Series, Number 14 - 06, March, 2014, available at: http://ssrn. com/abstract = 2389024.

② Note difference between Model Act and DPBC: Model requires directors to "consider" stakeholder interests; DPBC requires a "balancing" of (1) the pecuniary interests of shareholders; (2) the interests of those materially affected by the corporation's activities; and (3) the firm's identified public benefits.

③ See J. Haskell Murray, Choose Your Own Master: Social Enterprise, Certifications and Benefit Corporation Statutes, 2 *Am. U. Bus. L. Rev.* 1 (2012).

④ Del. Code tit. 8 § 362 (2013).

⑤ Lyman Johnson, Pluralism in Corporate Form: Corporate Law and Benefit Corporations, 15 *Regent L. Rev.* 26 (2013).

去考虑利益相关者利益或者追求社会目标的自主权。[①] 由此,社会企业的产生必将影响公司(组织)治理的核心原则,例如,董事的信义义务与商业判断原则如何在社会企业中得以维持和运用?社会企业的董事在决定公司内部事务时,如何协调商业判断与公益判断之间的关系——是商业判断包含了公益判断的内容,还是公益判断将作为一项独立的原则出现?换言之,商事组织与非商事组织的董事义务及责任将会趋于统一,还是会维持分离的结构?

(二)福利公司促进社会利益目的的措施

Joseph W. Yockey 认为,公司董事的信义义务是减少来自所有权与经营权分离的代理成本风险的基础,但因社会企业存在混合或双重/多重目的,信义义务在福利公司中变得更加复杂。投资者可能担心公司董事不会以其喜欢的方式平衡上述混合目标,故可能会要求对股权价格进行打折否则就不去投资。[②] 社会企业可能在混合理想或其附近起航,但此后则远离社会目标转向更强的对利润的追求。或者可能更微妙,经理可能有意或无意地开始放弃较穷的消费者而转向更富的消费者以扩大销售。[③] 还有另一种可能,即一些开始承诺履行使命的股东会最终迫使经理去优先考虑利润。福利公司法以一些规定来回应这些担心,其旨在帮助投资者进行知情决策并给其信心,社会企业将一直对他们的使命保持诚信。理论上,这些要求将更好地确保市场行为人去识别和支持承诺产生积极社会影响的公司。[④] 实践中,他们会令人产生相当大的怀疑。由此,董事如何

---

① See William H. Clark, Jr. & Elizabeth K. Babson, “How Benefit Corporations Are Redefining the Purpose of Business Corporations”, 38 *WM. Mitchell L. Rev.* 817 (2012). The authors are two of the nation's leading proponents of legislation creating the “benefit corporation” form discussed infra. See William H. Clark, Jr. et al., White Paper, The Need and Rationale for the Benefit Corporation: Why it is the Legal Form that Best Addresses the Needs of Social Entrepreneurs, Investors, and, Ultimately, the Public (Jan. 18, 2013). Quoted from Joseph W. Yockey, “Does Social Enterprise Law Matter?” *University of Iowa Legal Studies Research Paper Series*, Number 14 - 06, March, 2014, available at: http://ssrn.com/abstract = 2389024.

② Joseph W. Yockey, “Does Social Enterprise Law Matter?” *University of Iowa Legal Studies Research Paper Series*, Number 14 - 06, March, 2014, available at: http://ssrn.com/abstract = 2389024.

③ See Battilana et al., In Search of the Hybrid Ideal, 2012 *Stanford Social Innovation REV.* 51. Quoted from Joseph W. Yockey, “Does Social Enterprise Law Matter?” *University of Iowa Legal Studies Research Paper Series*, Number 14 - 06, March, 2014, available at: http://ssrn.com/abstract = 2389024.

④ See Joseph W. Yockey, “Does Social Enterprise Law Matter?” *University of Iowa Legal Studies Research Paper Series*, Number 14 - 06, March, 2014, available at: http://ssrn.com/abstract = 2389024.

在履行信义义务时，满足各种相互冲突的目标成为关键问题。通常有以下几种方式可以达到均衡：

其一，改变董事会的结构。一个简单的平衡方法是通过改变董事会的构成，促使董事来源多样化，以确保各种目标在董事会中都有代言人，从而在人员构造中实现多重目标的均衡——广泛的异质性将增加执行救济的有效性。一些州好像已经认识到这个方法的优势，通过要求福利公司任命一个“福利董事”（benefit director）来监管关于社会福利追求的问题。[①] 但这种方法可能会影响董事会的效率，因为事实证明，同质的董事会在单一追求的公司中运行良好，因为有相同观点和目标的董事更容易达成一致。[②]

其二，改变董事会的决策标准。另一个平衡的方法是不改变董事会的构成，但改变董事会的决策标准，要求董事会在进行决策时，不仅要考虑公司的商业利益，还要考虑社会公共利益的实现。从而在每一个具体的决策中，使公司的社会目标与商业目标得以平衡。当然，在未设立专门的福利董事的情形下，如何监控和评估单一的董事在进行决策时，平衡了公司的商业利益与社会公共利益的目标，可能会成为一个十分困难的问题。在多数情况下，此种监控可能是消极的，只有当损害公共利益的结果发生时，我们才能发现和评估公司董事会是否遵守了维护社会利益的决策要求。虽然传统公司的经理的确愈发将可持续和社会影响作为重要的战略考量，但令人担忧的是，这一认可并未产生广泛积极的变化。[③] 在很多角落，对传统营利机构仍然有“本能的不信任”。[④] 就像“占领华尔街”运动和后金融危机民粹主义（post-financial crisis populism）对公司经理持续避免过度冒险的能力缺少信任。事实上，社会企业“很少向董事施加特别的决策标准。原因很简单，就像将商业判断原则所反映的授予董事会自主权给管理者带来智慧一样，公司章程这样做也反映了给管理者相当多的灵活性的必要”。[⑤] 因此，施

① See Joseph W. Yockey, “Does Social Enterprise Law Matter?” *University of Iowa Legal Studies Research Paper Series*, Number 14 - 06, March, 2014, available at: http://ssrn.com/abstract=2389024.

② Ibid.

③ See Hoffman & Ehrenfeld, “The Fourth Wave, Sustainability and Change”, *Change and Sustainability* (Henderson ed. 2013).

④ Yuan Ji, “Burning Man: A Case Study”, 9 *Hastings Bus. L. J.* 449, 459 (2013).

⑤ See Easterbrook & Fischel, “The Corporate Contract”, 89 *Colum. L. Rev.* 1416 (1989). Quoted from Joseph W. Yockey, “Does Social Enterprise Law Matter?”, *University of Iowa Legal Studies Research Paper Series*, Number 14 - 06, March, 2014, available at: http://ssrn.com/abstract=2389024.

加特别的决策标准的风险是它们将会不能实行。① 董事会在进行决策时,更像是以社会公共利益去二次检测商业判断本身的合规性。

其三,引入第三方评估机制。对福利公司是否履行了公共利益,另一种相对中立的方式是引入第三方评估。福利公司法大多要求福利公司规定以一个独立第三人的标准来评估其是如何追求社会福利的。该评价标准一定是“全面、可信和意识到是为了评估社会和环境表现(performance)”。② 福利公司必须进一步地拿出年度或半年度的“福利报告”(benefit report)来描述其达到社会和财务目标的进程。③ 大部分州详细规定这些报告应当包括记述公司的公共利益追求,任何阻碍其社会使命的环境,选择第三人标准的程序以及对公司总体的社会和环境表现是否达到标准的分析。④ 但是,第三方评估也可能遇到实施困难,评估的有效性取决于信息披露的有效性。然而,并不是所有承担社会义务的信息都很容易量化及报告,一些社会表现信息可能容易量化和报告,例如,Blue River 卖了 X 个除草机器人,因此,消除了 Y 个农民使用杀虫剂的需要,但其他类型的信息未必能够正是诸如促进环境管理或雇用“有危险的”雇员。这可能导致公司管理层偏向可以量化的社会义务的承担,而忽略或者不投资那些相对“软性”的社会追求。⑤

其四,创设福利实施程序(benefit enforcement proceedings)。从诉讼规制的

---

① See J. Haskell Murray, “Choose Your Own Master: Social Enterprise, Certifications and Benefit Corporation Statutes”, 2 *Am. U. Bus. L. Rev.* 1(2012).

② The relevant standard is said to be “credible” if it is developed by an entity with the “necessary expertise” and one that uses a “balanced multistakeholder approach... [that includes] a reasonable public comment period.”

③ The report must typically be filed with the state's secretary of state, sent to every shareholder, and appear on a publicly accessible part of the firm's website. Benefit corporation statutes in California, Illinois, Louisiana, Maryland, Vermont, and Virginia do not require the report to be filed with the state.

④ The report must also disclose the compensation paid to each director, and the name of each shareholder holding a 5% or greater equity stake, and the name of the firm's “benefit director.” This disclosure of the firm's benefit director follows from the Act's requirement that the board appoint an independent benefit director who is responsible for preparing a statement in the annual benefit report that indicates whether the firm is in compliance with its obligations to create a general and any specific public benefit. If the benefit director believes that the firm's directors or officers did not comply with the Act's requirements she must describe their failures. Benefit corporation statutes in California, Maryland, New York, and Virginia do not require the appointment of a separate benefit director.

⑤ See Joseph W. Yockey, “Does Social Enterprise Law Matter?”, *University of Iowa Legal Studies Research Paper Series*, Number 14 - 06, March, 2014, available at: http://ssrn.com/abstract=2389024.

角度而言，为确保社会企业所设公益目标之实现，福利公司法通过创设了一种“福利实施程序”来监督福利公司及其董事是否实现了公共利益目标。此种程序类似于股东派生诉讼——对福利公司董事未能创造公共福利的行为和任何违反义务的行为，公司股东、董事或者任何人（包括第三方受益人，third-party beneficiaries）均可启动该诉讼，但马里兰州和纽约州没有明确规定该福利实施程序。此外，一些州还要求，启动该诉讼需持有2%的股份。[①] 但一些研究表明，福利实施程序没有权威，而且与传统股东代表诉讼一样，其在很大程度上是无效的，特别是由于存在商业判断规则，以致福利实施程序很难改变。而且原告主要局限于董事和股东，这意味着作为公司目标的公共受益者被忽略了，并且通过此种程序难以获得金钱赔偿，大部分个人投资者缺少动力、花费大量的时间在努力监管方面。即使股东对福利公司的社会追求问题提起诉讼，面对这一新型及独特领域，只要经理层好像尽到了诚信努力，法院将尊重商业选择，极有可能拒绝替换管理层的判断。[②]

（三）社会公益判断/目的性判断之独立？

1. 联合利华收购班杰瑞案

社会企业所面临的商业利益与社会公益的冲突，在联合利华收购BEN & JERRY（班杰瑞）公司这一社会企业时，表现非常明显。班杰瑞公司是一家社会企业，它是营利性公司，但又不把营利放在首位。按照一种“双底”的标准来划分，它在保证盈利的同时，也在追求一种积极的社会目标。该公司在许多地方追求其社会目标，比如将其利润的7.5%捐赠给慈善基金会；实行店内选民登记；以及从那些雇用残疾人的供应商那里采购原材料。[③] 班杰瑞的创始人，Ben Cohen 和 Jerry Greenfield，始终坚持这样一种“双底”标准，为那些“既想引领价值又想赚钱”的人做出了榜样。[④]

---

① See Joseph W. Yockey, “Does Social Enterprise Law Matter?”, *University of Iowa Legal Studies Research Paper Series*, Number 14 – 06, March, 2014, available at: http://ssrn.com/abstract=2389024.

② See William H. Clark, Jr. & Elizabeth K. Babson, “How Benefit Corporations Are Redefining the Purpose of Business Corporations”, 38 *Wm. Mitchell L. Rev.* 817(2012).

③ Ibid. at 60 – 63, 101, 110.

④ See Ben Cohen & Jerry Greenfield, “Ben & Jerry’s Double Dip: Lead with your Values and Make Money”, too 13(1997).

2000年当班杰瑞被联合利华这样一个跨国集团收购时,人们对班杰瑞的吹捧迅速减弱。[①] 该次出售“通过商业社会的反应传递出一种战栗和颤抖”。[②] 这让人们更加质疑这样一种追求营利和社会责任双重目的的企业模式,通常我们将其称为“营利性社会企业”或者“混合型企业”。[③] 所以说,“几乎每一个任务导向型的企业都清楚班杰瑞的童话会有一个悲伤的结局:当一个致力于社会责任的企业被卖给一个巨大的跨国集团以后,很显然,它今后将以财务性指标为核心”。[④]

在联合利华收购过程中,班杰瑞的董事会面临非常纠结的境地:一方面,班杰瑞公司董事会需要考虑将公司出售给出价最高的收购者,否则,公司董事可能面临违反信义义务之嫌。因此,有人认为“公司法迫使将班杰瑞出售给联合利华”,[⑤]但也有人对此提出了质疑。[⑥] 另一方面,在班杰瑞公司被出售给一家以营利为目标的公司——联合利华之后,如何能保持其最初拟定的社会性目标之实现?很显然,目标公司的社会性目标与收购者的营利性目标很容易发生冲突。为了使班杰瑞收购能够成功,并促使其继续延续社会性事业,联合利华的收购条款中存在一些特殊的“保险条款”,这些条款被一些人吹捧为“独特且具有里程碑意义”。[⑦] 联合利华选择让班杰瑞的大部分机构独立运作,且承诺新的董事会将主要保留现有董事提名。这样的董事会构成也许可以帮助班杰瑞保留其社会性

---

① See generally, Ben & Jerry's Homemade Ice Cream, http://www.benjerry.com/company/history/(documenting the history of Ben & Jerry's social activism); Jon Entine, Ethical Brands-Turn On, Tune In, Sell Out, Ethical Corporations, Oct. 2008, at 3.

② See Jeffery Hollender & Stephen Fenichell, What Matters Most: How a Smallgroup of Pioneers is Teaching Social Responsibility to Big Business, and Why Big Business is Listening 211(2005).

③ For the purposes of this article we use the terms "for-profit social enterprise" or "hybrid enterprises" to refer to businesses that have at least some private owner-investors (i. e. they are thus not organized as nonprofit corporations, nor do they qualify as 501(c)(3) tax-exempt organizations), and that are expressly committed to creating both social value and financial value for their private investors.

④ Jill Bamburgh, Getting to Scale: Growing Your Business Without Selling Out 57(2006).

⑤ See Antony Page & Robert A. Katz, "Freezing Out Ben & Jerry: Corporate Law and the Sale of A Social Enterprise Icon", *Vermont Law Review*[Vol. 35:211 2010]; available at: http://ssrn.com/abstract=1724940.

⑥ See Antony Page & Robert A. Katz, "Freezing Out Ben & Jerry: Corporate Law and the Sale of A Social Enterprise Icon", *Vermont Law Review*[Vol. 35:211 2010]; available at: http://ssrn.com/abstract=1724940.

⑦ "Ben & Jerry's and Unilever to Join Forces in Ice Cream Deal that Maintains Social Efforts", *Food & Drink Weekly*, No. 15, Apr. 17, 2000, at 1.

目标。最初的成员包括 Cohen、Greenfield 和 Terry Mollner(被称为“社会责任投资者董事会”)。① 若联合利华不能履行其在收购协议上的承诺,那么董事会便可起诉联合利华,并要求其承担诉讼费用。② 联合利华也同意继续将 110 万美元或税前利润的 7.5% 捐赠给慈善基金会,“至少 5 年内”都应将佛门特州作为“公司住所和经营地”,在至少 2 年时间内,维持现有生产方式不变,且不得辞退 1 名原始员工。此外,联合利华还承诺,提供 500 万美元支持那些由少数族裔创办且缺乏资金的企业,提供 500 万美元作为 6 个月以内新雇员的工资,提供 500 万美元给班杰瑞基金。Cohen 也同意与联合利华一道就“社会审计”开展工作,如企业如何对待生态环境等。联合利华的联合主席认为他的公司“和班杰瑞有一个相似的愿景”。③

事实证明,当社会企业被出售给大型的以营利为目的的公司之后,其社会性目标将很难得到维持。例如,Jill Bamburgh 认为“班杰瑞的出售无法处理”确保公司的社会性目标——在脱离创始人和早期投资者以后依然能留存下来这一核心问题。④ Marjorie Kelly 检视了此次出售的结果。她说:自 2000 年 4 月 11 日以来的 3 年中,班杰瑞的社会性目标开始逐渐被清除——联合利华开除了班杰瑞 1/5 的雇员,停止向班杰瑞基金会捐赠利润的 7.5%,并雇用了一个 Cohen 不同意的 CEO。这是令人警醒的,公司易手以后,原有的社会性目标就开始逐渐缺

① Constance L. Hays, Long Shots, on the Court and Off, N. Y. TIMES, July 2, 2000, at 2, available at http://www. nytimes. com/2000/07/02/business/private-sector-long-shots-on-the-court-andoff. html?scp = 238&sq = %22ben + %26 + Jerry%27s%22&st = nyt[hereinafter Hays, Long Shots].

② This kind of provision is necessary to enforce the terms of the merger agreement, as following the consummation of the merger, other parties either lack standing(the shareholders) or haveceased to exist(the target company).

③ Antony Page & Robert A. Katz, “Freezing Out Ben & Jerry: Corporate Law and the Sale of A Social Enterprise Icon”, *Vermont Law Review* [Vol. 35: 211 2010]; available at: http://ssrn. com/abstract = 1721940.

④ See Jill Bamburgh, Getting to Scale: Growing Your Business Without Selling Out 57(2006).

失。[①] Kelly 也认为,收购合约里的核心条款是无法执行的,[②]有一些核心问题从来都没有被提出,比如联合利华曾经承诺的“只雇用 Cohen 认可的人作为班杰瑞的 CEO”。[③]

2. 社会性判断可以独立吗

可见,尽管在法技术层面可以有很多方法解决商业判断与公共利益判断之间的冲突,但与商业公司不同,社会企业之“社会性本质”是否意味着其董事在进行商业判断(business judgement)时,需同等地进行“社会性判断”(social judgement)——公共利益判断?以及社会性判断是否应当成为与商业判断平行的范畴?如是,则当董事完成了商业判断,在评估该决策之商业效果时,对符合商业判断原则之董事可以免责。同理,在董事完成了社会性判断时,在评估该决策之社会效果——是否满足公共利益之需求时,对符合社会判断原则之董事,应同样可以免责。因此,“社会判断原则”(social judgement rule)也许应当与商业判断原则(business judgement rule)一样,成为判断董事义务履行是否具有妥当性的重要的“平行标准”,或者甚至应当成为衡量该类企业董事行为妥当性的主导性标准,并进而成为对社会企业之董事是否应当追责的法律标尺。然而,遗憾的是,“迄今为止,没有关于法院应当如何分析福利执行程序或者福利公司的董事和职员的信义义务应当如何被评估的判例法”。[④]

对于社会性判断之独立,也有学者认为属于另一种商业判断——“目的判断”规则(purpose judgment rule,PJR)。例如,类似商业判断的规则应存在于公共

---

① See,e. g. ,Marjorie Kelly,The Legacy Problem:Why Social Mission Gets Squeezed out of Firms When They' re Sold, and What to Do About It, *Business Ethics* (2003), available at http://www.esopbuilders.com/articles/the-legacy-problem.pdf.

② Ibid. (noting that the Ben & Jerry' s merger agreement included provisions that effectivelycannot be verified, such as Unilever' s commitment regarding the sourcing of dairy goods). Joe Sibilia of Meadowbrook Lane Capital stated that, "[p]rovisions in the Unilever contract are legally binding, but wehave not been able to enforce them."

③ Ibid.

④ Dana Brakman Reiser, Benefit Corporations—A Sustainable Form of Organization? 46 WAKE FOREST L. REV. 604 - 05(2012). Quoted from Joseph W. Yockey, Does Social Enterprise Law Matter? University of Iowa Legal Studies Research Paper Series, Number 14 - 06, March, 2014, available at: http://ssrn.com/abstract = 2389024.

利益公司法中,犹如其存在于传统公司法中一样。[①] 在公共利益公司环境下,该规则可能称为"目的判断规则"更好,因为董事将决定如何去追求声明的公司目标。[②] 有目的判断规则保护,只有公共利益公司的董事有意识地不去善意地履行其责任,故意地违反法律,或者优先实现自己利益时,才存在真正的责任。PJR 是 South Texas 大学的 Joseph Leahy 教授在 2011 年 10 月 29 日由 Charleston 法律学院举办的东南法律学者大会上提出的概念。[③]

四、公司(组织)融资:资本市场的目标及功能

可以说,社会企业的产生在某种意义上源于慈善资本市场的缺陷。[④] David Gergen 甚至将社会企业看作一场像民权运动一样具有变革性的运动,考虑到它的潜力在于通过资本市场的力量去解决前面棘手的社会问题。社会企业的产生将直接对资本市场的目标及功能产生冲击。如同慈善组织能否持续获得捐赠决定了慈善组织的未来一样,社会企业能否运用资本市场,也决定了社会企业本身的可持续性问题。社会企业的融资渠道涉及税收优惠、社会性投资(基金会与影响投资)、零星资本市场及交易所资本市场等。

(一)税收优惠(Tax Advantages)

与社会企业融资密切相关的是税收。但在一个以税收方式积累财政收入的"税收国家"时代,税收确定是非常复杂的问题,税收会直接影响组织的可持续性,甚至会塑造组织体的类型和结构。营利性组织及非营利性组织都在劝说政治集团

---

① See Murray, Latchkey Corporations, See J. Haskell Murray, "Latchkey Corporations": Fiduciary Duties in Wholly Owned, Financially Troubled Subsidiaries, 36 *Del. J. Corp. L.* 577, 580 (2011), at 615 - 16("[C]ourts employ the business judgment rule because: (1) it encourages board service; (2) it encourages risk taking; (3) courts recognize that directors are generally better situated to make business decisions than judges; (4) courts recognize that the statutory regime provides responsibility for managing the corporation to directors, not shareholders; and (5) courts recognize that unhappy shareholders can always vote the directors out of office.") (internal citations and quotations omitted).

② See J. Haskell Murray, Choose Your Own Master: Social Enterprise, Certifications and Benefit Corporation Statutes, 2 *Am. U. Bus. L. Rev.* 1(2012).

③ Ibid.

④ David Bornstein, The Rise of the Social Entrepreneur, N. Y. Times Opinionater(Nov. 13 2012).

对其给予较低的税收或者税收优惠,甚至税收豁免。如同营利性公司一样,对社会企业而言,更多的税收优惠安排也会给其带来更多的投资者。如果没有税收减免(且预期金钱回报落后于传统公司),则社会企业家可以融资的渠道将变得非常狭窄,他们将只能从那些高尚的投资者那里筹集资金——这些人重视并相信企业将提供积极的社会和环境成果来补偿较少的金钱回报。如此,则社会企业的融资渠道一定会受到较大局限。因为实证调查表明,62%的投资者宣称他们将为积极的社会效应而牺牲金钱回报。所有不会牺牲金钱回报的受访者以及2/3会牺牲金钱回报的受访者都相信,一个人为了获得积极的社会效应必须牺牲利润回报。① 目前,社会企业的税收问题并未完全解决。例如,在英国,社区利益公司的最大好处在于只要该社会企业为社区提供利益,它可让社会企业以慈善组织的形式运营,且可不受限制地从事营业活动。但社区利益公司不能像慈善机构那样取得税收优惠;反之,像英国其他公司一样需缴纳所得税和增值税。②

对企业来说,税收优惠在本质上是一种国家投资(让利),税收优惠也可以使潜在投资者有更充分的理由去投资社会企业,完成公益目标。因此,很多国家都将税收优惠作为刺激公益项目及捐赠的重要策略。在英国,为了进一步促使社会企业筹集资金,社会企业团体也正在为社区利益公司可以取得特殊税收优惠而到处游说。③ 但税收优惠的刺激作用通常需要达到一定程度才会有效。例如,费城最近为一些可持续发展的企业提供了税收抵免(tax credit),但因该抵免极为有限,在目前经济环境下其他州不太可能效仿。④ 此外,任何事情都是物极必

---

① Yasemin Saltuk et al., Insight into the Impact Investment Market: An In-Depth Analysis of Investor Perspectives and Over 2,200 Transactions, J. P. *Morgan Social Finance Research*, 3 (Dec. 14, 2011), available at http://www.jpmorganchase.com/ corporate/socialfinance/document/Insight_into_the_Impact_Investment_Market.pdf.

② Regulator of Cmty. Interest Cos., Information Pack: Community Interest Companies, 27, available at http://www.cicregulator.gov.uk/CICleaflets/CIC% 20INFORMATION% 20PACK% 20V00.02D.pdf.

③ Social Enterprise Coalition, Policy: Tax, http://www.socialenterprise.org.uk/pages/tax.html (last visited Nov. 15, 2009).

④ Philadelphia First City to Offer Green Biz Tax Incentives, Sustainable Business.com (Dec. 4, 2009, 9:56AM), http://www.sustainablebusiness.com/index.cfm/go/news.display/id/19350 ("For tax years 2012 through 2017, twenty-five eligible businesses will receive a tax credit of $4000 to be used against the gross receipts portion of the Business Privilege Tax. Companies can be classified as certified sustainable businesses once they are certified as B Corporations...").

反,若对社会企业实行更大幅度、范围更广的税收减免,则可能会有一些营利性组织滥用法律权利,伪装成社会企业。换言之,“过多的税收减免可能会帮助那些简单伪装成社会企业的营利组织”。①

(二)社会性投资(Social investment)

此处所谓社会性投资,乃至狭义而言,主要包括非营利性的基金会(foundation)和社会效应投资者(impact investors)。基金会代表了巨大的潜在社会企业的资金来源,尤其是在发达国家,基金会是社会企业可能争取的投资主体。而基金会对社会企业的支持,主要采取“项目相关投资”(Program related investments,PRIs)的方式。至于社会效应投资,则是最近兴起的另一种社会性投资形式。

1. 基金会项目相关投资(PRIs)

基于设立目的之相似性,基金会可能是社会企业重要的资金池。早在2009年,美国即有超过7.5万家资助基金会,②到2011年积累了将近6000亿美元的基金会资产。③ Bill and Melinda Gates 基金会是美国目前规模最大的基金会,拥有将近400亿美元的资产,第二大规模的 Ford 基金会则拥有将近140亿美元资产。④ 这些基金会为资助慈善事业提供了大量资金,这也意味着社会企业有大量获得投资渠道的机会。

在英国,为平衡社区利益公司失去潜在收入(没有税收优惠),CIC 可以向政府的社会企业投资基金⑤和国家彩票基金申请资助。⑥ 英国慈善法在允许基金会资助社区利益公司方面并无明确规定,但基金会可从英国慈善委员会处取得

---

① See J. Haskell Murray,“Choose Your Own Master: Social Enterprise, Certifications and Benefit Corporation Statutes”,2 *Am. U. Bus. L. Rev.* 1(2012).

② Found. Ctr. ,Foundation Growth and Giving Estimates: Current Outlook 1,1(2009).

③ Philanthropy News Digest, Foundations Increasingly Use Investment Assets to Achieve Their Missions, Report Finds, Found. Ctr. (Oct. 26, 2011), available at http://foundationcenter. org/pnd/news/story. jhtml? id = 359000002.

④ Ibid.

⑤ The U. K. government is still determining how best to distribute these funds, Cabinet Office, “Office of the Third Sector, Social Enterprise Action Plan: Two Years on 5(2008)”, available at http://www. cabinetoffice. gov. uk/media/84387/seap_two_years_on. pdf[hereinafter TWO YEARS ON].

⑥ Malcolm Lynch, For and Against the Community Interest Company, Investment Matters, Jan. 2004, at 1.

许可。在英国,至少已有一家私人基金会向慈善委员会申请并取得了资助社区利益公司的许可。[①] 此外,社会企业联盟正在考虑一项提议,即通过恢复银行休眠账户的方式取得资金,投资于社区利益公司。[②]

在美国,税法要求慈善基金会每年都要分配至少5%的资产(资助慈善事业),若基金会未完成该5%的分配,则按照美国税法,基金会将承担未分配总额100%的税收。[③] 但在实践中,基金会却逐渐把该最低额当作资助的目标额度,[④]这导致2003年基金会分配到慈善事业的资金仅有300亿美元,大概占美国总体慈善捐赠额的12%。[⑤] 到2008年,分配到慈善事业的资金达到450亿美元左右。[⑥] 在美国,基金会主要以津贴或捐赠方式将资金分配到慈善事业中,[⑦]但美国税务局允许基金会设立PRIs,并将其计入其5%的最低慈善分配额要求中。PRIs许可基金会为实现慈善目的而投资,虽然该投资的重要目的可能是取得回报,[⑧]但在某些情况下对营利公司的投资也可算作PRIs。[⑨] 因此,对基金会来说,任何来自PRIs的投资收入本质上都是不入账的,即不将其算作利润,但这些收入

---

① Regulator of Cmty. Interest Cos. ,“Community Interest Companies:Frequently Asked Question 11 (2009)”, available at http://www. cicregulator. gov. uk/CICleaflets/FAQ% 20 -% 20October% 202009%20V5. 00%20Final. pdf.

② Cabinet Office,“Office of the Third Sector,Social Enterprise Action Plan:One Year on 4(2007)”, available at http://www. cabinetoffice. gov. uk/media/cabinetoffice/third_sector/ assets/social_enterprise_action_plan_one_year_on. pdf.

③ See 26 U. S. C. § 4942 (2007). Quoted from Matthew F. Doeringer, “Fostering Social Enterprise:A Historical and Nternational Analysis”, Duke Journal of Comparative & International Law [Vol. 20:291 2010].

④ A survey conducted in 2001 by the Foundation Center of 55,120 private foundations found that the private foundations gave out an average of 5. 8% of their assets. Jed Emerson, Where Money Meets Mission, Stan Soc. Innovation Rev. 38,40 -41(2003).

⑤ Sally Osberg, Wayfinding Without a Compass: Philanthropy's Changing Landscape and Its Implications for Social Entrepreneurs, in Social Entrepreneurship:New Models of Sustainable Social Change 309,310(Alex Nichols ed. ,2006).

⑥ Found. Ctr. ,Foundation Growth and Giving Estimates:Current Outlook 1,4(2009).

⑦ Julia Vail, Program-Related Investments Provide Needed Relief, Philanthropy J. , Mar. 2009, (2009), available at http://www. philanthropyjournal. org/resources/special-reports/finance-accounting/program-related-investments-provide-needed-relief.

⑧ I. R. C. § 4944(2007).

⑨ I. R. S. Priv. Ltr. Rul. 199 -943 -044(1999).

须在基金会收到的同一年度内再投资出去。①

1968 年 Ford 基金会率先运用 PRIs,Ford 向社会福利公司(socially beneficial companies)投资 1000 万而不是简单地拨款给慈善组织。② 在其后的 1969 年,国会便将 PRIs 添加到税收改革法案中关于"基金会可接受的资产支出"的列表中。③ 从 1969 年到 2009 年,Ford 基金会已经将 4 亿英镑投资到了 PRIs 中。④ 正是因为基金会可以投资于公司,L3C 形式的支持者已尝试去挖掘基金会这个宝箱,以获得基金会的项目相关投资,但目前美国国税局不同意对 L3C 做出不同于传统营利公司形式的不同对待。⑤

对基金会来说,通常很难确定其在何时可以与公司为实现某种慈善目的而共同设立法律许可的 PRIs?⑥ 尽管存在一些法律许可的个案,但很多例子都是过时和无用的。一般而言,基金会若想设立 PRI,可以有两个选择:其一,向美国税务局申请专属信件裁定(Private Letter Ruling,PLR)。⑦ 此时,基金会需对投资计划和计划的潜在用途做详细描述,由美国税务局对该投资计划作出是否准许的裁决。⑧ 已获得法律许可的 PRIs 包括投资从事促进贫困社区经济发展的有限责任公司,⑨以及投资从事研究肆虐全球的疟疾低成本治疗方法的私人公司。⑩ 但美国税务局的裁决仅具有个案约束力,即只对提出专属信件裁定请求的基金会

---

① See Matrix Group Discussion Paper, Finance for Foundations: Expanding the Toolbox for Impact (UBS Philanthropy Servs., Discussion Paper No. 2007 - 06 - 05).

② See Ford Found, "Investing for Social Gain: Reflections on Two Decades of Program-Related Investments 12(1991).

③ Tax Reform Act of 1969, Pub. L. No. 91 - 172, § 4942(g)(2), 83 Stat. 487, 505(1969).

④ See Ford Foundation, "About Our Support", available at http://www.fordfound.org/grants/supporttypes(last visited Nov. 15, 2009).

⑤ See See J. William Callison & Allan W. Vestal, "The L3C Illusion: Why Low-Profit Limited Liability Companies Will Not Stimulate Socially Optimal Private Foundation Investment in Entrepreneurial Ventures", 35 *Vt. L. Rev.* 273 - 274(2010).

⑥ Ibid.

⑦ See Matthew F. Doeringer, "Fostering Social Enterprise: A Historical and International Analysis", *Duke Journal of Comparative & International Law*[Vol. 20:291 2010].

⑧ See, e. g., I. R. S. Priv. Ltr. Rul. 200 - 610 - 020(Dec. 13, 2005); I. R. S. Priv. Ltr. Rul. 200 - 603 - 031(Oct. 25, 2005); I. R. S. Priv. Ltr. Rul. 81 - 41 - 025(July 20, 1981).

⑨ See I. R. S. Priv. Ltr. Rul. 200 - 610 - 020(Dec. 13, 2005).

⑩ See I. R. S. Priv. Ltr. Rul. 200 - 603 - 031(Oct. 25, 2005).

有约束力,也不能被其他基金会用作先例(precedent)。[①] 对基金会而言,取得PLR许可,即获得一定程度的保护,但PLR是漫长而又昂贵的程序。美国税务局进行一项PLR的收费为8700英镑,[②]律师费则介于25,000英镑到50,000英镑之间。[③] 此外,基金会很可能被要求确定投资是否被公司用于实现慈善目的,以及美国税务局可以要求基金会出具年度报告以证实资金用途。[④] 其二,基金会也可选择不申请PLR而设立PRIs。但此时基金会需承担投资计划不被准许及被贴上“危害性投资”(jeopardizing investments)标签的风险。危害性投资是一种对实现慈善目的毫无助益且不审慎的经济投资。例如,若可预期该项投资是低于市场水平收益的,则该项投资即属不审慎的经济投资。[⑤] 若美国税务局裁定一项投资是危害性投资,不具有PRI资格,则该基金会及其经理就要缴纳以投资总额为基础征收的惩罚性消费税。[⑥] 若一项投资被裁定为不具有促进慈善目的的作用,但又非危害性投资,则基金会不需缴纳税收,其投资额不被计入基金会5%的慈善分配额要求中。[⑦] 由于确定PRI资格的困难,基金会并没有广泛地运用PRI。据统计,PRI仅占基金会全部慈善支出额的1%。[⑧] 为解决社会企业从基金会募

---

① I. R. S. ,Understanding IRS Guidance-A Brief Primer,http://www. irs. gov/ irs/article/0, ,id = 101102,00. html(last visited Nov. 15,2009).

② Robert M. Lang,Americans for Community Development,Overview of the L3C 2 - 3.

③ The Mary Elizabeth & Gordon B. Mannweiler Found. ,INC. ,Presentation,Workshop 3 - C,UBS Philanthropy Forum-July 5 - 7, 2007, Lisbon, Portugal 2 (2007), available at http://www. americansforcommunitydevelopment. org/supportingdownloads/L3CUBSPresentation. pdf.

④ See I. R. S. Priv. Ltr. Rul. 81 - 41 - 025(July 20,1981).

⑤ See Treas. Reg. § 53.4944 - 1(2007).

⑥ The foundation faces an initial 10% tax on the value of a jeopardizing investment. Any foundation manager who knowingly makes a jeopardizing investment must also pay a 10% tax on the value of the investment. Additionally,foundations and knowing foundation managers are liable for 25% and 5% excise taxes,respectively, on the value of the jeopardizing investment in each subsequent year in which the investment remains in effect. I. R. C. § 4944(2009).

⑦ See I. R. S. Priv. Ltr. Rul. 200 - 213 - 038(Apr. 23,2001).

⑧ In 2001,there was a total of $232. 9 million in PRIs and total charitable giving was $30. 5 billion. See Michael D. Gottesman,"From Cobblestones to Pavement: The Legal Road Forward for the Creation of Hybrid Social Organizations", 26 *YALE L. & POL'Y REV.* 345, 350. citing Jeffrey A. Falkenstein,"The Foundation Center, the PRI Directory: Charitable Loans and Other Program-Related Investments by Foundations"(2003). In 2006,there was a total of $310. 5 million in PRIs. Julia Vail, Program-Related Investments Provide Needed Relief, Philanthropy J. , Mar. 2009, (2009), available at http://www. philanthropyjournal. org/resources/special-reports/finance-accounting/program-related-investments-provide-needed-relief. In 2008 total charitable giving was $45. 6 billion. FOUND. CTR. , Foundation Growth and Giving Estimates: Current Outlook 1,1(2009).

资的困难,美国专门创设了L3C的公司形式。L3C的主要目的是降低基金会的成本,使其更容易确定是否可以安全地投资设立PRI,从而提高社会企业获取的资金额。依照法规,每一家L3C都必须签订运营协议,用合同确保该公司为了慈善目的而运营。① 如果一家L3C不再为慈善目的而运营,那么在法律上它将丧失L3C的身份,并且基金会所设立的PRI将不再投资该家公司。②

可见,在实质上,基金会对社会企业的投资障碍主要在于社会企业本身的"企业身份"。当基金会将资金投入社会企业,而后者用于商事经营时,可能涉及违反基金会章程。当然,若社会企业采取营业性资金与基金会转投资基金分离管理的制度,基金会投入社会企业的资金仅仅用于实现社会企业的公益目标,不进入经营领域,那么此时是否会减少社会企业对基金会的劝募呢?

2. 社会效应投资(impact investing)

另一个日益重要的社会性投资的来源是社会效应投资。大约从2007年开始,欧洲及北美的一些最大的银行创设了"社会效应投资产品"(impact investing products),③社会效应投资自此加速步入历史舞台。④ 按照,J. P. Morgan和全球社会效应投资网(Global Impact Investing Network,GIIN)在2011年12月所编写的一篇长达30页的分析报告的描述,社会效应投资是1项"意图创造积极影响和经济回报的投资",他们分析了2200项投资,共40亿美元。甚至一些最有名望和历史的投资银行开始进入"社会效应投资"领域。94%的随机受访机构或客户认为,社会效应投资是"出于婴儿成长期(75%)或者即将起飞(19%)"。⑤ 英国政府也已设立了将投资亿万英镑的大社会资本(Big Society Capital)作为基础

---

① See,e. g. ,H. B. 775,2007 -2008 Vt. Adjourned Sess. (Vt. 2008).

② See e. g. ,H. B. 775,2007 -2008 Vt. Adjourned Sess. (Vt. 2008).

③ See Rahim Kanani,"The State and Future of Impact Investing",FORBES(Feb. 23,2012,9:36 AM),http://www. forbes. com/sites/rahimkanani/2012/02/23/the-state-and-future-of-impactinvesting/.

④ See J. P. Morgan Social Finance,J. P. Morgan Chase & Co. http://www. jpmorganchase. com/corporate/socialfinance/social-finance. htm(last visited Nov. 30,2012)(describing J. P. Morgan Social Finance,which "was launched in 2007 to service the growing market for impact investments"); See generally Investing for Impact,Credit Suisse(Jan. 2012),available at https://infocus. credit-suisse. com/data /_product_documents/_shop/336096/investing_for_impact. pdf.

⑤ See Yasemin Saltuk et al. ,Insight into the Impact Investment Market:An In-Depth Analysis of Investor Perspectives and Over 2,200 Transactions,J. P. Morgan Social Finance Research,3(Dec. 14,2011),available at http://www. jpmorganchase. com/ corporate/socialfinance/document/Insight_into_the_Impact_Investment_Market. pdf.

的社会效应投资者。[①] 在美国,“海外私人投资公司也承诺用2.85亿美元来推动8.75亿美元的投资进入新兴市场中的六个社会效应投资基金”,并且美国小企业管理局已经在“近5年投入10亿美元以支持国内服务水平较低共同体的商业经营”。[②] GIIN的社会效应投资基金(Impact Base)全球在线数据库在上线后不到两年列出了200家基金。[③] 毫无疑问,基金会和社会效应投资者是社会企业资本的潜在来源。[④]

社会效应投资可通过发行社会效应债券的方式实现。社会效应债券是政府和私人组织间签订的不确定支付合同(contingent contract),通常包括社会服务和公共部门储蓄等。依据该合同,私人组织通过完成某种绩效目标以赚取政府报酬。[⑤] 社会效应债券的投资者只有在服务项目成功时才可得到报酬,而投资者通常只能获得整体报酬的一部分。[⑥] 所以,社会效应债券有时又被称为“支

① See Yasemin Saltuk et al., Insight into the Impact Investment Market: An In-Depth Analysis of Investor Perspectives and Over 2,200 Transactions, J. P. Morgan Social Finance Research, 3(Dec. 14, 2011), available at http://www.jpmorganchase.com/ corporate/socialfinance/document/Insight_into_the_Impact_Investment_Market.pdf; See also Big Society Capital: How We Are Funded, Big Soc'y Cap., http://www.bigsocietycapital.com/how-we-are-funded/(last visited Nov. 30, 2012)(stating that the "Merlin banks"—such as Barclays, HSBC, Lloyds Banking Group, and RBS—have each agreed to invest £ 50 million into Big Society Capital and the transfers from the English share of dormant accounts could reach £ 400 million).

② See Yasemin Saltuk et al., Insight into the Impact Investment Market: An In-Depth Analysis of Investor Perspectives and Over 2,200 Transactions, J. P. Morgan Social Finance Research, 3(Dec. 14, 2011), available at http://www.jpmorganchase.com/ corporate/socialfinance/document/Insight_into_the_Impact_Investment_Market.pdf; See also Overseas Private Investment Corporation, http://www.opic.gov/(last visited Nov. 30, 2012).

③ See Yasemin Saltuk et al., "Insight into the Impact Investment Market: An In-Depth Analysis of Investor Perspectives and Over 2,200 Transactions", J. P. Morgan Social Finance Research, 3(Dec. 14, 2011), available at http://www.jpmorganchase.com/ corporate/socialfinance/document/Insight_into_the_Impact_Investment_Market.pdf.; See generally Impactbase, http://www.impactbase.org/(last visited Nov. 30, 2012)(showing 203 active funds as of Oct. 29, 2012).

④ See J. Haskell Murray, "Choose Your Own Master: Social Enterprise, Certifications and Benefit Corporation Statutes", 2 *Am. U. Bus. L. Rev.* 1(2012).

⑤ Let's Hear Those Ideas, Economist, Aug. 12, 2010, available at http://www.economist.com/node/16789766; Social Impact Bonds, SOC. FIN., available at http://www.socialfinance.org.uk/work/sibs(last visited Feb. 12, 2012).

⑥ Criminal Justice, Soc. Fin., available at http://www.socialfinance.org.uk/work/sibs/criminaljustice(last visited Sept. 17, 2012)(stating that investors in One * SIB will receive a "share of the long term savings").

付成功债券"(Pay for Success Bonds),通过该种债券合同工具建立的"不确定回报模式"可提升社会服务效率,即政府提供社会服务的内在风险被转嫁给了市场,[①]通过市场压力逼迫减少低效率的社会服务项目。[②] 2010 年 9 月社会融资(Social Finance)——一个关注于社会商业的英国组织,发行了其第一份社会效应债券"One * SIB"。[③] 发行该债券目标是旨在"减少离开英国 HMP Peterborough 监狱服刑少于 12 个月的男性累犯"。对 One * SIB 投资者的支付是不确定的,该项目至少要达到减少 7.5% 的累犯率,若超过该标准可获一定奖励。[④] 在美国,佛蒙特州已开始跟随英国,并提出在立法上"创立一个社会效应债券研究委员会来决定在佛蒙特州是否有机会使用社会效应债券"。[⑤] 奥巴马总统 2012 年的预算也提出储蓄 1 亿美元给"支付成功债券"等试点项目。[⑥]

(三)零星资本市场(众筹)(Crowdfunding)[⑦]

所谓零星资本市场,主要是指小额众筹市场。众筹,被定义为使用因特网而从大量投资者处分别获得少量付出以筹集资金的融资方式。[⑧] 基于其小额付出、集腋成裘的特点,与通常的公民慈善具有很大相似性,但因其对电子网络平台的运用,众筹可能成为日后社会企业家常用的融资工具。一些社会企业家通过将

---

① David Leonhardt, For Federal Programs, A Taste of Market Discipline, N. Y. Times, Feb. 9, 2011, at B1(noting that Social Impact Bonds are sometimes referred to as "Pay for Success" Bonds).

② Arthur Wood, New Legal Structures to Address the Social Capital Famine, 35 *Vt. L. Rev.* 45, 48 (2010)(referring to the Social Impact Bond model as a "contingent return model").

③ Social Impact Bonds, Soc. Fin., available at http://www.socialfinance.org.uk/work/sibs(last visited Feb. 12, 2012); Arthur Wood, New Legal Structures to Address the Social Capital Famine, 35 *Vt. L. Rev.* 48(2010).

④ Criminal Justice, Soc. Fin., available at http://www.socialfinance.org.uk/work/sibs/criminaljustice(last visited Sept. 17, 2012).

⑤ H. B. No. 625, 2011 - 12 Leg., Reg. Sess. (Vt. 2012)(unenacted).

⑥ Who Succeeds Gets Paid: Barack Obama Imports a Big Idea From Britain, Economist(Feb. 17, 2011), available at http://www.economist.com/node/18180436?story_id = 18180436; see also Leonhardt, supra note 240.

⑦ See J. Haskell Murray, Choose Your Own Master: Social Enterprise, Certifications and Benefit Corporation Statutes, 2 *Am. U. Bus. L. Rev.* 1(2012).

⑧ C. Steven Bradford, Crowdfunding and the Federal Securities Laws, 2012 Colum. Bus. L. Rev. 1, 10(2012); see also Joan MacLeod Heminway & Shelden Ryan Hoffman, Proceed at Your Peril: Crowdfunding and the Securities Act of 1933, 78 *Tenn. L. Rev.* 879, 880 - 82(2011)(describing the various definitions of the term crowdfunding).

众筹打扮成非商事行为——表明投资者的出资无潜在利润从而尝试在联邦证券监管之外采用众筹融资。例如,微贷的提供者 Kiva 和融资平台 Kickstarter。① 最近的《工商初创企业推动法》(JOBS Act)为某些众筹创造了联邦证券发行豁免程序,②但 SEC 尚未出台相关豁免规则。并且在 JOBS 法案之前,发行人进行众筹豁免是非法的。③ 即使在众筹规则颁布后,一些社会企业也可能希望避开 JOBS 法案的障碍并通过 Kiva 或者 Kickstarter 等进行众筹。然而,另外一些社会企业则可能发现众筹豁免在其商业模式中运行良好,并希望能借此给投资者提供盈利可能。社会企业提供的潜在的混合价值回报,可能会低于市场的经济回报,从而将更加吸引那些只愿舍弃少量金钱的人,吸引少数人投入大量资金,这表明众筹对社会企业融资可能有明显的意义。另外,在许多情况下,社会企业的众筹融资可能会是一种区域性的努力。例如,从少数住在全国各地的有钱人那里筹集 100 万可能是困难的,但一个社会企业家可能更容易从当地居民那里筹

---

① About Us, KIVA, http://www.kiva.org/about (last visited Sept. 17, 2012) (Kiva has provided more than $368 million in loans through 167 microfinance field partners as of October 29, 2012. No. interest is charged on Kiva loans.); FAQ, Kickstarter, available at http://www.kickstarter.com/help/faq/kickstarter%20basics? ref = nav (last visited Nov. 30, 2012) (Since Kickstarter's launch on April 28, 2009, "over $350 million has been pledged by more than 2.5 million people, funding more than 30,000 creative projects"; backers do not get ownership in the projects and "Kickstarter cannot be used to offer financial returns or equity, or to solicit loans").

② See Jumpstart Our Business Startups Act, Pub. L. No. 112 - 106 § § 301 - 305, 126 Stat. 306, 315 - 23 (2012); see also Oan Salisbury, The SmartMoney Report: Green Light for Hedge-Fund Ads Means Caution on Main Street, Wall St. J., Apr. 17, 2012, at C10. Eliot Spitzer referred to the JOBS Act as the "Bring Fraud Back to Wall Street Act." Susanne Craig & Ben Protess, Wall Street Examines Fine Print in a Bill for Start-Ups, N. Y. Times Dealbook (Apr. 4, 2012, 8:43 PM), available at http://dealbook.nytimes.com/2012/04/04/wall-st-examines-fine-print-in-a-new-jobsbill/. Evaluating the merits of the JOBS Act is beyond the scope of this Article. For scholarly analysis of the crowdfunding exemption, mostly prior to the passing of the JOBS Act, see generally Bradford, supra note 231 (noting that registration of crowdfunding is prohibitively expensive in most situations and proposing that an exemption similar to the one contained in the Entrepreneur Acccss to Capital Act); Heminway & Hoffman, supra note 231, at 880 (noting that many small businesses struggle or fail to receive adequate financing because of the significant costs associated with complying with securities laws and regulations); Thomas Lee Hazen, Crowdfunding or Fraudfunding? Social Networks and the Securities Laws—Why Any Specially Tailored Exemption Should be Conditioned on Meaningful Disclosure, 90 N. C. L. Rev. 1735 (2012) (arguing against proposals for a crowdfunding exemption from the Securities Act of 1933 that do not include significant investor protection measures).

③ Information Regarding the Use of the Crowdfunding Exemption in the JOBS Act, U. S. SEC. & Exch. Comm'n, available at http://www.sec.gov/spotlight/jobsact/crowdfundingexemption.htm.

集到相同的100万，因为这些人与社会企业共同体有着私人联系。① 可见，区域性或者社区性众筹，可能是社会企业采用众筹方式的主要着眼点。社会企业通过众筹方式进行筹资已经有实验样本——至少一个专门帮助社会企业众筹的网站已经建立起来。②

（四）统一资本市场

可见，在社会企业产生前，慈善组织与营利组织的融资渠道是有相对明确的区分的。慈善组织主要通过捐赠解决资金来源问题，因此，慈善被视为一种“世俗的礼仪”（高尚的行为），中国古话也常说“仓廪实知礼节”。而营利性组织则主要通过商事（经营）行为筹集发展资金，如股东出资、银行借贷。现代商事社会的资本市场，无论是股权市场还是债券融资市场，基本是为营利性组织服务的，唯有以营利为目的的企业，才可能借助银行金融市场或者资本市场筹集资金。多数国家和地区（包括中国）目前尚未从法律上接受“慈善证券”，慈善组织很难像营利性公司一样，透过目前的金融市场或资本市场筹集资金。而社会企业的融资介于慈善组织与营利企业之间，该类企业试图通过商事方式筹集公益资金（参见表2）。如同Dana Brakman Reiser所说的那样：“当前，许多人认为社会企业在营利组织和非营利组织之间占据了无人之地。”③社会企业的这种中间状态

---

① Cf. Discover Projects, Kickstarter available at http://www.kickstarter.com/discover/most-funded? ref = sidebar (last visited Nov. 30, 2012) (showing examples of multiple online raises over $1 million without even promising any equity in the company).

② See Anne Field, New Crowdfunding Site for Social Enterprises to Tap the JOBS Act, FORBES (May 11, 2012, 12:04 PM), available at http://www.forbes.com/sites/annefield/2012/05/11/new-crowdfunding-site-for-social-enterprises-to-tap-the-jobs-act/ (describing the business of Impact Trader, which was created by John Jordan and Josh Hibben to facilitate crowdfunding for social enterprises); see also Impact Trader, available at http://www.impacttrader.com/ (last visited Nov. 30, 2012).

③ See Dana Brakman Reiser, "Benefit Corporations—A Sustainable Form of Organization?" 46 *Wake Forest L. Rev.* 610 (2012); J. Haskell Murray & Edward I. Hwang, "Purpose with Profit: Governance, Enforcement, Capital-Raising and Capital-Locking", 66 *U. Miami L. Rev.*, 42 – 43 (2011); J. William Callison & Allan W. Vestal, "The L3C Illusion: Why Low-Profit Limited Liability Companies Will Not Stimulate Socially Optimal Private Foundation Investment in Entrepreneurial Ventures", 35 *Vt. L. Rev.* 279 – 285 (2010); Carter G. Bishop, "The Low-Profit LLC (L3C): Program Related Investment by Proxy or Perversion?", 63 *Ark. L. Rev.* 243 – 44 (2010); Daniel S. Kleinberger, "A Myth Deconstructed: The "Emperor's New Clothes" on the Low-Profit Limited Liability Company", 35 *Del. J. Corp. L.* 891 – 94 (2010).

的表现是复杂的。首先,从运营方式来看,社会企业类似于企业,可以从事商事经营;其次,从设立目的及功能来看,社会企业又类似于慈善组织,旨在实现公益目的。

表 2 资金筹措方式及资本市场的运用:3 类组织形式比较

组织 市场	慈善组织	营利公司	社会企业
资金筹集	慈善捐赠	商事经营	封闭式商事经营
资本市场	不可用	可用	不确定(争议中)

社会企业因为具有多重目标,在本质上将慈善与企业合二为一,由此产生的直接问题是,以商事为中心的资本市场是否应当发生根本性的裂变?这取决于我们对资本市场功能与目标的认识:如果资本市场只是一种资金融通的工具或者通道,则包括交易所在内的市场机构,不应当以组织本身的目的或功能作为是否为其服务与否的标准。相反,如果资本市场只是一种专门为商事企业设立的资金融通工具或者通道,则慈善组织仍将被关闭在资本市场的大门之外,或者慈善资本化需要通过另外的一套非盈利资本市场体系完成。

不仅营利性企业存在融资困局,需要资本市场支持。在道德没有得到充分发展前,慈善组织也存在融资困局,即使可以从事商事经营的社会企业,也并未完全解决融资困难问题。如同 Jamie Hartzell 等说过的那样,虽然营利性社会企业比传统非营利性社会企业更能吸引资本,但前者仍面临吸引股权资本难的困局。社会企业可公开发行股票,但发行数额占总股本比例较少,且还有投票权限制,这类股票通常是在撮合定价系统中被交易,缺乏大型股票交易所提供的流动性。① 因此,营利性资本市场能否以及如何为社会企业及慈善组织服务是一个很大的难题。资本市场的优势在于可通过提升融资及资金使用的透明度发现最好的社会企业,并优化游资对社会企业的投资,提升社会企业资源配置的效果。如

① See the discussion of Triodos Bank and Cafédirect, in section I. A. 1; Jamie Hartzell, Creating an Ethical Stock Exchange (Oxford Said Business School, Skoll Centre for Social Entrepreneurship Research Paper, Aug. 2007), available at http://www.sbs.ox.ac.uk/ideasimpact/skoll/research/social-finance-reports-resources/creating-ethical-stock-exchange. Quoted from Ofer Eldar, "The Role of Social Enterprise and Hybrid Organizations", John M. Olin Center for Studies in Law, Economics, and Public Policy Research Paper No. 485.

同对营利性企业之投资是一种竞争及选择的过程一样,社会企业也存在融资竞争。越来越多的机构投资者向履行社会责任声誉良好的企业投资,社会投资余额每年都保持一定数额的增长。① 最近报告显示,社会性资金、基金会、公共投资者还结余很多尚未使用的资本。② 然而,利他投资者(altruistic investors)期望自己的资金被妥善使用,但投资者需要付出高额的监管成本。因此,消极的投资者在监管困难的情况下倾向于拒绝对社会企业投资。由第三方机构实施的认证机制可能是一个有效的解决方案,如对公平交易的产品进行认证,尽管这一机制也并非完美,但对于分散的消费者而言,这一机制在一定程度上保证了企业履行其应尽的责任。③ 另一个很重要的机制就是将社会企业推向资本市场,运用资本市场的固有功能推进社会企业之间的竞争。

笔者认为,就慈善与非慈善资本市场的本质区别而言,可能涉及投资主体类型、投资去向、资金投向功能等方面的差异,但在本市场的基本构造包括技术体系(如信息披露)、交易成本节约等方面,这些差异是否足以支持资本市场的区分及独立,不无疑问(参见表 3)。因此,从长远来看,慈善资本市场与营利性资本市场似乎可以走"一体化"的道路,有助于形成资本市场的整体效率、统一竞争和统一监管。在美国,现在一些社会企业(L3C)已能运用资本市场开展筹资服务。例如,L3C 是有限责任公司(LLC)的一种特殊形式。像其他有限责任公司一样,L3C 从整体上限制股东以投资额为限的责任以及它可以通过合同的方式像合伙企业和公司一样运行。重要的是,像有限责任公司一样,L3C 允许企业发行股票进行融资。④

---

① See supra section V. B.

② The Rockefeller Foundation, Accelerating Impact: Achievements, Challenges and What's Next in Building the Impact Investing Industry (2012), available at http://www.rockefellerfoundation.org/blog/accelerating-impactachievements.

③ See Eldar, "The Role of Social Enterprise and Hybrid Organizations", John M. Olin Center for Studies in Law, *Economics, and Public Policy Research Paper* No. 485.

④ Matthew F. Doeringer, "Fostering Social Enterprise: A Historical and International Analysis", *Duke Journal of Comparative & International Law* [Vol. 20:291 2010].

表 3　资本市场的结构性差异:慈善资本市场 vs. 营利性资本市场

结构要素	慈善资本市场	营利性资本市场	同质性
投资主体	有慈善追求	有营利追求	不同
投资去向	慈善事业	营利性事业	不同
资金功能	社会公益	营利增值(回报)	不同
信息披露	要求有信息披露	要求有信息披露	类似
交易技术	关注发行(弱化交易)	关注发行与交易	部分类似
交易成本	节省融资成本	节省融资成本	类似
监管机构	民政部门/慈善公众	证监会、银监会、保监会及投资公众	部分类似

五、公司(组织)解散的财产分配

福利公司法衍生的另一个挑战是组织解散规则。按照传统公司法的法理，公司解散应当对其财产进行清算,在偿还债务之后,若仍有剩余,则应按照公司章程之规定,将该剩余财产分配给股东。但对非营利组织,法律设定的规则有所不同,在其不得已解散时,非营利组织积累点额财产不能随意分配给其成员。

社会企业居于营利性公司与非营利性组织之间,基于商事及公益之双重目的的限制,应如何处理解散时社会企业积累的财产,在法律上成为棘手的问题——是按照传统公司法规则,将该类财产全部分配给投资者,还是按照非营利组织法的逻辑,将该类财产交给某个公益组织继续完成社会企业的使命？各国立法似乎坚持了后一种逻辑。

例如,在英国,当社区利益公司解散时,公司存在一个“资产锁”(asset-lock),以保证当初投资到社区利益公司的钱仍然用于社区利益中。该“资产锁”授权,在公司进行解散清算时,当以资产清偿完债务、投资者收回投资后,剩余全部资产须转给其他社区利益公司、慈善机构或者外国的类似慈善组织。[①]

---

① The Regulator of CMTY. Interest Cos. , Incorporating a New Community Interest Company 26 (2008), available at http://www. cicregulator. gov. uk/guidanceindex. shtml(last visited Nov. 15,2009).

六、结　论

社会企业的出现，显然挑战了既有的组织法体系，但社会企业是否代表一种持续的组织创新？又或者社会企业只是组织法领域中的"昙花一现"？公司法是否需要设计社会企业的调控模式等，目前都比较难以回答。但是，很明显，在赞成和支持社会企业的呼声高涨的同时，我们也看到社会企业不断遭受的批评，甚至有人明确提出"社会企业就是一种过渡形式"。[①] 所有这一切主要是因为社会企业挑战了营利公司法的核心。关于社会企业"最根本的反对是，混合制与公司法不符，即与公司追求股东利益最大化的价值不一致，因为投资者市场的驱动力——尤其在经济下行中，是使单一营利组织财务回报最大化"。[②]

社会企业可以被看作一种语言算法，其具体实例在很大程度上可以取决于使用者和语境的不同。从这个角度来看，社会企业不仅仅是一个描述性的范畴，而是一个生成代码，该算法在不同环境下的反复表达产生不同但又相似的数据。[③] 在现代社会，组织的类型与区分往往与组织的目的、从事的事业及税收规制密切相关。现代各国法律区分营利性组织与非营利性组织设计组织法规则及税法体系，组织性质、类型、治理、筹资方式与税法待遇等存在某种密切的逻辑关系。通常，非营利组织通过慈善捐赠、政府补贴、免税等方式筹集资金，而营利性公司则通过商事营业筹集资金，社会企业则介于两者之间，混合了营利与公益目的、采取商事经营的方式筹集资金。政治国家则通过法律设定税收规则，对营利性公司征收税收，积累公共财政资金，实现公共规制任务，提升民众福利。对营利性公司征税和对非营利组织免税的税收逻辑，不仅体现了这两类社会组织的实质差异，也反映了政治国家支持公益事业发展的基本立场。

混合型的社会企业的出现，无疑对既存的公益组织与商事组织二分法及其税法规制构成了挑战。公司与慈善组织的类型标准、公司治理、资金筹集、组织解散规则等都将面临挑战。但这些挑战有些将不会是根本性的问题，而只会是

① See Jeff Trexler, Social Entrepreneurship as an Algorithm: Is Social Enterprise Sustainable? E:CO Issue Vol. 10 No. 3 2008, pp. 65 - 85, available at: http://ssrn.com/abstract = 1307752.

② Ibid.

③ Ibid.

临时问题,社会企业也不会最终取代或者消灭公司法。这是因为社会企业旨在解决商业危机和慈善危机,而商业危机与慈善危机的解决并不只有社会企业一种方式。在欧洲,社会企业的产生是为了减少失业率,为更多地雇用员工创造法律工具。而在美国,社会企业的产生更可能是为了扩张非营利机构的融资渠道,让慈善组织从商事营业中筹集资金。在实践中,社会企业的产生实际上有两种反向的渠道:一种是慈善组织的商事化;另一种是商事组织的慈善化。慈善组织的商事化主要旨在解决资金筹集问题,而商事组织的慈善化也许是以慈善的幌子获得税收优惠,增加企业竞争力。

就根本的角度而言,资金筹措政策与税法立场是社会企业未来将如何发展的关键。一方面,如果解决了慈善组织的资金筹集问题,例如,慈善组织可通过统一的资本市场发行“慈善证券”,则社会企业也许就丧失了其存在的主要基础之一——“慈善组织不必商事化为社会企业”。另一方面,如果改革现行的税法体系,使从事了较多慈善事业的营利性公司能获得更好的税法待遇,则社会企业产生的另一个基础也许就淡化了——“商事公司不必为税收待遇而慈善化为社会企业”。事实上,社会企业在美国面临着许多障碍的问题根源与 CIC 出现之前英国社会企业面临的问题,而与现在比利时仍然存在的问题其实是一致的,即筹集资金困难和缺乏合适的立法形式。营利形式与非营利形式都有其各自的优缺点,但这两者都不能完全满足社会企业(对于形式)的要求。意识到(社会)对社会企业越来越有兴趣,美国的好几个州设立了混合实体 L3C,试图为社会企业创设可行的解决方案。①

① See Matthew F. Doeringer, “Fostering Social Enterprise: A Historical and International Analysis”, *Duke Journal of Comparative & International Law*[Vol. 20:291 2010].

商事信托受托人注意义务判定标准研究
——从信托公司“刚性兑付”困境切入

李建伟[*]　谢晓松[**]

一、问题的提出:“刚性兑付”及其法律缘由

(一)信托公司“刚性兑付”困境

所谓“刚性兑付”,一般是指信托公司项目出现兑付风险时,信托公司往往以自有资金垫付投资人资金的本金或者本息的做法。“刚性兑付”通常发生在融资类的集合资金信托计划到期时,之所以如此,主要基于两方面原因:一方面,是因为集合信托涉及众多投资者,信托公司更容易在信托计划到期时发生兑付危机,且社会影响力较单一信托更大;另一方面,则是因为融资类信托①在合同中约定了预期收益率,尽管该预期收益率并非保本承诺,但投资者往往将此类信托视为固定收益类信托,原本作为“受人之托、代人理财”的投资产品的信托,在投资者眼中异化成“高收益、零风险”的存款工具。事实

---

* 中国政法大学商法研究所教授。

** 北京执业律师,法学硕士。

本文研究受到日本公益财团法人信托60的资助,特致感谢。

① 融资类信托属于非事务管理类信托中的一种,关于我国商事信托的分类,下文将有详述,为行文方便,此处暂不展开。

上,在信托公司与投资者签订的信托合同中,并没有有关“刚性兑付”的条款,但“刚性兑付”现象依然作为信托业界的“潜规则”大行其道。对于“刚性兑付”的态度,信托公司矛盾重重:一方面,刚性兑付能力已经成为评价信托公司业绩的重要指标,为吸引投资者购买本信托公司信托计划份额从而增强本公司的市场竞争力,各信托公司在信托计划出现兑付危机时都不得不采取各种补救措施兑付投资者本金甚至收益,以避免公司出现声誉风险;另一方面,这种不以信托公司过错为前提的“刚性兑付”已然成为信托公司的隐性义务,信托公司面临巨大的兑付压力,通过“刚性兑付”来“取悦”于投资者对于信托行业的发展不过是饮鸩止渴,绝非长久之计。

(二)法律缘由:商事信托受托人注意义务判定标准的模糊①

“刚性兑付”在信托业界的盛行,其原因是多方面的,其既是信托公司基于市场竞争的无奈之举,也为监管部门所默许,但就法律层面以言,我国信托立法对于商事信托受托人注意义务判定标准规定的模糊难辞其咎。《信托法》第25条规定,受托人管理信托财产,必须恪尽职守,履行诚实、信用、谨慎、有效管理的义务。《证券投资基金法》以及银监会《信托公司管理办法》《信托公司集合资金信托计划管理办法》关于信托公司义务的规定几乎与《信托法》相同,都因过于简略而缺乏可适用性。作为商事信托受托人,信托公司注意义务的判定标准至关重要,其不仅事关委托人(受益人)能否对信托公司就信托财产而做出的处分行为行使撤销权,也决定了信托公司是否有义务以固有财产承担作为受益人的投资者的损失,而该标准的模糊甚至缺失,导致信托公司和投资者的权利义务无法清晰界分,造成的结果便是:一方面,在投资类信托中,投资者无法判断信托公司的投资决策是否妥当,因此在出现亏损时找不到据以起诉信托公司违反注意义务的法律依据;②另一方面,在融资类信托中,投资者过分依赖信托公司,在出现兑付危机时,信托公司找不到拒绝向投资者兑付本金或收益的理由。信托公司注意义务判定标准如同一个支点,没有这个支点,信托公司与投资者之间的天平无论如何安放都是倾斜的,因此,该标准的确立与明晰化不仅仅有利于尽快打破

① 如无特别说明,本文所指称的“商事信托受托人”包括信托公司和基金管理公司。

② 例如,证券投资基金就是一种投资类信托,基金运作过程中,基金经理“老鼠仓”行为频发,却鲜见投资者起诉基金管理公司。

“刚性兑付”的神话,也有助于保护投资者利益,更对整个信托业的良性发展大有裨益。

二、商事信托受托人注意义务的特殊性:与其他类型受托人之比较

我国《信托法》第四章第二节明文列举了受托人应承担的义务。按日本学者能见善久教授的观点,信托受托人应承担的义务如下:(1)信托目的与信托事务执行义务,即按信托文件的规定依照信托目的执行信托事务的义务,这是一种约定义务,违反此种义务将构成债务不履行;(2)善管注意义务;(3)忠实义务;(4)公平义务,即在受益人为复数的场合,公平对待各个受益人的义务;(5)分别管理义务,即将信托财产与其固有财产或者其他信托财产分别管理的义务;(6)自己执行义务,即除特殊情况外,受托人必须自己亲自执行信托事务;(7)信息提供义务,即及时向委托人和受益人报告信托事务处理的有关信息的义务;(8)给付义务,即在信托财产现存价值范围内对受益人为利益给付的义务。① 除善管注意义务和忠实义务外,其他义务在内容和评判标准方面几乎相同。在英美法系国家(地区),忠实义务和注意义务合称为信义义务。信义义务属于法定义务,是一种带有强制性核心的默示规则。② 信义义务的产生,乃在于解决代理问题。代理问题不仅仅存在于民法上的委托代理关系和行纪关系,事实上,只要一个人(委托人)雇用另一个人(代理人)实施他无法完全予以监督的自主行为,且该行为会影响到委托人的利益,此时就会产生代理问题。因此,信义义务广泛存在于代理法、公司法以及信托法中,这些领域统称为信义法,但在不同领域中,

---

① 参见[日]能见善久:《现代信托法》,赵廉慧译,中国法制出版社2011年版,第71~135页。

② 意即当事人可以通过协议修改信义义务的内容,但对于强制性核心则不得通过协议加以排除。例如,委托人不得授权受托人从事恶意行为,这种强制性核心的作用在于发挥内部保护与警示功能,以保护委托人,同时发挥外部分类功能,以保护和受托人交易的第三人。参见[美]罗伯特·H.斯蒂科夫:《信义法的经济结构》,陈大创译,载《研究生法学》2013年第5期。

信义义务尤其是注意义务的内容及判断标准不尽相同。此外，商事信托[①]和民事信托场合下的信托受托人注意义务内容及判定标准也存在诸多差异。

(一)与《合同法》中的受托人比较

此处《合同法》中的受托人包括委托合同中的受托人和行纪合同中的行纪人。行纪合同属于委托合同的特殊类型，在行纪合同中，行纪人接受委托人委托以行纪人自己的名义为委托人从事贸易活动。委托合同中的受托人通常需要严格遵守委托人发出的指示，除特殊情况外，变更委托人的指示需要征得委托人的同意，而行纪合同中的行纪人可以高于指示价格卖出或低于指示价格买入，但委托人对交易价格有特别指示的，行纪人仍必须严格遵守。由此可知，尽管两种情况下的受托人对委托人发出的指示的遵守程度不同，但委托人都对受托人如何执行委托事务发出了指示，并且这种指示对委托事务的完成通常起着决定性作用。原因在于在委托合同和行纪合同场合，委托人将自己事务交由他人处理，通常并非因为自己比受托人更缺乏相关技能，而更多的是因为自己并没有时间和精力处理该事务。此时，注意义务的判断标准就十分简单，只要看受托人有没有遵守委托人向其发出的指示，或者有没有在委托人作出的委托权限内执行委托事务。换言之，尽管两种场合下的受托人注意义务仍然属于法定义务，但却可以合同约定内容作为注意义务的评判标准。就商事信托而言，其制度价值很大程度上在于通过专业的受托人执行信托事务，以实现财富的增值。作为委托人(受益人)的投资者不仅自身无时间和精力处理信托事务，也更加依赖信托公司的专业投资技能。典型的商事信托应是投资类信托，在这类信托中，信托公司通常享有独立的投资决策权，即便根据《信托公司集合资金信托计划管理办法》第 13 条的规定，信托合同应当载明信托资金管理、运用或处分的具体方法或安排，但也应当承认这种约定具有不完备性，判断信托公司是否尽到注意义务不能仅仅依赖信托合同约定，尚须委诸其他标准。

---

① 目前，学界对于如何界定“商事信托”存在目的说、行为说、受托人身份说三种不同观点，且有学者认为商事信托不同于信托公司从事的营业信托。为避免陷入不必要的学术论争，本文径采作为通说的受托人身份说，即凡信托公司作为受托人的信托均属商事信托，且不区分使用商事信托和营业信托。关于“商事信托”的界定问题，参见施天涛、周勤：《商事信托：制度特性、功能实现与立法调整》，载《清华法学》2008 年第 2 期。

(二)与公司董事比较

应当认为,信托与公司之间存在不可忽视的相似性。在结构安排上,公司十分类似于自益信托,其中股东是委托人兼受益人,董事则为受托人,公司财产和信托财产同样独立于委托人、受托人和受益人。历史上,在英国发生著名的"南海泡沫事件"后,英国政府在长达一个世纪的时间里禁止成立股份有限公司,许多投资者绕道信托以实现其投资目的。两者的唯一不同之处在于公司具有法人主体资格,而信托则无。

关于董事的注意义务,一般认为应采主客观相结合的标准。即应当以普通谨慎的董事在同类公司、同类职务、同类情况中所应具有的注意、知识和经验程度作为一般衡量标准;同时,如果有证据表明某董事的知识、经验和资格明显高于此标准,则应当以该董事是否诚实地贡献出了他实际拥有的全部能力作为衡量标准。[①] 在英美法系国家,法官还通常援引经营判断规则减轻或者免除董事的责任。

商事信托受托人义务与董事义务存有较大区别。美国学者斯蒂科夫教授指出,信托法中的信义义务一般来说比公司法中的信义义务更加严格。[②] 原因在于股东聘请董事的目的在于对公司实行经营管理,而委托人将财产交由受托人通常是为了实现其投资目的,一般而言,投资比管理更需要专业化的技能,风险也更大。这一点从《公司法》关于股东(大)会与董事会的法定职权分配上即可见一斑。2005 年《公司法》第 38 条第 1 项规定,公司股东会有权决定公司的经营方针与投资计划,而同法第 47 条第 3 项则规定,公司董事会有权决定公司的经营计划和投资方案。因此,董事会的决策通常是经营管理决策,几乎没有投资决策,其只能在股东会已经决定的投资计划之下决定具体的投资方案。换言之,信托法中的委托人相较而言更加依赖受托人的投资技能,因此,其注意义务的标准自然高于董事。

---

① 参见刘俊海:《股份有限公司股东权的保护》,法律出版社 2004 年版,第 433 页。

② 参见[美]罗伯特·H. 斯蒂科夫:《信义法的经济结构》,陈大创译,载《研究生法学》2013 年第 5 期。

(三)与民事信托受托人比较

我国制定《信托法》,直接动因在于整顿当时信托业的行业乱象,但最终通过的《信托法》设置的多是以民事信托为调整对象的法律规范,商事信托则由银监会随后出台的《信托公司管理办法》和《信托公司集合资金信托计划管理办法》加以规范。《信托法》第9条将“信托财产的管理方法”设置为非必要记载事项,而如前文所述,信托公司与投资者签订的信托合同中,必须记载信托资金管理、运用或处分的具体方法或安排。由此可见,尽管我国民事信托实践几乎空白,但仅就立法而言,商事信托较之民事信托更加强调信托财产的管理和运用,信托公司负有对信托财产的主动管理义务,实际上,目前我国信托公司开展的信托业务多为事务管理类信托,信托公司沦为银行、证券公司、基金公司等其他金融机构的资金通道,只承担消极管理职责,因此,监管部门一再引导和提倡信托公司加强主动管理能力,回归“受人之托,代人理财”的信托主业。[①] 此外,商事信托中,信托公司作为以信托为主营业务的专门机构,其注意义务的内容因商事信托业务种类的不同而有所差异,且更依赖本行业的技术性规范以及相关惯例,因此,在具体某一类信托业务中判断信托公司是否尽到注意义务更为困难。

三、商事信托受托人注意义务判定标准的比较法考察

(一)大陆法系

大陆法系学者一般认为,商事信托受托人注意义务实质上就是一种善良管理人在管理他人事务时应尽的注意义务,其标准要比处理自己事务时应有的注意义务要高。[②] 因此,在判断受托人是否达到谨慎义务时,必须结合其自身技能、其从事的职业和所在的阶层普遍应达到的标准。换言之,如果受托人是专业信托公司或者基金公司,则应按照同行业的普遍注意标准来确定其是否违反了谨慎义务。[③] 但是,在信托商事化趋势明显的今天,信托已然成为投资理财的一种

---

① 参见中国人民大学信托与基金研究所:《中国信托业发展报告(2013)》,中国经济出版社2013年版,第61页。

② 参见赖源河、王志诚:《现代信托法论》,中国政法大学出版社2002年版,第124页。

③ 参见周小明:《信托制度:法理与实务》,中国法制出版社2012年版,第279页。

金融工具,此种善良管理人应尽的注意义务仍然过于粗疏。

(二)英美法系

在英美法系中,商事信托受托人的注意义务具体表现为谨慎投资义务。但如何判断是否履行了谨慎投资义务,其标准在制度发展史上经历了3个阶段:第一阶段是"法定清单"阶段,即通过列举的方式强行规定信托受托人的投资范围和投资标的的种类,超出清单外进行投资的,构成对谨慎投资义务的违反。这种做法过于机械,也不可行。第二阶段是"谨慎人"阶段,即要求信托受托人按照"谨慎的、有判断力的和理性的人在管理他们自己的事务行事,不以投机为目的,而注意基金的永久运用,考虑可能的收益以及用于投资的资金的可能安全"。1959年美国《信托法重述(二)》即采此标准。虽然此种判断标准较之"法定清单"有所进步,但法院在运用"谨慎人规则"时倾向于鼓励类似政府债券等相当可靠的安全的投资方式,而这些比较安全的投资通常只能有适度的回报,这样就不利于信托受托人进行创新性投资。① 第三阶段是"谨慎投资人"阶段,即要求信托受托人"对受益人有义务像谨慎投资人一样依照信托的目的、条款、分配要求及其他条件投资和管理信托财产"。1992年美国《信托法重述(三)》和1995年《统一谨慎投资人法》均采此标准,也是现今英美信托法学界关于商事信托受托人谨慎投资义务的通行判断标准。该标准引入现代投资组合理论,更加注重整个投资组合的谨慎性,而不拘泥于单个投资的风险。因此,就受托人来说,其在投资中无须对每一种投资的谨慎性与否加以充分的论证,从而使受托人比以往拥有更大的投资自由裁量权。诚如1992年美国《信托法重述(三)》第227条规定的那样:"此标准包括合理之注意、技能及谨慎,且在适用其基准时,不将个别的投资从投资组合(portfolio)中分离出来,而是相对于投资组合(portfolio)的整体来判断,并且作为较为合理地设置了适合于该信托的风险及收益目标的综合性战略目标的一部分来判断。"②

---

① 参见金枝:《信托受托人谨慎投资义务研究》,中国政法大学民商经济法学院2007年硕士学位论文,第12页。

② [日]能见善久:《现代信托法》,赵廉慧译,中国法制出版社2011年版,第79页。

(三)小结

综上所述,大陆法系借助源自罗马法“善良家父”的“善良管理人”形象对信托受托人的注意义务予以判定,具有整体统摄的优势,但在商事信托类型日益繁多、交易结构日益复杂的现代社会,以如此概括、抽象的标准适用于每个具体的案件中,难免无所适从。英美法系从实用主义立场出发,将商事信托受托人的注意义务具体化为谨慎投资义务,并引入投资组合理论作为判定注意义务的基础。但问题在于投资组合理论仅适用于投资类信托场合,[①]对于商事信托的其他类型,如何判定受托人的注意义务或许仍需另觅他途。

四、我国商事信托受托人注意义务判定标准之完善

(一)以善良管理人注意义务为一般标准

通过比较法考察,笔者认为,英美法系“谨慎投资人”形象在我国信托业中适用范围有限,其不过是大陆法系“善良管理人”形象在投资类信托中的具化,后者虽欠缺一定的可操作性,但却有着整体统摄的优势,可以涵盖信托公司所有的信托业务类型,因此适合作为判定商事信托受托人注意义务的一般标准。我国相关法律、规章在规定商事信托受托人义务时,均使用了“谨慎”一词,似乎是对英美法系“谨慎投资义务”的引入,但其本质上仍是作为一般标准而适用,因而不如借鉴我国台湾地区“信托法”第22条[②]之规定,直接以善良管理人注意义务为一般判断标准,如此更有利于把握信托受托人注意义务的含义。

(二)根据商事信托不同类型确定具体标准

如前所述,商事信托类型不同,受托人注意义务的判定标准亦有所不同。从信托功能角度划分,商事信托分为事务管理类信托和非事务管理类信托。事务管理类信托,即所谓的通道类信托,是指委托人自主决定信托设立、信托财产运用对象、信托财产管理运用处分方式等事宜,自行负责前期尽职调查及存续期信

---

① 确切地说,投资组合理论应仅适用于证券投资信托,其他投资信托如私人股权投资信托,无法进行组合投资,该理论自无用武之地。

② 该条规定,受托人应依信托本旨,以善良管理人之注意,处理信托事务。

托财产管理,自愿承担信托投资风险,受托人仅负责账户管理、清算分配及提供或出具必要文件以配合委托人管理信托财产等事务,不承担积极主动管理职责的信托业务。非事务管理类信托又可分为投资类信托、融资类信托和混合类信托,其中,投资类信托是指以信托资产提供方的资产管理需求为驱动因素和业务起点,以实现信托财产的保值增值为主要目的,信托公司作为受托人主要发挥投资管理人功能,对信托财产进行投资运用的信托业务。[①] 融资类信托,是指以资金需求方的融资需求为驱动因素和业务起点,信托目的以寻求信托资产的固定回报为主,信托资产主要运用于信托设立前已事先指定的特定项目,信托公司在此类信托中主要承担向委托人、受益人推荐特定项目,向特定项目索取融资本金和利息的职责的信托业务。[②] 混合类信托,则是指兼有投资类信托和融资类信托特征的信托业务。[③]

对于事务管理类信托,由于信托公司实际上只是委托人的资金通道提供方,并非风险承担主体,对项目展开尽职调查只是其权利,并非其对委托人的义务,因此,对于这类信托,信托公司并无所谓注意义务可言,更无必要确立其判断标准。

对于投资类信托中的证券投资信托,由于证券发行人均为上市公司,信息披露机制较为完善,尽职调查较为简便,因此重点在于受托人的组合投资义务。[④] 实际上,我国相关法律、法规已经对组合投资义务进行了规定。例如,《证券投资基金法》第72条规定,基金管理人运用基金财产进行证券投资,除国务院证券监督管理机构另有规定外,应当采用资产组合的方式。资产组合的具体方式和投

---

① 投资类信托业务包括证券投资、非公开市场金融产品投资和非上市公司股权投资等,不设有预期收益率。

② 融资类信托业务包括但不限于信托贷款、受让信贷或票据资产、股权投资附加回购或回购选择权、股票质押融资、以融资为目的的财产与财产权信托(准资产证券化)、各类收益权信托和已开展的非标资金池等业务。设有预期收益率是融资类信托业务的主要特征。

③ 关于投资类信托和融资类信托的定义,参见《中国银监会关于引发信托公司净资本计算标准有关事项的通知》(银监发〔2011〕11号)附件二部分。关于事务管理类信托的定义,参见《中国银监会关于调整信托公司净资本计算标准有关事项的通知(征求意见稿)》第2条的规定,该通知目前尚未实施,但其关于事务管理类信托的定义符合信托业界实践,故本文径采其表述。

④ 实践中,在开展结构化证券投资信托业务时,由于信托公司并无专门从事证券投资的从业人员,因此投资策略通常由作为劣后级受益人的证券公司制定,作为受托人的信托公司并不实际进行投资行为,这种情形下,信托公司只是证券公司的通道提供方,在判定其注意义务时,可参照事务管理类信托处理。

资比例,依照本法和国务院证券监督管理机构的规定在基金合同中约定。《信托公司集合资金信托计划管理办法》第25条规定,信托资金可以进行组合运用,组合运用应有明确的运用范围和投资比例。信托公司运用信托资金进行证券投资,应当采用资产组合的方式,事先制定投资比例和投资策略,采取有效措施防范风险。第26条第2款规定,信托公司运用信托资金,应当与信托计划文件约定的投资方向和投资策略相一致。由上述规定可知,组合投资义务首先是受托人的约定义务,如信托文件对组合投资的比例和策略约定不明,则可依次援引受托人的内部规程以及监管部门规定,①如均没有规定,则可借鉴英美法系“谨慎投资人”的判断标准,确定受托人实际采用的具体投资策略的妥适性。

对于“刚性兑付”频发的其他投资类信托(如非上市股权投资信托)以及融资类信托,由于目标公司或者融资方缺乏较为完善的信息披露机制,因此,信托受托人的注意义务主要表现为对目标公司或者融资方(包括融资项目本身)的尽职调查义务。该项尽职调查义务可在信托文件中约定,信托业协会也应根据不同的信托业务类型尽快制定统一的尽职调查工作指引,②该工作指引具体可包括对交易对手、融资项目、担保措施以及相关行业、区域的调查,以避免信托公司在信托产品到期后面临“刚性兑付”的困境。

---

① 例如,《中国银监会关于加强信托公司结构化信托业务监管有关问题的通知》第9条规定,信托公司在开展结构化证券投资信托时,可根据各类证券投资品种的流动性差异设置不同的投资比例限制,但单个信托产品持有一家公司发行的股票最高不得超过该信托产品资产净值的20%。

② 关于尽职调查,证券业协会于2009年和2013年先后发布了《主办券商尽职调查工作指引》和《证券公司中小企业私募债券承销业务尽职调查指引》。

韩国公司法关于公司重组法律制度的法理变化

李哲松*

一、序　　言

韩国企业自20世纪70年代起开始快速增长。鉴于市场环境随着企业的成长而改变,企业的管理方法也为了随之改变,一直在摸索使企业组织结构效率最大化的方法。因变化的规模不同,有可能重新部署人力资源就可以完成,也有可能需要企业组织结构全部重组。例如,为满足市场暴增的需要,应具备大量生产、大量销售的能力。有鉴于此,企业为追求规模经济进行合并;相反,企业为消除由于不同性质的生产体系和两个或多个企业文化在同一企业并存而引起的规模不经济,也会进行分立。这种措施在英语国家被叫作“restructuring”,在汉字国家中被译成公司重组,韩国公司法上则规定了公司的合并、分立等多种方法。

由于无论何种方法都会对股东和债权人造成重大的影响,因此在传统公司法上处理公司重组问题时,以保护股东、债权人为最高理念。欧洲的大陆法系国家在公司

* 韩国建国大学法学院教授。

法上至今保持这种理念。

虽然韩国的公司法基本上属于大陆法系，但在公司重组问题上，受到美国公司法上重视低费用和程序便捷与效率理念的影响，最近发生了重大变化。

在过去的20年间，韩国公司法对公司重组问题进行了数次修订，本文将对这些修订产生的法理上的变化进行简单的阐述。限于篇幅较短，无法对公司重组的全部方法进行一一说明，本文仅以合并为例进行简单介绍。

二、合并的利害关系与调整利害关系的法理

（一）合并的利害关系

合并是为了满足谁的需要而进行的？在一般情况下，可以说合并是由经营者进行判断主导的。而法律实际上也规定了公司的合并的程序应是由董事长拟定合并协议，经董事会和股东大会的同意的程序后进行。[韩国《商法》（以下简称《韩商》）第522条]但是，由于韩国的企业几乎无一例外地都存在控股股东，因此，合并通常是按控股股东的需要及控股股东的指挥来进行的。并且还存在比起经营者或控股股东在意思决定方面较边缘化的同为利害关系人的少数股东和公司债权人。

合并会造成双方公司的股东要在非自愿的情况下对自己不曾预想到的陌生行业进行投资的结果。例如，从事贸易行业的A公司和从事化学行业的B公司进行合并，像A公司的股东们不曾预期到的化学产业，B公司的股东们也不曾预期到的贸易投资行业一样，都算是这类问题。这虽然可以是给股东们带来的新机遇，但同时也可能带来的新的行业风险。

另外，合并也给股东们的股份价值带来了重大变化。公司合并时，对存续公司和消灭公司的资产价值进行比较、评估，存续公司为消灭公司的股东发行新股。消灭公司的股东们所持有的原公司股份的单股价值相当于存续公司几股新股价值的问题被叫作合并比例。消灭公司的股东们把自己公司的资产转移给存续公司以此为代价接受新股，因此也被叫作合并对价。

若对消灭公司的股份评估过少，则消灭公司的股东们会减少新股持股数而蒙受经济损失；反之，若过大的评估其价值，则又会增加新股的发行数，从而稀释原存续公司原有股东们的股份价值，进而使他们蒙受损失。

另外,债权人的利益如何保障?因合并而消灭的公司的净资产和负债一并转移到存续公司,合并的双方公司的债权人共存,合并的双方公司的全部资产成为对双方公司债权人的责任财产。因此,根据合并之前的存续公司和消灭公司的财务状况的不同,会造成对一方公司的债权人有利,而对另一方的债权人不利的情况。

(二)合并的利害关系调整的法理

以往的公司合并法律制度主要是采用保护如上所述的股东、债权人利益的理念和功能的。换言之,即发挥调整按照经营者考虑企业的生存前景而主张的公司合并的必要性与保护股东、债权人的权益之间的利害关系的功能。具体的方法如下:

1. 公司合并的意思决定与决定对象的规定

《韩商》规定,公司合并时,应拟定合并协议经股东大会特别决议通过。(《韩商》第 522 条)在这一点上,几乎每个国家和地区都有相似的规定。

该制度的意义是公司合并的意思决定应由股东的绝对多数来决定,即赋予即使是少数的股东也有阻止不合理的公司合并的可能性。

合并协议记载多个事项,尤其重要的是存续公司对消灭公司的股东们发行新股的具体事项的规定。上文提到的存续公司对消灭公司的股东们如何发行新股、发行多少的问题对双方公司的股东们来说都是涉及重大利益的问题。合并协议要由股东大会特别决议决定也是鉴于涉及股东们的利益,应当由股东的绝对多数来决定考虑的。

2. 股东的股份回购请求权

即使合并需要特别决议,也并不意味着多数人和少数人的利害关系能够一致,仍然会存在对合并不满的少数人。这些人可能是对合并后公司的前景担心,也可能是对合并的条件即合并比例不满。

这些股东们当然会反对公司合并,反对公司合并的股东可以向公司要求回购自己的股份,即可以行使股份回购请求权。(《韩商》第 522 条之三)通过该制度,多数股东可以选择新的机遇或风险,少数股东可以回收自己的资本(现金化)。总体上来说,股份回购请求制度是多数股东与少数股东对共同的企业进行清算的制度(liquidity function)。

这一制度起源于美国,因此从大陆法系的公司法法理上来看比较陌生,但该制度自引入韩国以来,却在公司合并问题上使得少数人的地位得到很大的提高。

3. 公司债权人的保护程序

作为保护债权人的手段,商法规定以债权人保护程序为公司合并的条件。合并决议经股东大会通过后,公司应以债权人为对象进行为期 1 个月以上的公告,在此期间债权人可以提出异议,对所有的已知债权人应当采用个别通知的方式告知。(《韩商》第 527 条第 5 款第 1 项)若无债权人对公司合并提出异议,则公司合并程序继续进行;若有债权人对合并提出异议,则应当清偿债务或提供担保或者向信托公司信托与债务额相当的财产。(《韩商》第 527 条第 3 款第 3 项至第 232 条第 3 款)该程序为公司合并的有效条件,未经该程序即使合并完成(合并登记),其合并也存在无效原因。因此,债权人可以提起合并无效诉讼。(《韩商》第 529 条)

上述内容,均为传统上保护公司合并的利害关系人的制度。但是,近年来为经营者与控股股东的便利(合并促进)、低费用化,出现了简化保护利害关系人的立法。

三、近年来公司合并法律制度的变化

这种倾向始于 1998 年的《商法》修订。当时曾对《商法》进行了大幅修订。在公司合并制度上,在促进企业重组和并购(M&A)的目的下,新设了简易合并与小规模合并制度。

之后,包括 2015 年 11 月的修订,共进行了 4 次修订。

(一)简易合并与小规模合并的新设

1. 制度的内容

简易合并是指存续公司持有消灭公司发行股份总数的 90% 以上时,在消灭公司可以省略召开股东大会程序的合并方法。(《韩商》第 537 条第 2 款)。小规模合并是指存续公司在因公司合并而发行的新股的总数不超过存续公司发行股份总数的 5%,并且合并给付金不超过存续公司净资产的 2% 的情形下,省略存续公司的股东大会程序且不适用股份回购请求制度的合并方法。(《韩商》第

527 条第 3 款)

新设的上述两种制度使公司合并更加容易,尤其是在小规模合并的情况下,存续公司不仅可以省略股东大会的决议程序,甚至股份回购请求程序也可以省略,使合并程序变得非常方便。

2. 对分立合并的扩大适用

1998 年新设了公司分立制度。分立合并是公司分立的方法之一。这是指分出分立公司的一部分与其他公司合并的方法。这种分立合并实际上与合并并无差异,也适用大部分公司合并的法律制度,上述的简易合并、小规模合并、债权保护期间等均适用。

3. 制度的危险性

新设的简易合并、小规模合并虽然使公司合并更加方便,但对股东来说,也是非常危险的制度。合并当事人公司的净资产规模是决定合并比例时的核心基准。但是,如果存续公司向消灭公司的股东发行的新股数只占发行股份总数5%,则在存续公司的立场来看,仅仅就是公司规模适当地做了一些扩张,因此保护股东的必要性并不大,这就是该制度的依据。但是,我们考虑一下消灭公司存在巨大负债的情形。虽然因净资产不多,存续公司仅需发行少量的新股即可,但是如果在存续公司承担了足以左右自己废立规模债务的情况下,那么因该负债而产生的一切风险将由存续公司的股东承担。这种小规模合并可能是在拥有不实企业的大企业集团中,仅按照控股股东的经营政策,抑制其他股东们的反对,使旗下公司间的合并得到落实的方法。

4. 条件的放宽

小规模合并的要件在 2011 年《商法》修订时大幅度放宽。在修订之前,只有在存续公司为消灭公司的股东发行的新股不超过存续公司发行股份总数的 5%且给付金不超过净资产 2% 时,小规模合并才能实现;修订后,则分别提高到 10%和 5%。即可以小规模合并的范围大幅扩大。

(二)债权人保护的期间的缩短

1998 年修订时,新设简易合并与小规模合并制度的同时,在债权人保护程序上,对债权人可以提起异议的期间从 2 个月缩短到 1 个月,(《韩商》第 232 条和第 527 条第 3 款)这同样是为了促进公司合并而减少债权人保护的例子。

(三)股份交换与移转制度

1. 制度的概要

2001 年新设了由美国股份交换制度(share exchange)演变而来的股份的交换与移转制度。股份交换与移转是为了设立持有某个公司发行股份总数的完全母公司的方法。股份交换,如图 1 所示,根据已经存在的 P 公司和 S 公司的协议,S 公司的股东持有的 S 公司的股份全部转移到 P 公司,以这些股份为财源 P 公司向 S 公司的股东发行新股或交付自己的股份(以下称为母公司的公司用 P 表示,称为子公司的公司用 S 表示)。据此,P 持有 S 的所有股份,称为完全母公司,S 的股东成为 P 的股东。(《韩商》第 360 条第 2 款)另外,股份移转,如图 2 所示,根据 S 的计划,新设了 P,新设的方法是 S 的股东持有的 S 股份全部转移到 P,P 新设时发行的股份向 S 的股东分配。因此,P 称为 S 的完全母公司,S 的股东成为 P 的股东。(《韩商》第 360 条第 15 款)

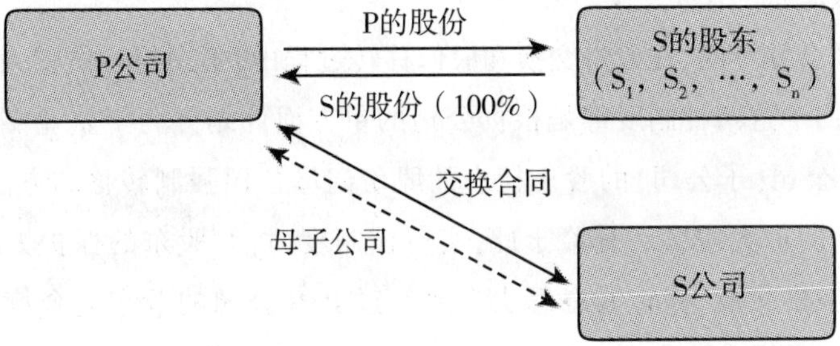

图 1 股份交换

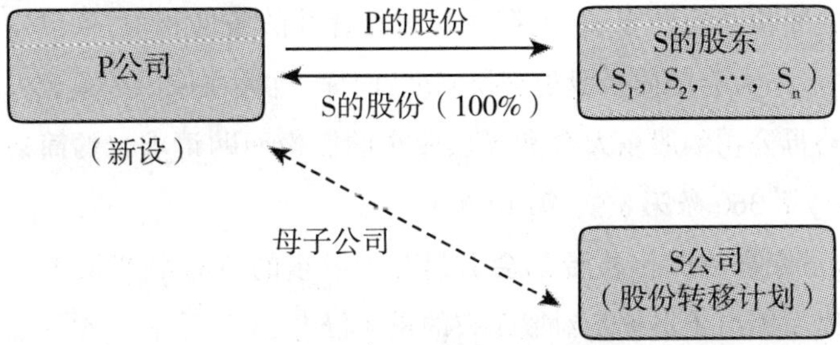

图 2 股份移转

2. 效用性

从控股股东的立场来看,股份交换与股份移转是不用支付费用就可以重新调整多数公司间的支配关系，是使自己对所属公司的支配力高效化的方法。股份交换的情形下，假设控股股东X同时支配P公司和S公司的情况。假设X想要单独支配S公司，但S公司还有s_1，s_2，…，s_n等其他股东。通过股份交换的方式，将S公司的股份聚集到P公司，那么X仅需要掌握P公司的股东大会决议，就可以通过P公司的经营者，其他任何人都不能干涉和完全掌握S公司。再假设X为S_1、S_2、S_3三个公司的控股股东。现在既要在各个公司召开股东大会，也要忍受与小股东之间的矛盾。但只要通过股份移转，新设持有S_1、S_2、S_3公司全部股份的P公司，那么X仅需要掌握P公司的股东大会决议，就可以通过P公司的经营者，无他人任何干涉单独完全掌握S_1、S_2、S_3 3个公司。无论是合并还是分立，都是为提高公司自身的经营效率而进行的，从股份交换与移转并不造成公司结构本身的变化，而只是重组支配关系的这一点来看，与本文所说的公司结构重组的合并或分立不同，可以看成具有仅仅为控股股东的利益而进行的公司结构重组方法。另外，值得注意的是，在这一过程中X不需要注入另外资金。

3. 少数股东的保护

与公司合并不同，在股份交换和股份移转过程中，不用担心债权人的利益受损。但是，由于这两种制度都是根据公司的单方面计划并为了企业支配上的利益，因此，S公司（子公司）的股东持有的股份向母公司强制转移的方法，会导致对股东权利的重大侵害。有鉴于此，实行该制度时，对股东的保护方案必不可少。所以，股份交换、移转的意思决定要经过P，S公司的股东大会特别决议通过，由股东主导该意思决定。但是，决议也是由多数人支配而牺牲了少数人的利益的，因此，法律设立了异议股东的股份回购请求权制度。

但是，在股份交换制度中，也存在与简易合并的条件相似，可以省略成为子公司的公司股东大会的简易股份交换制度；同样，也存在像小规模合并的条件一样，可以省略母公司的股东大会和异议股东的股份回购请求权的简易股份交换制度（《韩商》第360条第8款、第10款）。

由于股份交换和股份移转都会引起对于股东的所有财产发生本质上的变化，因小规模而不给予保护是对股东权的重大侵害。

（四）给付金合并与三角合并

传统上对消灭公司股东的回报就是前文提到的存续公司为其发行新股。但是,有时会出现零星股或为消灭公司股东发行的新股数过大,由于与存续公司股东的支配力不均衡,需要减少对消灭公司股东发行的新股数的情况,一部分新股的支付要用金钱来代替,这些金钱被称作合并给付金。因这种合并给付金是例外允许的合并回报方法,不允许不发行新股只支付合并给付金。

但是,在 2011 年修订的《商法》规定允许不发行新股只支付合并给付金方式的合并(给付金合并 cash-out merger)(《韩商》第 523 条第 4 项)(见图 3)。因此,P 公司吸收合并 S 公司时,P 公司可以把 S 公司的股东排除在外,只吸收 S 公司的实体。原来在大陆法系国家为保护股东、债权人的利益,存续公司为消灭公司的股东给付的合并给付金不能超过合并代价的 10% [如德国《重组法》(Umwandlungsgesetz) § 54 Abs. 4, § 68 Abs. 3, 法国《商法》(Code Commerce) Art. L236 - 1],上述给付金合并制度排除了这种传统的合并理念。

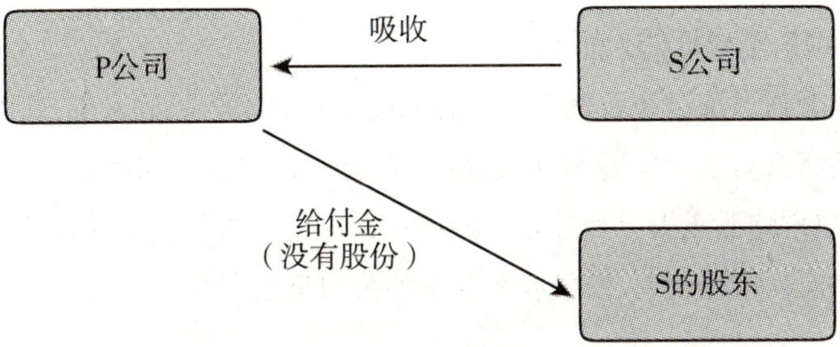

图 3 给付金合并

不仅如此,合并回报不仅可以是金钱,也可以用其他财产给付。给付的财产种类可以是存续公司的公司债券,也可以是其旗下公司的股份或债券,因商法规定母公司的股份也可以给付,(《韩商》第 523 条第 2 款)鉴于这一点也可以使用三角合并(triangular merger)的方法(见图 4)。A1 公司想完全支配 B 公司。为此,A1 用自有股实物出资新设了自己的子公司 A2。A2 对 B 公司进行吸收合并,并向 B 公司的股东给付 A1 公司的股份。这样,A1 就成为包容 B 的 A2 的完全母公司,B 的股东成为 A1 的股东。这个方法的优点是:第一,A1 吸收了 B,通过 A2 作为媒介的方法可以免除对 B 公司债务的责任。第二,在 A1 公司不需要得到股东大会决议的通过或者向股东赋予股份回购请求权。这一点也同样可以看作主要为实现控股股东的利益实行的合并方法。

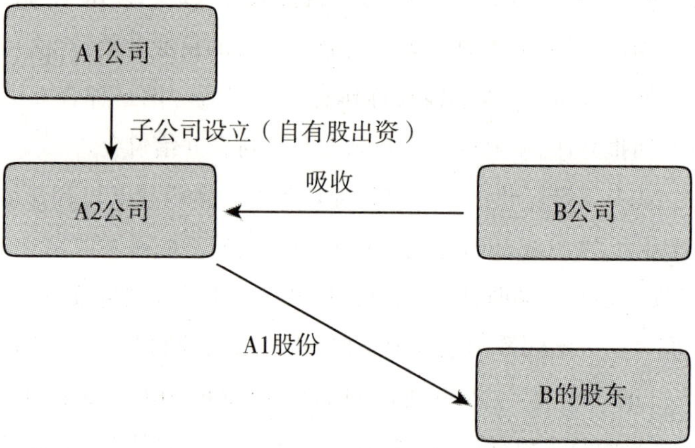

图4 三角合并

(五)2015年修订的《商法》

韩国国会通过了以企业重组为中心的商法修订案。一同参加这次研讨会的尹显锡教授将会对这一问题做详细介绍,在此不再赘述。同法还规定了逆向三角合并,可以省略股东大会和股东回购请求程序的小规模营业转让或营业受让,这是比现在更加以经营者、控股股东为主的公司重组方案。

四、结　语

本文并不是批判或赞成对公司重组制度向经营者与控股股东利益的方向倾斜,仅仅是为了说明现下关于公司重组的法制走向。但是,如果这种倾向极端化,则会让这一公司制度上的传统理念(与股份公司享受的有限责任的优待和可以募集大众资本的机会相对应,为保护股东和债权人的权益而建立的监督机制)褪色,并且会放任公司支配人享受过度利益的不平等。因此,我们应该考虑对偏向控股股东的公司重组立法可以容许到什么程度。

公司利益辨析

——传统与变革之间

林少伟*

一、问题的产生：公司利益概念的注入

法律文本之构建，固然因语言之简洁与逻辑之周全所需而呈抽象化。但法律须被遵守（或信仰）这一特性则意味着法律概念必须清晰化、明确化以及特定化，否则，法律信仰无从谈起，法律遵守也仅是纸上谈兵。因此，法律概念的引入，一方面必须具有对某一类型化内容的归纳概括进行抽象意义的创设与提升；另一方面则须对其内涵与外延进行精准界定。在公司法文本里，公司利益这一概念则处于这样一种左右为难的境地。公司法的目的在于保护公司利益，①因此，公司法文本的建构，逃避不了公司利益这一概念的创设。

事实上，我国第一部《公司法》就有4个条款直接援引“公司利益”这一概念，而经过重大修改后的2005年《公司法》也有4个条款出现公司利益这一词汇。为了明

* 西南政法大学民商法学院副教授，特华博士后科研工作站博士后。

① 我国1993年《公司法》以及2005年《公司法》第1条均开宗明义的指出，制定公司法的目的在于“保护公司、股东和债权人的合法权益……”

示这一概念在公司法文本中的位置与表述,笔者特制作表1,将1993年《公司法》与2005年《公司法》[①]出现有公司利益这一表达的条款分别列出。

表1

1993年《公司法》		2005年《公司法》	
条款	内容	条款	内容
第59条	董事、监事、经理应当遵守公司章程,忠实履行职务,维护公司利益,不得利用在公司的地位和职权为自己谋取私利	第21条第1款	公司的控股股东、实际控制人、董事、监事、高级管理人员不得利用其关联关系损害公司利益
第61条	董事、经理不得自营或者为他人经营与其所任职公司同类的营业或者从事损害本公司利益的活动。从事上述营业或者活动的,所得收入应当归公司所有	第94条第3款	由于发起人的过失致使公司利益受到损害的,(发起人)应当对公司承担赔偿责任
第97条第3款	在公司设立过程中,由于发起人的过失致使公司利益受到损害的,(发起人)应当对公司承担赔偿责任	第151条第2款	关于股东派生诉讼中,如"情况紧急、不立即提起诉讼将会使公司利益受到难以弥补的损害的",符合条件的股东可提起派生诉讼
第123条	董事、经理应当遵守公司章程,忠实履行职务,维护公司利益,不得利用在公司的地位和职权为自己谋取私利	第216条	关联关系,是指公司控股股东、实际控制人、董事、监事、高级管理人员与其直接或者间接控制的企业之间的关系,以及可能导致公司利益转移的其他关系

由表1可知,1993年《公司法》文本对公司利益概念的引入呈现出三个特点:第一,直接引入公司利益概念而并没有对之进行正面的精准界定;第二,仅从负面角度解释公司利益不得被侵犯;第三,将公司利益与公司董事或高管相挂钩,

① 1993年《公司法》制定颁发后,经历过三次修改。1999年只是小修改,2005年对《公司法》进行大手术,产生重大性变动,被视为我国《公司法》走向现代化的开端,2013年仅对资本制度领域进行了修改。因此,现行《公司法》仍以2005年《公司法》为准。

强调董事或经理不得有损害公司利益的行为。2005年《公司法》除了因确立派生诉讼制度而导致有一全新的条款规定外,其余大体上延续1993年《公司法》的相关规定,公司利益的概念也没有得到进一步的澄清,而是继续延续旧《公司法》的特性,以负面清单的形式强调公司利益不得受到公司董事的侵犯。然而,公司利益这一概念,并不能因为法律文本的"负面"阐述而戛然为止。相反,在学理上对之进行界定,不仅关系公司利益这一法律概念本身内涵与外延的确定,也直接影响董事义务规则之设定与具体行为规范之内容。因为正如表1所呈现的那样,法律要求董事不得有损害公司利益的行为,而如何判断董事行事符合公司利益,则显然需要对公司利益这一概念进行明确阐述。目前,我国法学界对公司利益概念的研究基本处于真空状态,更多的是通过对公司具体利益者(股东利益或利益相关者)的研究反射公司利益的具体导向。①

董事负有以公司利益行事的义务已成为现代公司法的一大特征,而这也是各国立法者的共识,特别是在现代企业中,法律要求董事善意的以公司利益行事更可降低因所有权与经营权分离而产生的代理成本。② 在2005年修订的《公司法》中,共有4条规定直接采纳"公司利益"一词,然而,何为公司利益?如何判断董事行事符合公司利益?公司利益的概念在历史长河中是否有所改变?国内学界对此研究尚处真空地带,本文拟从普通法角度,梳理并解读"公司利益"一词的传统定义和新近变化,以为学界和立法借鉴。

二、公司利益概念辨析

就纯粹的公司法理论而言,"公司利益"这一概念并无值得探讨的必要,因为公司的核心特征之一是公司具有独立的法律人格,享有独立的法人财产权,独立享有权利和承担义务。鉴于此,公司如同自然人,具有独立的利益。所谓公司利益,即"公司"的利益。在此情况下,公司利益与"小明利益"或"小李利益"并无

① 截至2015年9月30日,直接以公司利益为名的论文只有以下几篇:金海平:《股东利益至上传统的颠覆——国外公司利益相关者理论评介》,载《南京社会科学》2007年第3期;邓峰:《公司利益缺失下的利益冲突规则——基于法律文本和实践的反思》,载《法学家》2009年第4期;甘培忠、周游:《公司利益保护的裁判现实与理性反思》,载《法学杂志》2014年第3期。

② See Bruce S. Butcher, *Directors' Duties: A New Millennium, A New Approach?*, Kluwer Law International, 2000, p. 89.

二致,小明的利益即“小明”的利益,小李的利益即“小李”的利益,公司的利益当然也是“公司”的利益。从这个意义上说,何为公司利益显然是一伪命题。

然而,公司虽为法律上的人,但毕竟是拟制的人,公司的利益最终仍需体现在具体的个体上。传统的普通法认为,公司利益等同于股东利益。在 Brady v. Brady 一案中,上诉法院的诺斯(Nourse)法官直截了当地指出,公司作为虚拟的人,其利益不能跟与之有利益关系的人的利益相区分。这些与之有利益相关的人是谁呢?当一个公司运行良好且具有偿付能力时,这些人首先无疑就是现在以及将来的股东。① 故此,公司利益等同于(现在以及将来的)股东利益。这在大陆法系国家似显荒谬,比如,在法国,公司利益为公司这一商业主体所独立享有,其利益当然也与其成员(股东)或其他利益相关者(如雇员)相分离。②

(一)股东利益

正如诺斯法官在 Brady v. Brady 一案中所论,公司利益跟与之有利益的人的利益难以区别。然而,与公司有利益关系的人并非仅仅是公司股东,还有其他利害相关者,比如与公司签有协议,为之提供劳动力的雇员;购买公司产品或享受公司服务的消费者;为公司提供原料或材料以制造产品的供货商等。这些形色各样的人无疑与公司具有或大或小的利益关系。但英国普通法在此问题上“厚此薄彼”,而只钟情于股东利益,并将之与公司利益挂钩。在 Gaiman v. National Association for Mental Health 一案中,美加瑞(Megarry)法官认为,如不考虑公司成员,则很难确定公司的最佳利益。③ 该观点也为后来的 Greenhalgh v. Arderne Cinemas Ltd. 一案所认同,法官在此案中认为,所谓“作为整体的公司”,并不意味着作为商业实体的公司区别于法人团体成员。④ 当公司作为商业组织而以利润为营业目标时,股东的利益主要体现于其所持有的公司股份的价值的提升。因此,董事须善意地以公司利益行事,实质上是要求董事提高股东所持股份的价值。

值得注意的是,股东利益的“股东”不仅指现有的股东,还包括将来的股东。

---

① Brady v. Brady[1988]BCLC 20.

② See Eilis Ferran, *Company Law and Corporate Finance*, Oxford University Press, 1999, p. 134.

③ Gaiman v. National Association for Mental Health[1970]2 All ER 362.

④ Greenhalgh v. Arderne Cinemas Ltd. [1950]2 All ER 1120.

诺斯法官在 Brady v. Brady 一案中即指出,公司利益与现在以及将来的股东利益有关联。美加瑞法官在 Gaiman 一案中也认为,以公司利益行事时须考虑现存及将来的股东。然而,这似乎令人不解,因为这意味着董事在行事时,不仅要考虑现有股东的利益,也须考虑那些将来可能成为股东的人的利益。在哪些人可能成为股东尚不确定的情况下,要求董事考虑这些不确定的人的利益,普通法这一要求是否过于荒诞?其实不然。普通法这一貌似苛刻要求的背后并非仅仅是针对将来"股东"的利益,而意在注重"公司"长期的利益。假如董事只考虑现有股东,则其经营决策很可能陷入短视泥潭。因为当某项决策在长期上会增加公司价值,而在短期内则可能减少公司利润时,如仅要求董事顾及现有股东而非将来股东的利益,则董事当然会弃此决策。增加考虑将来股东利益这一要求,不但可以避免董事会的短见行为,而且还能提高决策的灵活性。

此外,将公司利益视为股东利益也可能产生另一困惑,即股东之间可能存在利益冲突或不一致,此时如何界定股东利益?股东之间因持有股份额的大小、是否直接参与公司经营管理、投资理念以及其他的差异而存在利益冲突的现象并不少见。普通法对这一问题的解决是采取"整体"的概念,即当股东利益出现冲突或不一致时,公司利益以股东的整体利益为基点。所谓整体利益,实质上是指董事会在股东利益无法协调时,以公司的最大利益为导向,以部分股东的利益牺牲为代价所做出的决策。普通法认可这一决策并以此认定为公司利益。在此种情况下,所谓董事善意地以公司利益行事,很可能会损害部分股东的利益。普通法对此也无能为力,在鱼和熊掌不可兼得的情况下,只能取利多弊少的标准。当然,如有披以公司利益之外衣,而行损害股东利益之实的,股东也可寻求其他救济措施。普通法为防止这一情况出现,也加以"公平"的要求,即在考虑股东整体利益时,虽非(在权利方面)对每个股东均同等对待,但也须公平对待股东。① 在符合公平条件下,即使该决策所产生的效果可能不利于某些股东,也不影响该决策的效力。

(二)其他利害相关者

正如上文所述,普通法将公司利益默认为股东利益,公司利益即股东利益,其他非股东的利害相关者,如雇员、消费者等并不构成公司利益的内容。但公司

---

① Re BSB Holdings Ltd. (No. 2) [1996] 1 BCLC 155.

利益等同于股东利益仅是默认规则，它也存有例外，如公司章程或法律另有规定，则普通法的这一默认规则从属于例外约定或规定。例如，当公司资不抵债，无法偿付到期债务时，此时公司债权人的利益替代股东利益而成为公司利益。

在英国2006年《公司法》颁布之前，1980年《公司法》引进公司雇员利益，规定公司董事决策时，须考虑雇员利益。随后的1985年《公司法》第309(1)节也规定，公司董事在履行职能时，考虑的事项既包括公司成员的利益，也包括公司雇员的利益。该规定的解读有二：其一，有学者认为，该规定推翻了普通法关于公司利益等同于股东利益的传统观点，即公司利益不再仅仅是股东利益的代名词，而是雇员利益和股东利益的结合体。但这一解读有一问题，即应当如何处理雇员利益和股东利益的关系？雇员利益是否和股东利益同等重要？当二者有所冲突时，如何取舍？普通法原先所采取的“整体”的办法仅适用于处理某一类别团体内部的利益冲突，而难以应用于不同团体之间的利益冲突。其二，也有学者认为，该规定并不是对普通法关于公司利益等同于股东利益这一传统观点的根本推翻，而是在承认这一传统规则的前提下，要求董事考虑雇员的利益。[①] 这意味着雇员利益仍然服从于股东利益，董事的经营决策仍然以股东利益为首要导向，只有在不违反股东利益的前提下，才对雇员利益予以考虑。支持这一解读的证据在于1985年《公司法》并没有对此规定赋予执行力，这意味着即使董事没有考虑雇员利益，雇员也无法提起诉讼，以强制执行这一规定。强制执行力的缺失无疑是对普通法的传统规则的承认和延续。

当然，公司的利害相关者除雇员外，还有其他利害相关方。但英国1985年《公司法》除对雇员有所考虑外，没有对其他利益相关方作出规定，直至2006年《公司法》的颁布实施才有所改变。[②]

三、判断标准

(一)主客观之辨

在明确何为公司利益后，紧接着需要解决的问题是如何判断董事行为符合

---

① See David Kershaw, *Company Law in Context: Text and Materials*, Oxford University Press, 2009, p. 305.

② See S172 of Companies Act 2006.

公司利益,即判断标准是什么?一般有两种标准:一是客观标准;二是主观标准。所谓客观标准,即并不以当事人(董事)意志为转移,从外在的客观因素和条件为基点,判断董事所行之事是否符合公司利益。所谓主观标准,即以董事当时决策时内心是否以公司利益为导向,判断其行为是否符合公司利益。普通法规则认为,判断董事行事是否符合公司利益应采主观标准。格林大法官(Lord Greene)在 Re Smith & Fawcett 一案中已明确指出,董事行使权力是否以公司最佳利益为出发点,是以董事本身是否认为其权力的行使符合公司利益为标准,而非法院或他人。① 换言之,如董事在决策时心存善意,确实出于公司利益,则即使该决策造成公司严重亏损,或者在他人看来,该决策很是荒唐的,也不能以此认定其违反了所有义务。

当然,任何的主观标准都并非绝对的主观。董事行事是否合乎公司利益并非董事一句"我确实为公司利益着想"即可应付过去,否则,该判断标准也就无任何意义可言了。因此,法院在审查董事行事是否符合公司利益时,并不会仅以董事的言辞为依据进行判决,而是会以董事做出决策之时的情况进行判断。但问题在于法院如何判断?在承认董事行事是否符合公司利益以主观为判断标准的情况下,法院既非神灵,也无神佑,何以能直抵董事的灵魂深处,知悉他们当时的想法?在 Regentcrest v. Cohen 一案中,法官指出,判断董事行为是否符合公司利益,必须确定董事当时的真实想法。但如何确定董事的真实想法?帕克(Parker)法官认为,法院应深入董事当时的决策过程,通过审查决策过程中的各种因素,以判断董事当时是否确实出于公司利益。② 比如,在此案中,公司董事免除了高达 150 万英镑的公司诉求,该决定最终使公司遭受重大损失。法官在判断该决策是否合乎公司利益时,通过追问一系列问题,包括董事为何免除该重大的财务利益、当时公司在失去该财务利益后能否继续正常营业、董事免除该财务利益是否可能会使本人或有关系的第三人获益等,并通过对当时决策的种种情形的判断和综合考虑,最终认为董事的决策是处于该董事职务的任一商人都会合理做出的,因此认定其行事符合公司利益。

读者至此可能有所疑惑,帕克法官提及"处于该董事职务的任一商人都会合

---

① Re Smith & Fawcett [1942] Ch 304, [1942] 1 All ER 542, CA.

② Regentcrest v. Cohen [2001] 2 BCLC 80.

理做出"该决策,是否意味着判断董事行事是否符合公司利益应以合理的第三(商)人是否会做出该决策为标准?如是,则该标准显然已从主观标准转化为客观标准。普通法对这一问题的回答是否定的,它仍然坚持的是主观标准。在判断董事之决策是否符合公司利益的标准方面,第三(商)人或可作为佐证之一,但其证据力并不强。只要董事合理相信该决策乃出于公司利益,且法院通过考虑各种相关因素和分析相关证据,也认定该决策是董事出于合理相信符合公司利益的,则即使处于该职位的第三(商)人会做出相反决策,也不构成义务的违反。

(二)后见之明(hindsight)

法官在判断董事做决策时是否以公司利益为导向易犯后见之明。所谓后见之明,是指后见之判断(可得益于事件结果反馈的判断)与先见判断(不知晓事件结果时的判断)的差异。[①] 根据心理学研究,人们在知悉结果后所做出的后见判断往往异于在不知晓事件结果时的判断。具体到董事决策,则后见判断(法院在审查当时董事之决策是否合乎公司利益时)往往会过于夸大该决策所导致的最终结果的可能性。比如,具体到 Regentcrest 一案中关于董事做出免除重大数额债权的决策即属此类。假如在当时董事作此决策时,公司继续营业的可能性为20%,如低于20%,则该决策可能会被认为不符合公司利益。随后公司因该债权的免除而导致无法继续营业。此时,法院对董事的决策是否符合公司利益进行审查判断,在法官已然知晓公司已无法营业的情况下,他很可能认为当时的决策所导致的公司无法生存的可能性为10%或低于20%,因此认定董事违反义务。这是典型的后见之明,即在知晓某个事件的结果后,一般会夸大或加重对先前事件所产生的后果。法官如抱有这种后见之明,则很可能置董事于不利地位,因为诉诸法院的案件,一般均是因董事决策不善而产生不良后果的。在法官已然知晓该事件的不良结果后,再由其判断董事当时所行之事是否符合公司利益难免会受后见之明的影响,这种审查与判断也对董事不公平。

帕克法官在 Regentcrest 一案中已留意到这一问题,他指出后见之明所可能产生的危险,并指出"必须避免后见之明"。然而,彻底避免后见之明的有效途径

---

① See B. Fischhoff, "Hinndsight≠Foresight: The Effect of Outcome Knowledge on Judgment Under Uncertainty", (1975) *Journal of Experimental Psychology: Human Perception and Performance* 288.

是不知晓该事件的结果,只有在不清楚该事件后果的情况下,其所做出的判断才可能与“先见判断”一样,不受后见之明的影响。但这实际上并不可能。此外,也有学者提出,在法官无法避免知悉该事件结果的情况下,可要求法官抹去甚至清空这一记忆,使之在相当于不知晓的情况下做出判断也未尝不可。然而,这对于很多人而言,并不太可能。已有心理学家的实验证明,在人们知悉某信息的情况下,他的行为很难不受该信息的影响,哪怕他们想极力避免。①

(三)为何低标准?

传统普通法对董事行事是否符合公司利益采取主观标准,这一标准明显降低了对董事的要求,因为只要董事决策出于善意,则即使造成公司损失,也不构成义务的违反。然而,普通法为何对此要求如此之低?一般认为,大致有以下几个原因。

1. 尊重董事对权力的行使

董事权力大多源于公司章程,而公司章程是公司股东之间合约的概括。因此,董事行使权力实质上是对公司股东意志的执行,股东对董事权力行使的尊重实际上是对股东自身的尊重,也是契约精神的体现。法院对董事权力行使的尊重则是对不干涉公司自治的体现。鉴于此,董事只要出于善意,以公司利益为导向,则其所做之决策即使最终被证实为不利于公司,也不应为此而遭受惩罚。

2. 平衡董事奖惩,鼓励公司投资

在复杂多变的商业环境中,董事决策稍有不慎,便可能招致不测,使公司遭受重大损失,甚至陷入破产。但当公司业绩蒸蒸日上,赚取巨额利润时,董事收入一般不会有大幅度的提高,特别是当董事没有持有公司股份,不能从公司股份价值的提升而直接受益时。如果要求董事为其认为正确的商业决策承担不利后果,则奖惩明显失衡。为平衡董事奖惩,使利益机制与责任机制产生良性互动,法律也不宜对董事决策做过分猜想。此外,普通法之所以定下如此低的要求,也考虑到公司具有积极进取、敢于投资的一面。如董事因惧于法律的震慑而缩手缩脚,选择稳当的投资策略,而舍弃高回报高风险的投资,则不但会挫伤公司的

---

① See B. Fischhoff, "Perceived Informativeness of Facts", (1977) *Journal of Experimental Psychology: Human Perception and Performance* 349.

投资积极性,也会影响社会经济的整体发展。

3. 公司内部救济优先

公司自治原则的提倡与流行,意味着外部力量(特别是法院)的让路与尊重。在公司可以自救的情况下,法院一般不情愿过多干预公司管理。而对于股东而言,在有内部救济措施的情况下,他们也偏向于通过其他措施纠正董事的失误或"错误"。

(四)主客观标准的转换

根据普通法,董事负有善意地以公司利益为导向而行事的义务。判断董事决策时是否以公司利益为向导,并不是以客观标准,或以理性的第三(商)人处于该职务时是否做出该决策,而是代以主观标准,以董事当时是否认为该决策符合公司利益为准绳。普通法这一要求有一潜在前提,即董事须根据当时各种情况,形成自己的判断,并以此认为该决策符合公司利益。如董事没有形成自己的判断,而只是盲目听从他人建议或意见,没有考虑公司利益,则可能构成对义务的违反。因为在此种情况下,他并没有以他认为符合公司利益的判断做出决策,而是跟从或同意他人的判断。较为典型的例子是名义董事,名义董事是指由大股东提名并代表大股东利益的董事。大股东显然对公司拥有较大的利益,在董事会里安插本人利益的代言人无可厚非,也不少见。如该名义董事能够根据章程授予的权力独立行使,独立进行判断,不受背后大股东的指使和控制,则该名义董事在法律上并无任何值得诟病或非议之处。但如名义董事依赖于提名大股东,并根据大股东的指示和旨意行事,则很可能构成违法。①

鉴于此,董事在经营管理公司中,须以公司利益为出发点,独立判断并做出决策。如董事没有考虑公司利益而擅自决策,则很可能违反董事义务。然而,这并不意味着,该决策的实施损害公司利益——相反,没有考虑公司利益的决策很可能最终有利于提高公司价值。读者至此或有疑虑,董事在决策时,如真心为公司利益着想,又怎会不顾公司利益而擅自决定?然而,这在实践中并不少见。比如,在集团公司里,各子公司的董事本应以各自公司的利益为行事规则,但由于归属同一集团,子公司的董事在决策时,很可能不会考虑本公司利益而以"大局

---

① Boulting v. Association of Cinematograph, Television and Allied Technicians[1963]2 QB 606.

为重”,考虑集团公司的利益。当然,在某种程度上而言,集团增益也会为子公司增光添彩,但身为子公司的董事,在公司具有当然的独立法律人格时,不考虑本公司利益而以集团利益为重,也可能违反董事义务。对于这种情况,普通法在认定董事是否违反董事义务时,抛弃传统的主观判断规则,而代之以客观标准。即当董事未能考虑公司利益而做出决策时,此时判断其是否违反董事善意地以公司利益为导向行事的义务,不再以该董事当时是否认为该决策符合公司利益为标准,而是以一名处于该职务的合理和诚实的人是否会做出该决策为标准。如果一名合理和诚实的董事在当时情况下会做出相同的决策,则被诉董事不构成义务的违反;反之,则会构成违反董事义务。①

四、董事行为与公司利益的限制

董事负有善意地以公司利益为导向行事的义务,这是否意味着董事可为了公司利益而“为所欲为”?是否可以公司利益为旗号而义正词严地违约?换言之,董事出于公司利益目的而所行之事是否应当有所限制?这些疑惑并非学术界凭空想出的。在实践中,董事经常会碰到这些左右为难的问题,因为公司利益在复杂多变的商业环境中因时而异,此时符合公司利益的行为可能在一段时间后有所改变,而变得不利于公司。比如,某公司在 1 月与他人签订合同,出售某种产品,价格为每件 10 元。半年后,该产品价格因市场需求的转变而急剧上升,涨至每件 50 元。在该公司尚未交付产品的情况下,董事是否可以选择违约以保证公司利益的最大化?如董事选择遵守契约,以原先约定的每件 10 元的价格交付货品,则股东可否以董事违反负有以公司利益最大化的行事义务为由对其提起起诉或要求其承担责任?在这种情况下,普通法的态度明确而坚定,即董事负有善意地以公司利益为导向行事的义务须受合同的约束,董事不能因顾全公司利益的最大化而选择毁约,损坏交易相对方的合法期待利益。

在上述例子中,董事如选择以维护公司最大利益为目标而违反合同规定,则公司须承担违约责任。此外,公司声誉也可能因此而受到损害,从而提高公司将来的交易成本。因此,即使普通法没有对此有所限制,理性的董事也很可能会选

① Charterbridge Corporation Ltd. v. Lloyds Bank Ltd. [1969] 2 All ER 1185.

择尊重契约,以免因小失大。然而,这仅仅是在合同有明确规定的情况下,董事为了逃避法律责任而采取的“明智”策略,在其他情形下,如公司收购兼并,董事可能会面临更为艰难的抉择。假设A公司有意售卖旗下一子公司,B公司经过调查后有意购买该子公司,A公司遂与B公司签订收购协议。随后,A公司发现C公司也有意购买,且出价高于B公司。此时,A公司会如何选择?读者或有疑虑,此时A公司所处情形如同上述例子中售卖(每件10元)产品的公司,根据普通法,A公司不应为公司利益的最大化而抛弃B公司,与C公司苟合。但在公司收购实践中,收购协议一般会允许卖方毁约,即当C公司以更高的价格购买A公司的子公司时,A公司享有选择权,A可坚持原先的选择,卖给B公司,也可售予出价更高的C公司。但为了保护B公司权益,收购协议中一般有所谓“诱引禁止”(non-solicitation)的条款,即禁止出卖方A公司继续寻求下一个潜在的买方或限制向潜在买方披露关于售卖公司或资产的特定信息。这种“诱引禁止”的条款一般均会为买卖双方所接受。对买方而言,其为了购买对方资产或收购对方股权,必定会花费大量的时间和金钱做前期准备,如因卖方公司最终反悔而择其他卖方,无疑前功尽弃。对于卖方而言,诱引禁止的条款也并不过分。在卖方有意出售旗下资产或公司之时,如市场有意购买者为数不多,前来接洽并最终签订协议时,当视为双方均认可这一收购价格,对此交易均感满意。此时卖方也无须再寻求其他潜在买方公司,按约售出,也可专注于其他业务的开拓与发展。因此,在存有“诱引禁止”条款的收购协议中,公司董事以公司利益为导向行事的义务无疑受到了一定的限制。

收购或兼并协议中,尚存在一种有“尽最大努力”或“尽合理努力”等用语的条款。即卖方为了让收购顺利完成,须尽最大努力帮助对方完成某些事项,否则收购行动可能因此而搁浅。比如,当一公司有意售卖旗下一移动通信子公司时,该移动通信公司拥有的移动通信特许证可能会有明确的条款限制:当收购公司没有事先获得通信管理机构事先许可时,被收购的移动通信公司的特许证也随之而失效,从而导致其事实上无法开展业务。在此情况下,收购公司在与对方签订收购协议时,一般会要求对方须尽最大努力,协助其获得事先许可,以便收购顺利完成。此时,如公司董事发现出售旗下子公司已不再符合公司利益,或另有公司以更高价格购买,公司是否应按照协议规定,“尽最大努力”帮助对方获得通信管理机构的事先许可?换言之,董事在维护公司利益与遵守契约规定的左右之间,普通法如何规制?根据 Fulham Football Clud Ltd. v. Cabra Estates plc 一案,上诉法院认为,董事按照合约规定行事,即使有损公司利益,也不会构成义务的违反。因公司利益的扩张并非无止境,在一定情况下受到限制是完全有必要的。①

五、传统公司利益的反思

董事负有善意地以公司利益为导向行事的义务,在传统普通法中,公司利益等同于股东利益,因此,董事这一义务实质上可转化为董事负有善意地以股东利益为导向行事的义务。然而,传统普通法这一规则是否无懈可击?公司利益是否真的等同于股东利益?公司雇员和债权人的利益为何不是公司利益?随着一系列的追问,公司利益的定义也需反思。

(一)传统公司利益的挑战

股东投资设立公司,就法律上而言,成立后的公司享有独立法律人格,享有法人财产权。但这一规范意义难以掩盖实践事实,在诸多股东看来,公司如同自己的所有之物(特别是在设立一人公司的情况下),因此,最大化实现公司利益,无疑是最大化实现这一公司"所有人"的利益——股东利益。然而,这一观点逐渐受到质疑,特别是在股东分布较为分散、人数较多的公众公司当中,公司利益等同于股东利益的观点备受挑战。主要的反对观点有以下四种:

1. 股东所有权的褪色

19 世纪中期,随着生产力的大力提高和产业的多元化发展,投资者不再局限于投资设立中小公司或封闭式公司,而是主动出击,进行多元化投资。这种格局的变化也使投资者难以集中精力经营管理某一家公司。此时,职业经理人便适时而现,他们不持有公司股份,名义上并不拥有公司,不是公司的所有者,却执掌公司生死大权,而股东对此也心甘情愿。这种所有权与经营权的分离导致公司逐渐"去人化",公司的独立人格越来越突出,而股东所有权的色彩则相应逐渐淡化。

---

① Fulham Football Clud Ltd. v. Cabra Estates plc[1992]B. C. C. 863.

这种"去人化"的原因在于股东所有权的褪色。股东所有权体现为两个方面:一是对公司的控制;二是享有公司剩余财产的权利。然而,股东这两种传统权利在所有权与经营权分离的面前黯然失色。原因如下:第一,积极股东向消极股东的转变。所有权与经营权分离的结果必然导致股东不再积极参与公司经营管理,只要管理者能够尽职尽责,提高公司效益,股东大可不必操心。事实上,他们在很大程度上也无法直接干涉公司的日常经营管理。根据公司章程的规定,在董事享有的授权范围内,股东不能直接干预。对于股东而言,如对董事管理不满,他们也只能遵循法律和章程的相关规定,寻求解决办法。因此,股东所有权体现之一的控制权在此被大大削弱。第二,股东作为公司的所有者,在公司清算后,如有剩余财产,可得以分配。但在公司正常营业过程中,股东则通过分红等方式体现所有权的财产收益。因此,所谓股东剩余权益权,对于大多数公司而言,仅仅是虚无缥缈的权利,它的存在意义仅在于公司进入清算阶段时才有所体现。在正常情况下,股东的财产收益主要通过分红体现。对于一些百般借口,不分配红利的公司而言,股东的财产收益很可能仅体现在股份转让时差价的获得。① 鉴于此,股东所有权逐渐褪色。

英国公司法专家艾尔兰(Ireland)教授甚至认为,股东这两种权利的褪色使得其与公司债权人并无太大的区别。② 因为股东控制权的削弱,使其如同债权人一般难以干预公司经营。此外,股东的分红权也与债权人定期获得一定的利息没有太大的差别。当然,理论上而言,公司股东与公司债权人具有本质区别。③ 但实际上,他们均是"货币资本家",对公司内部管理漠不关心,对公司产品生产也视而不见。他们在乎的仅仅是投资或借贷出去的资本能否得到充足的回报。④

---

① 然而,这种差价的获得是否属于股东财产收益的体现值得怀疑。因为股东在获得股份转让差价的同时,也会失去股东的身份,所谓股东财产收益权也无从体现。

② See Paddy Ireland,"Company Law and the Myth of Shareholder Ownership", *The Modern Law Review*, Vol. 62, Issue 1(1999), pp. 62 – 32.

③ 英国另一专家西利(Sealy)教授也指出,公司债权人与公司股东在法律意义上而言,具有重大的理论差异。但对于投资者而言,债权的投资或债券持有者在实践上与股份的投资者很是相似。他们都是经济活动中公司的有价证券,只是具有不同的风险和回报而已。See L. S. Sealy, *Case and materials in Company Law*, Butterworths, 1996, pp. 420 – 421.

④ 当然,对艾尔兰教授这一观点,也有不少学者提出质疑。See David Kershaw,"No End in Sight of the History of Corporate Law: The Case of Employee Participation in Corporate Governance", *Journal of Corporate Law Studies*(2)1(2002), pp. 34 – 81.

在此意义上,如同伯利(Berle)和米恩斯(Means)所指出的那样,公司股东并不与贷款人有所区别。①

2. 合约论的影响

美国著名学者伊斯特布鲁克(Easterbrook)和费希尔(Fischel)在其经典著作《公司法的经济结构》一书中提出一简单而直接的问题,即何为公司的目标?公司是以营利为目的抑或可被广泛定义为具有一定社会福利意义的组织?公司应以长远为目标,实现公司利益的最大化,抑或可以仅仅追求短期利润而不顾长期利益?伊斯特布鲁克和费希尔认为,这些问题的答案根本不重要,也无人关心,因为这取决于公司设立人当时合意而成的契约条款的规定。以纽约时报为例,假如股东在设立纽约时报时,约定该报刊的首要目标是刊载新闻,营利为其次,则不会有人对此提出反对意见,因为只要那些创始股东愿意,他们大可设立不以营利为首要目标的组织。纽约时报这一公司成立后,如有人愿意投资,成为该公司成员,这也意味着他们愿意遵循该合同条款。如果有一公司在设立时约定,公司所得利润的一半分配给公司雇员而非股东,则只要他们有此约定,也不影响该公司的设立,至于该公司成立后能不能继续经营则另当别论。因此,公司是否以股东利益为首要目标,追求股东利益的最大化,完全取决于契约的规定。除股东外,公司也可约定以其他利益相关者的利益最大化为目标,只要契约有此规定,法律也不会加以干涉。②

伊斯特布鲁克和费希尔这种分析,被认为是对公司性质的一种新的解读,即认为公司是一系列合约的集合,这一系列合约是指包括股东、债权人、雇员、顾客等在内的合约。美国公司法专家班布里奇(Bainbridge)教授认为,合约论将公司"可视化",公司不再被视为一个拟制的法人实体,而仅仅是股东之间意思表示的合意,是契约的体现。它是各个输入物合力提供产品或服务的结果,即雇员提供劳动力,债权人提供债务资本,股东则在一开始提供权益资本并在公司成立后承担遭受损失的风险并监督管理层,而管理层则监督雇员并协调各种公司输入物。在此,公司虽是法定人,却是各种合力结果下,具有复杂的一系列契约关系的法

① See A. A. Berle and G. C. Means, *The Modern Corporation and Private Property*, Harcourt Brace, 1932.

② See F. Easterbrook and D. Fischel, *The Economic Structure of Corporate Law*, Harvard, 1991, p. 35.

定人。此时,公司已不再是简单的法定人,甚至于公司已不再被视为“人”,它仅仅是各种明示或默示的合约意志的体现,这种合约化的结果使得公司被“可视化”,各公司利益相关者之间的权利义务关系也清楚化、明确化。① 在合约理论面前,所谓的股东所有权的概念荡然无存,因为在合约的世界里,所有权虚无缥缈,即使存在所有权,也是合约意志的其中一种表现。在股东所有权缺失的情况下,所谓公司利益等同于股东利益的传统法则也不再具有合理性。

既然公司可以契约化理论加以解读,那为何对于大多数公司而言,公司的目标仍怀抱股东利益,以股东利益最大化为目标?伊斯特布鲁克和费希尔认为,这种理论与实践不太相符的现象并不出人意料:首先,公司股东出资设立公司时,大多会以追求股东本身利益的最大化为首要目标,这种规约完全符合情理。其次,公司成立后,追求股东利益的最大化,也可吸引潜在投资者,增加公司资本,扩大经营规模。最后,公司股东出资后,须承担投资失败而损失财产的风险,根据风险收益一致的原则,高风险的投入意味着须有高回报的期待。然而,伊斯特布鲁克和费希尔接着提出,一味地追求公司(股东)利益的最大化,可能在短期内可以实现。但长期而言,这种追求目标的单一化很可能会影响该目标的实现。因为在商业世界里,公司并不是孤立存在的,它不仅内部存有雇员,外部也有其他的利害相关者。如没有考虑这些内外部的利害相关者,则公司利益很难得以长期增长,股东作为公司利益的最终享有者也必然会受到影响。

3. 权力论

权力论源于多德(Dodd)教授于1932年在《哈佛法律评论》发表的一篇经典之作。② 他认为,现代企业的发展使股东权力不断缩小,而董事作为公司的经营管理者却获得操控公司的能力。这种股东缩权而董事扩权的演变导致两个结果:第一,公司作为“虚拟”的人逐渐向“真正”的人转变。在公司法传统理论中,公司具有独立法律人格,即与自然人一样,是法律上的“人”。此处的“人”虽与自然人在法律地位上无甚区别,但其毕竟不是有血有肉的自然人。但在多德看来,在股东权力逐渐缩小的情况下,公司在很多方面已经具有“真实的而非简单

---

① See Stephen M. Bainbridge, “In Defense of the Shareholder Wealth maximization Norm: A Reply to Professor Green”, *Washington and Lee Law Review* Vol. 50, Issue 4(1993), pp 1423 - 1447.

② See E. Merrick Dodd Jr., “For Whom Are Corporate Managers Trustees”. *Harvard Law Review*, Vol. 45, No. 7, (1932), pp 1145 - 1163.

拟制”的人的因素。特别是在股东虽享有法律与章程规定的权力,但在理性冷漠的影响下而甚少行使,而董事却日渐享有更多权力的情况下,公司虽作为一个组织,但因缺乏内部监督力量而具有真正意义上的人的角色。在公司被赋予自然人的角色下,其作为市民或公民,在享有法定权利的同时,也须具有一定的社会责任感,承担相应的社会义务,履行一定的社会服务(social service)义务。对于公司而言,则是在决策中不能仅以股东利益为归依,还应考虑其他利害相关者的利益。第二,公司权力的日益膨胀使外在的干预具有必要性和正当性。权力的无限膨胀必然带来诸多问题,而在公司内部力量无法抗衡此权力时,外在规范的介入与干预则具有必要性和正当性。特别是对于大公司、集团或跨国公司而言,它们的一举一动不仅影响公司自身,也会对所在的社区或社会产生重大的影响。

4. 社会责任论

根据权力论,多德教授认为公司之所以不应仅以股东利益为首要追求目标,尚需承担一定的社会责任,是因为公司具有越来越大的权力。这种日益膨胀的权力使公司须受制于外在的力量(如国家以立法的形式加以干预)。但英国布鲁斯托大学已故教授帕金森(Parkinson)教授的逻辑与多德恰恰相反。帕金森认为,公司不是因为权力的膨胀而被赋予一定的社会责任;相反,公司是因须承担社会责任而具有更多权力。公司之所以拥有日益膨胀的权力,其前提在于它须以负责任的态度行事,否则权力之泉难以源源不绝。但对于如何定义社会责任,帕金森却语焉不详,并没有给出具体的定义。①

公司作为私人组织,似乎并不应承担任何的社会公益功能,公司的存在只需为其成员服务即可,根据曼德维尔经典的“私人的恶德即构成社会公益”这一原则,②公司以利润为其首要目标最终也能促进社会公益。但帕金森教授认为,根据政治理论中的私权合法性,大公司应视为社会企业(social enterprises),这种社会企业拥有影响社会后果的决策权的合法性在于它们的决策须考虑社会公共利益。因此,社会公共利益是这些公司(社会企业)合法存在的根基,而社会据此也可以各种方式(立法为主要形式)确保公司的经营和决策与此一致。

帕金森教授也指出,要求公司据此承担一定的社会责任并非否定公司的营

---

① J. E. Parkinson, *Corporate Power and Responsibility*, Oxford University Press, 1933.

② 参见[荷]伯纳德·曼德维尔:《蜜蜂的寓言》,肖聿译,中国社会科学出版社2002年版。

利性，公司营利与承担社会责任并不具有根本性的冲突，公司完全可以在二者之间取得平衡。要求公司承担社会责任，其言下之意是要求公司不能以利润为唯一的追求目标，而是将利润作为促进社会公益的手段。为此，他甚至建议，应重新审视公司法的具体规则，使其不再仅为公司股东利益服务。

（二）传统公司利益的支持声音

如同上述，诸多学者提出种种理论，质疑公司利益等同于股东利益的传统规则。然而，在这些反对的声音中，也有自相矛盾之处。比如，多德教授认为公司之所以应承担社会责任，是因其拥有日益膨胀的权力，而帕金森教授认为公司承担社会责任以促进社会公益是拥有权力的前提，也是其拥有私权的合法性条件。但无论多德与帕金森对此分歧有多大，他们有一共同点，即认为公司是一种组织，甚至认为这种组织是一种准公共实体（quasi-public entity），要求该实体承担一定的社会公益功能和履行一定的社会服务也并不为过。而伊斯特布鲁克和费希尔则将公司视为契约的聚集，这虽使股东所有权有所褪色，但却不能为外在的干预提供正当性和合理性，因为既然公司是一系列契约的聚集，则外在的干预也须征得契约当事人的同意。

然而，也有学者仍然坚持公司的目标在于营利，认为提高公司的利润是承担社会责任的体现。弗里德曼即是传统公司利益规则的坚定支持者，他认为，要求董事或高管在经营决策时承担社会责任，要么是花言巧语般的修辞，要么是要求董事行事不得以雇主（股东）利益为依归。在弗里德曼看来，社会服务功能应交由政府履行，而不能转移给公司承担。公司的目的在于为股东创造财富，从而推进社会的发展。[①]

此外，耶鲁大学的卡曼（Kraakman）教授和哈佛大学的哈斯曼（Hansmann）教

---

① 弗里德曼认为社会责任不应由公司承担的理由如下：第一，公司财产不同于财政税收，不能用于公共支出，公司缴纳税款实质上是公司承担社会责任的一种体现方式，要求公司在缴纳税款之余仍然承担社会责任无疑是对公司财产与税款的混淆。第二，公司高管由股东任命，非由选民产生。因此，他们仅需对股东负责，而无须对选民（即市民）负责。第三，即使公司承担社会责任的命题成立，公司如何承担这一责任也是一大问题，即高管在经营决策时，如何权衡，以作出符合社会公益的决策。第四，强调公司社会责任，会使公司高管缺乏明确的决策指引。See Milton Friedman, "The Social Responsibility of Business is to Increase its Profits", *The New York Times Magazine*, 13 September 1970, 33; Milton Friedman, *Capitalism and Freedom*, Chicago University Press, 1962.

授则以“殊途同归”的方法试图解决公司在股东利益与其他利害相关者之间摇摆不定、纠缠不清的局面。他们认为,公司作为法律上的人,拥有如此强大的权力,理应如同良好市民一样承担一定的社会责任,但公司承担社会责任并不意味着公司高管在经营决策中必须考虑利害相关者。卡曼和哈斯曼认为,提高公司的营利能力本身就是承担公司社会责任的方式,也是最终实现社会公益的途径。他们在其经典的《公司法历史的终结》一文中指出,一切深思熟虑的人都相信,公司须以服务于社会整体公益的方式组织和运行,因此,股东利益并不比社会其他成员的利益重要得多。但基于逻辑与经验,达致这一目的(增加社会福利)的最佳途径是使公司经营者对股东利益负责,因为实现股东利益,最终也必将增加社会财富或福利。①

六、开明的股东价值:第三条道路的开辟?

历时8年、被称为具有历史性立法的英国《公司法》于2006年颁布。该法是英国议会有史以来通过的最厚重的法律文本,也是1850年以来对英国现有商事法律最具有广度和深度的修改。② 在此次修改中,英国试图揭开公司利益之谜,开辟第三条道路,提出“开明的股东价值”(enlightened shareholder value),即在承认传统公司利益的规则上,认为董事在经营时应考虑其他利害相关者的利益。根据英国2006年《公司法》第172条第1款规定,公司董事必须以他善意地认为为了公司成员的整体而将最大可能地促进公司成功的方式行事,并在这样做时考虑(与其他事项一起):(a)任何决定最终可能的后果;(b)公司雇员的利益;(c)培养公司与供应商、消费者和其他人商业关系的需要;(d)公司运作对社会和环境的影响;(e)公司维护高标准商业行为之声誉的愿望;(f)在公司成员之间公平行事的需要。③

2006年《公司法》这一规定可谓“左右逢源”,一方面,它不再沿用具有争议

---

① See Henry Hansmann & Reinier Kraakman, “The End of History for Corporate Law”, (2000) 439 *Georgetown Law Journal*, pp. 439 - 469.

② Arad Reisberg, “Corporate Law in the UK after Recent Reforms: The Good, the Bad, and the Ugly”, (2012) 63 *Current Legal Problems*, pp. 315 - 371.

③ S172 of Companies Act 2006.

性的“公司利益”一次，而代之以“公司成功”这一稍具中性色彩的词语作为董事行事的目标。另一方面，它也并未完全抛弃普通法中关于促进股东利益的传统法则，恰恰相反，2006年《公司法》首次直接提出了“公司成员的整体”的利益。再且现行《公司法》要求董事行事时，须考虑其他群体的利益，这一全新规定可谓“第三条道路”的精华所在。鉴于此，英国有学者认为，这种折中的处理办法既能坚守传统规则，维护股东利益，也能顾及其他利害相关者的利益，适应时代的发展，在现阶段公司利益渐失方向、左右为难的情况下，不失为公司利益的发展方向。① 美国学者威廉（William）与康利（Conley）认为，英国这一立法趋向发展了传统的股东价值，并融入欧洲大陆利益相关者的理念，促使公司董事在固守股东价值的同时，也须考虑更为广泛的利益相关者。② 然而，英国这一立法改革是否真正开创了迥异于传统的股东价值及利益相关者的第三条道路？笔者认为，开明的股东价值在规定上仍存有诸多缺陷之处，且其实质上仍是以股东价值为首要目标，其本来面目依然没变。

（一）如何解读“公司成功”？

英国2006年《公司法》以“公司成功”代替公司利益，然何为“公司成功”？“公司成功”是否是公司利益的另一代名词？英国著名公司法学者戴维斯（Davies）教授认为，公司法采用“公司成功“而非”公司价值”或“公司利益”是有意为之且正确的，③因为“公司成功”一词是较为模糊和难以定义的词组，而这正符合现实中各种不同类型的公司的需求。比如，对于慈善类公司而言，它们的目标并非是提高利润，增加公司利益，而是从捐赠人处获得财产，后对外发放，以服务于社会。以此类推，在商业社会中，公司类型多种，而公司目的也不尽相同，即使对于非慈善性公司而言，它们的经营目标也并不必然是营利。因此，采用“公

---

① See S Kiarie, “At Crossroads: Shareholder Value, Stakeholder Value and Enlightened Shareholder Value: Which Road Should the Unite Kingdom Take?”, (2006) 17 *International Company and Commercial Law Review*, pp. 329 – 343.

② See Cynthia Williams and John Conley, “An Emerging Third Way? The Erosion of the Anglo-American Shareholder Value Construct”, *University of Carolina Legal Studies Research Paper* No. 4 = 09 at 7.

③ See Gower and Davies, *Principles of Modern Company Law*, 9th edition, Sweet & Maxwell, 2012, p. 510.

司成功”一词,无疑更符合实际情况。此时,越是模糊的词眼,越能体现立法者的匠心独运。但如此一来,“公司成功”与“公司利益”并无两样,至少在定义方面难有确切含义。

(二)董事如何追求实现公司成功?

根据上述规定,董事应当以他善意地认为为了公司成员的整体而将最大可能地促进公司成功的方式行事,并在这样做时,考虑其他利益相关者的利益。然而,文本间接的描述掩盖不了实践的复杂。董事在实际行为中,应当如何在保证公司成员的整体利益上,兼顾其他相关者的利益?这是一个无法解答的神一般的问题,甚至仅关于考虑公司债权人方面,就已存在诸多争议之处。董事应当在何种时候对公司债权人负有义务?根据新南威尔士上诉法院法官在 Kinsela v. Russell Kinsela Pty Ltd. 一案的判决,只有在公司资不抵债而有清盘之风险时,董事才对公司债权人负有义务。[①] 但问题在于在千变万化的商业世界里,公司财务状况可能变化迅速。一个正常营业的公司,可能在某一天因失去某个重大客户而顿时有面临清盘之险。相反,一个处于财务窘困时期并可能随时宣布破产的公司也可能在某段时期获得重大业务单而恢复正常财务能力。而且对于某些公司而言,公司的盈利与亏损并非突然而至,而是具有一段持续的时期。比如,对于航空公司而言,在油价猛涨时期,航空公司成本无疑也随之上涨。一些规模较小的公司在历经一段时间后可能因成本过高而不得不宣布破产。而在这段艰难时期,如果强施义务于董事,要求他们经营决策时,考虑债权人利益,可能会约束他们采取激进行为以改善公司现状。[②] 可见,在“开明的股东价值”指引下,公司债权人如何要求董事履行义务,董事应当如何行为以追求“公司成功”,尚存有诸多疑问之处。

(三)惩罚性后果的缺失

英国 2006 年《公司法》第 172 条第 1 款要求董事在决策时须考虑利害相关

---

① Kinsela v. Russell Kinsela Pty Ltd. [1988] BCLC 250 at 252.

② See P. Davies, “Directors’ Creditor—Regarding Duties in Respect of Trading Decisions in the Vicinity of Insolvency”, (2006) 7 *European Business Organization Law Review* 301; D. Milman, “Strategies for Regulating Managerial Performance in the Twilight Zone: Familiar Dilemmas, New Considerations”, (2004) 4 *Journal of Business Law* 493. Nicholson v Permakraft (NZ) Ltd. [1985] 1 NZLR 242 at 249, 250.

者利益，然而，无救济即无权利，利益相关方的权益即便受到侵害，也无途径可诉求公司或董事予以纠正或赔偿。如公司雇员认为董事决策未将其利益考虑在内，明显违反《公司法》第172条第1款规定，依据《公司法》现行规定，职工并无救济途径可循。反之，股东利益如受到侵害，则可通过派生诉讼等救济途径获取保障。这种强制约束力的缺位致使开明的股东价值取向之"开明"徒有其表，掩盖传统公司利益之实。当然，当公司的职工同时也是股东，公司的行为可能对公司股东所在社区造成影响或公司的债权人成为公司股东后，对公司罔顾利益相关方的行为可以提起诉讼。此类诉讼虽其保护之利益不局限于股东而扩散到利益相关方，然其提起均以股东之身份为资格，实质上仍是以股东价值为首要目标，其传统的价值取向并未改变。这种可谓"不伦不类"的立法取向不但与传统英美法的另一代表美国迥异，同时也为一直紧随英国的澳大利亚所抛弃。①

七、结语：公司利益何去何从

事实上，公司利益何去何从并不是简单一两条法律条文即可概括规定的。坚持传统的公司利益概念，将之等同于股东利益，虽然简单、易操作，但并不符合现代公司法的要求，也不利于整体社会经济的发展。因为现代公司虽仍强调营利的重要性，但比以往更重视公司的长期利益，更考虑公司的长远发展。这种对长远利益发展的考虑和重视使公司不可能贪图短期利润而牺牲长远目标，也决定了公司在经营过程中不可能仅以股东为单一的服务对象，其他包括雇员、债权人、供货商、消费者和社区等在内的利益相关者也需考虑在内。如此一来，公司方能长足发展，因为一个勇于承担社会责任的公司是不可能被世人所遗忘的，也会受到社会的好评。然而，正如前文所述，将股东利益与其他利益相关者同等对待，无论在理论上抑或实践方面，均会产生不少困惑。首先，在理论上，将股东利益与其他利益相关者相提并论实质上抹杀了股东在公司具有不同于他人的特殊

---

① 在澳大利亚国会的立法讨论中，公司与财经联合委员会拒绝采取英国这一立法取向，并指出"这种无止境的列举公司董事须考虑的事项不但无甚用处，且难以提供可供操作的指南。因此，要求董事决策时考虑其他因素事实上起着反作用，而且也有使董事混淆公司目的而不知所措的危险"。See Parliamentary Joint Committee on Corporations and Financial Services, Commonwealth of Australia, Corporate Responsibility: Managing Risk and Creating Value(2006).

地位。股东作为公司的出资人,虽然不直接拥有公司财产,但享有各种独有的权利,如分红权、表决权和派生诉讼权等。这些权利唯独公司股东享有,而不为其他利益相关者所分享。可见,股东与其他利益相关者在法律地位上本身即不平等,将这二者同等对待实际上是对这一事实的藐视,也违背公司最为基本的法律关系。其次,在实践上,将二者同等对待并不具有可操作性。当公司行为侵犯股东权利时,股东可通过各种救济途径保障自身权益,典型如英国的不公平损害救济权(unfair prejudice)。[①] 然而,当其他利益相关者权益受到侵犯时,公司法所能提供的救济途径非常少,甚至是空白。比如,上面所提及的英国开明的股东价值,即是因缺乏救济途径而徒具其表。如赋予各利益主体相应的救济途径,则不仅须对公司法进行大刀阔斧的改革,也须修改其他相应部门法,因为区区一个公司法显然不足以承担如此之重的压力。比如,在涉及消费者权益方面,还须修改相应的消费者权益保护法;在涉及公司债权人方面,也要对合同法作相应的修订;在涉及公司雇员方面,劳动法或劳工法也须得到相应的修改。可见,对传统公司利益的超越,实质上已超出公司法甚至商法的调整范围,没有其他部门法的配合,任何对传统公司利益的抛弃与超越均可能是虚幻的现实与美好的梦想。

具体到中国,我国《公司法》对公司利益的定义应采取何种途径:是继续沿用传统的股东利益,抑或紧跟潮流,引进利益相关者,强调其他利益相关者的重要性?在国内学界普遍强调公司社会责任的今天,[②]公司利益等同于股东利益这一传统规则在国内似被抛弃,至少不为学界所欢迎,取而代之的是强调公司对其他利益相关者的责任。特别是在《公司法》第5条旗帜鲜明地要求公司须承担社会

---

① 不公平损害是英国公司法保护少数股东中最有价值和使用最为广泛的一种救济措施。在缺乏异议股东股份收买请求权(appraisal right)的英国,不公平损害救济措施不但可保护股东利益不受不公平损害,在很多情况下甚至扮演着退股权的角色。因为该权利的主要救济措施往往是由法院裁决,要求公司回购请求人的股份。在2006年《公司法》正式颁布实施后,相比其他制度而言,不公平损害制度改变不大,但其在保护股东(特别是少数股东)利益方面仍有着极其重要、无可替代的作用。See Brenda Hannigan, *Company Law* (Oxford University Press, 2009), p. 417.

② 国内关于这方面的代表作可参见刘俊海:《关于公司社会责任的若干问题》,载《理论前沿》2007年第22期。

责任后,[1]传统的公司利益定义至少在立法上似已发生变化。笔者认为,强调公司承担社会责任,并将之法定化是现代公司法的要求之一,也是现代公司发展过程中不可或缺的内容之一。然而,仅仅因此而认为传统的公司利益在我国公司法已发生改变则显然欠缺说服力。原因很简单,要求公司承担社会责任的规定在实践中并不具有可操作性。换言之,我国公司法如同英国立法,对此规定缺乏相应的救济途径,公司即使违反规定,没有承担相应社会责任,他人也无可奈何,只能望而兴叹。事实上,在我国实践中,漠视甚至侵犯少数股东利益的现象非常普遍,在股东利益本身难以得到保障的今天,过多强调公司社会责任可能事与愿违。只有在股东利益得到充分、适当和合理保障之时,强调公司社会责任方有积极意义,否则,不但公司可能裹足不前,社会经济也难以迅猛发展。

---

① 我国《公司法》第5条规定:“公司从事经营活动,必须遵守法律、行政法规,遵守社会公德、商业道德,诚实守信,接受政府和社会公众的监督,承担社会责任。”该规定很受学界欢迎,他们认为强化公司社会责任是现代公司法的重要内容,将社会责任立法化,是中国公司法现代化的特色之一。代表作可参见刘俊海:《自觉承担社会责任是在全球金融危机背景下增强公司核心竞争力的重要方略——谈新〈公司法〉第5条的正当性与可操作性》,载《法治论坛》2010年第1期。

中国股份股东权利配置模式的变革

汪青松*

一、引　言

中国《公司法》通过一系列强制性规范确立了股份公司股东权利配置的一元化模式，即每一股份所附随的权利都是与其所对应的资本成比例的、无差异的。从形式上来说，这种法定的一元化股东权利配置模式符合平等原则的基本要义，也与公司法保护股东权益的制度目标高度契合。但这一表象却与两个方面的客观现实不符：其一，一元化股东权利配置模式下的中小股东权益实现与保护的状况并不尽如人意，中国上市公司的分红情况就是最好的例证；其二，全球范围内的公司法变革浪潮正在不断拓展股东权利配置的自治空间，域外市场实践中股份类别的现实样态丰富多彩。制度表象与客观现实的鲜明反差应当引发我们对中国股份公司股东权利配置模式的反思。本文正是沿着这一反思路径，首先对中国股份公司股东权利配置模式的制度框架与逻辑基础进行

* 西南政法大学民商法学院副教授，中国政法大学博士后。

基金项目：本文系作者主持的国家社科基金项目“经营者集中的附条件批准制度研究”（12CFX068）、教育部人文社科规划基金项目“股份公司股东权利配置的多元模式研究”（12YJA820068）以及2012年西南政法大学资助项目的阶段性成果。

简要梳理与阐释,其次着重分析一元化股东权利配置模式所存在的主要缺陷,最后提出推动中国股份公司股东权利配置模式从一元走向多元的制度变革思路。

二、中国股份公司股东权利配置的制度框架与逻辑基础

中国《公司法》2005 年的修订在去规制化方面作出了重大的努力,也明确表示要为股份公司创制多种类别的股份提供制度支持。但时至今日,相应的配套制度仍没有出台。与此形成鲜明对照的是,《公司法》中的一系列强制性规范对股份公司的股东权利配置形成刚性约束。因此,中国股份公司的股东权利配置制度实质上仍属于法定一元化模式,相应的股份类型也仅表现为单一的普通股。① 当然,传统的经济学理论和公司法理能够为这种法定一元化模式提供相应的逻辑基础。

(一)中国股份公司股东权利一元化配置模式的制度框架

首先,《公司法》总则中确立了股东权利构造法定化的基本原则。《公司法》第 4 条规定:“公司股东依法享有资产收益、参与重大决策和选择管理者等权利。”这一规定实际上包含以下几点内涵:其一,股东所享有的权利是由法律规定的,而非章程约定;其二,股东所享有的权利应当是无差异的,或者说仅有与出资相对应的量的区别,而无质的不同;其三,资产收益、参与重大决策和选择管理者应当是每一股东都享有的基本股东权,不能通过章程或其他方式予以限制或取消。

其次,《公司法》对于股东权利中的参与性权利与经济性权利的配置采取的是以出资为基础的比例性原则。《公司法》第 98 条首先规定了“股份有限公司股东大会由全体股东组成”;随后在第 103 条规定,“股东出席股东大会会议,所持每一股份有一表决权”;《公司法》第 166 条第 4 款规定:“股份有限公司按照股东持有的股份比例分配,但股份有限公司章程规定不按持股比例分配的除外。”该规定虽然赋予了公司章程对于红利分配方面的自治空间,但对于能否通过章程

---

① 目前仅有少数公司依据中国证监会 2014 年 3 月 21 日发布的《优先股试点管理办法》开展了优先股的试点。

规定不按同一顺序进行分配的问题则未置可否。另外,《公司法》第 186 条第 2 款规定股份公司清算后的剩余财产按照股东持有的股份比例分配,并没有赋予公司章程另行规定的自治权。

再次,公司法对于股东权利中的处分性权利做出了一定的限制。在这些限制性规定中,一些是针对具有特定身份的持股者在一定期限内转让股份权利的限制,例如,中国《公司法》第 141 条就对发起人、董事、监事和高管人员持股的转让作出了限制。这种限制具有较为充分的正当性基础。本文所要重点关注的是关于公司回购股份的限制。《公司法》第 142 条规定,除少数几种法律明确列示的情形之外,公司不得收购本公司股份。这一禁止性规定使股份公司无法在股份发行之初就对其附加上回购条款。换言之,《公司法》没有赋予股份公司对其股份持有者的处分权进行章程限制或者说约定限制的自由。

最后,公司法为股东权利的多元化配置预留了制度空间,但缺乏具体的引导性规则。《公司法》第 131 条规定:"国务院可以对公司发行本法规定以外的其他种类的股份,另行作出规定。"但除证监会的《优先股试点管理办法》外,国务院至今尚未正式制定颁布股份公司发行类别股份的具体规则。同时,"一股一表决权""按出资比例分配剩余财产"等强制性规定也对类别股份的发行构成了障碍。

需要说明的是,公司法在具体股东权利的行使上对于中小股东的弱势地位给予了一定程度的矫正。《公司法》第 105 条规定:"股东大会选举董事、监事,可以根据公司章程的规定或者股东大会的决议,实行累积投票制。"该制度在一定程度上提高了中小股东将自己利益的代言人推选进董事会、监事会的可能性。但由于该制度并非强制实施,因此其积极功能的发挥受到较大的制约。同时,对于大型公众公司中持股比例极小的众多公众股东而言,即使采取累积投票制,其投票对于选举结果也几乎不会产生实质影响。另外,《公司法》第 106 条也规定了股东可以委托代理人出席股东大会会议和在授权范围内行使表决权,从而为中小股东分散表决权的集中行使提供了可能。但实践中,表决权征集和代理往往是作为大股东或管理者进行公司控制权争夺的工具。

(二)中国股份公司股东权利一元化配置模式的逻辑基础

1. 抽象资本层面的股份平等

梁慧星先生曾明确指出,近代民法的一整套概念、原则、制度、理论和思想体系是建立在对当时社会生活所做出的两个基本判断之上的。这两个基本判断,构成了近代民法制度和理论的基石。第一个基本判断叫作平等性,第二个基本判断叫作互换性。民事主体在平等性上的不足将会因互换性的存在而得到弥补。[①] 在这一分析的基础上,有学者进一步对民法上的平等作出区分,指出在分配利益和负担的语境中可以有两种意义上的平等对待:一种是强式意义上的平等对待,这种平等对待要求将每一个人都视为"同样的人",要使每一个参与分配的人都能够在利益或负担方面分得平等的"份额",因此要尽可能地避免对人群加以分类。另一种是弱式意义上的平等对待,这种平等对待要求按照一定的标准对人群进行分类,只有被归入同一类别或范畴的人才应当得到平等的"份额"。[②]

传统民法中的强式平等原则在公司法中的最集中体现就是股份平等原则,或者谓之股权平等原则。由于这一原则在公司法律制度中具有相当于首要原则的重要功能,因此,主要市场经济国家的公司立法一般都直接或者间接地承认该原则。在德国旧的《商法典》关于股份公司的条文中,最初并未规定股权平等原则。在20世纪20年代,德国法院曾经在有关判决中运用民法中的公序良俗原则来代替股权平等原则。不过,其后的许多学说与判例都逐渐承认股权平等原则实际上是一项具有独立意义的公司法基本原则。于是,德国在1978年修改《股份法》时增列了第53a条,明文规定了股权平等原则。[③] 欧盟在其第2号公司法指令的第42条中也明确要求各成员国的法律应当确保处于相同地位的全体股东能够获得相同的对待。经济合作与发展组织(Organization for Economic Co-operation and Development, OECD)在其1999年5月发表的《公司治理准则》(OECD Principles of Corporate Governance)的第二章中也非常明确地规定了股权平等待遇原则,要求成员国的公司治理框架应当确保包括小股东与外国股东在内的所有股东都能获得平等的待遇,所有股东在其权利受到侵害的时候都有机会获得有效的救济,并且从同类股票的股东应得到平等对待、禁止内幕交易和自

---

① 参见梁慧星:《从近代民法到现代民法——20世纪民法回顾》,载梁慧星主编:《民商法论丛》(第7卷),法律出版社1997年版,第233~239页。

② 王轶:《民法价值判断问题的实体性论证规则——以中国民法学的学术实践为背景》,载《中国社会科学》2004年第6期。

③ 1993年修订的德国《股份公司法》第53a条的表述为"股东在同等情境下应当被同等对待"。2010年12月的修订沿用了这一表述。

我交易、董事会成员和高管应向董事会披露其第三方利害关系3个方面对股权平等原则的贯彻提出了具体的要求。中国1993年颁布实施的原《公司法》中并没有明确规定股份平等或者股权平等原则，但却设有不少体现了股权平等原则的条款，比如该法第130条第1款关于同股同权和同股同利的规定、第106条第1款关于一股一个表决权的规定、第195条第3款关于股东按照所持有股份比例分配剩余财产的规定等。

股份平等原则在股东权利方面的具体体现主要集中于对公司收益、净资产以及公司控制的比例性利益，股东的权利除此之外还有很多种，但大体上都是从上述3种比例性利益中派生的或者为了维持或者实现这3种利益的权利。[①] 股份平等意味着股权之间仅有比例不同，而无性质差异。在传统公司法中，股份平等被视为公司法的核心原则之一，该原则不能通过公司章程予以改变。这一原则防止公司发行权利优于现有股份的股份，也禁止公司通过发行不同类别股份来安排其资本结构。

2. 股份公司股东同质化假定

传统公司法理对公司（尤其是股份公司）“资合性”特质的强调实际上体现出对股东的一种“同质化”的假定，即忽略股东之间的实然差异，而仅仅将他们视为无差异资本的载体。同样，股东们所拥有的股权也是同质的，即可以“将公司的股权看作被切开的馅饼。就馅饼而言，那些吃它的人可能得到的大小不同，但是每一块的内容都应该具有相同的性质。就公司而言，每个股东的要求依其拥有的股权的比例而不同。但是，正如一块块的馅饼，每一块与其他部分相比应该有相同的成分。就股份而言，这意味着与企业的财富有关的一套相同的权利”。[②] 股东“同质化”假定下的股份公司内部权力分配的一个核心原则就是“一股一票”原则。按照传统的公司理论，股东有权控制公司，因为他们拥有公司剩余索取权，所以股东对最大化公司剩余利益有着同质的需求。而“一股一票”原则无疑是将股东的“同质性”偏好集合成公司集体偏好的最佳方式。每一股东就每一股拥有一票，如此一来，所有股东就拥有了与他们的剩余利益相当的投票权，这将为所有股东提供适当的激励去参与公司事务。

---

① 参见[韩]李哲松：《韩国公司法》，吴日焕译，中国政法大学出版社2000年版，第224页。

② [加]布莱恩·R. 柴芬斯：《公司法：理论、结构和运作》，林华伟、魏旻译，法律出版社2001年版，第509页。

3. 基于两权分离的代理理论

就经济学的角度而言,公司组织体的制度建构主要是为了解决两大问题,即风险分担问题和代理问题。首先引起经济学家们关注的是组织中的风险分担问题,该问题是指当合作方对风险拥有相异的态度时所产生的问题。代理理论者随后对有关风险分担的研究进行了拓展,涵盖了当合作方拥有互异的工作目标和视角时产生的所谓代理问题。其基本内涵是,如果代理关系双方都是效用最大化者,就有充分理由相信代理人将不会总是为着委托人的最佳利益而行事。代理问题产生于下述两种情形:当委托人和代理人的期望或目标冲突时;当委托人难以证实代理人实际在做什么或者证实成本昂贵时。① 代理问题的实质就是结果的不确定性问题,代理理论所致力的代理问题的解决就是为了减少委托—代理合同关系中的不确定性问题。

在代理理论的视野中,与管理者所有型公司一样,大型股份公司的股东同样是公司的唯一所有者和剩余索取权拥有者。② 其基本特点是,股东不被要求在组织中担当任何其他角色;它们的剩余索取权可以不受限制地让与;允许在股东中不受限制地分担风险。③ 代理理论将股东定位为公司的所有者和剩余索取者的理念在传统公司法理论和制度中也得到了明确的贯彻和体现。传统公司法理论认为,作为股东出资的对价,股东应当享有从公司中获得经济利益和参与管理的权利。与剩余索取权相对应的股东权利包括公司利润分配权(分取红利)、公司新发行股票的优先购买权、公司清算剩余财产的分配权等。同时,为保证股东财产性收益权的实现,公司法还赋予了股东对公司的控制权,如信息知情权、股东大会参加权、投票表决权、直接诉讼权和衍生诉讼权等。

4. 股份权利结构完整性原则

立足于股权平等和股东同质化假定,传统公司法理论进一步发展出了股份权利结构完整性原则,即在处理股权经济性权利与参与性权利的关系时普遍采取了禁止分离的默示规则,该规则在传统公司立法中一般被表述为"比例性原

---

① See Kathleen M. Eisenhardt, "Agency Theory: An Assessment and Review", *Academy of Management Review* 14, 1989, p. 58.

② See Michael C. Jensen & William H. Meckling, "Theory of the firm: Managerial behavior, agency costs and ownership structure", *Journal of Financial Economics* 3, 1976, pp. 305 – 360.

③ See Eugene F. Fama, Michael C. Jensen, "Agency Problems and Residual Claims", *Journal of Law & Economics* 26, 1983, pp. 301 – 325.

则”或“一股一票”原则。“比例性原则”被欧洲委员会界定为“所有与控制之间的均衡配置”。在这一语境下的“所有权”被限定为“现金流权利”。[①] 不过,在传统公司法的体系下,股权权利禁止分离规则的内涵远比“一股一票”或者“比例性原则”的字面所传达的意思要丰富得多。首先,股权具体权利不得与成员资格相互分离。德国学者莱塞尔等在论及股份公司的成员权(股东权)时也强调了“与成员权相关的各个权利的一个最重要的基本特征是,这些权利是不能与成员资格相分离的。也就是说,这些权利既不能单独进行转让,也不能用于抵押。德国法严格规定了这一禁止分离原则”。[②] 其次,经济性权利与参与性权利不得分离,特别是股权的经济性权利与参与性权利不能相互分离而单独转让。美国一些州的公司法明确禁止出售投票权。美国特拉华州 1958 年的 Hall v. Isaacs 一案就明确表示了公司法禁止股东在不同时转让其在公司剩余财产中的利益的情况下单独出售其投票权。[③] 美国《纽约州商业公司法》第 609(e)条规定:非经本条以及本法第 620 条授权,股东不能为任何数目之金钱或者其他有价物而向任何人出售其投票权或者签发投票权代理。伊斯特布鲁克和费希尔从理论上将公司法关于股权的经济性权利与参与性权利不得分离的规定概括为“投票权附随于公司剩余利益”。[④] 最后,股权经济性权利与参与性权利实行比例性配置。

三、中国股份公司股东权利一元化配置模式的内在缺陷

尽管传统理论为股东权利一元化配置模式提供了形式上的逻辑合理性,但这种大一统的股东权利构造模式的实际运行效果并不尽如人意。以中国股份公司的现状为例,许多家族公司面临着外部融资需求与控制权保留的冲突困境;上市公司中同样享有投票权的中小股东普遍表现出“理性的冷漠”,分红权也难以

---

① 关于该原则更为完整的定义可以参见 *Report of the High Level Group of Company Law Experts of* 2002,该报告中指出:“最终的经济风险与控制权之间的均衡性意味着股权资本拥有一种参与公司利润或者清算剩余分配的不受限制的权利,并且只有这种股权资本能够正常地附有与其所承担的风险相均衡的控制权。”

② [德]托马斯·莱塞尔、吕迪格·法伊尔:《德国资合公司法》,高旭军等译,法律出版社 2004 年版,第 103~104 页。

③ Hall v. Isaacs,146 A. 2d 602(Del. Ch. 1958).

④ Frank H. Easterbrook and Daniel R. Fischel,*The Economic Structure of Corporate Law*,Boston,Harward University Press,1991,p. 73.

得到充分实现；立法所提供的股东权益救济机制的保障作用也无法得到有效发挥。这些现实都充分折射出法定的一元化股东权利构造模式存在诸多内在缺陷。

(一)股东权利配置无法体现公司自治理念

传统代理理论者眼中的股份公司是股东拥有公司而成为委托人，管理者作为股东的代理人而经营公司。那么以此为基础所构建的股东本位制度模式就是要服务于两种功能：一是要保障公司经营的首要目标定位于实现股东利益最大化；二是要保障股东拥有对公司的最终控制权。代理理论者主观上认为这两种功能的实现都可以通过契约路径，因而其理论主张是排斥公权力对公司的干预的，并且在很大程度上也是将公司法律作为一种契约看待的。但是，代理理论者自身所面对的解决代理人道德风险与逆向选择的难题，以及随后的理论研究者们所揭示出的人的有限理性、管理层机会主义、不完全契约理论、中小股东理性的冷漠、资本多数决原则下的多数暴政和诉讼救济中的少数恐怖主义等一系列现实问题，都阻碍了契约化公司治理的优化目标的实现，这又使公司治理不得不借助强制性法律规范来矫正。于是，保护股东利益和克服市场失灵就成为公权力在公司治理领域大举登堂入室的“通关文牒”，并借助其自身特有的自我膨胀能力不断拓展其作用界域。这种结局应当是与代理理论者的初衷背道而驰的。

传统公司法的强规制化之表现可谓俯拾皆是，而关于股份类型的一元化安排也是公司法强制性的一个显著表现。如前文所述，中国现行《公司法》虽然经过2005年的修改而迈出了去规制化的重要步伐，但其中关于股份公司股东权利配置的相关内容仍然大量存在强制性规范。法律对公司内部关系的过度干预也必然大大减损公司章程在实现公司自治上的“宪章”性作用，使其在很大程度上成为一种形式化的摆设。首先，这种形式化表现在公司章程的模式和结构单一上。无论是有限公司还是股份公司，无论公司规模大小，公司章程几乎都是如出一辙。其次，公司章程的形式化还表现在公司法律对公司章程要求的强制性记载事项范围过于宽泛。再次，公司章程的形式化还体现在法律没有赋予公司章程根据股份公司具体情况选择公司治理条款的权利，即公司法对股份公司内部治理的规定很少允许公司章程另行作出规定。最后，公司章程的形式化还表现在缺乏合乎本公司需要的独特的股份类型设计，完全由立法统一打造的单一股份权利构造与公司自治理念相去甚远。

(二)单一股份类型无法满足股东的异质偏好

按照诺思的阐释,在经济社会中,“制度是为约束在谋求财富或本人效用最大化中个人行为而制定的一组规章、依循程序和伦理道德行为准则”。制度的功能在于“提供人们在其中相互影响的框架,使协作和竞争的关系得以确定,从而构成一个社会特别是构成了一种经济秩序”。[①] 而就某一社会或者说某一种经济秩序而言,制度并不应当是单一和僵化的,而应当是多元和灵动的。因此,法律在公司内部关系中的“大一统”努力往往只是一种理想主义的一厢情愿,它没有充分考虑到公司各成员间的多样化需求。这种单一的立法模式必然引发制度供给不足。在中国公司法中,制度供给不足的一个突出表现就是因《公司法》未对股权内容的自治性配置予以明确规定而导致的股份制度供给不足。[②] 这种一元化股东权利配置制度所引发的现实后果必然是,某些投资者所看重的某些权利因为保障不足而难以充分实现,另一些权利则因缺乏行使积极性而沦为虚设。

(三)股东权利行使结果与平等初衷相背离

在股东权利一元化配置模式下,每一股份所对应的权利是相等的,作为公司的出资者,中小股东与控制股东在法律上的地位是一致的,他们都是公司的股东,都享有公司法和公司章程规定的内容相同的股东权,包括自益权和共益权。但这种权利配置实际上在一开始就注定了中小股东在公司治理中的弱势地位,特别是随着公司资本基础的扩大,股份日益分散化,小股东越来越远离公司的最终控制权。股东地位强弱分野的不断加深是有着其深刻的现实根源的。

首先,股东之间在经济实力上存在不对等。特别是在大型公众公司中,中小股东的经济实力与其对应的控制股东的经济实力往往是天壤之别的。控制股东极其强大的经济实力不仅使其在公司内部能够完全左右资本多数决的结果和公司的日常经营决策,也使其能够有效地借助外部的政治权力、市场手段、媒体力量、社会影响等进一步巩固和加强其在公司中的霸主地位。而中小股东“位卑言

---

① [美]道格拉斯·C.诺思:《经济史上的结构和变革》,商务印书馆1992年版,第227~228页。

② 参见任尔昕:《关于我国设置公司种类股的思考》,载《中国法学》2010年第6期。

轻”,在公司内外部基本上都不具有话语权,正当救济时也要面对高昂的维权成本和集体行动的难题,因此其最终的选择要么是沦为控制股东的陪衬,要么是“用脚投票”一走了之。

其次,股东之间存在明显的信息不对称。即使我们不去考虑股东之间经济实力的差别,或者可以设想某一中小股东的经济实力有可能强于某一控制股东,但是由于控制股东一般都拥有对公司管理层的直接控制,其所能利用的信息通道、所能获得的信息范围、所获信息的准确及时以及获得信息所需付出的成本等方面的优势都是其他股东无法比拟的。中小股东的这种信息弱势不仅大大削弱了其参与公司事务、影响公司决策的共益权行使能力,也会使其在自益权受到侵害时面临证据不足等种种维权难题。

最后,股东之间向公司转嫁成本的能力不同。控制股东利用其对公司管理层的控制,可以将许多原本应由其个人支付的费用转嫁到公司头上。而中小股东却无法享受此种便利。上述根源的客观存在几乎从一开始就注定了中小股东与生俱来的弱势地位,并随着其程度的日渐加深而使得中小股东的处境不断恶化。小股东的先天弱势加之控制股东的义务缺失极易导致公司实践中的控制股东侵害中小股东权利的案件不断发生,其对公司制度的负面影响甚至超过了传统理论一直重点关注的两权分离所引发的代理问题。有研究表明,全世界的大型公司核心的代理问题是限制控制股东对小股东的盘剥,而非限制不对股东负责的职业经理人王国的构建。①

(四)中小股东权益保护源头机制的缺失

在由法律强制规定的一元化股东权利配置模式下,中小股东权益保护只能通过事中的权利行使和事后的补偿性救济,而无法在事先获得更优的衡平性权利安排。从交易自由的角度来看,强行采用股东权利一元化配置直接制约了中小股东的选择权,即中小股东在投资时仅能选择出资与否,而无法选择对自己最为有利的股东权利构造。这种形式上平等的初始权利安排使得中小股东不能在源头上通过更为合理的出资对价条款来强化自身的利益诉求与保护手段,加上

---

① See Rafael La Porta, Florencio Lopez, De Silanes and Andrei Shleifer, “Corporate Ownership Around the World”, *Harvard Institute of Economic Research Paper* 1840, 1998.

公司运行过程中行使权利所面临的诸多障碍和结果的不确定性，权益极易遭受损害。而中小股东利益一旦受损，就只能单纯依靠立法提供的事后救济。理论上说，中小股东拥有一系列的事后救济机制，如瑕疵公司决议诉讼机制、退出机制（异议股东回购请求权）、股东代表诉讼（少数股东权）、直接诉讼等，但这些事后救济机制不仅要耗费大量精力，其结果也难以预料，即使侥幸成功，对中小股东利益的直接作用也极其有限。

四、中国股份公司股东权利配置制度的变革思路

中国股份公司股东权利配置制度的变革正在受到内外两个方面力量的推动：一方面，现行股东权利配置制度的内在缺陷构成了推动变革的内在力量，中国公司立法亟须对现实需求做出回应；另一方面，全球公司法改革浪潮中所表现出的扩大股东权利配置的自治空间的趋同性特征构成了推动变革的外部力量，中国公司立法亟须对世界潮流做出回应。因此，推动股东权利配置模式从一元走向多元应该成为中国公司法下一步改革的重要内容。

（一）推动公司法基本理念与原则的演进发展

首先，关于股东平等内涵的认知应当从资本层面向主体层面演进。法定的一元化股权配置模式所坚持的股份平等实质上只是一种资本层面的平等，而没有关注到资本背后的出资主体在市场地位、信息获取、权利行使等能力方面所存在的巨大差异。立足于抽象资本层面的股份平等在两个层面上易对中小股东权益造成损害：一个层面是直接制约了中小股东的选择权，即中小股东在投资时无法选择对自己最为有利的股东权利构造；另一个层面是间接损害了中小股东的投票权和收益权，因为在“资本多数决”的股东大会决议规则下，不仅中小股东的投票权形同虚设，其收益权的实现也存在诸多不确定性。这种出发点“平等”、结果却不平等的制度悖论在传统的以比例性为原则的一元化股东权利配置的制度框架下无法得到有效解决。而主体层面的平等则体现了对主体之间差异的关注、对主体个性化需求的尊重、对结果平等的追求等实质平等的基本要义。

其次，关于股东投资目标的界定应当从同质化假定向异质化现实转向。传统公司法理借鉴理性“经济人”假设而将投资收益最大化视为所有投资者的共同

偏好,以此进一步推导出股东是同质的。但这种同质化假定近年来已经受到不少批判。比如,有学者指出,尽管多数股东的利益可以统一到股份价值最大化这一目标之下,但仍有不少例外的股东利益群体,常见的包括员工股东、政治体股东、与公司交易股东、拥有冲突性投资股东等。但即使这些群体内部,股东之间的利益也并非完全一致。① 股东作为主体的异质性对于公司立法所带来的启示是,公司立法在进行股东权利配置的制度设计时不能仅从"资"的视角将股东视为无差异资本的载体,而要从"人"的视角关注股东之间在稳定收益、强化控制、减小风险等方面的不同偏好。

再次,关于公司自治原则的解读应当从治理层面向股东关系层面拓展。近年来,在全球公司治理模式的演进中,趋同的力量正在压倒存续的力量并将最终战胜后者。② 而趋同性所凸显的一个共同特征就是不断放松对公司的强制性管控,拓展其自治空间。中国《公司法》2005 年的修改也在很大程度上体现了这一变革方向,特别是对于有限公司的内部关系安排大量采用了章定条款。③ 不过,该次修法在贯彻公司自治原则方面仍然存在一些不足,突出表现在以下两点:一是关于股份公司的制度设计仍然是以强制性规范为主;二是关于公司自治的拓展主要体现在公司治理层面,对股东关系层面的延伸较为有限,特别是未能在股份公司股东权利配置制度上真正构建起多元化体系。公司法下一步的变革应当将拓展股东关系层面的自治空间作为一个重要内容,允许公司与股东对作为出资对价的权利构造进行自主安排。通过这种自主安排,股东个性化的投资偏好将能在股东权利构造中得到更好的体现,股东的投资收益不确定性风险将能够通过事先的制度安排加以减轻。

最后,关于股东权利保护机制的设计应当从事后救济为主转向注重全程保护。现行公司法在形式上为股东权利的保护提供了一系列事中行使的保障和事后救济措施,如更换董事的权力、要求强制分红、阻止损害公司利益的项目、挑战违规的公司决议、向董事高管提出赔偿请求、清算公司取回剩余财产等。但这些保障和救济途径的实际效果并不尽如人意。有学者通过对中国上市公司的研究

---

① See George W. Dent Jr. , "The Essential Unity of Shareholders and the Myth of Investor Short-Termism", *Delaware Journal of Corporate Law* 35, 2010, pp. 105 – 111.

② 参见孙光焰:《公司治理模式演进趋势之争的方法论检视》,载《法商研究》2008 年第 3 期。

③ 参见钱玉林:《公司章程"另有规定"检讨》,载《法学研究》2009 年第 2 期。

认为，尽管小股东保护被官方认为是证券市场规制的主要目标，但小股东在实践中并没有获得很好的保护。影响障碍主要来自国有股的独大、小股东利益在实践中并没有被置于优先位置、小股东的力量微弱、民事救济的不充分以及独立董事的功能缺陷等。① 实际上，导致股东权利（主要是中小股东）保障不足的重要原因还在于权利的源头配置得不合理，即立法没有赋予股东对于适合自己的权利构造予以自主协商和选择的权利。按照科斯定理，由于交易费用的客观存在，不同的初始权利界定和分配，则会带来不同效益的资源配置，所以初始权利的合理配置是优化资源配置的基础。相比法定的一元股东权利配置模式，多元化配置能够在很大程度上对股东投资收益的不确定性风险通过事先的安排加以减轻。只要法律确保这些安排在公司运营中能够得到很好地履行，就能够为股东特别是中小股东提供强有力的保护。这种保护力要远远胜过内涵较为模糊的信托义务体系和旨在间接保护股东利益的派生诉讼制度。

（二）推动公司股份类型制度供给方式的变革

在中国现行公司法体系下，单一的股东权利构造形成了以强制性规范为主体的股份类型供给方式，这种单纯的法定供给方式已经明显表现出与现实需求的不适应性。正如有学者指出的，立法者不应当试图促使公众公司股权结构标准化，毕竟没有哪一种模式能够具有普适功能。② 按照公司契约理论，公司是一种合同的联结或者说是合同束。如果从投资者以其投资为对价获得股东权利的角度来看，将股东权利配置理解为一种契约是非常合理的。不过股东与公司之间的契约不必须是单一的权利义务构造模式，因为股东的投资偏好与需求是异质的，因而股东权利配置也可以是多元的。实际上，即使在美国这样"一股一权"原则曾占据重要地位的法域，权利构造各异的类别股份形态也极为丰富，关于公司创设不同种类股份的规定已经打破了称谓、概念上的局限，促成了公司融资最大限度的灵活性与适应性。③

---

① See Roman Tomasic and Neil Andrews, "Minority Shareholder Protection in China's Top 100 Listed Companies", *The Australian Journal of Asian Law* 9, 2007, p. 88.

② See Caspar Rose, "A critical analysis of the 'one share-one vote' controversy", *International Journal of Disclosure and Governance* 5, 2008, pp. 126 – 139.

③ 参见于莹、潘林：《优先股制度与创业企业——以美国风险投资为背景的研究》，载《当代法学》2011 年第 4 期。

关于公司立法,公司契约理论所表达的核心观点是:公司法应该是开放式合同,在这种合同形势下,公司参与各方在利益驱动下可以对公司法进行增删修改,在一定情况下甚至可以选择“退出”公司法规则。① 因此,公司法的主要内容不应当是强制性的。强制性规范适用的逻辑基础是所调整对象涉及第三方利益(包括社会公共利益)。但仅就公司内部关系,特别是股东之间的权利配置关系而言,几乎不涉及股东之外的第三方利益。比如,公司利润如何在股东之间分配、公司的投票权如何与出资相对应等,都不会直接影响到股东之外的其他人。对于这些问题,利用强制性规范要求所有公司、所有股份遵循一个权利构造模式,既无正当性依据,也无现实必要。相对于股东而言,债权人在公司关系情境下似乎更需要强制性规则的保护,既然债权人都可以通过初始的契约条款来实现自己的利益诉求,那么股东就更应当拥有实现自己投资偏好的自由。换言之,股东权利不应当被视为公司法的创造物,而应当是公司参与方之间的契约的创造物,公司法所需要做的,除了严格限制的公平性评价之外,就是对这些契约安排予以确认和保护。因此,中国股份公司股份类型制度供给方式应当从单一的立法供给向立法供给与章程供给相结合的方式转变。立法供给的主要任务是确定股份类型创制的原则、边界与保护手段,而章程供给的主要任务则是创制适合本公司情况和市场需求的具体股份类型与相应的权利构造。

(三)推动股东权利配置具体立法规范的变革

尽管股东权利的内容十分丰富,但最为基本的是3类权利,即以分红权和剩余财产分配权为代表的经济性权利、以表决权为代表的参与性权利以及处分性权利。域外公司立法与市场实践的经验表明,要推动股东权利构造走向多元化,相应的立法规范就需要在上述3类权利的制度设计上进行变革。

首先,将“一股一权”由强制性规范改为默示性规范,允许通过公司章程予以排除适用。通过这一变革,公司将能够根据特定股东的需求而对表决权重新加以配置。尽管表决权被视为股东享有的最重要的权利,②“一股一权”也被视为股份平等的当然要义,但正如有学者指出的,作为公司法的基础制度安排,表决

---

① 参见[美]伊斯特布鲁克、费希尔:《公司法的经济结构》,张健伟、罗培新译,北京大学出版社2005年版,译者序。

② 参见张民安:《公司股东的表决权》,载《法学研究》2004年第2期。

权规则的设计更应本着效率之理念进行。[1] 实际上,在现代公司中,表决权基本上已成为争夺控制权的基本工具,中小股东的表决权往往只是一种抽象的存在,在控制权争夺中其表决权的作用不能充分实现,其利益容易受到损害。在这种情况下,通过事后的表决权信托固然是为中小股东利益保护提供了一种较好的外部机制,[2]但表决权信托往往并不能直接实现和增进中小股东的实际利益。因此,在配置股权内容时提供多样化的权利构造组合,允许中小股东以放弃表决权为对价而获得经济性权利的优先或增强,应当是一种更有效的保护机制;同样,也应当允许有意加强对公司控制的股东用其经济性权利或者对公司发展的特定贡献来换取更多的参与性权利。

其次,对于经济性权利的配置,明确允许公司章程在权利计量标准、权利行使顺序等维度上作出差异化安排。现行《公司法》仅明确了股份公司章程可以规定不按持股比例分配红利,在此基础上,应当对《公司法》第 166 条和第 186 条做出修订和完善,进一步明确公司章程可以规定在股东之间不按同一顺序分红、不按同一顺序分配剩余财产。

再次,对于处分性权利的配置,明确允许公司章程在约定的基础上作出附条件或附期限回购、限制转让等规定。除现行《公司法》所规定的法定回购情形外,应当允许公司发行可回购股份,也应当允许公司以股份作为激励,在授予员工股份时附加一定的业绩或者任职期限等限制处分条件。

最后,应当以行政法规形式尽快出台股份公司发行类别股份的具体规范。出台该规范的目标是变革中国股份公司股东权利配置的单一模式,为股份公司直接进行股东权利多元化配置提供规范性路径,促进“市场促生型类别股”的生成和良性发展。由于股东权利配置主要属于公司自治范畴,相应的条文设计应当尽量减少强制性规范,多采用授权性规范和默示性规范。建构的重点包括股份公司股东权利差异化配置的自治边界与基本原则,股份公司能够发行的类别股份的范围,以及各种类别股的法律界定、权利构造、权利行使、权利处分和权利保护等相关制度。

---

① 参见罗培新:《公司法学研究的法律经济学含义——以公司表决权规则为中心》,载《法学研究》2006 年第 5 期。

② 参见胡智强:《论表决权信托——以小股东利益保护为背景展开的研究》,载《现代法学》2006 年第 4 期。

五、结　语

法律规制与公司自治的关系是公司法理论与实践中一个历久弥新的主题，也是公司法律制度演进变革的一条基本逻辑脉络。二者的关系不应当被理解为相互排斥、相互替代，而应是相关补充、相互协调。当然，针对不同的公司关系情境，法律规制与公司自治的位次关系也应当有所不同。对于属于公司内部关系范畴的股东权利配置，以公司自治作为制度供给的主要路径已是全球公司法变革的共识。本文关于中国股份公司股东权利配置模式的反思性研究期待着能为后续的理论研究和立法变革提供以下共识性结论：第一，股东权利的初始配置是一种议价缔约的结果，而非法律赋权的产物；第二，拥有完整权利构造的普通股只是公司法供给的标准化契约，公司各相关方可以在协商的基础上创制具有不同权利构造的类别股份；第三，中国股份公司股东权利配置的多元化变革应当以法律规范为引导，以市场创制为基础。

我国公司资本制度如何浴火重生

吴建斌*

一、引　　言

公司法的基本功能是解决公司利益相关者之间的权利冲突，节省交易成本，促进经济发展。① 其中的资本制度亦应如此。2013 年年底，我国修改《公司法》，除了募集设立的股份公司以及银行证券保险等特别法上的公司仍保留实收资本制外，普通公司废止了 2005 年《公司法》关于分期实缴资本、初次实缴比例、缴足出资年限、最低资本限额、货币出资比例、强制验资、强制年检等规定，实现了普通公司注册资本实缴制向认缴制的转变。2014 年年初，国务院发布关于废止和修改部分行政法规的决定，对相关行政法规特别是《公司登记管理条例》进行了清理。相关部门评价这次修法进一步降低了公司设立门槛，减轻了投资者负担，便利了公司准入。② 而理论界

* 南京大学法学院南京大学法学院教授、博士研究生导师。

本文为国家社会科学基金后期资助项目（14FFX024）的阶段性成果。

① 参见[美]莱纳·克拉克曼等：《公司法剖析：比较与功能的视角》（第 2 版），罗培新译，法律出版社 2012 年版，第 2 页。

② 参见李晶：《全国人大常委会通过关于修改〈公司法〉决定为公司注册资本登记制度改革提供法制保障》，载《中国工商报》2013 年 12 月 31 日，第 A01 版。

和司法实务界的主流意见却并不看好,其运行效果也有待观察。① 主要原因在于现行做法仍然维持法定资本制,资本管制理念并未得到根本改变,明显受到日本公司法的影响,其制度设计本身隐含逻辑悖论,难以适应复杂多变的公司营运实践需要,亟须浴火重生、脱胎换骨。未来的创新路径,似可在破除股东出资公司股本等同于注册资本观念的基础上,任由公司在股东认缴出资认购股份金额中自行确定资本金数额,摒弃法定资本制,从资本管制理路转向股东出资和股份管理理路,汇入声明资本制的国际潮流。

二、我国公司资本制度的逻辑悖论

2013 年我国《公司法》的修改要点有三:

第一,注册资本由实缴制改为认缴制。2013 年修改《公司法》规定,普通有限公司的注册资本为在公司登记机关登记的全体股东认缴的出资额。采取发起设立方式设立的股份公司,注册资本为在公司登记机关登记的全体发起人认购的股本总额。对有限公司、发起设立的股份公司股东或发起人的首次出资额及缴足年限不作限制。一人有限公司的股东也无须一次性足额缴纳公司章程规定的出资额。股东根据公司章程的规定履行出资义务,承担原有法律规定相应的义务和责任。其他股东有权提起违约之诉,公司可以诉请股东补充出资,也可参照《最高人民法院关于适用〈中华人民共和国公司法〉若干问题的规定(三)》第 17 条第 1 款的规定启动除名程序。②

第二,放宽公司设立登记条件。包括:(1)取消对实收资本的要求:实收资本不再是公司营业执照应当载明的事项;公司无须将股东的出资额向公司登记机关登记。(2)取消最低资本限额:一是将有限公司设立条件之“股东出资达到法定资本最低限额”,修改为“有符合公司章程规定的全体股东认缴的出资额”;设

① 参见刘燕:《公司法资本制度改革的逻辑与路径——基于商业实践视角的观察》,载《法学研究》2014 年第 5 期。

② 该规定的具体内容为:“有限责任公司的股东未履行出资义务或者抽逃全部出资,经公司催告缴纳或者返还,其在合理期间内仍未缴纳或者返还出资,公司以股东会决议解除该股东的股东资格,该股东请求确认该解除行为无效的,人民法院不予支持。”该规定仅针对有限公司而不包括股份公司,似乎为司法解释的疏漏。因如前所述,该两类公司之间并无本质区别,2013 年修改《公司法》所涉资本制度改革内容几乎相同,故股东除名程序也应同样适用于股份公司。

立股份公司条件之“发起人认购和募集的股本达到法定资本最低限额”,修改为“有符合公司章程规定的全体发起人认购的股本总额或者募集的实收股本总额”。二是取消对股份公司、有限公司、一人有限公司注册资本最低限额的规定。(3)取消强制验资制度。删去原《公司法》第29条“股东缴纳出资后,必须经依法设立的验资机构验资并出具证明”的规定“股东的首次出资经依法设立的验资机构验资”不再是有限公司申请设立登记的前提条件;“由董事会向公司登记机关报送由依法设定的验资机构出具的验资证明”不再是发起设立的股份公司申请设立登记的条件。

第三,取消年检制度。公司登记机关将公司登记、备案信息通过企业信用信息公示系统向社会公示。每年1月1日至6月30日,公司通过该系统向公司登记机关报送上一年度年度报告,并向社会公示。其中最重要的信息是年度营业状况和财务会计信息特别是资产负债表及其附注。不仅可凭合法身份证件到登记部门窗口查询打印,通过互联网也可以获取。此外,2014年4月24日第十二届全国人大常委会第八次会议还通过了《关于〈中华人民共和国刑法〉第一百五十八条、第一百五十九条的解释》,就《公司法》修改后《刑法》第158条、[①]第159条[②]对实行注册资本实缴登记制、认缴登记制的公司的适用范围问题作出限缩性解释,即该两项规定“只适用于依法实行注册资本实缴登记制的公司”。即虽然封闭式公司资本管制有所松动,但开放式公司和特殊行业公司包括刑法规制仍然维持不变。何况,前者也是貌似放松管制,实则仍然囿于资本信用的束缚,在具体制度安排上陷入既想放宽又要限制的自相矛盾的逻辑悖论之中。

我国公司资本管制理念及其做法,并非始于1993年《公司法》所确立的严格的法定资本制,而是由来已久。1979年的《中外合资经营企业法》第4条首次出

---

① 该条为“虚报注册资本罪”。其规定:申请公司登记使用虚假证明文件或者采取其他欺诈手段虚报注册资本,欺骗公司登记主管部门,取得公司登记,虚报注册资本数额巨大、后果严重或者有其他严重情节的,处3年以下有期徒刑或者拘役,并处或者单处虚报注册资本金额1%以上5%以下罚金。单位犯前款罪的,对单位判处罚金,并对其直接负责的主管人员和其他直接责任人员,处3年以下有期徒刑或者拘役。

② 该条为“虚假出资、抽逃出资罪”。其规定:公司发起人、股东违反公司法的规定未交付货币、实物或者未转移财产权,虚假出资,或者在公司成立后又抽逃其出资,数额巨大、后果严重或者有其他严重情节的,处5年以下有期徒刑或者拘役,并处或者单处虚假出资金额或者抽逃出资金额2%以上10%以下罚金。单位犯前款罪的,对单位判处罚金,并对其直接负责的主管人员和其他直接责任人员,处5年以下有期徒刑或者拘役。

现了“注册资本”的一词,但未下定义。1980 年国家工商行政管理局发布《中外合资经营企业登记管理办法》,相应地规定了注册资本的登记及其变更登记的程序。1983 年国务院发布后经多次修订的《中外合资经营企业法实施条例》第 17 条则分别界定了投资总额和注册资本的概念。前者不赘。后者是指“为设立合营企业在登记管理机构登记的资本总额,应为合营各方认缴的出资额之和”。可见,此处的注册资本 = 资本总额 = 合营各方认缴的出资额之和。1985 年国务院办公厅《关于中外合资经营企业注册资本与投资总额比例问题的通知》指出,关于合营企业的“注册资本与投资总额的比例关系,由于缺乏实践经验,《中外合资经营企业法实施条例》没有规定。近年来,一些地方批准的合营企业注册资本过少,有的注册资本仅为投资总额的几十分之一。合营企业开办时的注册资本是合营各方认缴的出资额之和,是合营企业对社会承担责任的基础和限度。合营企业注册资本过少,外国合资者承担的风险就会缩小,中方承担的风险相应增大,而且会减少国家税收。为了有效地吸收外商直接投资,便于国内谈判单位和项目审批、登记管理机关在对外谈判签约和审批、管理工作中有所遵循,经国务院同意,现对合营企业注册资本与投资总额的比例作如下规定……”“中外合作经营企业、外商独资企业,可以参照本通知办理。”其内容构成了 1987 年《国家工商行政管理局关于中外合资经营企业注册资本与投资总额比例的暂行规定》的主要渊源。

再往前追溯,由于商法理念的缺失和现代企业制度的遁形,在《公司法》颁布之前,我国法律上一直没有确认内资企业“资本”、资本额、资本金的概念。1982 年国务院颁布的《工商企业登记管理条例》规定,工商企业应登记其“资金总额”。(第 5 条)1985 年国家工商行政管理局颁布的《公司登记管理暂行规定》首次提出了“注册资金”的概念,并且明确将注册资金与“实有资金”或“自有资金”联系在一起:“公司章程应载明注册资金数额及来源”,(第 6 条)公司的“注册资金,除根据国务院有关规定经批准者外,应与实有资金相一致”。(第 12 条)不过,上述公司并非公司法意义上的公司,而是名称载有公司字样的非公司企业,注册资金与注册资本也相去甚远。1986 年《民法通则》第 37 条规定,法人应当具备的条件之一是“有必要的财产和经费”。1988 年《全民所有制工业企业法》第 17 条则规定,设立企业必须具备的条件之一是“有符合国家规定的资金”。国务院 1988 年发布《法人登记管理条例》,该条例统一了内外资企业、公司与非公司组织形式的登记制度,但仍然沿用此前"注册资金"的称谓,并明确"注册资金是国家授予法人经营管理的财产或者企业法人自有财产的数额体现",其内涵和外延不甚明了。随后,国家工商行政管理局发布《法人登记管理条例施行细则》。考虑到前述外商投资企业法规已经使用"注册资本"的概念,为了与之相协调,该细则对内外资企业的相关登记事项作了区分,内资企业必须"有符合规定数额并与经营范围相适应的注册资金",(第15条)而外商投资企业则必须有"符合国家规定的注册资本";(第16条)内资企业的"注册资金应当与实有资金相一致",(第31条)外商投资企业的注册资本是指"设立外商投资企业在登记主管机关登记注册的资本总额,是投资者认缴的出资额"。(第32条)该定义虽然与前述《中外合资经营企业法实施条例》中"注册资本"一词的表述有所不同,但"注册资本=资本总额=合营各方认缴的出资额之和"的等式不变,只是后者更换成了"投资者认缴的出资额"而已。

至于1993年和2005年《公司法》规定的资本制度,早已为人熟知。前者第23条规定,有限公司的注册资本为在公司登记机关登记的全体股东实缴的出资额;第78条规定,股份公司的注册资本为在公司登记机关登记的实收股本总额。不仅所有公司类型均采用一次性缴足的严格的法定资本制,而且还对有限公司实行分类最低资本限额制,生产制造、商业批发类公司50万元,商业零售类公司30万元,技术开发咨询服务类公司10万元;股份公司统一为1000万元。2005年修法时在有限公司中改实缴制为认缴制,发起设立的股份公司中改实收股本制为认购股本制,只是留下了最低资本金和分期缴纳的限制,募集设立的股份公司则仍保留实收股本制。前者首缴20%,公司成立后2年内、投资公司成立后5年内缴清,最低注册资本在有限公司降到3万元,股份公司降到500万元。2013年修法的最大亮点为取消普通公司最低资本限额,将法定分期缴纳制改为设立认缴制,如何缴纳委任公司章程自行规定。实际上,这一举措谈不上创新,因为外商投资企业注册资本一开始就采取认缴制而非实缴制,只是1987年国家工商行政管理局在部门规章中曾一方面限制注册资本和投资总额之间的比例,另一方面又要求中外投资者原则上在公司成立后的2年内缴清全部出资,只是该规定的施行效果并不尽如人意。至于外商投资股份公司,则遵行公司法的规定。

正如前述,实行认缴制的公司,表面上似乎可由发起人任意协商确定章程中的资本数额,如何缴纳也由章程自行规定,客观上必然会大大便利公司的设立,激励人们投资创业的积极性,但由于法律仍然强制规定全体发起人或者设立股东认缴的出资额构成注册资本总额,以致即使全无出资或者仅有部分出资,当公司面临正常或非正常的商业风险,导致无法清偿到期债务或者资不抵债时,股东仍要在认缴数额范围内承担补充清偿责任;假如未全额出资的股东转让出资份额或者股份,还会与受让方一起承担连带的补充清偿责任。其出资责任不仅没有减轻,反而还由于时滞因素而加重。学界也早就忠告从实缴制到认缴制的改变,并不免除股东的出资责任。[①] 这一制度一旦长期实施,势必会引起公司与股东之间、股东与股东之间、股东和公司与债权人之间的关系日趋复杂甚或难以处理。信息公示的配套措施,只能在一定程度上缓解上述困境。而且强制公示的内容只有认缴资本而非实缴资本,实际上将在公司设立阶段由公权力建立的防火墙予以拆除,而将防范股东出资不足所带来的风险完全转移给债权人,其社会成本极有可能陡然增加。更为致命的是,有限公司股东全部认缴出资均需组成注册资本,股份公司则仅要求认购股本部分组成注册资本,不但导致中国法语境下的公司注册资本定义不能统一,而且在公司财务账目尤其是资产负债表上无法就资本金作出处理。理由很简单,公司资产负债表右列股东权益部分分为资本金或者股本、公积金、未分配利润等部分,它们与负债部分合计的结果须与左列资产部分合计相等。假如其记载的是认缴而非实缴资本,则为虚数而非实数,甚至需要在负债部分计入股东的债务,导致未缴清出资的股东同时成为公司的债务人,两者之间的关系纠缠不清;假如其记载的是实缴而非认缴资本,则又与资本金或者股本不符。总之,无论如何处理,均会带来无穷隐患。

三、日本公司资本制度的内在矛盾

既然我国公司资本制度深受日本法影响,探究日本公司资本制度的发展演变过程,揭示其内在矛盾,也许能够加深对于我国现行公司资本制度缺陷的认识,并提供对于未来发展方向的启示。日本的公司资本制度几经变迁。1950 年

---

① 参见赵旭东:《资本制度变革下的资本法律责任———公司法修改的理性解读》,载《法学研究》2014 年第 5 期。

前曾长期实行严格的法定资本制,经短暂的分期缴纳制[①]后,通过1950年大规模修法,在美国法影响下改采授权资本制,我国也有人称其为折中授权资本制。现行的公司资本制度,主要是通过2005年《公司法》有关股份、资本金、资本公积金和盈余分配的若干条款综合规定确立的。尽管在细节方面多有调整,但与原《商法》相比,其基本格局未变。2014年日本《公司法》修改并未涉及此项内容,可见其经受了一定时间的考验。择其要点,总结归纳如下:

第一,发起人可依法自行确定授权股份总数。该法第27条有关章程绝对必要事项中,相关内容仅有"设立时出资的财产价额或其最低额"字样,[②]删除了原日本《商法》第166条有关"公司可发行股份总数"以及"公司设立时发行股份总数"[③]的内容。而对于前者,现行日本《公司法》第37条仍规定,章程未明确公司可发行股份总数的,须在公司成立前经全体发起人同意修改章程设置该条款;假如章程原先就设有该条款,则可经同样的程序予以修改。[④] 这样的制度安排似乎有点无事生非、自找麻烦的味道,还不如原先规定清楚明了,便于操作。

第二,授权发起人自行决定公司设立时发行股份数额,开放式公司作为例外受到限制。日本《公司法》第32条授权全体发起人通过合意决定公司设立时发行股份数额及其相应的缴付金额、资本金和资本公积金数额。[⑤] 其中,开放式公司设立时发行股份数额须受该法第37条第3款的限制,即不得低于前述可发行股份总数的1/4;鉴于2001年日本修改《商法》废除了额面股份,一律实行1950年修法时引自美国的无额面股份制度;1981年修法确定的不低于5万日元的股

---

① 参见[日]布井千博:《关于授权资本制度的若干思考》,杨东译,载王保树主编:《转型中的公司法的现代化》,社会科学文献出版社2006年版,第208页;[日]布井千博:《关于授权资本制度的考察》,杨东译,载赵旭东主编:《国际视野下公司法改革——中国与世界:公司法改革国际峰会论文集》,中国政法大学出版社2007年版,第249页。

② 参见[日]菅野和夫等:《便携六法》(平成19年版),有斐阁2006年版,第706页;吴建斌等译:《日本公司法典》,中国法制出版社2006年版,第12页。

③ 参见[日]芦部信喜等:《岩波简明六法》(昭和64年版),岩波书店1988年版,第385~386页;[日]星野英一等:《小六法》(平成2年版),有斐阁平成元年版,第768页;吴建斌:《日本公司法规范》,法律出版社2003年版,第40页;吴建斌:《最新日本公司法》,中国人民大学出版社2003年版,第48页。

④ 参见[日]菅野和夫等:《便携六法》(平成19年版),有斐阁2006年版,第708~709页;吴建斌等译:《日本公司法典》,中国法制出版社2006年版,第17~18页。

⑤ 参见吴建斌等译:《日本公司法典》,中国法制出版社2006年版,第14页。

份面额或者发行价额限制,[①]也被现行《公司法》所废弃,公司可任意决定每股发行价以及相应的缴付金额。

第三,实行股款全额缴纳制。日本现行《公司法》不仅规定公司设立时发行股份须全额认足,全体发起人相互之间承担连带责任,而且实行全额缴纳制,不允许分期缴纳股金或者交付相应的实物(现物),违者适用相关的失权程序,并设有严格的责任追究规则,不仅公司、股东,而且在特定情形下的公司第三人也可采取相应的权利救济措施,相关责任非经全体股东同意,不得免除。[②]

第四,实行股份和资本分离原则,资本金数额实际上任由公司自行确定。根据日本《公司法》第445条的规定,股份公司的资本金数额,原则上为公司设立或者发行股份时认股人缴纳或者交付给公司的财产金额。不过,公司可将其中不超过1/2部分不计入资本金,但须计入资本公积金。[③] 易言之,计入资本金的有可能仅仅是股款的一部分,法律只限制其比例不少于全部股款的1/2。考虑到日本《公司法》废除了1990年修法增设的最低资本金要求,[④]从前述第二点中也可推断公司设立时发行股份比例及其数额不限,故资本金数额实际上任由公司自行确定。此规定并非该法的新设条款,而是直接从2001年修改《商法》第284条之二、第288条之二移植过来的。[⑤] 股份和资本分离原则,以及授权公司任意确定资本金数额,对于认清日本公司资本制度的逻辑悖论具有特别重要的意义。

第五,通过公示和盈余分配限制,发挥资本金的债权人保护功能。1950年以降,日本公司资本金均非章程法定记载事项。为了体现其保护公司债权人的制度价值,相关法律转而规定其为公司设立登记以及资产负债表载明事项予以公

---

① 参见吴建斌:《最新日本公司法》,中国人民大学出版社2003年版,第77~78页。

② 参见日本《公司法》第34~35条、第52~55条;[日]菅野和夫等:《便携六法》(平成19年版),有斐阁2006年版,第708页、第711~712页;《日本公司法典》,吴建斌等译,中国法制出版社2006年版,第16~17页、第25~26页。

③ 参见[日]菅野和夫等:《便携六法》(平成19年版),有斐阁2006年版,第799页;《日本公司法典》,吴建斌等译,中国法制出版社2006年版,第223页。

④ 股份公司和有限公司并不相同,前者为1000万日元,后者为300万日元。

⑤ 参见[日]青山善充等:《便携六法》(平成17年版),有斐阁2004年版,第654~655页;吴建斌:《日本公司法规范》,法律出版社2003年版,第137~138页。

示,继而以此制约公司盈余分配。[1] 尤其是后者。现行日本《公司法》第446条就公司的盈余额构成做了重大调整,变得十分复杂,但大体上可通过盈余额=(公司总资产额+自有股份账面总额)-(总负债+资本金+公积金+法务省令规定项目累计额)的公式计算得出。[2] 而可分配额尽管不限于利润,比如可用公积金转增可分配额,但仍须先从上述盈余额中扣除法定事项。[3] 由此可知,日本《公司法》虽然废除了最低资本金规定,但却在该法的第458条中,设置了公司净资产额不足300万日元时,不得对股东进行盈余分配的限制性条款。[4]

综上,日本现行公司资本制度,在法律上明明已经授权公司决定可发行股份数额,资本金也与授权股份或者授权资本相分离,与公司资产之间更无正相关关系,它作为公司设立时任意确定的一个数额,无论对于股东、公司和公司债权人哪一方面均无实际意义的历史性概念,现行法仍设置如此繁复的规定,另外还在该法第447条、第450条中规定减资及用盈余额转增资本金须经股东大会审议决定,[5]完全是多此一举。

早年日本学者对此多有批评,如铃木竹雄、竹内昭夫教授。[6] 他们认为所谓的"授权资本,从公司可发行股份总数角度,应当称其为授权股份,且当然与资本没有关系"。[7] 1950年后因采用授权资本制,同时引入无额面股份制度,资本额又不能列入章程条款,故就额面股份仍将股本金总额计入资本,超过额面金额

---

① 参见《日本公司法典》,吴建斌等译,中国法制出版社2006年版,第469页、第217页、第223~224页;[日]前田庸:《公司法入门》(第12版),王作全译,北京大学出版社2012年版,第58页、第438~440页、第476~484页。参见[日]芦部信喜等:《岩波简明六法》(昭和64年版),岩波书店1988年版,第388~389页、第412页;星野英一等:《小六法》(平成2年版),有斐阁1989年版,第771页、第794页;[日]菅野和夫等:《便携六法》(平成19年版),有斐阁2006年版,第901页。

② 参见[日]菅野和夫等:《便携六法》(平成19年版),有斐阁平成18年版,第799~800页;《日本公司法典》,吴建斌等译,中国法制出版社2006年版,第223~224页;[日]前田庸:《公司法入门》(第12版),王作全译,北京大学出版社2012年版,第468~469页、第477~484页。

③ [日]前田庸:《公司法入门》(第12版),王作全译,北京大学出版社2012年版,第477~484页。

④ 参见[日]菅野和夫等:《便携六法》(平成19年版),有斐阁平成18年版,第802页;《日本公司法典》,吴建斌等译,中国法制出版社2006年版,第230页;[日]前田庸:《公司法入门》(第12版),王作全译,北京大学出版社2012年版,第19页。

⑤ 参见[日]菅野和夫等:《便携六法》(平成19年版),有斐阁平成18年版,第800~801页;《日本公司法典》,吴建斌等译,中国法制出版社2006年版,第225~227页。

⑥ 参见[日]铃木竹雄、竹内昭夫:《会社法》(新版),有斐阁1987年版,第23页、第27页。

⑦ 同上书,第24页。

的溢价部分计入公积金。而就无额面股份,因其发行价中没有作为基本部分即额面的股本金,无法像额面股份那样区分面额部分和溢价部分,但又不必将全部股款均计入资本,故只好进行人为处理,任意决定将无额面股份的实际发行价额分别计入资本金和公积金,从而导致股本和资本金之间不能对应的结果,而且这样的资本与股金总额不一致的情况成为常态。如此一来,法律索性废除资本划分为股份的规定,从而切断了资本与股份之间的关系。① 可惜,这样的见解没有引起立法机关的足够重视,晚近日本学者也未能展开进一步的研究。

四、资本信用理念遭受公司运行实践的冲击

对于全球各国或者地区几种典型公司资本制度,如法定资本制、授权资本制、折中资本制以及近年复兴的声明资本制,均未能断言孰优孰劣,而是认为,应当结合具体情况(局限条件)予以仔细分析,方能加以合理评判。但也许能够确认的是,法定资本制是曾经为所有实行公司制度的国家和地区均采用过的制度,它与资本主义发展初期的社会经济环境相互契合,甚至奠定了公司法的基础。特别是对确立公司的独立地位和股东有限责任,最终促使这一商事组织从独资、合伙企业中脱颖而出,占据"统治世界"的显赫地位,发挥过极其重要的作用。但随着时代的变迁,尤其是公司财务结构的多样化、信息技术的进步以及政府管理方式的转变,逐渐失去了存在价值。更何况,法定资本制色彩浓厚的资本制度貌似发挥政府的主导作用,实际上因其缺乏灵活性、政府管制成本往往远大于由此带来的收益。而且由于待后详述的资本与股份、股本、股金之间原先的正相关关系,随着制度本身的演化,已经逐渐偏离甚至不复存在,或者如我国最新修法结果那样表面上仍然存在,但因与公司营运的实际需要和现实做法大相径庭、格格不入,也许已经走到了其生命的尽头。那种保留法定资本制色彩的公司立法及其相应的理论依据虽然用心良苦,但无法实现逻辑上的自洽,其实效性大打折扣

① 参见[日]铃木竹雄、竹内昭夫:《会社法》(新版),有斐阁1987年版,第335~336页。

甚至事与愿违、适得其反。①

正如前述,我国《公司法》转道台湾地区"公司法",深受日本《公司法》的影响。日本虽然在1950年《公司法》大修改时就引进了美国的授权资本制,但却有所变通,多年采行所谓的折中资本制,限制股份公司设立时发行股份与授权股份的比例,最新《公司法》仍然保留开放式公司设立时发行股份不得低于章程规定授权股份数额1/4的规定。只是此处法律规范的对象为授权股份和发行股份,而非授权资本和发行资本。笔者也颇为质疑我国公司法流行教科书中的授权资本和发行资本的表述。股份和资本之间的关系,在采行额面股制度的公司法中,尚能建立起正相关关系,因为通常情况下,股份面额乘以股份总数等于股本即资本,相当于我国的注册资本。此时,资本可以划分为均等的股份。假如采行无额面股份制度,则股份、股本、资本、注册资本之间的正相关关系很有可能不复存在,我国大部分公司法教科书就需要重写。日本对此已经先行一步,即全面实行无额面股份制度,公司自行决定股份发行价格,实缴实收股金原则上计入资本金,同时允许公司将其中不超过1/2部分不计入资本金,而是计入资本公积金。其结果是,资本金与授权股份或者授权资本相分离,它作为公司设立时任意确定的一个数额,已从最低资本金藩篱中解脱出来,无论对于股东、公司和公司债权人哪一方面均无实际意义。经查,日本索尼公司、松下公司2014年度资产负债表中的资本金占全部股东权益的比例,大体上均不到1/10,其他很多大公司都有类似的情况。

美国《示范公司法》以及大部分州的公司法,均对公司资本金不作要求。以美国为代表的上市公司资产负债表的所有者权益栏目下,记载有已发行股份事项,而并无资本或者股本栏目,微软、英特尔、谷歌、FACEBOOK等著名公司莫不如此。

我们先以较为熟悉的公司,即2014年9月在美国成功上市的阿里巴巴集团为例加以说明。该公司与其说是中国公司,还不如说也是一个由日本软银集团

---

① 国内相关研究已经涌现出一批代表性成果,本文不予赘述。参见傅穹:《法定资本制:诠释、问题、检讨——从公司不同参与人的利益冲突与衡量观察》,载《南京大学法律评论》2002年春季号;赵旭东:《从资本信用到资产信用》,载《法学研究》2003年第5期;邓峰:《资本约束制度的进化和机制设计——以中美公司法的比较为核心》,载《中国法学》2009年第1期;刘燕:《公司法资本制度改革的逻辑与路径——基于商业实践视角的观察》,载《法学研究》2014年第5期。

直接和间接控股的国际性公司。据阿里巴巴集团招股说明书披露,该公司上市实体阿里巴巴集团控股公司(Alibaba Group Holding Ltd.)是注册于英属开曼群岛的离岸公司,其100%控股阿里巴巴投资有限公司(注册于英属维尔京群岛)、淘宝控股有限公司(注册于开曼群岛)、阿里网络有限公司(注册于开曼群岛)等几个主要的全资子公司。其中,阿里网络有限公司拥有一个全资子公司——阿里网络投资公司(注册于英属维尔京群岛);淘宝控股有限公司拥有一个全资子公司——淘宝中国控股有限公司(注册于中国香港)。此外,阿里巴巴集团通过媒介控股公司100%控股两个外商独资企业即杭州阿里巴巴科技有限公司和阿里索芙特上海有限公司。上市实体通过复杂的股权结构和VIE协议安排,将总部设于中国杭州的公司权益转换为离岸公司的权益,再到美国上市。该公司创下250亿美元的美国股市IPO融资额最高纪录,其总股本为25.130219亿元,市值最高超过3000亿美元,经过2015年全球股市震荡,现仍保持在2000亿美元左右。而在2006年日本首富孙正义实际控制的软银集团投资2000万美元,此后多次再融资,软银直接间接持股57%,上市后增值数百倍。该公司的估值,股东出资,认缴、实缴实收资本(股本)也完全不同。因财务报表口径的差异,截至2015年6月30日,阿里巴巴资产负债表的权益总额列有优先股和普通股、额外实收资本栏目。[①] 其中的"额外实收资本"相当于我国会计准则中资本公积金,而资本、股本或者注册资本项目反而未予反映。另外,因股东出资时间不一、每次股价有异,故阿里巴巴股东出资与股份、股本、资本之间几乎完全没有对应关系。

另举一例。2013年沃顿商学院某MBA毕业生回国创业,完全模仿美国硅谷创业企业的模式,先由1位脱产创始人牵头联络另外4个有志于创业的兼职校友,口头约定合伙创办一社交网站,负责经营管理事务的脱产创始人作为专职经理持股40%,负责技术支持的其他4位兼职合伙人合计持股60%。该网站稳定浏览者达到一定数量,就开始寻找风投VC或者私募PE投资,拟首次融资500万元,投资方持股不超过20%。一旦融资成功,则登记设立一个有限公司。其股份构成为风投20%,5位创始人80%。此时,公司估值为2500万元,包括风投500万元,创业合伙人为2000万元,其中专职经理占股为32%,其他4人合计48%,

① 参见《阿里巴巴资产负债表》,载新浪财经:http://vip.stock.finance.sina.com.cn/usstock/balance.php?s=BABA,最后访问日期:2015年11月22日。

如果平分股份，则每人12%。由于公司实收货币出资只有500万元，而注册资本更少，比如定为10万元，其余490万元在不考虑设立费用的情况下计入资本公积金。第二次、第三次融资时，公司估值、融资数额和注册资本数额之间的差距会更大，前两者数额与我国公司法上的注册资本、日本公司法上的资本金毫无关系，所谓的注册资本仅占投资者的货币出资很小比例，假如考虑到创业合伙人人力资本折价部分的价值，则资本金数额更可忽略不计。

再举一个最高人民法院“对赌协议”判决案例。2012年11月7日(2012)民提字第11号即最高人民法院首次判决“对赌协议”部分有效的案件，即苏州工业园区海富投资有限公司与甘肃世恒有色资源再利用有限公司、香港迪亚有限公司、陆波公司增资纠纷案，原告出资2000万元实际换取原港商独资企业港方股权3.85%。具体操作时，在投资协议中规定原告出资15.38万美元，占注册资本的3.85%；原股东出资384万美元，占注册资本的96.15%。原告应于合同生效后10日内一次性向合资公司缴付人民币2000万元，超过其认缴的合资公司注册资本15.38万美元的部分，计入合资公司资本公积金。对此融资结构的安排，竟有地方法院判决原告出资不计入资本金的部分，不属于股权投资，而是借贷资金，属于债权融资，因违反企业间不得借贷的规定而无效。最高人民法院虽然终审改判“对赌协议”在投资人和原股东之间有效，但对股东出资未计入资本金部分的性质如何认定却未予理涉，留下了不小的遗憾。该案所反映的一个客观事实，就是投资者通过增资入股原公司的出资总额，与其计入资本金的数额之间，差异也有20余倍。

上述3例所昭示的一个简单道理，就是我国新近的认缴资本制改革，严格限定全体股东认缴认购的出资或者股本，必须全部计入资本，股东在公司催缴时即产生实缴义务，从而将股东的手脚捆死，而不为公司留下任何灵活处置的余地，认缴制改革充其量只是表面宽松，骨子里仍是贯穿着资本管制、资本信用的理念。

五、公司资本制度改革国际趋势

公司法在我国作为“舶来品”，根基在大陆法系，但英美法系的影响也不容小觑。为了进一步认识现行资本制度的逻辑悖论，有必要探究欧美公司资本制度的由来，以及最新国际发展趋势所体现的逻辑思路和实践理性。而在此前，需要先澄清我国学界既司空见惯又语焉不详的股份、股本、资本、资本金和注册资本等基本概念。

欧美国家早期并不区分有限责任制公司的股本与资本。英美法系国家特别是美国各州多采用授权资本制和公司设立备案制后,尽管公司备案材料所附章程大纲和章程细则(美国)、备忘录和公司宪章(英国)可能载有股本或者授权股份条款,但因美国设立公司不需要注册登记而是备案即可,备案机关更不用登记公司资本金,公司章程所载的授权股份、股份总数,与我国公司法上的股本、资本金或者注册资本完全不是一回事。授权股份表明的只是公司可发行股份的数量,而不是可用金钱表示的价额,甚至难以采用注册、登记这样的概念;股本、资本或者资本金才以价额表示,并可注册登记。因此,注册资本或者登记资本这一概念只有在现行大陆法系公司法上才能找到相似的术语,例如,德国法上的股份公司和有限公司通常仍须在公司章程或者公司合同中载明基本资本,①并作为公司登记事项。我国流行教科书中有关授权资本、发行资本、实缴资本的表述,分别称为授权股份、发行股份、实缴股款或者股金也许更为正确恰当。不过,上述词汇在欧盟法上倒是有迹可循的。《欧盟公司法指令2》第2条、第3条所指公司章程或者设立文件应记载事项中确有“授权资本”“实际认购的资本数额”等字样,但第6条却又转用“实际认购股本的最低数额”而非最低资本、最低授权资本、最低资本金或者最低注册资本的限制了,②疑似翻译不够准确。英国引入《欧盟公司法指令》后,也未规定开放式公司实行最低资本制度而是仅对最低股本做出限制。而且英国的封闭公司或者私人公司、美国大部分州的公司法中并无最低股本要求,理论上可以认购1美元1股或者1英镑1股甚至更低的数额设立公司。类似的用词混乱也同样出现在有关欧盟公司法的著述中。例如,有学者称:“所有资合公司都有股本,它代表了股东缴纳的资本金,是可供公司对债权人履行债务的财产。”“通常,公司资本分为股份。”“股本包括:(1)已配发股份的面值;(2)任何已支付的溢价额;(3)公司必须保留的资本公积金。”③此处将股本视为股份面值、溢价额与资本公积金三者之和,显然不符合公司法以及公司财务会计的基本常识。

---

① 参见《德国商事公司法》,胡晓静等译,法律出版社2014年版,第25页、第68页。

② 参见《欧盟公司法指令全译》,刘俊海译,法律出版社2000年版,第17～19页。

③ 参见[荷]阿德里安·德瑞斯丹等:《欧洲公司法》,费煊译,法律出版社2013年版,第158～159页、第171～172页。

实际上,从近年译介的英美法系国家公司法文本中,是能够厘清上述概念之间的混乱的。英国2006年《公司法》删除了"授权资本"(应当是授权股本,更为准确的表述是授权股份——笔者注)的概念,[①]不再要求公司确定授权资本(授权股本、授权股份)事项,而是在设立公司时,根据该法第9条规定提交设立登记文件,包括前述备忘录和公司宪章,载明发行股份总数及其额面总价;各种类股份总数及其额面总价;每一股份已缴付金额和未缴付金额。[②] 美国《示范公司法》第2.02节规定公司章程须载明"公司被授权发行的股份数额";同时,公司章程可包含"授权发行股份或各类股份的面额"。[③] 此外,未见更多有关股份、股本、资本及其相互关系的示范性条款。《特拉华州普通公司法》第102条所规定的公司章程绝对必要事项中,与股份、股本、资本有关的内容较为详细,相互之间的关系也更为清楚。其主要内容为:仅授权公司发行一类股份的,载明公司有权发行的股份总数和每股面额,或者载明所有股份均无面额……[④]该法第154条又规定,公司可以通过董事会决议决定:公司发行的任何股份的对价,可以仅有部分作为公司资本;但发行的股份中有额面股的,确定为资本的对价部分应当高于总面额;发行的所有股份均为额面股的,确定为资本的对价部分,只需等于总面额……无额面股份对价中作为公司资本的部分,即为该股份的声明资本(原文为Stated capital,也译作设定资本、额定资本、账面资本——笔者注)。[⑤]

由此可见,公司资本制度的复杂之处在于新近典型英美法系国家和地区的修法成果也不尽一致,英国法有激进的一面,如废止授权资本,但更多地体现了保守倾向,如迄今仍不允许发行无额面股份。前述欧洲大陆法传统似乎在统一欧盟公司法运动中占据主导地位,更是影响英国公司法的一个重要因素。但即使如此,英国开放式公司发行股份(非发行资本)额面部分作为股本,也仍然表明这一人为、观念上的数额并无多大实际意义,甚至容易加深人们对于公司的财产

---

① 参见[荷]阿德里安·德瑞斯丹等:《欧洲公司法》,费煊译,法律出版社2013年版,第159页;葛伟军:《英国公司法要义》,法律出版社2014年版,第76~77页。

② 参见《2006年英国公司法》(2012年修订译本),葛伟军译,法律出版社2012年版,第6~7页。

③ 参见虞政平编译:《美国公司法规精选》,商务印书馆2004年版,第23~24页;沈四宝编译:《最新美国标准公司法》,法律出版社2006年版,第25页。

④ 参见《特拉华州普通公司法》,徐文彬等译,中国法制出版社2010年版,第5页。

⑤ 参见虞政平编译:《美国公司法规精选》,商务印书馆2004年版,第342~343页;《特拉华州普通公司法》,徐文彬等译,中国法制出版社2010年版,第55页。

状况、股东及公司责任限度关系的误解。因为假如平价发行股份的,实缴实收股款或者股金扣除不得不支付的发行费用[①]后,公司财产在成立之初就少于股本或者资本,而股东的责任并未变化;溢价发行股份的,实行同样的扣除后,公司的净得部分会分别列入资本和公积金,从而导致法律仅仅规制股本、资本或者资本金的做法丧失实际意义。与此相反,美国《特拉华州公司法》有关公司资本制度最大的特点在于对于公司发行股份的对价,授权董事会设定其中的一部分作为公司资本,能够真正体现放宽管制,更重要的是摒弃无谓管制的公司资本制度改革理念,以实现公司法本身的自洽,以及与公司实际运行需要之间的适应性。

进言之,在公司溢价发行额面股或者发行无额面股时,就势必对股本概念提出挑战,此时股份与公司资本之间不一定存在正相关关系,从而导致前述严格的法定资本制下的资本划分为股份、后者为前者的构成单位、股本总额 = 公司资本的等式不再成立。有的美国学者甚至认为,“在一些文献中有时可以发现这样的论断,即股东被赋予了缴纳相当于股票面额财产的义务,是因为这是获取公司有限责任利益的法定对价。也许这种观点在 19 世纪的法庭或者法律起草者中被考虑过,可历史事实却不是这样的。有限责任在美国公司法中的出现纯属一种意外的副产品,并且其同法律中的面额和声明资本制度无甚关系”。[②] 因此,围绕着股本、资本、资本金、注册资本的一切法律规则、配套制度,统统可以废除,相应的直接和间接成本也可大大降低甚至彻底消除。

当然,美国公司法属于州法权限,各州态度并非完全趋同,但有些激进的州得风气之先,在 20 世纪 80 年代就进行了改革,迄今,绝大多数的州已经废除了授权资本制,完成了从授权资本制到声明资本制的历史转变。[③] 值得注意的是,美国《示范公司法》1980 年修改版废除声明资本制,[④]而迄今仍然保留授权资本制,似乎走

---

① 公司财务会计上发行费用通常是作为递延费用处理的。即便如此,仍有部分金额须计入当期或者当年费用,故会计摊销费用的不同办法对公司资产和资本之间关系的影响,仅有量上的变化,而无质的区别。

② [美]Bayless Manning、James J. Hanks Jr.:《法律资本制度》,后向东译,张开平校,载王保树主编:《商事法论集》(第 12 卷),法律出版社 2007 年版,第 107 页。

③ 参见黄辉:《公司资本制度:国际经验及对我国的启示》,载王保树主编:《商事法论集》(第 21 卷),法律出版社 2012 年版,第 341 页;殷盛:《关于公司确定资本制度的几点思考》,载王保树主编:《商事法论集》(第 21 卷),法律出版社 2012 年版,第 351 页。

④ 参见[美]Bayless Manning、James J. Hanks Jr.:《法律资本制度》,后向东译,张开平校,载王保树主编:《商事法论集》(第 12 卷),法律出版社 2007 年版,第 243 页。

了一条与此相反的道路。其实不然。1980 年美国《示范公司法》的改革,意在废除额面股份制度和强制性的声明资本要求,改采现行授权公司董事会在发行股价中自行确定资本金数额,而这一数额,正是自治法意义上的“声明资本”。只要声明资本不受强行法制约,可以任意确定,授权资本(股本、股份)就必然会丧失实际价值,成为徒具形式的历史性概念。这也是前述我国甚至连同日本公司资本制度中仍然坚持或者隐含资本管制、资本信用理念存在逻辑悖论的一个有力反证。

谈到公司资本制度的改革潮流,不能不提及澳大利亚《公司法》修改进程。作为英联邦成员的澳大利亚在 1998 年进行公司立法改革,废止授权资本制,改采声明资本制。黄辉教授曾对此做过详细的引介梳理。[①] 根据该制度,公司章程中不再规定授权资本额,而是要求公司声明其实际发行资本(此处的“资本”应当为股份——笔者注,下同)的情况。董事会在公司运行过程中有权自主决定资本(股份)的发行事宜,而不像以前那样存在授权资本(股份)数额的限制。由于公司资本是指公司已经发行的、股东已经缴付或将来需要缴付的资本,因此,公司资本也称发行资本(issued capital)。[②] 因资料有限,迄今尚不清楚澳大利亚现行《公司法》是否强行要求股东所缴股款全部计入资本,假如不是,则与美国《特拉华州公司法》规定的做法基本一致。

总之,我国流行公司法教科书介绍的授权资本制,主要是在美国有的州还存在,日本 2005 年制定《公司法》时几乎全盘接受,而更为重要的声明资本制的价值和功效却被忽略了,美国有代表性的州以及澳大利亚修改《公司法》似有重要提示作用。公司设立文件中是否载明授权资本额、载明多少已经无关紧要,重要的是公司设立时发行股份数额、每股金额、平价发行还是溢价发行,至于股款股金总额中划出多少价额作为资本,则完全可以随意为之。假如法律仍就公司资本进行管制,不仅仅是在作茧自缚,更有可能是缘木求鱼,甚或徒劳无功,授权公司自治任由董事会确定声明资本数额才能因势利导,事半功倍。

---

① 2014 年 9 月成功登陆美国资本市场的马云阿里巴巴集团公司,就采用了创始合伙人控制制度,并导致该公司首选的上市地香港联交所以违反股东平等原则为由而拒绝接纳。实际上,香港联交所误解了上述公司法的原则,并作出了错误的决定,结果与伟大的阿里巴巴公司失之交臂,委实可惜。当然,详细的法律分析无关本文主旨,故不予赘述。

② 参见黄辉:《公司资本制度:国际经验及对我国的启示》,载王保树主编:《商事法论集》(第 21 卷),法律出版社 2012 年版,第 341 页;黄辉:《现代公司法比较研究——国际经验及对中国的启示》,清华大学出版社 2011 年版,第 74 页。

六、结　语

也许我们已经无从查明我国注册资本恒等于股东出资总额或者股本总额的初始渊源了，但即使早期所有国家或地区的公司法均采行过严格的法定资本制以及实缴制，也是为了使公司甫一成立，就拥有充实的财产基础，以换取股东不同于普通合伙人的有限责任保护，减少公司交易相对人的风险防范成本，实践中的确成效卓著。但随着时事变迁，这一制度逐渐显得不合时宜了。在我国公司法上，它曾居于举足轻重的地位，不仅构成公司法两大支柱——公司人格独立、股东责任有限的基础，而且也是其他一系列制度的建构依据，如极具中国特色的“两虚一抽逃”的民事、行政和刑事责任规则。不过，一方面，管制型模式无法达到预期效果，反而成为有的政府机关官员的“寻租”机会，成为许多冤假错案的制度根源，极大地挫伤社会公众创业积极性；另一方面，经济全球化体现的竞争优势实际上是制度优势，美国实行公司设立备案制，只要向州务卿报送载明股东人数认购股份数额的公司章程等材料即可，公司仅凭董事会声明确定资本数额，2006 年英国《公司法》在其他欧盟国家“绑架”之下保留了开放式公司的最低资本金限制，而该类公司由于信息公开要求的制约，实际上根本无须这样做；前述日本开放式公司设立时发行股份比例限制亦然。更为关键的是，在信息发布和传递已经瞬间即可完成的当代社会，法律仍然坚守注册资本 = 公司资本 = 公司股本 = 股东出资 = 公司财产总额的成规，不仅抱残守缺、不入主流，更主要的是南辕北辙、脱离实际。美国、澳洲的声明资本制并非只适用于法制相对健全、商业信用完善的成熟市场经济国家，因其内在的逻辑一致性和对于公司运行需要的高度适应性，值得我国借鉴，甚至可以考虑从普通公司扩及开放式公司和特殊公司。至于债权人的保护路径，则可结合信息公开制度以及较为科学的美国式股东分配限制，即双重测试标准，包括偿付能力测试标准和净资产测试标准，[①]确保公司盈余分配不影响公司净资产和偿付能力，违法分配的董事和股东承担个别甚至连带的损害赔偿责任。这样的制度安排，很有可能成功改革我国公司资本制度。

---

① 参见[美]Bayless Manning、James J. Hanks Jr.：《法律资本制度》，后向东译，张开平校，载王保树：《商事法论集》(第 12 卷)，法律出版社 2007 年版，第 246 页。

中国公司注册资本认缴登记制的理论探讨与适用中的相关问题

——兼谈未来中国公司资本制度发展路径之选择

吴日焕*

引　言

在“简政放权”的思路下,2013 年年底由国务院主导了公司注册资本及其登记制度改革,取消了最低注册资本限额,改部分认缴制为完全认缴制,取消了实收资本的工商登记,改年检制度为年报制度,同时建立了企业信用信息公示平台。① 总体来说,这些改革措施符合政府职能转变的要求,符合市场经济的发展,放松了对公司设立的管制,也符合国际立法的最新趋势。

但是,这些改革措施涉及公司法的基本制度,仍然有学理上进一步探讨的必要。这次改革中最重大的是注册资本的认缴登记制改革,即由 2005 年《公司法》规定的部分认缴制改为完全认缴制,②并取消实缴资本的工商登

* 中国政法大学民商经济法学院教授,财税金融法研究所所长。

① 参见《国务院关于印发注册资本登记制度改革方案的通知》。

② 实际上,有限责任公司与发起设立的股份有限公司的注册资本采取完全的认缴制,而募集设立的股份有限公司的注册资本还仍然采取实缴制。

记。对这样的改革,学界似乎赞同的居多。但我们也要看到,这样的改革在国际上几乎没有相同的立法例,而且势必会对债权人的保护产生实际影响,也会对既有的公司法的逻辑体系产生很大冲击。在这样的问题意识下,本文首先对中国注册资本认缴登记制的核心内容进行解析,并通过比较法考察,对认缴登记制予以清晰的定位;其次结合中国现行的《公司法》及其司法解释的相关规定,详细说明注册资本认缴登记制对公司法理论带来的冲击以及司法实践中有可能对法律适用带来的新问题;在此基础上,本文最后提出对注册资本认缴登记制的一些完善建议,并从公司法长远发展的角度出发,提出授权资本制乃中国公司资本制度的改革方向。

一、注册资本认缴登记制的界定及基本内容解析

(一)注册资本认缴登记制的界定

注册资本,又称资本金或股权资本,是公司申报的资本总额,需经登记机关登记。在法定资本制下,注册资本需由股东一次性认足,但是否需要实际缴足,则基于不同的立法政策。在严格的资本确定原则下,要求注册资本认足并缴足;①在缓和的资本确定原则下,可实行分期缴纳制度,②即股东认缴的资本仅需实际缴纳一定比例,公司即可成立,其余的资本在一定期限缴足;在更加放松的资本确定原则下,只要股东书面认足注册资本,便可以成立公司,而资本的实际缴纳则依据章程按期缴纳即可。③

与注册资本缴纳制度相对应的是设立登记制度。现代公司设立登记制度一方面是公司设立准则主义的一种体现,同时也可通过这种公示方式保护第三人的利益。不同的资本缴纳制度下存在不同的登记制度。根据不同的设立登记事项的要求,可以有不同的登记方式:第一,登记认缴资本,不登记实缴资本;第二,登记认缴资本,也登记实缴资本。

结合上述资本缴纳制度与登记制度,中国《公司法》最近引入的注册资本认缴登记制,指的是注册资本采取完全认缴,无须实缴,公司即可成立,并且只需登

---

① 如我国1993年《公司法》上的注册资本实缴制。

② 如我国2005年《公司法》上的注册资本分期缴纳制。

③ 如我国《中外合资经营企业法》上的注册资本认缴制。

记认缴资本的制度。

(二)中国注册资本认缴登记制的基本内容解析

对于注册资本认缴登记制这项新的制度,根据2013年12月修改的中国《公司法》的内容,可以从四个方面进行解析,以区别相近的制度:首先,在注册资本认缴登记制下,股东出资采取完全的认缴制,①股东认缴的资本总额即为注册资本,在这个意义上来说,中国的注册资本认缴登记制仍然属于法定资本制。其次,在工商登记与营业执照上,只须进行认缴资本的登记,无须登记实缴资本。②再次,注册资本认缴登记制取消了法定的验资制度,无论对于现金出资还是现物出资,法律对出资及其价值不再干涉,出资的评估与认定有股东自行约定。最后,注册资本认缴登记制取消了对分期缴纳的法定限制,缴纳期限与方式完全由章程自主决定,这不同于2005年《公司法》要求的公司设立时实际缴纳20%,其余2年内缴足的规定。

(三)小结

由上述解析可知,中国公司注册资本认缴登记制下,无论注册资本的数额有多大,公司成立之前可以不投入任何资金,并且法律对资本的实际到位情况不加干涉,完全由章程自治。同时,在工商登记上,只需要登记认缴资本,外观上很难看出资本缴纳的实际情况,即通过注册资本很难看出公司的自有资金实力。

与中国2005年《公司法》规定的注册资本部分认缴制相比,注册资本完全认缴登记制进一步放松了对公司设立的管制,简化了设立程序,可以鼓励创业,同时也可以减少虚假出资等违法行为。但是,这一制度对于公司的设立过于自由,可能对于公司的内部运作与债权人保护带来更高要求,对公司法理论以及实践中的法律适用带来一系列的问题。

二、域外注册资本发行并登记制度之考察

为了更清楚地考察中国注册资本认缴登记制存在的问题,下面将主要从资

---

① 募集设立的股份有限公司是例外,还仍采取实缴制。

② 2005年《公司法》要求对实收资本进行工商登记,并在营业执照上登记。

本形成制度、出资缴纳制度、设立登记制度、法定验资制度等几个方面，对主要国家和地区的公司资本制度和登记制度进行考察。

（一）美国

美国公司法采取授权资本制。设立公司的登记事项比较简单，向州务卿提交公司章程进行登记备案即可。章程必须记载的事项主要有以下四项：[①]公司名称、注册办事处地址、业务经营或者公司目的的性质以及公司的授权资本（authorized stock）。[②] 在授权的资本范围内，董事会有权发行一定的股份，一般而言，股东认缴的股份必须实际缴足（fully paid stock），但是董事会也可以发行部分付讫股份，这种股份证书载明应付对价总额和已缴付总额，这种股份应该按照董事会要求的数额和期限支付，对于股款没付清的每一股份，董事会可以随时要求支付董事会认为业务所必需的数额。美国公司法没有规定法定的验资程序，公司董事会有权决定股份的对价是否充足以及是否重新进行评估，董事会的认定是终局的。[③] 如果出现问题，通过董事的责任来解决。[④]

（二）德国

德国《公司法》规定，对于公司成立均要求一次性认足公司章程规定的资本总额（注册资本），这种意义上来说，是属于法定资本制的范畴。在出资缴纳上，无论是有限责任公司还是股份公司，对于现金出资，在公司申请登记簿登记之前（成立之前）至少需实际缴付认购股款的1/4；对于实物出资，则必须全额实际缴足，并且在公司成立之前，上述财产需要实际处于公司的支配之下；登记法院对出资的缴纳情况、实物出资的估值进行审查；在商事登记簿上，需要对注册资本、初始缴纳资本进行记载，任何人都有权进行查阅。[⑤]

---

① 以《特拉华州公司法》为例。

② 即指公司董事会被授权发行的股票数量。

③ 参见沈四宝编译：《最新美国标准公司法》，法律出版社2006年版，第50页。

④ 参见首尔大学金融法中心编：《21世纪公司法修改的逻辑》，小花出版社2007年版，第174页。

⑤ 参见［德］格茨·怀克、克里斯蒂娜·温德比西勒：《德国公司法》，殷盛译，法律出版社2010年版，第362~364页。

(三)韩国

韩国是采纳授权资本制的国家,就股份公司而言,无论公司发起设立或者募集设立,股东已经认购的股份必须实缴(全额缴纳制);在设立登记上,既要登记公司拟发行股份总数(授权资本),也要登记公司设立时发行的资本金总额(已发行股份的总数×每股面额),即实收资本;需要提供股款的缴纳证明,对现物出资须由法院选任的检查人检查或由公证员调查或评估人鉴定。[①]

(四)日本

日本也是采纳授权资本制的国家,在资本的缴纳与登记上与韩国相似。[②] 日本、韩国两国虽然采纳了美国的授权资本制,但仍然与美国的授权资本制存在一定的区别,如认为实际发行的资本(资本金)对于债权人具有实际的意义,要求进行设立登记时对实收资本登记,对于现物出资存在较严格的调查与鉴定制度等。此外,日本、韩国公司法仍然在很大程度上遵循着资本充实原则。

(五)我国台湾地区

我国台湾地区与日本、韩国一样,采纳授权资本制。就股份公司而言,股东认缴的股份必须实际缴足,[③]可见我国台湾地区采取的也是全额缴纳主义;对于登记事项,我国台湾地区"公司法"规定,资本总额或实收资本额(资本金)需要登记并予以公示。[④] 总的来说,我国台湾地区"公司法"的制度与日本、韩国公司法相近。

(六)小结

由上述分析可知,在德国式法定资本制下,注册资本一次性认足,发行的资本等于注册资本;在缴纳方式上,既可以采取完全实际缴纳也可以分期缴纳;在

---

① 参见[韩]李哲松:《公司法讲义》,博英出版社2012年版,第252~253页。

② 参见[日]前田庸:《公司法入门》(第12版),王作全译,北京大学出版社2012年版,第57~59页。

③ 参见我国台湾地区"公司法"第131条。

④ 参见我国台湾地区"公司法"第392条。

采取分期缴纳的情况下,注册资本与实收资本存在差异,故而在登记上,一般既要登记注册资本,也需要登记实收资本,以强化资本的信用公示,以保护债权人的利益。而授权资本制下,授权资本并非一次性发行,因而对债权人来说,已经发行的资本才具有实际意义,除美国公司法外,日本、韩国公司法以及我国台湾地区"公司法"都将已发行资本作为公司设立时的登记事项,已发行资本即注册资本。就缴纳制度而言,已发行的资本一般需要实际缴足。总之,无论是授权资本制还是法定资本制下的分期缴纳制,在资金的使用上都有相同的趋势,即避免资本的闲置,提供资金使用效率;但是在资金使用的决定权上,授权资本制下完全由董事会决定,而法定资本制下则由章程或者股东会决议规定。

一个国家或地区的公司资本制度与其市场经济发展阶段、商业信用环境等具有重要的关联。与上述发达国家和地区相比,中国的市场经济仍然处于初级阶段,商业信用环境仍然有待改善。然而,相比于上述各国和地区的做法,中国的注册资本认缴登记制,采取完全的认缴制,无须实际缴纳公司即可成立,对实收资本也无须登记,而且资本的缴纳期限与方式完全由公司章程规定。在资本缴纳、登记等方面显得过于自由,不仅与德国等传统的法定资本制下的立法例不同,而且也比日本、韩国等授权资本制下的立法例更宽松。

此外,相比于授权资本制,中国的注册资本认缴登记制对于出资期限、出资缴纳方式、资产评估等方面都由股东协商或者章程规定,没有赋予董事会任何权力,不仅无法保证公司资金的灵活运用,也可能使中国公司法的股东会中心倾向更加强化。

三、中国注册资本认缴登记制在理论上的困惑

从上述比较法之考察可以发现,中国的公司注册资本认缴登记制从立法例来看,是一种非常独特的制度,不管是大陆法系还是英美法系国家和地区,很少有国家和地区采取如此自由的制度。从理论上而言,该制度对我国既有的公司法的相关观念以及公司法上的逻辑体系带来重大的变化,体现出很多值得探讨的问题。

(一)公司资本会长期处于不稳定状态而弱化资本充实原则

注册资本认缴登记制下,公司法对于首期实缴比例、出资期限完全不干预,

实践中,出现了出资期限长达20年等情况,[①]这会使公司资本长期处于不稳定状态。虽然公司对未实际缴纳出资的股东享有债权请求权,但这种债权请求权无法与公司实际取得出资的所有权相比。如果股东是法人,则有可能面临股东破产清算,只能按比例获得出资的风险;如果是自然人股东,则面临股东资信状况变化的风险。

资本充实原则要求公司的净资产与注册资本保持一致,但是这里的注册资本需要以实缴为前提,"资本"不仅以计数上的金额存在,而且也应实际保有。[②]若股东长期不履行或不完全履行出资缴付义务,将使注册资本处于长期无法到位的状态,就无法以实际的资产充实抽象的资本,势必会弱化资本充实原则保障债权的功能。[③]

(二)公司资本信用将完全丧失

中国学界一直有观点认为,资本信用无法保护债权人,应该转向资产信用对债权人的保护。笔者认为,虽然公司对债权的实际担保是公司的净资产,但是公司的净资产处于不断变动之中,不能实时对外公示;[④]而且结合中国的国情,对财务制度不健全或者财务造假普遍的中小公司而言,无法准确计算公司的资产负债状况;而公司的注册资本是不变的金额,根据资本充实原则,公司应维持与注册资本大体一致的净资产,这就使公司的注册资本大体可以代表公司的信用。因此,不能说注册资本完全没有信用功能,它在一定程度上体现了公司的信用。在法定的分期缴纳制的情况下,对于实收资本予以登记公示,债权人可以通过查阅实收资本大致判断公司的信用。但是注册资本认缴登记制放弃了实缴资本的工商登记与营业执照登记,完全采取认缴登记,债权人很难通过注册资本判断公司的实际资产状况,使资本的信用完全丧失。例如,注册资本100万元的公司与注册资本1000万元的公司在完全认缴制并认缴登记制下很难比较信用的大小。

---

① 参见张燕:《工商注册登记制度改革开始实施》,载《宁波日报》2014年3月4日,第3版。

② 参见李哲松:《韩国公司法》,中国政法大学出版社1999年版,第150页。

③ 虽然学界对于资本充实原则多有批评,认为资本充实原则无法保护债权人。笔者认为,虽然公司的资产处于不断的变动之中,存在亏损的风险,但通过资本充实原则可以适时地弥补公司亏损,也可以禁止通过资本交易,使公司财产不当流出(主要是流到股东处),因此,资本充实原则对于公司债权人而言还是具有重要意义。

④ 一般为1年一次,再加上不能实时更新公示,可能导致债权人的误信。

这就导致交易相对人在交易之前需要详细调查公司的资产状况,会增加交易的成本。而且在一家公司刚刚成立之际,实收资本与公司的资产状况较为相近,此时公司还没有相应的交易信用记录,第三人唯一可以相信的是公司的实收资本,通过公示的实收资本,可以增强第三人与公司交易的内心确信,减少"逆向选择"的困境。所以,资本信用还是可以发挥作用,完全放弃资本信用并非明智之举。

此外,在中国现有法律框架下,注册资本仍然体现一定的信用公示功能,好多商事行为都以注册资本的规模作为资格要求,如建筑行业、招投标等,现在取消了实缴资本的登记,很有可能使股东为了从事上述行业,超出自己的出资能力申报注册资本,一方面可能造成上述行业的恶性竞争;另一方面也可能使股东无法最终履行自己的出资缴付义务,从而损害债权人的利益。

(三)会增加公司团体性与独立人格弱化的风险

中国2005年《公司法》采取注册资本的分期缴纳制,使司法实践中股东出资不到位的纠纷较为普遍,[①]为了保护债权人的利益,《最高人民法院关于适用〈中华人民共和国公司法〉若干问题的规定(三)》第13条专门规定了债权人对未出资股东的直接追索权以及其他发起人的连带担保责任。[②] 那么在注册资本完全认缴登记制下,股东无须实际缴纳资本,期限也由章程自治,将大大增加股东出资不到位的情况,《最高人民法院关于适用〈中华人民共和国公司法〉若干问题的规定(三)》适用的机会将会大大增加,债权人在债权无法得到保障的情况下将对股东直接追索,使公司法作为团体法的观念弱化,公司作为独立的法人地位的观念也将随之弱化。首先,与传统公司法理论对资合公司的定位不同,债权人不仅需要关注公司的资产状况,而且还需要调查股东的资信状况,因为债权人很有可能因为股东资信不良而无法实现债权,这不仅增加了债权人的交易成本,而且也将产生更多的诉讼纠纷,增加法院的压力。其次,因为其他发起人需要承担出资

---

① 参见叶林、王世华:《公司法定资本制的检讨》,载《法律适用》2005年第3期。

② 其第13条第2款规定:"公司债权人请求未履行或者未全面履行出资义务的股东在未出资本息范围内对公司债务不能清偿的部分承担补充赔偿责任的,人民法院应予支持;未履行或者未全面履行出资义务的股东已经承担上述责任,其他债权人提出相同请求的,人民法院不予支持。第十三条第三款:股东在公司设立时未履行或者未全面履行出资义务,依照本条第一款或者第二款提起诉讼的原告,请求公司的发起人与被告股东承担连带责任的,人民法院应予支持;公司的发起人承担责任后,可以向被告股东追偿。"

不实的连带责任，因此，股东之间在成立公司之时也需要调查相互的资信状况，防止承担过重的连带责任，实际上造成股东不仅需要承担有限的出资责任，而且可能需要终局地承担其他出资人的出资责任，[①]这也与股东有限责任制度相背离。[②] 总之，采取完全认缴制后，《最高人民法院关于适用〈中华人民共和国公司法〉若干问题的规定（三）》所体现的公司契约化的思维理念将进一步在司法实践当中确立，从而必将弱化传统大陆法系“公司法即为团体法”的观念，并影响现行中国公司法的逻辑体系。因此，我们在实践中，需要反思债权人对股东之直接追索权的法理构成，并应与《企业破产法》等相关法律相衔接。

（四）认缴登记制不能解决资金灵活使用的问题

注册资本认缴登记制虽然可以解决股东出资的便利问题，也使资本闲置的问题得到缓解，但是认缴登记制仍然是法定资本制下的制度。公司章程虽然可以规定明确的出资期限，但是公司成立之时无法完全预料到公司将来的经营状况。例如，章程可能约定未缴纳出资的股东在第 5 年缴纳出资，但公司可能在第 3 年就面临扩大经营的问题，此时公司一般只得通过借贷等其他方式解决资金问题，需要付出额外的成本。总之，在认缴登记制下，增资需要由变更章程和股东大会决议通过，不像授权资本制下由董事会根据经营状况随时决定。因此，认缴登记制无法解决增资灵活性的问题，不能提高公司经营效率。美国《特拉华州公司法》虽然允许董事会发行部分付讫的股份，但同时规定，董事会可以随时要求支付董事会认为业务所必需的数额，以保证公司资金使用的需要。在认缴登记制下，这样的立法例值得借鉴。

可以说，注册资本认缴登记制仍然是股东中心主义的立法，对于封闭的小公司影响较小，但对于大的股份公司而言，董事会仍然无法获得自主经营的权利，不利于提高公司经营的效率。

---

① 例如，在未缴纳出资的股东资不抵债破产等情况下即有此种可能。

② 关于有限公司的设立股东或股份公司发起人的缴纳担保责任，很多大陆法系国家和地区的《公司法》也有规定，目的是保障公司有效成立。而中国在《公司法》中，关于有限公司设立股东之间的缴纳担保责任没有规定，只规定股份公司发起人之间的缴纳担保责任，但在《最最人民法院关于适用〈中华人民共和国公司法〉若干问题的规定（三）》中却规定了有限公司设立股东的缴纳担保责任。但问题是，在注册资本完全认缴制下，股东有可能脱离自己的出资能力而认缴资本，这会使股东因其他股东股东出资不到位而承担连带责任的风险大为增加。

笔者认为,为了解决上述问题点,在认缴资本制下,公司需要使用资金时,有必要赋予公司董事会必要的请求股东缴纳出资的权利。若公司因业务经营需要,有权向未缴纳出资的股东请求缴纳出资,此时该股东不享有期限未至的抗辩权,当然董事会在请求必要的出资时,也需要遵循股东平等原则的要求。

(五)企业信息公示等配套措施能否有效保护债权人

与注册资本认缴登记制配套的是企业信用信息公示系统及电子营业执照等措施,企业自主公示自己的资本缴纳情况、资产负债情况,并对信息的真实情况负责,由工商行政机关抽查。然而,这些配套措施尚不足以有效保护债权人的利益。首先,企业信息公示采取一年更新一次的方式,很难及时反映公司的资产变化状况。其次,在中国现有的商业信用环境下,企业经营很不规范,企业可能虚报实缴资本、对资产负债情况进行造假,而工商行政机关对此很难有专业能力进行监督,即使抽查,也可能如年检制度一样流于形式,学界在批评年检制度的同时,也应该反思年报制度是否为灵丹妙药。再次,电子营业执照有助于查阅相关信息,但相关记载事项中欠缺实收资本一项,不利于确立资本信用。最后,工商机关仍然可能变成放任不管,抽样检查的制度在食品安全等领域已经实行多年,但市场主体仍然会在违法成本较低、甘愿冒风险等情况下从事违法行为。

此外,企业公示的信息的真实性由企业自己负责,若企业进行信息造假,债权人此时已经与企业发生交易,则在公司资不抵债,或者无力清偿债务的情况下,事后通过工商机关的处罚显然不足以保护债权人。此时,能否追究公司的董事、高级管理人员、控股股东等的责任,责任的法理构成如何?这些制度仍然需要进一步探讨,否则企业信息造假盛行,债权人轻信这些公示的信息,可能造成更大的损失。

由此可见,在商业环境没有明显好转的情况下,这样的公示制度对于实力较强的债权人而言是没有多大意义的,因为其可以通过专业的调查、提供担保等方式保护自己的债权。而对于中小债权人或者被动债权人而言,企业信息的公示则具有重要的意义。然而,一方面,其缺乏专业的判断能力;另一方面,又因为信息的不准确或者没有机会了解,可能使该部分债权人的利益往往无法得到有效保护。

四、中国注册资本认缴登记制下公司法具体适用的问题

在注册资本认缴登记制下，注册资本长期与实缴资本不一致，在司法实践中，可能使以前存在的问题更加显性化、扩大化。同时，因为此次资本制度改革中对与相关制度的衔接问题考虑不足，可能产生新的法律适用的漏洞。因此，需要理论上的进一步研究和立法与司法解释的进一步完善。下面分几个方面将《公司法》适用的问题梳理如下，以供司法实践参考。

（一）增资与减资的问题

1. 增资的问题

《公司法》第 80 条规定，股份有限公司采取发起设立方式设立的，在发起人认购的股份缴足前，不得向他人募集股份。也就是说，在完全的认缴登记制下，股东在没有实际缴足出资前，不得对外增资。以此保证公司的资本充实，并保护参与增资的非发起人认股人的利益。

但对于发起设立的股份有限公司内部增资时和有限责任公司增资时则缺乏相应的规定，那么发起设立的股份有限公司内部增资和有限责任公司增资时是否可以在没有完全缴纳资本前增加资本呢？或许有人认为，既然法律没有规定，那么就可以增资。但笔者认为，在资本充实原则的前提下，为了防止虚增资本，应该禁止这种做法。应通过司法解释作出规定，可以参照适用发起设立的股份公司的相关规定，即只有在资本完全实缴之后，才可以启动增资程序。

2. 减资的问题

需要明确的是，在资本没有完全实缴之前，能否减资呢？对此，法律没有明确规定。所以，在这种情况下，只要履行法定的债权人保护程序，便可以减资。但是，笔者认为，在注册资本认缴登记制下，由于存在已实缴出资的股东与未实缴出资的股东，如果公司不能清偿债权人的到期债权，则应该先由那些未履行出资的股东承担出资补缴责任，然后再启动减资。当然，在公司可以清偿债务或者提供担保的情况下，由于不会侵犯债权人的利益，减资可以让公司的资产反映真实的资本信用，减少资产的闲置，应该允许减资。

在部分股东尚未缴足出资的情况下，可能存在名义减资与实质减资的问题。

对于完全缴纳的股东可以适用实质减资，而对未缴纳的股东只能适用名义减资。减资应符合股东平等原则，适用同比例减资。当然，全体股东一致同意按不同比例减资，则构成股东平等原则的例外，也是应当允许的。

（二）法人人格否认规则的适用问题

1. 资本显著不足的判断发生困难

适用法人人格否认规则的情形之一是公司的资本显著不足，即公司的资本相比于公司所经营的事业及其风险存在明显不足。资本显著不足中的“资本”，一般情况下是指注册资本。但这是以注册资本已经足额缴纳为前提的，因此，只有在注册资本已经完全缴纳的情况下，才可能判断资本是否明显不足。在注册资本认缴登记制下，实缴资本无须登记，公司的资本处于不稳定状态，将导致资本显著不足的判断缺乏基准，给法官的裁判带来困难。此外，在注册资本完全认缴制下，股东完全可以申报超过自身出资能力的注册资本，使得注册资本在表面上符合资本充足的要求，造成债权人主张资本显著不足难以成立。因此，注册资本认缴登记制下，“资本显著不足”很难再作为法人格否认的判断标准。基于这一点，笔者建议，在注册资本认缴登记制下，判断资本显著不足时的“资本”标准应该以“实收资本”作为判断基准，即公司的实收资本与所经营的事业相比是否明显不足。① 而且“资本显著不足”不得作为法人格否认的充足要件来适用。②

2. 将导致法人人格否认规则的滥用

此次《公司法》修改取消了法定的最低注册资本限额，在注册资本认缴登记制下，欺诈设立、出资不到位的情形会增多，于是很多人主张，有赖于法人人格否认规则的适用保护债权人的利益。但是，法人格否认规则不能滥用，要适用法人人格否认规则，应符合公司法上的法人人格否认规则的适用要件，不能仅仅因为出资不到位而适用法人人格否认规则。笔者认为，注册资本认缴登记制下，有可能出现法人人格否认规则被滥用的情形。因此，在司法实践中，应严格遵循公司法上的法人人格否认的适用要件。

---

① 参见朱慈蕴：《公司法人格否认制度理论与实践》，人民法院出版社2009年版，第78页。

② 因为实收资本不到位，可以补缴，单凭实收资本来判断“资本显著不足”而法人格否认，对股东来讲是过于苛刻的。

(三)股东出资责任的问题

1. 增加了其他发起人[①]承担担保责任的风险

出资(缴纳)担保责任是发起人对公司的资本充实责任,司法实务中,由于股东未缴纳出资,导致其他发起人承担出资担保责任的情形较多。在注册资本认缴登记下,股东不实际缴纳出资或仅仅缴纳一部分出资成为常态,而债权人可以通过向其他发起人追究连带责任的方式获得救济,所以其他发起人则可能因未缴纳出资的股东出资不实而承担过重的担保责任。正因如此,在公司设立时,发起人在一定程度上需要了解其他股东的资信状况,而且不能过高地申报注册资本,最好能够达到一定的实缴比例,以免防止其他股东拒绝缴纳或者无力缴纳出资所产生的纠纷与过重的责任负担。

2. 追究股东对非货币财产的填补责任发生困难

注册资本认缴登记制取消了法定验资程序,对于非货币财产股东之间可以协商估值,没有了法定验资程序的限制。为了从事特定行业或者夸大资本信用,股东之间可能过高估计现物出资的价值,而此后,债权人须向股东直接行使对未缴出资的请求权时,需要证明非货币财产出资不实,而该举证会相当困难。在德国法上,无论是有限责任公司还是股份有限公司,对于实物出资,均须实缴,并经相关机构的审查,以确保资本充实原则。此经验值得我们借鉴。

(四)股利分配的问题

在注册资本认缴登记制下,也存在股利分配的问题。我国《公司法》目前对股利分配采取的是“无盈不分”的原则,那么在公司存在盈余的情况下,即使资本没有完全缴纳,是否也可以分配股利呢?对此,现行《公司法》没有作出规定,实践中可能出现“法无禁止即自由”的情形。但是,如果这样做,公司资产减少,使公司的真实资产无法与注册资本相一致,违背资本充实原则。笔者认为,为了促使股东尽快缴纳出资,并更好地保护债权人,应通过司法解释规定,在注册资本实际缴纳之前,不得分配股利。

---

① 有限责任公司而言,严格意义上是设立股东。

(五)股东表决权的问题

对于股东表决权的行使问题,我国《公司法》第42条规定,有限责任公司的股东会会议由股东按照出资比例行使表决权,但是公司章程另有规定的除外。由此可见,股东按照出资比例行使表决权,按照文义解释以及体系解释,此处的出资比例似乎应该解释为认缴的出资比例,因为在涉及盈余分配、新股优先认购权时,《公司法》明确使用了"实缴"的概念,那么在没有明确使用实缴概念的情况下应该按照文义的一般解释。这么一来,在注册资本认缴登记制下,未出资的股东也能够享有表决权,对其他已经出资的发起人股东(设立时股东)甚为不公,而且也无法督促股东尽快出资。因此,这里构成明显的法律漏洞,应该采取目的性限缩的解释方法,将此处的出资比例限缩解释为实缴的出资比例。这样可以鼓励股东尽早缴纳出资,充实公司资本。当然,公司章程也可以基于自治的原则规定,股东按照实缴的出资比例行使表决权,这是意思自治的体现,但是章程可以依据资本多数决予以修改,可能产生大股东滥用资本多数决,修改公司章程侵害中小股东的问题。因此,有必要通过司法解释或修改法律来应明确规定,有限责任公司股东按照实缴比例行使表决权。

对于股份公司而言,我国《公司法》第103条规定,股东出席股东大会会议,所持每一股份有一表决权,即股东的表决权遵循"一股一票"的原则,这是股东平等原则的体现,属于强行法的范畴。由此可见,股份公司股东的表决权不是以实缴的持股比例来行使表决权,而是以认缴的持股比例来行使表决权,而且这属于强行法,不允许公司章程自治。这样一来,在注册资本认缴登记制下,发起人认缴但不实缴成为常态,出资不到位的发起人股东也能行使表决权。因此,须通过法律的修改规定,在发起设立的股份有限公司中,发起人股东应按实缴的持股比例行使表决权。

(六)虚假出资罪与虚报注册资本罪的问题

有一些观点认为,经过《公司法》的修改,《刑法》规定的虚假出资罪与虚报注册资本罪已经没有适用的空间。笔者认为,从解释论的角度而言,这样的观点值得商榷。首先,对于现行法律、行政法规以及国务院决定明确规定实行注册资本实缴登记制的银行等金融机构的设立而言,仍然适用虚报注册资本罪与虚假出资罪。其次,对于适用注册资本认缴登记制的公司而言,由于取消了法定最低资本限额以及实缴资本的要求,也没有了法定的验资程序,法律对于这些事项不再干预,所以不可能存在欺诈工商登记机关骗取登记的行为,也就不可能侵犯虚报注册资本罪的法益——工商登记管理制度,因此,虚报注册资本罪不再有适用的空间。而对于虚假出资罪而言,此罪保护的法益是公司与债权人的利益及社会交易安全,[①]在注册资本认缴登记制下,虽然《公司法》没有规定法定的首期出资比例、期限等,但是股东以其认缴的出资额承担出资义务仍然是公司法的法定义务,[②]股东为了逃避该法定义务仍然可能伪造已经出资的表象,欺诈债权人,以逃避债权人的追索,此时虚假出资罪所保护的法益已经受到侵犯。在实践中,若股东通过非货币财产出资,通过虚假的出资证明故意过高估计出资的价值,欺诈其他发起人和债权人,则仍构成对《公司法》规定的违反,存在适用虚假出资罪的可能。当然,此时仍然需要满足虚假出资罪的其他构成要件。从法解释学的角度而言,虚假出资罪的存在仍然有利于在注册资本认缴登记制下强化股东的出资责任。

五、未来中国资本制度及登记制度的发展路径选择

2013年年底进行的中国公司资本制度改革虽然具有很多积极的意义,但是完全的认缴登记制在理论上和法律适用中存在不少问题,中国公司法的发展将面临在资本制度和登记制度方面应选择何种路径的问题。笔者认为,短期内应进一步完善目前已经采纳的完全的认缴登记制,但是从长远来看,有必要考虑借鉴授权资本制。

(一)完善注册资本认缴登记制

1. 设置实缴期限的限制

由上述分析可知,完全取消出资的法定缴纳期限可能使公司资本长期处于不稳定状态,使得债权人需要通过向股东直接追索的方式实现债权,加重债权人

---

① 参见王彦明:《公司资本制度的刑法保护》,吉林人民出版社2005年版,第123页。

② 参见赵旭东:《公司资本改革与公司法的司法适用》,载《人民法院报》2014年2月26日,第7版。

的负担与债务无法清偿的风险,而且也可能造成无法满足公司资金需要的实际情况。笔者认为,应该适当限制实缴资本的期限,以2~5年为宜。具体的期限,可以由公司章程规定或者董事会根据实际情况决定。这样的期限长度既可以避免资金的闲置,同时最长的5年限制也足以让公司灵活安排资金的使用,避免公司需要资金但出资期限没有到期的问题。

2. 恢复实收资本的登记

在注册资本完全认缴的情况下,实收资本才是公司实际占有与支配的财产,才是对债权人真正具有意义的资本,需要将实收资本对外予以公示来体现公司的资本信用,以保护债权人的利益。因此,实收资本仍然有登记的必要。

3. 完善企业信息公示制度

注册资本认缴登记制在很大程度上依赖于企业信息的公示来保护债权人的利益,应当对公司的实收资本、各个股东的出资额、缴纳期限、实际缴纳情况、非货币出资及其估值等情况做出详细的披露,以方便债权人主张并实现债权。同时,应当赋予债权人知悉公司财务信息的权利,①若公司董事或者高管人员对于公司财务状况的虚假记载具有恶意或者重大过失,给债权人造成损失,则应对债权人的损失承担损害赔偿责任。②

4. 增设董事、高管人员的资本充实责任

在注册资本认缴登记制下,公司章程规定出资的缴纳期限、方式等,这些需要公司成立之后来具体执行,而具体的执行由公司董事会和高管人员负责,因此,应该增设董事、高管人员的资本充实责任。若董事、高管人员协助股东逃避出资、抽逃出资或者过高估计实物出资的价值,或者公司董事和高管人员对于已到期的股东出资,怠于催缴,致使股东转移或者隐匿财产等,造成公司或者债权人损失,则没有尽到注意义务的董事以及高管人员应该承担损害赔偿责任。以此强化公司董事、高管人员的资本充实责任。③

---

① 英国2006年《公司法》、日本2005年《公司法》都赋予债权人知悉公司财务信息的权利。

② 日本2005年《公司法》第429条规定了董事对第三人的责任。

③ 董事、高级管理人员的资本充实责任虽然在《最高人民法院关于适用〈中华人民共和国公司法〉若干问题的规定(三)》有所涉及,但还不够,有必要在《公司法》中作出明确规定。

(二)采取授权资本制并对实收资本进行登记

1. 授权资本制的意义

授权资本制是世界各国和地区公司法的一种趋势。相比于法定资本制,授权资本制在公司章程中规定授权的资本总额,但公司设立时无须全部发行,没有发行的股份董事会可根据公司经营的需要随时发行。由此可见,授权资本制下,既可以降低公司设立的门槛,也可以避免资本闲置的问题,同时还可以提高公司使用资本的灵活性与及时性,降低资金使用的成本。更重要的是,授权资本制赋予公司董事会充分的经营管理权,股东(大)会对此不进行干预,符合现代公司法专业化经营的需要和公司运营效率的要求。中国公司法应该转向授权资本制的改革,使公司治理的中心由股东(大)会向董事会转移,有助于中国公司制度的现代化,提高公司的运作效率。我们应借鉴日本、韩国公司法的立法经验,规定公司设立时发行的资本须完全认缴并实际缴纳,以巩固公司的资本基础和保护债权人的利益。

2. 对实收资本进行登记

在授权资本制下,授权资本是授权董事会发行的资本总额,但无须全部实际发行,因此,授权资本对于债权人而言没有担保债权的功能,只有已发行的实缴的资本是公司真正获得的资产,因此才具有保障债权的功能。笔者认为,可以参照日本、韩国的授权资本制作出规定,对已发行的资本必须实际缴纳,并且进行实收资本的登记,从而强化资本充实原则,保护债权人的利益。

(三)小结

中国公司法刚刚进行公司资本改革,社会公众需要一段时间的调整与适应,短期内不适宜再次进行大的改革,故而可通过行政法规、部门规章或者司法解释等方式进一步完善注册资本认缴登记制,解决实践中出现的法律适用问题,切实保护债权人的利益。但从公司制度的长远发展来看,笔者认为,中国公司资本制度的发展方向应是采取授权资本制,对公司设立时发行资本完全认缴并实际缴纳,进行实收资本登记,而不应是向法定资本制的底线迈进。

六、结　语

从各国及地区的趋势来看，公司法普遍放松事前对公司设立的规制，加强事后救济，由财产法的责任承担方式向信息披露的市场化机制转变。从这个角度而言，本次中国资本制度的改革符合国际立法趋势，具有鼓励创业等积极的意义。

本次公司资本制度改革促使2005年分期缴纳基础上的注册资本部分认缴制进一步发展，采用了注册资本的完全认缴制，并在登记制度上放弃了对实收资本的登记，实现了注册资本认缴登记制。与域外相关制度相比，既与法定资本制下的相关制度不符，也和授权资本制存在很大差异。因此，该种认缴登记制在理论上无法进行清楚的功能定位，法律适用上也存在不少漏洞。笔者认为，现行的注册资本完全认缴登记制面临进一步完善的问题。至于中国公司法上的资本制度走向何方的问题，笔者认为，从长远来看，为了使公司制度更加现代化，同时较好地保护债权人利益，应该采取授权资本制，并且对实收资本进行工商登记。

本文旨在就注册资本认缴登记制存在的理论上与实践中的问题能够引发学界的一些思考。2013年《公司法》修改在国务院的推动下进行，十分迅捷，没有经过学界广泛、充分的论证及听证过程。笔者认为，好的立法需要进行充分的论证，不然会给司法适用带来负担，也将因为路径的依赖而增加以后立法的成本。

“得形”“忘意”与“返本”

——中国信托法的理念调整和制度转型

夏小雄*

进入21世纪以来，我国的信托业得到了快速发展。特别是从2009年以来，信托公司管理的资产规模迅速增长，截至2015年第二季度，全行业管理的信托资产规模已经突破15万亿元。从经济功能的视角来看，信托业的快速发展给投资人带来了丰厚的收益回报，为融资人提供了及时的金融服务，同时也推动了金融创新的发展。①但是，我国信托业的发展依然存在较多问题，理论界和实务界对这些问题也多存有争议，需要不断完善信托法制进

---

* 中国社会科学院法学研究所助理研究员，法学博士。

① 根据中国信托业协会统计的数据，2014年年末信托行业管理的信托资产规模为13.98万亿元。其中，单一资金信托占比62.58%；集合资金信托占比30.70%；财产权信托占比6.72%。从信托功能来看，近年来融资类信托占比持续下降，投资类和事务管理类信托占比持续上升，并于2014年年末形成了“三分天下”的格局，即融资类、投资类和事务管理类信托各占1/3（融资类信托占比33.65%，投资类信托占比为33.70%，事务管理类信托占比为32.65%）。从资金信托的投向来看，第一大领域为工商企业，占比24.03%；第二大领域为基础产业，占比21.24%；第三大领域为金融机构，占比17.39%；第四大领域为证券市场，占比14.18%；第五大领域为房地产，占比10.04%；其他占比13.13%。2014年信托业实现经营收入954.95亿元。截至2014年年底，信托行业当年分配给投资者的信托收益共计8420.58亿元。2014年信托公司约71%的资金直接投向实体经济领域，在助力传统产业升级、支持新兴产业发展、支持中小企业融资等方面发挥了巨大作用。

而对之加以有效规范调整。①

解决信托业发展过程中存在的诸多问题,不仅需要针对具体制度的深入研究,而且更有赖于对信托法制的整体批判和体系重构。换言之,解决当下信托实践过程中面临的理论难题和实务争议,不只需要微观视角的问题分析,更需贯彻宏观维度的通盘检讨,反思中国信托法在理论基础和实践运用两个方面存在的根本性不足,进而促进中国信托法的理念调整和制度转型。

在对信托法制进行批判分析之前,有必要回顾过去30多年中国信托法制所取得的发展成就。只有准确理解了中国信托法的基本发展情况,才能对之更好地进行反思检讨,也才能在其基础之上提出重构完善的方案。遵循这一问题意识,本文首先将简要回顾我国信托法制发展所取得的成就,然后将分析信托法制所面临的根本问题,最后将阐释信托法制变革的基本方向。在本文看来,与英美法系国家成熟信托法制相比,过去30年多信托法的发展是"得其形"却"失其意",虽然确立了信托制度的基本框架,但并未将其加以有效运用,特别是未能充分贯彻其本旨、发挥其功用。为了促进信托制度经济功能的发挥,必须"返其本",重新认知信托的功能本旨和制度结构,适度扩张信托法的适用范围,有效贯彻信托财产的独立性机理,将信托受托人的信义义务加以具体化和实质化,通过司法权的深度介入有效保护信托受益人的合法权益、促进信托法的贯彻实施。

一、"得形":信托法制度的基本确立

(一)确认信托制度的合法性

信托是英美法系国家基于衡平法发展而来的制度,很长一段时间之内在大陆法系国家却一直面临合法性承认的困境。② 在大陆法系国家的学者看来,信托财产普通法所有权和衡平法所有权并存的制度构造和物权法中普遍承认的"一

---

① 以收益权信托为例,理论界和实务界对于这种交易模式是否合法依然存有争议。有的认为属于商事创新,其并不违反法律、法规的强制性规定,应当承认其合法性。有的认为"收益权"具有不确定性,不能作为信托财产标的,因而这种交易结构也不具有合法性。对此的讨论参见高凌云:《收益权信托之合法性分析——兼析我国受理信托诉讼判决之得失》,载《法学》2015年第7期。

② 参见[德]海因·克茨:《信托——典型的英美法系制度》,邓建中译,载《比较法研究》2009年第4期。

物一权”原则、“物权法定”原则存在明显冲突，[①]此外大陆法系中也存在许多与信托功能相当的制度，[②]因而大陆法系国家移植信托制度存在理论上的障碍和制度上的冲突。随着信托制度在商事领域的广泛应用，大陆法系国家也逐渐意识到信托制度的引入有利于经济社会的发展，同时也不会和既有理论法律制度体系造成“想象般”的严重冲突。例如，一物一权、物权法定只是近代民法发展出来的观念，而且只是罗马法系物权观念的抽象和升华，实际上，在近代民法之前“一物多权”的现象普遍存在，在日耳曼法系中更是有深厚的理论根基。因而，很多国家逐渐开始制定信托法以确认信托制度的合法性，并将其在民商事领域加以广泛应用。[③]

在某种意义上来说，信托制度的合法性确认是其得以发挥经济功能的制度前提。如果不能解决“合法性”问题，则民商事领域基于信托制度原理设计的各种交易安排可能会被宣告无效，当事人就无法实现其特定经济目的。

我国在改革开放以后就引入了信托制度，但是在很长的时间之内并未制定专门的信托立法明确确认信托制度的合法性。在1979年中国国际信托投资公司设立以后，全国各地设立了大量的信托投资公司。由于当时缺乏明确的信托立法，理论界和实务界对于信托制度的内涵缺乏深入的认知，对于信托投资公司的经营范围和经营规则也没有充分的研究。在此情形下，信托投资公司从事的业务与银行存贷业务几乎没有太大差异，信托制度的经济功能未能得到充分发挥。

在20世纪90年代，信托业经历过几次整顿之后，信托制度的合法性问题逐渐受到重视，对于信托法的理论基础、立法模式、体系构造等问题的学术探讨也日益深入。[④] 进入21世纪之后，信托的合法性问题最终得到解决。2001年《信托法》的制定最终确认了信托制度的成文法地位，使得信托制度在民商事制度体

---

① See Bolgar, Vera, “Why No Trusts in the Civil Law?”, *The American Journal of Comparative Law* 2.2(1953), pp. 204 – 219.

② See Lepaulle, Pierre, “Civil Law Substitutes for Trusts”, *Yale Law Journal*(1927), pp. 1126 – 1147.

③ See Waal, Marius J., “In Search of a Model for the Introduction of the Trust into a Civilian Context”, *Stellenbosch L. Rev.* 12(2001), p. 63.

④ 对此的简要介绍参见江平、周小明：《论中国的信托立法》，载《中国法学》1994年第6期。

系中的重要地位得到有效确认。①

当然,《信托法》立法对于信托制度合法性问题的“处理”并不彻底。立法者模糊处理了信托财产的所有权问题,并未明确写明“信托财产的所有权归受托人所有”。这种做法虽然无碍于人们对于信托财产独立性机制的理解,但仍表明了立法者对于信托财产双重所有权问题的“含糊其辞”,实际上无益于理解信托制度的合法性问题。②

(二)确立了信托制度的基本架构

在确认信托制度合法性的同时,我国《信托法》也确立了信托制度的基本架构,具体而言,包括明确了基本信托类型、信托存续规则、信托财产特征、信托主体权利义务等要素。这些基本要素的确定对于信托制度的实践应用具有重要的意义。

依据《信托法》的界定,我国的信托活动包括3种基本类型,即民事信托、营业信托、公益信托。其中,民事信托由不以营利为目的的民事主体担任受托人,主要为解决抚养、赡养、继承等问题而设;营业信托又称商事信托,受托人以营利为目的、以信托业务作为主营业务,在中国法语境下只能由信托公司担任;公益信托主要为特定公益目的而设立,我国《信托法》在信托设立许可、设立信托监察人、受托人辞任等方面为其确立了特殊规则。《信托法》对民事信托和公益信托的规则完善和对两类新型信托类型的发展创造了制度条件。③

信托财产的独立性是信托制度的核心内容,并在很大程度上决定了信托制度的基本架构。我国信托法立法对于信托财产的构成做出了有效界定,并对信

---

① 参见王柏:《中国颁布第一部信托法——〈中华人民共和国信托法〉简介》,载《中国法律》2001年第6期。

② 国内学者围绕信托财产的双重所有权问题进行了深入的理论探讨,并且主要针对《信托法》第2条的修订完善提供各种建议方案。参见耿利航:《信托财产与中国信托法》,载《政法论坛》2004年第1期;温世扬、冯兴俊:《论信托财产所有权——兼论我国相关立法的完善》,载《武汉大学学报》(哲学社会科学版)2005年第2期;于海涌:《论英美信托财产双重所有权在中国的本土化》,载《现代法学》2010年第3期。

③ 在《信托法》制定之前,有学者就展望了中国法语境下发展民事信托的可能性。信托法制定之后,这种学术讨论得到了进一步的深化。参见江平、周小明:《建构大陆的信托法制的若干设想》,载《政法论坛》1993年第6期;[日]中野正俊:《中国民事信托发展的可能性》,载《法学》2005年第1期。

托财产的独立性做出了详细制度安排。首先,信托财产独立于委托人的其他财产。委托人的死亡、解散、撤销等事由原则上不会影响信托的存续。其次,信托财产独立于受托人的固有财产,受托人出现死亡、解散、撤销等事由时信托财产也不作为清算财产。最后,受托人管理的不同种类信托财产相互独立,任一信托项下的财产原则上都不受其他信托存续状况的影响。①

在明确了信托财产独立性的同时,我国《信托法》对于委托人、受托人、受益人的法律地位和权利义务进行了全面规定。这些主体都是信托存续必不可少的主体要素,缺少其中一个,信托就在原则上无法成立生效。为了更好地促使受托人按照信托目的管理运用信托财产,《信托法》对受托人应当履行的义务作出了全面的规定,其中既有要求受托人履行恪尽职守、诚实信用、谨慎尽责等原则性信义义务条款,又有分别管理、分别记账、亲自处理、保存记录、接受检查、依法保密、支付利益等具体性义务。② 为了更好地保护委托人和受益人的合法权益,《信托法》对于他们所享有的财产性权利内容和管理性权利内容都有较为明确的界定。和其他国家和地区信托法制有所不同的是,我国《信托法》赋予了委托人和受益人内容几乎一致的权利。当然,对此立法政策的理论检讨和实务应用似乎有待进一步深化。③

信托的存在不是呈现静态的、不变的局面,而是始终处于动态的、发展的过程之中。《信托法》对于信托法的成立、变更、终止也有较为详尽的规定,使信托的存续有明确的规则可以参照。

(三)商事信托的发展渐趋成熟

进入20世纪之后,商事信托制度在世界范围内得到了广泛的应用和发展。

① 当然,对于中国法语境下信托财产独立性内涵的理解学界也存在争议。有的认为应当严格限定为信托财产和委托人财产的独立,而不包括其他内容。有的认为应结合信托法的理论和实践做更为宽泛的解释,即还包括与受托人固有财产和其他信托财产的独立。对此参见贾林青:《信托财产,超然于各方当事人之外的独立财产:就我国〈信托法〉有关信托财产独立性规定的适用研究》,载《法律适用》2005年第11期;董慧凝:《中国信托财产立法模式探讨》,载《社会科学》2009年第2期;张淳:《信托财产独立性的法理》,载《社会科学》2011年第3期;陈敦:《信托财产独立性的理论与实践》,载《滨州学院学报》2012年第1期;楼建波:《信托财产的独立性与信托财产归属的关系》,载《广东社会科学》2012年第2期。

② 关于信托受托人理论化的阐释,参见赵磊:《信托受托人的角色定位及其制度实现》,载《中国法学》2013年第4期。

③ 对此的简要分析参见赵廉慧:《信托法解释论》,中国法制出版社2015年版,第266~268页。

共同投资基金、养老年金信托、房地产投资信托、资产证券化等均充分利用了信托财产独立性的机理和灵活的受益人安排机制，使传统信托制度能够服务于现代经济发展的需要。① 一些国家和地区（如特拉华州、新加坡、我国香港地区）更是制定了专门的商业信托法，甚至允许商业信托到证券交易所上市并进行交易。②

自从改革开放以来，我国的信托制度发展主要是以营业信托的成长壮大为主，民事信托和公益信托几乎没有得到充分发展。改革开放之初，各地的信托投资公司主要用于为经济发展筹集所需资金。但随着信托投资业务的逐渐开展，一些信托投资公司由于未能严格遵循谨慎尽责原则要求管理信托财产，出现了较为严重的经营问题。部分信托投资公司（如广东国际信托投资公司）因为严重的资不抵债而陷入破产境地。③

为了规范信托公司的发展，我国对信托投资公司进行了多次整顿，中国人民银行在2001年颁布了《信托投资公司管理办法》，试图对信托公司加强监督管理、规范经营行为并最终促进其健康发展。2007年银监会对这一办法加以修订，颁布了新的《信托公司管理办法》，对于信托公司的功能地位、设立变更、经营范围、经营规则、监督管理等作出了较为详尽的规定。

在这些规范的约束和引导下，我国信托公司获得了较快成长。特别是在《信托公司管理办法》颁布之后，信托公司按照要求完善了治理机制，提升了管理水平，优化了风控机制，管理的资产规模不断增长，充分发挥了专业资产管理受托人的专业优势，为我国资产管理市场的深入发展奠定了良好的基础。

在此背景下，各个信托公司围绕房地产开发、基础设施建设、资产市场投资、金融同业合作等方面开发了类型多样的信托产品，将信托财产独立性的原理有

---

① 关于信托制度商事化运用的制度介绍和理论分析还可参见 Schwarcz S L.，"Commercial Trusts as Business Organizations: Unraveling the Mystery", *The Business Lawyer*, 2003, pp. 559 – 585; Schwarcz S L.，"Commercial Trusts as Business Organizations: An Invitation to Comparatists", Duke J. Comp. & Int'l L.，2003，13，p. 321。

② 对于新加坡和香港商业信托商事的介绍，See Ho, Norman P.，"A Tale of Two Cities: Business Trust Listings and Capital Markets in Singapore and Hong Kong", *Journal of International Business and Law* 11(2012)。

③ 在当时破产法制不够完备的情形下，人民法院创造性运用破产法原理成功处理了广东国际信托投资公司的破产问题。参见张娜：《广国投破产案：创造性司法活动的典范》，载《人民法院报》2008年2月15日，第1版。

效加以贯彻,同时也通过灵活的交易结构设计满足了各方的风险偏好和利益需求,使商事信托制度得到了广泛应用。在一定程度上可以说,经过多年的发展,我国的商事信托制度已经臻于成熟,在以后的资本市场改革和经济社会发展过程中也将发挥越来越重要的作用。

(四)针对营业信托建构了特殊的监管制度

信托本是一项普通的民事制度。即使在20世纪商事信托获得了快速的发展,针对这些特殊的商事信托形式存在专门的法律规则,这也不能改变信托作为特殊性民商事制度的法律属性。换言之,各国针对商事信托的监管立法依然重在强调受托人信义义务的履行和信托投资的限制,①而非将信托本身视为一个特殊的金融行业加以对待。

在我国信托制度的发展过程中,信托投资公司从一开始就被视为特殊的金融机构,信托业也被视为与银行业、证券业、保险业并列的四大金融行业之一。对于信托公司和信托业的这种特殊定位在信托制度的应用过程中始终得到维持,使我国对于商事信托的监管制度也和其他国家和地区有所差异。在此基础上,我国也形成了分业经营格局下针对商事信托的特殊监管制度,银监会在信托公司的治理机制、分类经营、资本约束、生前遗嘱、监管评价、行业稳定等方面进行了有力的监管改革尝试。②

首先,信托业被定义为金融业的一种特殊形态。信托业和银行业、证券业、保险业一样,均被纳入了金融制度范畴。与一般商品交易有所不同,这些行业机构的活动涉及大规模资金流动,对于经济发展和社会稳定具有至关重要的意义,因而需要加以特殊监管。对于信托业而言,必须通过确立适当的监管制度确保信托业健康发展,维护信托当事人合法权益,防范系统性金融风险。在中国法语境下,信托业最开始是由人民银行加以监管,在银监会成立之后则由其承接了相应监管职责。在对信托业进行监管的过程中,银监会不仅享有准立法权(制定规

---

① 以英国为例,英国分别制定1925年《受托人法令》、1961年《受托人投资法令》、2000年《受托人法令》,以规范受托人管理运用信托财产的行为。尽管在20世纪,信托制度更多地被应用于金融市场,如通过集合信托或年金信托的方式运用信托财产,但并未将受托人视为特殊的金融机构或者将信托业视为特殊的金融行业。

② 参见杨家才:《用治理和责任机制构筑信托业百年发展的基石》,载《中国银行业》2014年第12期。

章等),而且可以采用形式多样的其他行政监管手段。

其次,信托公司在我国被明确界定为主要经营信托业务的金融机构。信托公司的设立必须经过银监会的批准并获得金融许可证。银监会对于信托公司的存续还设施了其他较为严格的条件,例如,公司设立时注册资本最低限额为3亿元、设立分支机构必须经过批准、分立合并或解算需要经过批准。银监会还对信托公司的经营范围做了严格的限定,对于信托公司的经营规则也进行了全面的规定。此外,银监会对于信托公司还采取了较严格的风险资本管理,要求信托公司净资本不得低于2亿元,净资本不得低于各项风险资本之和的100%,净资本不得低于净资产的40%。

再次,银监会对于信托公司信托业务的开展也进行了全面而深入的审慎监管。在过去几年中,银监会围绕信托公司开展的银信合作业务、房地产信托业务、基础设施建设信托业务、资本市场投资信托业务出台了一系列的监管政策文件,有效规范引导了信托公司相关业务的开展,使信托业的系统性风险得到有效的控制,也使国家经济宏观调控的政策措施得到了有效贯彻。①

最后,银监会根据信托业的实践监管需要发展出了信托公司监管评级和分类监管制度。监管部门根据信托公司在公司治理、内部控制、合规管理、资产管理、盈利能力等方面的区别,对于信托公司进行分类监管,并依据这一分类评价标准确定信托公司可以开展的业务类型。

值得肯定的是,在银监会的有效监管下,信托业近几年的发展经历了堪称改革开放以来发展最为迅速的"黄金年代",信托公司的经营管理水平得到很大提升,暂未发生足以引发系统性风险和区域性风险的争议案例。在某种程度上可以说,针对信托公司的行政监管发挥了一定作用。

(五)信托制度的创新功能得到充分发挥

信托制度的本质在于其创新的制度安排。信托制度在其诞生之初主要是为了规避不合理的赋税。在进入20世纪之后,在商事领域广泛应用信托制度的原因在于其信托财产的独立性机制和灵活的受益权安排,能够充分协调相关当事

① 对于2009年以来银监会对于信托公司具体监管政策的评析参见贾希凌:《近期中国信托业监管理念评析》,载《云南大学学报》(法学版)2013年第3期。

人的利益,使特定的商业目的得到实现。①

在我国商事信托实践过程中,信托公司也特别重视信托制度的创新特性,并在《信托法》确立的制度框架下结合商事实践需要进行了全面的制度创新。信托公司有效利用了信托财产的独立性原理灵活设计了各类信托交易结构,使交易当事人的各种合理需求均能得到满足,既突破了僵化法律体系的约束,又促进了创新法律规则的提炼。

举例而言,在信贷资产证券化受到限制的情况下,信托公司灵活地设计了信贷资产转让和票据资产转让的交易结构,使商业银行的中长期信贷资产能够顺利转化为现金资产,从而达到了与信贷资产证券化几乎相同的目的。在企业资产证券化不够发达的当下,信托公司灵活地利用财产权信托的模式将信托受益权份额化并转让给投资者,使拥有应收账款、资产收费权等稳定现金流资产的商事主体能够快速回流资金。信托公司在管理运用信托财产时,灵活应用股权投资、债权投资或夹层投资的方式,并合理利用了对赌条款、强制随售权、优先权条款等灵活的契约安排规避了投资风险,保障了信托财产的安全。

在当下的中国金融体系下,信托公司推行的各类创新适应了金融市场深化发展的需要,推动了整个金融体系的市场化改革。在一定程度上可以说,信托制度之所以能够取得生命力并呈现快速发展的状态,主要原因在于其创新特性的充分发挥。

二、"忘意":信托本旨的根本背离

虽然我国信托制度的引入已经取得如此成就,但是我们不能认为我国的信托法制已经臻于完善。实际上,除了确立了信托制度的基本架构之外,信托的原则精神和制度本旨却没有得到有效落实。借用一句古话,信托制度的移植和信托法制的建构是"得形"而"忘意"。具体来说,信托本质的根本背离主要体现在以下5个方面:

---

① See Hansmann H., Mattei U., "The Functions of Trust Law: A Comparative Legal and Economic Analysis", *New York University Law Review*, 1998, p. 5; Langbein J. H., "The Secret Life of the Trust: the Trust as an Instrument of Commerce", *Yale Law Journal*, 1997, pp. 165 – 189; Langbein J. H., "The Contractarian Basis of the Law of Trusts", *Yale Law Journal*, 1995, pp. 625 – 675.

(一)信托产品刚性兑付的危害

在信托公司管理的信托计划当中,有些信托计划往往因为各种原因在信托期限届至时不能按照信托合同约定兑付本金和收益。在此情形下,信托公司为了维护自身声誉,运用固有资金或者其他信托计划的资金(如信托公司资金池资金)向投资者支付本金和收益。在通常情况下,这些出现"问题"的信托计划均被延期存续,信托公司再采取其他风险控制措施确保信托计划得到兑付。在实务界看来,这种"刚性兑付"的做法不仅妥当处理了信托计划的兑付问题,也维系了信托公司的市场声誉,"不足以产生行业系统风险"。① 但是,这种看法并未意识到信托计划"刚性兑付"对于信托法制发展带来的危害。②

首先,"刚性兑付"违反了信托财产独立性的基本原理。在多数情形下,信托公司都是运用其他信托计划的信托资金受让"问题"信托计划受益权,使原信托计划受益人的预期收益能够获得顺利兑付,并使信托计划得以继续存续。但是,这种操作恰恰违反了《集合资金信托计划管理办法》中关于"不同信托计划的信托财产不能进行相互交易""不得将不同信托计划投资于同一项目"的禁止性规定。如果允许信托公司从事此类操作,则势必形成所谓的"庞氏骗局",最终严重侵害信托投资人的合法利益并影响信托业的健康发展。

其次,"刚性兑付"遮蔽了信托公司的信义义务。信托公司管理的信托计划能够按期兑付,很大程度上取决于信托公司是否履行了勤勉尽职的管理职责,即有没有按照信义义务的要求管理运用信托财产。如果没有履行相应义务,信托受益人可以起诉要求信托公司赔偿相应损失。如果已经履行相应义务,信托受益人无权要求信托公司赔偿相应损失,信托公司可以将信托计划存续期届满时剩余的信托财产分配给信托受益人。在刚性兑付的情形下,作为受益人的投资人根本不关心信托公司是否履行了信义义务特别是谨慎投资义务,而只是一味主张投资本金的安全和投资收益的获取,这本身违背了信托财产独立性的基本原理,使得信托公司的信义义务也无法具体化和实质化。

---

① 周小明:《中国信托业刚性兑付风险及策略》,载《中国市场》2014 年第 23 期。

② 对于信托计划"刚性兑付"不利影响的分析,参见谭保罗:《刚性兑付是信托危机的毒药》,载《南风窗》2014 年第 4 期;刘迎霜:《金融信托:金融行业抑或制度工具——析"通道型"信托产品之"刚性兑付"》,载《社会科学研究》2014 年第 4 期。

最后,“刚性兑付”可能导致信托公司之间的“朝底竞争”。由于信托公司是否履行信义义务并不会成为投资人关注的重点,也不会经受有效的司法审查,因而信托公司就无须强化自身的勤勉尽责义务。在信托计划出现问题时,通过所谓的“刚性兑付”不仅可以掩盖自身经营管理水平的低劣、风险控制能力的薄弱,而且反倒可以吸引更多的投资者。在此情形下,信托公司就可能盲目追求规模的增长而忽视风险控制的管理,导致信托公司之间的发展呈现出“朝底竞争”的局面,进而给信托行业的整体发展带来严重风险隐患。

(二)信托制度成为政策规避的工具

对于中国商事信托制度的另外一个严重批评是信托制度成为政策规避的工具,信托制度并未发挥真正的经济功能。在当下的商事信托实践中,信托公司在很多情形下都是充当“通道”角色,并不切实履行“受人之托、代人理财”的受托人职责。

以信托公司近年来主要的业务模式为例,信托公司和商业银行之间的银信合作业务主要服务于商业银行的信贷资产出表、调整存贷比例、规避宏观调控、开展表外业务等目标,信托公司并未履行真正的管理人角色,只是商业银行实现上述目的的特殊通道。信托公司的房地产信托业务在一定程度上也主要是为了规避房地产宏观调控的政策,特别是通过所谓的股权信托、受益权信托模式规避了房地产贷款的诸多严格要求,使本不具备房地产开发资金条件的开发商获得资金支持,加剧了房地产行业的“泡沫”累积进度,影响了政府对于房地产领域宏观调控的效果。基础设施建设信托业务虽然采用了创新的财产权信托模式,但是也主要是服务于地方政府规避基础设施建设融资的各项限制政策,客观上“助长”了地方政府天量债务的形成。

信托公司长期以所谓的“通道业务”作为自己的主营业务,并以协助相关主体规避各项宏观调控政策为主要目的。即使具体信托交易结构的设计具有创新性,但是这些信托计划的存续却削弱了宏观调控的效果,影响了规制政策的实施。在此背景下,信托公司虽然名义上管理着巨量的资产,但实际上并没有形成符合商事信托受托人要求的专业资产管理能力。信托公司往往未能按照谨慎投资义务的要求开展尽职调查、设计交易结构、采取风控措施、实施存续监管等,这就导致了实践中很多争议问题的发生。①

举例而言,从2013年开始,很多信托公司开展的能源类信托产品出现不能兑付的情况,其中以中诚信托的“诚至金开”系列信托产品最典型。在这些产品出现兑付危机之后,信托公司认为自己属于银行表外业务的“通道”,因为融资主体是由合作银行推荐,信托资金是由合作银行负责募集,甚至信托计划存续过程中的监管也主要依赖于合作银行完成。但是,不能否认的是,这些信托计划都是采用了“集合资金信托计划”的形式,整个信托交易结构并不符合银监会对于银信合作所谓“通道业务”的界定,信托公司在此情形下没有按照法律要求履行勤勉谨慎的管理职责,而是按照所谓“通道角色”的定位处分信托财产。② 实际上,信托公司对于因为自身未能履行受托人职责而给投资人造成的损失应予赔偿。

信托公司此种“规避政策”的倾向和“通道角色”的定位与信托法制对于信托公司的定位相背离,无益于信托公司专业化资产管理能力的提高改善,长远来看也不利于整个信托行业的健康发展。

(三)信托监管的管制主义逻辑

影响中国信托制度背离其本旨的另外一个原因,在于监管机构的“管制主义”监管逻辑。恰如前文所述,信托行业和信托公司在我国具有特殊的定位,银监会作为具体的监管机构对于信托公司的经营活动和信托业的发展给予了特别关注。从防范金融风险、保护投资者权益的目的出发,银监会的适度审慎监管是必要的。但是,就当下我国的信托业监管实践而言,银监会采取的监管政策,其虽然强调市场风险的防范、市场秩序的维护,却对商事信托的发展采取了严格的限制措施,并已在一定程度上影响了信托制度经济功能的有效发挥。具体而言,主要表现在以下几个方面:

首先,银监会对于信托公司的设立加以严格的管制,新设信托公司已经变得非常困难。根据《信托公司管理办法》的规定,信托公司的设立采取核准主义立

---

① 参见刘迎霜:《金融信托:金融行业抑或制度工具——析“通道型”信托产品之“刚性兑付”》,载《社会科学研究》2014年第4期;汤淑梅:《试析通道类信托之受托人责任的承担》,载《北京航空航天大学学报》(社会科学版)2015年第1期。

② 对于中诚信托诚至金开系列矿产信托的情况,参见何楣:《中诚信托的刚性兑付僵局》,载《上海国资》2014年第3期。

场,只有经过银监会的核准并且取得金融许可证信托公司才能成立。依据这一规定,符合信托公司设立条件的应均可申请设立信托公司,信托公司的数量原则上不应当受到限制。然而,近年来银监会对于信托公司的设立采取了非常审慎的态度,并未大量批准新设信托公司。这就导致信托公司的"壳资源"变得极其具有价值,一些商业银行、国有企业纷纷花费巨资参股或控股信托公司,以期更好地开展信托业务。监管机构的监管逻辑在于控制信托公司的数量就可减少信托行业的风险,却在一定程度上忽略了信托公司之间市场竞争对于信托业长远发展的益处。实际上,随着证监会逐步允许公募基金子公司、券商子公司从事类信托业务,信托公司在资产管理市场独享"制度红利"的时代已经过去,对于信托公司设立加以严格限制并无太大必要。

其次,银监会对于信托公司的业务加以严格的控制。恰如前文所述,银监会对于信托公司的监管工作重心很大程度上体现在信托公司的业务方向控制上。在既往的监管实践中,银监会将大量的精力用于监管信托公司的房地产信托业务、基础设施建设信托业务,并在一定程度上直接影响了信托公司具体业务的开展,特别是创新业务的发展受到了限制约束。在一定特定情形下,银监会甚至直接对特定信托公司的特定业务进行"窗口指导",要求这些信托公司停止开展或限制开展特定业务。

最后,银监会甚至严格控制信托产品特别是集合资金信托计划的成立。按理来说,信托公司选择成立什么样的信托计划应当属于信托公司经营权限范围之内的事项,监管机构原则上没有必要加以干预。但在中国商事信托实践中,银监会对于信托公司发起设立的集合资金信托计划要求其履行必要的报备程序。①实际上,银监会在审核这些报备而来的集合资金信托计划时具有"否决权",报备程序已经衍化成为一种变相的"核准"程序。这种"直接"干预信托产品成立的监管措施在其他国家和地区的信托监管制度中并不存在。

从上文的简要分析可以看出,监管机构试图通过严格的"管制"限制信托业风险的发生,并且特别重视"事前审批"或"事前管制"在风险防范中的作用。但

---

① 银监会于2014年发布的《关于信托公司风险监管的指导意见》(第99号文)强调"从2014年起对于信托公司业务范围实行严格的准入审批管理,对于业务范围下的具体产品实行报告制度。凡新入市产品都必须按照程序和统一要求在入市前10天逐笔向监管机构报告"。事实上,实践中,集合资金信托计划产品的报备制度已经运行了很长一段时间。

是,这种监管制度并未充分重视事中、事后监管的重要性,缺乏强有力的监管执法机制,对于信托公司一些违法违规的经营行为反倒欠缺有效的规制。监管机构直接影响信托公司信托业务方向和信托产品成立的做法也在一定程度上违背了市场经济内在规律,不利于市场秩序的维护和市场创新的推进。

(四)信托领域司法治理的滞后

成熟的信托制度总是伴随丰富的司法判例,这在英美法系国家信托法发展历史中体现得较为明显。在一定程度上可以说,信托法中的很多制度就是通过司法判例的不断累积得以丰富发展。例如,当讨论信托受托人的谨慎投资义务应当如何界定时,就需要注意到美国信托法 Harvard College v. Amory 一案中法官的相关分析。①

在当下中国的商事信托实践中,虽然实务中存在的信托争议问题较多,但是真正进入法院进行司法裁判的案例却是少之又少。相对于信托业管理的巨大资产规模而言,这本身不是一个正常的现象。② 就法院已经处理的信托案例来看,这些案例所涉纠纷多数发生在信托公司和融资人之间,且多是融资人未能按照信托文件履行还款义务导致诉讼发生。委托人起诉信托公司、受益人起诉信托公司的案例几乎不存在,以信托公司违反信义义务为由要求赔偿损失的诉讼请求也没有出现。

出现此种"少诉"的情况具有多方面的原因,其中前文提到的"刚性兑付"现象的存在是主要原因。在信托计划出现兑付困难的情形下,信托公司的"刚性兑付"使得信托受益人根本不关心信托受托人是否履行了信义义务,也不关心信托财产的独立性原则是否得到了保障。在信托受益人能够顺利获得投资本金和预期收益之后,他们也没有动力去提出针对信托公司的司法诉讼,也不会关心信托计划的存续本身是否存在问题。

司法判例的缺失使法院并不能积极参与到《信托法》续造的过程之中,《信托

---

① See Fleming, Austin, "Prudent Investments: The Varying Standards of Prudence", *Real Prop. Prob. & Tr. J.* 12(1977), p. 243.

② 笔者以"信托纠纷"作为关键词在北大法律信息网司法判例数据库进行检索,检索结果为经典案例 1 例,普通案例 18 例,法宝推荐为 20 例,其中部分案例并非严格意义上的信托纠纷,其中多数案例还是发生在 2015 年。

法》中的许多原则性条款也无法得到有效的具体化和实质化,这就使《信托法》本身失去了经由司法实践获得发展完善的机会。时至今天,我国的《信托法》依然是抽象的、静态的立法条文,而没有经由司法实践转化为具体的、动态的"活法"规范。

恰是由于司法判例的缺乏,法院对于《信托法》相关条款的适用并没有发展出具体的类型化判断标准,对于信托法的理论认知和制度理解也就不能随着商事实践的发展而逐步深入。在面对具体的司法案例时,法院往往也会显得"捉襟见肘",不能全面而准确地把握案例争议焦点和适用相关法律规范。① 在此情形下,信托委托人和信托受益人的合法权益往往难以得到有效保障,法官可能也难以把握"鼓励创新"和"合法合规"的关系,将部分符合市场经济改革逻辑的信托交易安排宣告为违法或者施加其他限制条件。

(五)民事信托和公益信托没有获得发展空间

从我国引入信托制度的初衷来看,特别是从《信托法》的制定目的来看,立法者希望信托制度能够扎根本土,并在民事领域、商事领域、公益领域得到广泛的应用。然而,从上文的简要总结可以看出,过去 20 多年商事信托在我国得到了快速地成长,但是民事信托和公益信托却并没有获得充分的发展空间。②

在当下中国的公益事业领域,人们更多的是选择以基金会的组织形式开展相应活动,选择公益信托形式的少之又少。公益信托制度之所以没有得到广泛采用,主要和其制度构造有关。根据我国《信托法》的规定,公益信托的设立必须经过公益事业的主管机构批准,这一规定导致很多意欲设立公益信托的机构和个人往往面临诸多困难。在公益信托实践中,发起机构往往需要花费大量精力去获得主管机构的批准。此外,公益信托的税收优惠制度不够完善也影响了人们设立公益信托的热情。当然,学者们也注意到公益信托的理论基础和体系构造并未得到深入的研究,这就使移植而来的制度难以和既有法律体系相兼容,需

① 参见周亮:《论信托法的创新功能及其司法裁判尺度之统一》,载《学术探索》2012 年第 12 期。

② 国外学者对于中国信托法在民事领域和公益领域的应用也比较关注。See Tensmeyer, Stephen, "Modernizing Chinese Trust Law", *NYUL Rev.* 90(2015), pp. 710 – 746.

要做出更多适应本土实践需要的调整。[①] 实际上,只有将这些制度性的障碍消除,并完善相关配套制度,公益信托才能获得更大的发展空间,才能在公益慈善事业领域得到更为广泛的应用。

民事信托在我国更是受到了前所未有的"冷落",在民事生活中几乎没有得到应用。这主要和我国信托观念并不"深入人心"有关,普通百姓一般不太了解信托的理论体系和制度构成,而《信托法》本身对于民事信托的设立也作出了一些限制性规定(必须采用书面形式、必须进行公示)。因此,人们在处理遗产分割、财物管理、子女抚养等问题时往往不会运用信托这一极具弹性特征的制度。[②] 当然,这一制度本身和大陆法系其他制度(如委托代理)也存在功能相似之处,因而人们都倾向于选择更符合大陆法系传统的制度形式。

三、"返本":信托理念的回归重塑

在对我国《信托法》实践过程中目前存在的问题进行初步分析之后,有必要继续反思解决这些问题的解决方案。在本文作者看来,上述问题的出现恰恰在于理论界和实务界"误读"了信托制度的本旨,进而导致信托实践在一定程度上也误入歧途。要妥当解决上文提出的各种问题,必须"返本正源",并按照《信托法》的本旨要求完善相关制度。

(一)受人之托,代人理财:信托法律关系的本质

从上文的论述可以看出,我国的信托法移植从本质上而言是"得其形"而"失其意"。信托的法律制度框架虽然已经确立,但是由于缺乏完善的配套制度且受到过于严格的监管,信托制度的应用空间实际上受到很大的限制。更为重要的是,信托法律关系背后的"信义"观念没有得到充分的重视,信托受托人是否按照信义义务要求履行相应职责并未得到应有关注,"受托人文化"并未得以形成和发展。

在我国的商事信托实践运作中,信托更多地被视为一种"筹资"工具,信托公

---

① 对于公益信托的理论反思,参见金锦萍:《公益信托与两大法系》,载《中外法学》2008 年第 6 期;刘迎霜:《我国公益信托法律移植及其本土化》,载《中外法学》2015 年第 1 期。

② 参见王涌:《中国信托法的基本问题》,载《中国法律》2012 年第 5 期。

司通过发行各类信托计划筹集资金,委托人通过投资信托产品分享投资收益。在进行具体投资时,作为委托人的投资人通常只关注信托产品的收益,对于信托产品的交易机构、风险因素却缺乏充分的认知,对于受托人是否具有受托管理财产的专业能力也不甚关心。信托制度的具体运作并未围绕"委托人对于受托人的信任而委以财产""受托人基于委托人的信任而管理财产"来展开,基于衡平法而发展出来的信义观念在一定程度上似乎被遗忘了。由此导致的后果是信托关系的本质被遮蔽,信托制度的功能被削弱。[①]

为了解决上述问题,理论界和实务界都在探讨信托理念重塑和体系重构的问题,强调对于信托关系、信托制度的理解必须"返本",回归到信托制度的本源构造来理解,强化信托法律关系中信义观念的贯彻。[②] 当然,这种信义观念不是抽象的,而是需要根据实践需要不断加以具体化。

具体来说,这些具体化的"基本规则"体现为以下方面:信托受托人按照受托人的指示为受益人的利益管理处分信托财产。其中,委托人的指示对于信托的存续,特别是对信托财产的管理具有决定性意义;信托受托人享有信托财产的所有权,但必须严格按照委托人的指示和信义义务的要求履行信托财产管理职责;受益人利益的实现是信托设立的根本宗旨,信托受托人必须按照受益人利益最大化的原则管理运用信托财产。

简言之,信托法律关系的本质可以概括为"受人之托、为人理财"(受托人受委托人之托,为受益人管理信托财产)。在此意义上,可以褪去信托制度所披上的过于强烈的金融色彩,使其回归信托的功能本色和理念基础。信托法的体系建构也应当回归到"规范受托人行为、保护受益人利益"的宗旨上来,把信托财产独立性的保障和受托人管理运用信托财产行为的约束作为信托法制的调整重心。信托监管的重心也应相应转化为对于受托人信义义务履行情况的监管和信

---

① 有研究认为信托的本质已经"异化",参见孙义刚、郑阈:《信托制度异化论——对我国现行信托产品法律解构之批判》,载《法律科学》2009 年第 4 期;袁欣:《信托的本质与信托的异化——金新乳品信托毁约的法律制度分析》,载《广东外语外贸大学学报》2005 年第 3 期。也有学者对于这一论点从学理角度进行了深入的辩驳,参见刘迎霜:《论信托的本质——兼与"信托异化论"商榷》,载《法学评论》2011 年第 1 期。

② 参见徐卫:《解读信托法律关系中的信任》,载《海南大学学报》(人文社会科学版)2009 年第 3 期;郭文萱:《监督引导信托业回归本源》,载《中国金融家》2011 年第 6 期。

托财产独立性的贯彻保障。[①]

（二）适度扩展《信托法》的适用范围

在强调信托“受人之托、代人理财”本质属性的基础之上，应当使信托制度在民商事生活中得到更为广泛的应用，信托法制的调整范围也应当加以适当扩张。

在民事领域，信托制度的运用应当受到更为广泛的重视。随着私人财富的日益增长，人们在私人财富管理和传承方面的需求将会越来越多（如赡养子女、禁止挥霍、照顾老人、资助他人等），此时合理地运用民事信托制度，能够实现传统民法制度所不能达到的一些目的，在一定程度上填补既有民事法律体系的制度漏洞。当然，民事信托本身已为《信托法》所确认，只是因为配套制度的不够完善而没有得到充分应用，因而在严格意义上来说，其不属于《信托法》的扩展适用领域。但从民事信托实践来看，必须进一步完善民事信托配套法律制度，使《信托法》在民事信托领域得到“真正”的运用。

在商事领域，信托法制的规范领域不应只是限于信托公司的营业活动，即信托公司发起设立的各类信托计划，而应当扩展适用到一切具有信托属性的法律关系。就此而言，银行发行的理财产品、基金子公司和券商子公司发起的专项资产管理计划、保险资产管理公司发起的保险资产管理计划、私募基金管理人发起的私募基金产品等原则上均应具有信托法律关系的属性，应当按照《信托法》的要求合理界定当事人之间的权利义务关系。在实践中，各个监管部门虽然也对这几类产品制定了较为具体的监管规则，但是对于这些产品的法律属性却仍欠缺共识，对于实践中出现的一些疑难问题也缺乏妥当的解决办法。如果将这些产品均纳入《信托法》的规范范畴，则上述理论争议和实践难题就可能“迎刃而解”。[②]

基于上述理解，信托法意义上的受托人应当不限于信托公司，而应同时包括理财产品的管理机构、基金子公司、券商子公司、保险资产管理公司、私募基金管理人等。这些担当受托人角色的机构，必须严格按照受托人应尽的信义义务履行相应职责，确保信托财产的管理处分能够最大限度地保障委托人和受益人的

---

① 参见罗大钧：《信托法律关系探析》，载《政法论坛》2001 年第 2 期。

② 对此问题的探讨，参见杨东：《市场型间接金融：集合投资计划统合规制论》，载《中国法学》2013 年第 2 期。

利益。在管理信托财产的过程中,上述机构必须切实遵循信托财产独立性的原理,对信托财产加以有效区分,而不能以信托财产进行相互交易,更不能以"发新还旧"的形式开展类似"庞氏骗局"的业务。如果受托机构存在违反上述义务的不法行为,则合法权益受到损害的投资人可以要求赔偿相应损失。①

在此背景下,银监会代国务院草拟的《信托公司条例》就应当相应加以调整,国务院有必要着眼于整个资产管理行业的需要,起草调整范围更为宽泛、制度内容更为详尽的《信托业条例》,使从事受托管理资产业务的机构都能受到这一法规的规范,以便更好地督促这些机构履行信义义务、保障受益人利益。②

(三)受托人信义义务的具体化和实质化

在当下中国《信托法》的实践运用中,受托人的信义义务一直没有受到理论界和实务界的重视。既有的学术研究成果多是简单介绍英美等国家和地区的受托人信义义务,缺乏对于中国法语境下受托人信义义务具体构成的深入考察。实务界对于受托人的信义义务也缺乏应有的关注,没有将谨慎投资义务和忠实义务的履行程度视为评价信托公司管理水平、市场地位的重要参考标准。③

依据国内有学者介绍,对于信托受托人信义义务,特别是谨慎投资义务的理解主要是基于英国 2000 年《受托人法令》、美国《信托法重述》(第 3 版)、美国《统一谨慎投资人法》、《统一信托法典》等法律的界定。这种理解主要是建立在现代资产组合理论之上,强调信托财产的管理处分必须注意分散投资以规避风险。此点要求在证券投资信托中具有特别重要的价值,能够防止信托投资风险过于集中的弊端。但是,这一标准对于判断在中国法语境下,信托受托人是否履行信义义务却缺乏有效性和适用性。

---

① 例如,有学者就提出要引入信义义务规范理财产品的管理人。参见陈学文:《商业银行非保本理财业务的投资者法律保护——以英美法系国家的"信义义务"为借鉴》,载《政治与法律》2012 年第 7 期。

② 参见彭飞:《最严信托条例的惊喜和缺憾》,载《法人》2015 年第 5 期。

③ 参见刘正峰:《美国信托法受托人谨慎义务研究》,载《当代法学》2003 年第 9 期;刘继虎、王巍:《受托人义务的若干基本理论问题研究》,载《武汉大学学报》(哲学社会科学版)2006 年第 4 期;黄素萍:《论信托受托人的谨慎投资义务——以〈美国统一谨慎投资人法〉为视角》,载《政治与法律》2008 年第 9 期。当然,也有研究者试图建构具有中国特色的信托受托人谨慎义务体系。参见钟向春:《信托受托人谨慎义务标准研究》,载王保树主编:《商事法论集》(第 20 卷),法律出版社 2012 年版,第 161 ~ 164 页。

在中国商事信托实践中，信托公司发起设立的信托计划大都具有较为明确的信托目的，在信托财产管理运用的过程中大都不存在分散投资的必要，而是将信托计划项下财产集中用于实现特定信托目的。因此，判断信托公司有无违背信义义务特别是谨慎投资义务，参照英美信托法上的谨慎投资人标准往往难以作出有效裁定。与之相反，必须发展出具有中国特色的信义义务判断标准。

以谨慎投资义务的具体化为例，判断信托公司有无履行勤勉尽职的管理职责可以从以下几个要素加以展开：在尽职调查阶段，有无全面掌握交易对象的真实财务信息和实际经营状况；[①]交易结构的设计有无明显的合规瑕疵，担保增信措施有无明显缺陷和显著不足；对于信托计划的存续管理有无有效介入；在信托计划出现风险事项时，有无采取及时充分的风险处理措施。如果信托公司在信托计划的设立存续阶段存在上述问题中的一种或多种，如没有全面了解交易对手的财务信息和经营状况、交易结构存在明显的合规瑕疵、没有采用基本的担保增信措施、没有采用有效的存续监管措施、在出现风险事项时怠于处理等，则此时应当认定信托公司违反了谨慎投资义务。换言之，必须根据中国商事信托实践需要，发展出具体化和实质化的受托人信义义务判断标准。

(四)信托财产独立性的有效贯彻

在强化信托“受人之托、代人理财”的本质基础上，必须进一步强化信托财产的独立性。

信托财产的独立性原理本质上强调信托财产同委托人、受托人、受益人财产的分割。信托计划成立之后，信托财产虽然名义上属于信托受托人，但实质上却独立于信托受托人的固有财产和其他信托财产。信托财产的存续不因受托人自身经营状况的好坏和其他信托计划的变化而受到影响，在信托财产承受应当承担的费用、税费之后，其剩余财产在信托期限到期时应当完整分配给信托受益人。

---

① 事实上，经过多年的商事信托实践之后，监管部门对于受托人信义义务的具体要求已经大体明确。在此背景下，监管部门已经下发了《信托公司尽职调查指引》的征求意见稿。依据该指引的要求，未来信托公司需要按照法律法规、尽职指引材料、信托文件，在信托设立、信托财产管理运用以及信托终止清算等各个环节充分履行受托人应尽的职责，并在上述环节中及时披露信托业务的相关信息，确保其信息的真实性、准确性和完整性。

首先,基于上述原理,需要打破的便是所谓"刚性兑付"的制度安排。在任一信托到期时,信托受托人原则上应以信托财产的存续现状向受益人加以分配,不能以自有资金或其他信托计划的财产保障受益人的预期收益。这是贯彻信托财产独立性原理的应然要求,只有如此才能确保不同信托计划的存续彼此不受影响,也才能确保信托计划的存续不受受托人自身财务状况的影响。当然,这种制度安排是以信托受托人履行了信义义务为前提的。如果受托人违反了谨慎投资义务或忠实义务进而导致信托财产蒙受损失,则受益人可以要求受托人赔偿其所受损失。

其次,必须限制信托公司目前普遍开展的所谓"资金池"业务。① 这些"资金池"的资金也是通过特定集合资金信托计划进行募集的,但集合资金信托计划的募集文件对于信托资金用途不会加以明确说明,实践中往往是投资于信托公司设立的其他各类具体信托计划,特别是在部分情形下进行信托产品的"刚性兑付"。通过"资金池"式的信托业务构造,信托公司实现了信托资金运用的期限错配,使得信托资金的募集和信托财产的投资出现了一定程度上的分离,这种业务的长期存续必然导致所谓"庞氏骗局"的出现,信托公司必须通过信托计划的不断"发新还旧"才能维持"资金池"的正常运转。一旦信托投资出现问题或者出现流动性危机,信托公司就可能陷入经营困境。

对于信托计划兑付时的"刚性兑付"和信托公司开展的"资金池"业务,监管机构或司法机关必须坚持"实质重于形式"的解释原则,对各种表面合法但实质上违背信托财产独立性原则的做法加以限制,使不同信托计划项下的信托财产能够真正实现彼此独立,防范不同信托计划风险的相互传递。在此意义上,必须完善信托财产独立性的保障机制,使信托财产的独立性能够得到有效保障,同时又能增强信托财产运用的灵活性。

(五)《信托法》的实施机制:政府监管和司法诉讼的功能优化

《信托法》不能仅仅是文本上的法律,更应成为实践中的"活法",既能有效约束规范信托当事人特别是受托人的行为,又能充分确保信托财产独立性的实

① 对于信托公司资金池的简单介绍,参见韦文俊:《浅析信托资金池业务》,载《中国证券期货》2012 年第 12 期;杨帆:《信托公司资金池项目的介绍及建构》,载《武汉金融》2013 年第 9 期。

现,真正实现信托制度的法治化。为了实现上述目的,需要进一步完善信托法的实施机制,消除影响《信托法》实施效果的障碍因素,激活那些能够促进《信托法》落到实处的创新制度。就当下的实践需要而言,既需要优化政府的监管,又需要加强司法的保障,并协调好两者之间的关系,建构具有适应性且功能完备的《信托法》实施机制。

在中国《信托法》的实施过程中,监管机构首先必须厘清市场机制和政府监管的功能边界,对于能够通过市场机制解决的问题不宜采用政府监管的方式加以解决。信托制度的发展也必须充分尊重市场机制在配置资源方面的功能,通过市场竞争促使受托人勤勉尽职地履行职责,使委托人能够选择更好的受托人为自身服务。监管机构原则上必须尊重受托机构的自主经营权限,不能干预受托人机构的具体运作。[①] 其次,监管机构不应固守分业格局下"机构监管"的角色定位,而是应当按照"功能监管"的思路对本质上属于信托范畴的活动加以统一监管,确保不同类别资管产品监管规则的一致性,同时也能为这些不同领域信托业务的开展提供差异性指导规范。[②] 再次,监管机构应当弱化"事前监管"的思维,减少行政审批手段的使用,而将事中事后监管作为主导监管方式,强化监管执法,对于违反信托业监管法规的机构和行为实施有效的处罚。最后,政府监管也必须认识到自身固有的功能限度,同时强化对自身监管权力运作的监督,使对于信托行业的监管能够趋于公开化、透明化。

同时,必须充分重视私人诉讼机制对于信托法执行的作用。虽然政府监管也能促进投资者权益的保护,但是这种保护是间接性的、整体性的,而投资者提起的司法诉讼却能直接、具体地保护其合法权益。事实上,在信托受托人违背受托人职责时,只要信托委托人和信托受益人的合法利益受到损害,他们均可以向法院提起相应诉讼,法院也必须回应这些权益保护诉求。在一定程度上可以说,司法诉讼是信托主体维护自身合法权益的最终途径,也是《信托法》贯彻实施的有力保障机制。在当下信托司法比较滞后的情形下,有必要通过重构信托法制促使更多的争议案例能够进入法院裁判的视野,使得法院也能充分发挥"促进"《信托法》实施的功能。

---

① 参见陈琼:《市场约束在信托监管中的作用》,载《银行家》2008 年第 6 期。

② 参见袁成刚:《"泛资管时代"信托公司发展与监管》,载《银行家》2013 年第 11 期。

此外,还必须充分注意法院司法裁判所具有的"发展""完善"《信托法》的功能。通过积极的司法诉讼,法院也才能充分阐明信托受托人信义义务的具体标准,进而更好地约束受托人管理运用信托财产的行为;《信托法》中相关法律规范的事实构成和法律效果才能得到更为明确的界定,既有信托法律规范的体系漏洞才能得以发现。此外,法院进行"创造性"法律续造的经验也可以为未来《信托法》的修订完善提供宝贵经验。

有限责任公司股东协议的效力

徐强胜[*] 王少禹[**]

一、问题的提出

公司本为依法成立的社团法人，其设立、内部机构的设置及经营等均应符合《公司法》的相关规定。但现实中，大量的有限责任公司，特别是那些小型的有限公司常常在法定的公司章程之外通过股东之间的私下协议安排相关公司管理及其他事务。例如，自然人甲和乙分别出资51%和49%共同成立了A公司，甲任公司董事长、法定代表人，乙任副董事长、经理。公司成立不久，甲与乙签订了一份《合资合作协议》，约定法人章、公司公章、法人证书由甲控制保管；财务章、营业执照、税务证等由乙控制保管；公司重大事项，包括收款、付款、签订合同等须经甲、乙二人协商并做出书面签字记录后方可施行；若任何一方违反该协议，即视为商业欺诈，另一方有权要求赔偿人民币若干万元。

显然，在法定的章程和其他规定之外另行订立的股东协议在一定意义上改变了《公司法》的规定，从而必然影响到法定的公司治理结构，影响到其他股东（如有）和

---

* 河南财经政法大学教授，法学博士。

** 河南省高级人民法院政策研究室副主任，法学博士。

债权人的合法权益。因此,如何认定股东之间协议的性质和效力就非常重要。这个问题还同时涉及如何认识公司法的存在价值,即公司法是干什么的?

二、股东协议的性质

所谓股东协议,一般是指封闭式有限责任公司的股东之间,就公司内部权力的分配和行使、公司事务的管理方式、股东之间的其他关系等事项所订立的协议。在协议中,股东往往通过自行创设相互权利与义务,以达到排除《公司法》或公司章程规定适用的目的,从而成为有限责任公司治理的重要手段。①

关于股东协议,由于其是股东之间共同的意思表达,因此,一般认为其性质与合伙协议很是类似,即都是多数当事人就其公司或合伙内部有关事项意思表示一致而订立的长期合同。作为当事人共同意思表达一致的合同,其目的在于确定公司内部经营管理与股东之间的经济利益和控制权的分配等关系,本质上是反映交易关系的,因此应受《合同法》的调整。也就是说,合同自由原则是应当适用于股东协议的。但是,股东协议不是一般的合同,而是股东之间就公司管理等有关事项的交易关系,它是游离于《公司法》并要受到《公司法》制约的协议。换言之,股东协议是股东之间合同自由原则下的协议,同时也是《公司法》基本政策和基本制度框架下的协议。

在一定意义上,股东协议与公司章程是公司自治的"两个轮子",②尽管股东可以通过法定的章程约定相关事项,但股东协议显然能更好地安排不涉及公司第三方而仅是股东之间的事情。也就是说,股东协议有利于构建公司治理的私人秩序。股东协议实际上是有限责任公司封闭性和人合性的一种表现,是股东自治的一种体现。与股份有限公司相比,有限责任公司的股东不仅仅是为了投资分红,而更期待参与公司的经营管理,股东之间不单单是资本的结合,还有相互之间的信任。所以,有限责任公司股东之间更希望按照自己的意愿构建公司治理的秩序。事实上,股东协议因具有灵活性、变更的一致同意性和隐蔽性(不

① 参见张学文:《股东协议制度初论》,载《法商研究》2010年第6期。

② 参见王志诚:《迈向闭锁性公司之路——美国、日本及我国台湾地区股东协议比较分析》,载赵旭东主编:《国际视野下公司法改革——中国与世界:公司法改革国际峰会论文集》,中国政法大学出版社2007年版,第481页。

在查阅的范围)等特点,比公司章程更能满足股东多样化的需求。例如,在前述案例中,甲与乙两个股东通过《合资合作协议》就其共同设立的A公司的内部管理做出了认为适合他们自己的约定。这种约定满足了这两个股东的个性化需求,不仅有利于两个股东的利益的实现,也有利于公司内部管理关系的协调。

三、股东协议效力认定的基本原则

尽管股东协议与公司章程是公司自治的“两个轮子”,但股东协议毕竟是游离于《公司法》而非完全符合公司法规定的当事人自治协议。同样体现公司自治的章程完全是在符合公司法规定的情况下制定并对公司内部与外部具有法律效力的。公司章程中的任意性规定可能不符合公司法的规定,但公司章程从整体上而言是且必须是要符合公司法规定的。因此,公司章程的效力的认定也仅是针对其中的某个事项(如关于公司股权转让的规定等)且是任意性规定而言的。但对股东协议来说,首先是要认定整个协议的效力,其次才是其中的某些事项的效力问题。

对于股东协议效力的认定,经过了一个从司法普遍否定到司法逐渐肯定并得到成文立法关注的过程。美国法院在19世纪末到20世纪初对股东协议是持普遍怀疑与否定态度的,认为股东既然选择了公司组织形式,就必须按照公司法关于公司的组织管理方式进行,而不能再依合伙关系管理;既然董事会的职权是法律赋予的,那么就不能通过私下协议改变董事会的权力。但到了20世纪中期以后,美国法院注意到封闭公司不同于开放式公司,其管理就可以不同于开放式公司,因此开始认可股东对董事会权力的协议改变,允许封闭公司内部可以按照合伙关系处理。由于司法实践的推动,到了20世纪80年代,美国的《示范法定封闭公司法》《示范公司法》及各州公司法开始增加了关于股东协议的规定。例如,美国1984年增订《示范法定封闭公司附加规定》第三章“治理”第20条专门就“股东协议”作了规定,其第1款明确规定,“法定封闭公司的所有股东可以书面协议之方式就公司权利的行使、公司商业与事务的管理或公司股东之间的关系进行规定”,且该条最后一款第8款明确规定“本条规定并不禁止法定封闭公司中股东之间达成的任何其他协议”。也就是说,股东协议是受到法律的认可的。历来将有限责任公司当作股份有限公司例外的大陆法系国家一直强调有限责任公司法的形式主义做法，无论是资本方面还是内部管理方面都要求有一定的形式管制。因此，对于公司章程之外的股东协议原来一直是根本不予承认的。但到了20世纪80年代以后，欧洲国家也开始反思其对于代表中小企业形式的有限责任公司的形式管制做法，特别是到了90年代以后，其认为有限责任公司应当成为独立的公司形式，应当去除有限公司法规定中的形式主义及官僚主义的规定。① 基于此认识，在德国，对于股东常常在章程之外签订的规定股东权的行使和股东之间的相互关系协议，尽管其仅是债权性附属协议，但原则上是合法的，股东之间在私法上享有充分的自主拟定协议的权利，这一权利仅仅受到具有强制性的有限责任公司的组织法的限制。②

20世纪80年代以后，世界各国公司法的一个发展趋势就是管制的衰落与治理的兴起，即对某具体事项放松管制，但在大的方面或宏观角度加强立体式治理，明确责任主体及事后责任的追究。特别是对于那些中小公司，现代公司立法及理论对其已不再强调资本及内部管理的模式化，而允许其资本制度和内部管理像合伙一样灵活，同时强化了股东、高级管理人员的责任及相关利益人救济制度的设计。所以，现代各国对于公司章程之外的股东协议原则上是认可的，即使其与公司法的规定不相符合。在一定意义上，这种认识及做法除了与封闭公司的人合性有关外，也与现代科技信息的发达及公司的普通化有关，前者使公司的很多信息都可以通过现代信息网络得以获悉；后者则使公司已经成为普通民众的投资工具与常识。在这种情况下，基于鼓励投资的精神，承认股东协议的效力就成为必然。

和大陆法系国家的过去做法一样，我国1993年《公司法》完全是将有限责任公司当作股份有限公司的例外的，其资本要求严格，内部管理严格比照股份公司。但到了2005年《公司法》，关于有限公司的规定已经开始明显有别于股份公司，其资本制度有所放松，内部管理开始具有灵活性。在司法实践中，对于以前一直认为违反强制性法律规定的公司及股东行为必然无效的做法，也开始强调并非无效（如对于违反公司担保规定的行为等）。不仅如此，在2005年《公司法》

---

① 参见[德]H. Kohl：《欧盟有限责任公司法的发展趋势》，载吴越主编：《私人有限公司的百年论战与世纪重构——中国与欧盟的比较》，法律出版社2005年版，第301页。

② 参见[德]托马斯·莱塞尔、吕迪格·法伊尔：《德国资合公司法》（第3版），高旭军等译，法律出版社2005年版，第410页。

修订后,最高人民法院一再强调,坚持私法自治原则,尊重公司自治,正确处理依法干预与公司自治之间的关系,是人民法院审理公司纠纷案件的关键。1993 年《公司法》存在的主要问题就在于没有给公司自治留下应有的空间,法律强制性规定太多。实践证明,这种以法律整齐划一为思路的做法是不可行的,实际上也难以做到,公司活动的差异化决定了公司治理不可能都是一个模式。鉴于此,人民法院在介入公司内部法律关系时,应当审慎而为,给公司自治留有足够的空间。① 所以,在审理涉及公司法适用问题的民商事案件过程中,应尊重公司章程的规定和股东之间的约定,准确识别公司法规范的性质。对不违反公司法禁止性规范的公司内部约定,应当依法认定有效。

那么,对于有限责任公司股东之间的章程之外的协议,显然也应当同样如此,即对不违反公司法禁止性规范的股东之间的内部约定,不应轻易认定无效。

对于股东协议的效力存疑,主要在于其内容有着不同于公司法的约定,这种约定可能限制或禁止了公司股权的转让,可能彻底改变了公司内部治理结构,甚至可能改变了股东有限责任制度。比如,股东之间签订的承包经营协议,5 名股东约定公司由其中 1 名股东承包经营,不管公司盈亏,其余 4 名股东每年均按照投资额的 20% 收取固定回报,承包股东则对公司的亏损承担无限责任等。这种约定实际上改变了公司法预先设计的公司内部股东会、董事会、监事会分权制衡的治理结构和权限安排,改变了公司法有关盈余分配的规定,也违背了股东有限责任原则。那么,这种股东之间的承包经营协议就必然引起人们对公司法存在价值的怀疑。对此,我国目前主要有两种观点:一种观点认为,尽管公司法定主义原则是公司法的一项重要原则,但股东在公司设立后将公司承包给股东之外的第三人并不必然违背公司法定主义原则。也就是说,不能对公司与股东签订的承包合同的效力一概而论,关键是看承包合同是否拒绝适用公司法中关于公司治理、会计制度等规定中的强制性规范。如果拒绝适用这些强制性规定,则可认定其为无效,反之则有效。另一种观点认为,将公司以承包合同的方式交给某个股东承包经营,实质上是以承包经营的方式代替董事会经营,该行为违反了公司法和公司章程关于董事会职责的具体规定,应当认定为无效。

---

① 参见李国光、王闯:《审理公司诉讼案件的若干问题——贯彻实施修订后的〈公司法〉的司法思考》,载最高人民法院民二庭编:《民商事审判指导》(2005 年第 2 辑),人民法院出版社 2006 年版,第 60 页。

以上两种观点有所不同,但都强调如果股东之间的承包经营协议违反了公司法定原则,则其无效,反之则可以有效。也就是说,这两种观点对股东之间的承包经营协议都是放在公司法定主义原则下认识的,而且都认为公司法定主义必然意味着公司内部组织关系和财产关系的严格法定性与不容更改性。显然,这种认识是基于公司法定主义的传统看法,即通过对公司外观及内部关系的严格法定,避免非典型公司形态及非规范的内部关系为第三人和社会公共利益带来不确定的状态。但是,公司法定主义并非意味着通过立法为公司设置一个封闭而严苛的标准,它毋宁是通过所谓的典型示范,明晰当事人和第三人的权利、义务和责任。同时,在该典型之下,仍应有非典型或其他过渡状态的公司。[①] 事实上,20 世纪 80 年代以来世界公司法的发展表明,公司法定主义已经大大松动,特别是在关于代表中小企业形态的封闭公司,已呈现出更加多样化的单独立法的趋势。很多国家和地区不仅通过修改封闭公司法或有限责任公司法的方式放松其资本及内部关系的管制,还通过单独立法制定更加适合小型企业的公司形态,如美国的有限责任公司(Limited Liability Company,LLC)、日本的合同公司、德国的业主制公司等。这些新型的公司形态在资本和内部管理上要求更加宽松和自由。在一定意义上,它们仅是强调股东承担有限责任的合伙或独资企业。所以,公司法定主义不应被理解为立法者试图通过某一形式统一的立法调整现实中所有的公司。统一规范的目的在于对公司的行为做出有预见性的解释,并对公司的行为加以一定程度的标准化。但是,由于立法者的经验和理性有限,他们不可能对未来甚至现实中已存在的千差万别的公司的实际情况做出完全有效的判断和预见。公司立法的内容应当是开放的,应当能够为当事人扩充权利提供应有的空间,以容纳更多的投资者的创造活动。法律经济学认为,在法律和市场经济范畴内,越是分散权力,越是能够扩展这一制度内的自由程度,就越能提高创造性发明和能动财富形成的可能性。[②]

从我国公司生活实践情况来看,作为中小企业代表形式的有限责任公司仅仅是一种投资工具而已,尽管它们已经按照公司法的规定建立了所谓的股东会、董事会或执行董事、监事会及监事,甚至有总经理等公司架构。但对于许多有限

① 徐强胜:《企业形态法定主义研究》,载《法制与社会发展》2010 年第 1 期。

② [美]罗宾·保罗·马洛伊:《法律和市场经济——法律经济学价值的重新诠释》,钱弘道等译,法律出版社 2006 年版,第 134 页。

公司来说,这些机构常常是一种摆设,主要是为了应付工商登记而设的。那么,公司法定主义与其说是为了严格规范公司,不如说是提供了一种示范模本。公司法并不能通过严格的法定要求来保护第三人和社会公共利益,而更多的是要依靠其他治理途径,如事前的公司登记制度、事中的责任主体与责任规定以及事后的责任追究制度,如揭开公司法人面纱制度、股东诉讼制度等来加以保证的。所以,以所谓违反公司法定主义原则来否定股东协议是值得商榷的。

更重要的是,股东协议尽管改变了公司法的规定,但从本质上来说是一种股东之间的内部约定,只要其不涉及第三人和社会公共利益,就应该获得认可。美国法院在 20 世纪中期就允许封闭公司股东对外采取公司形式,而对内实际按照合伙的方式运营。在 1965 年联邦上诉法院第二巡回法庭的一个判例中,法官这样表述道:"为什么个人不能对内是合伙关系而对外采取公司的形式,只要不涉及债权人等第三人的利益,这种限制是毫无逻辑可言的。"[①]也就是说,作为股东之间的内部约定,其效力也仅及于股东,既包括作为直接签字的当事人的股东,也包括并没有直接签字但事后认可的股东或继承、赠予而得到股东资格者。如果股东通过他们之间签订协议的行为损害了债权人等第三人,则债权人可以通过公司法中专门保护债权人利益的规定得以救济。特别是随着现代各国公司法的改革,传统的公司资本制度已经发生的质的变化,即由过去强调严格的法定资本制且要求最低资本金的做法,转为更为灵活以鼓励投资为目的的认缴资本制度,并降低或取消了最低资本金的制度。我国 2013 年《公司法》规定了完全的认缴资本制,并取消了一般有限公司的最低资本金制度。认缴资本制及最低资本金的取消意味着债权人利益的保障在法律上更多的是依靠股东的承诺而非其实际出资,即使股东已经实际出资,这些出资通过经营能否保证足额存在也是个未知数。在这种情况下,通过严格的法定管理制度的设计显然已经不能很好地保障公司债权人的利益,公司债权人事实上不能也不会仅仅依靠股东的承诺和所谓公司内部的法定管理制度来维护自己的利益。他们更多依靠的是自己的经营判断及在长期交往中形成的对对方的认识而进行的。可以说,完全的认缴资本制就是为了鼓励投资,而对债权人利益的维护则交给了市场和对公司的综合治

① 向佳丽:《股东协议法律效力研究——以美国法为中心》,载梁慧星主编:《民商法论丛》(第 50 卷),法律出版社 2012 年版,第 500 页。

理。那么,在这种情况下,以协调股东内部关系为己任的股东协议对于债权人利益的影响显然就不会很大,甚至可能更有利于公司与债权人之间关系的处理。

所以,对于股东协议,原则上应当予以认可,不能因为其不同于公司法定原则就随意宣告其无效或不承认其效力。

四、有限责任公司类型化下的股东协议效力的适用

德国立法者1892年发明的有限责任公司,本身就是试图迎合中小企业需要并使股东承担责任限制待遇的公司形式,后为世界多数大陆法系国家和地区所借鉴。有异曲同工之妙的英国的私公司与公众公司本同为有限公司,即股东承担有限责任的公司,其目的原为获得资本市场的融资,但由于英国立法的弹性而使出资人可以根据需要裁减公司的形式,[①]使私公司因具备更多的私密性与灵活性而与公众公司区别开来。实际生活中,有限责任公司的表现是有很大差别的,既有人数较多且资金雄厚的大中型有限公司,也有人数仅有2~3个股东的小型有限责任公司;既有国有控股的有限公司,也有私有控股的有限公司;既有家族式有限公司,也有朋友式有限公司等。这些表现不同的有限公司之下还有相应的类型,且在这些不同公司类型之间还有其他过渡状态的公司,例如,在大型有限公司之间与小型有限公司之间就有中大型或中小型有限公司;在家族式有限公司中就有夫妻之间组成的有限公司与兄弟之间或父子之间成立的有限公司等。这些不同类型下或类型中的有限公司,由于人数的多少或股东身份的不同,以及股东各自利益考虑的不同,而使它们在管理等方面必然都是不同的。

在这些不同的有限责任公司下,股东协议存在的价值及影响是有一定区别的。对于股东人数很少的有限责任公司来说,其更容易在内部管理及其他方面达成股东协议。而且股东人数很少的有限责任公司本身的经营就十分灵活,法律既不需要也不可能要求仅有几个股东的公司在经营管理及利益分配方面刻板固执。即使法律做出相应严格的形式要求,这些股东也通常不会按照这些规定去做,而主要按照自己的需要安排相应的经营和权益分配。因此,现实生活中的

---

① 参见吴越编译:《欧盟视野中的英国私人有限公司法》,载吴越主编:《私人有限公司的百年论战与世纪重构——中国与欧盟的比较》,法律出版社2005年版,第466页。

股东协议也主要发生在这些有限责任公司当中。这时,这些小微型公司股东之间的协议只要不损害第三人的利益,其效力自不待言。即使是这些小型公司的股东协议仅在大股东之间达成,如果小股东知悉且无异议,则该协议也应当认定为有效。1964 年发生在美国伊利诺伊州的 Galler v. Galler 案中,尽管仅有 3 个股东,但其中两个大股东为兄弟,分别持有公司 47.5% 的股份。兄弟 2 人及其妻子达成协议,约定由其兄弟 2 人及家人担任公司董事,并约定红利分配以保障家人生活。另一小股东对此没有提出异议。其中一个兄弟去世后,另一兄弟要求原告放弃原来签订的合同,由此提起诉讼。初审法院判决后又提起了上诉。上诉法院认为合同因整体违反该州的公共政策而无效。原告再次上诉到伊利诺伊州最高法院。最后,州最高法院认为,封闭式公司股东通过合同来约定某人担任公司管理人员、董事,约定红利分配,只要没有损害小股东的利益,没有损害债权人的利益和公共利益,即使是不符合公司法的规定,即使对董事会的权力构成一定侵犯,仍然是有效的。因为封闭式公司应当特殊对待,不能如开放式公司那样严格要求。①

如果公司股东人数较多,有几十人甚至更多时,股东之间达成协议的难度就会加大,即使达成,这些协议能否真正全面体现所有股东的意思,以及协议能否公平地维护所有股东的利益也是值得探讨的。在这种情况下,有关协议背后的信息显然存在不对称现象。在考察这些协议时,应当综合个案具体情况具体分析,如股东协议的期限、股东协议的内容是否过于有利于某些股东、股东协议签订时相关重大信息是否及时披露给所有股东等。当然,我们说需要结合个案具体分析,并非简单地否定股东协议的效力,而是说在发生诉讼纠纷时,能够对这些协议进行公平的判断。在股东人数较多的有限责任公司中,也可能会出现大股东之间达成相应协议,而小股东仅是事前或事后得到通报而没有明确反对或以其他方式被动接受。这时,基于资本多数决原则,仅在大股东之间的协议也不宜轻易认定为无效,关键也要看该协议是否损害了小股东和债权人的利益。

不过,尽管对于不论大小有限公司的股东协议都以认定有效为原则,但对于小微型的有限公司和大型的有限公司,股东协议效力的认定要求是不一样的。前者可以完全肯定,而后者需要考虑的因素则比较多,介于二者之间规模的公司

① 参见薄守省主编:《美国公司法判例译评》,对外经济贸易大学出版社 2007 年版,第 10 页。

的股东协议的效力则须类型化判断。也正是考虑到小微型有限公司与较大型有限公司各自规模及正式性要求的不同。美国各州于20世纪80年代末90年代初制定了股东仅承担有限责任,而内部管理则实行完全自由化的有限责任公司法。这种公司不同于美国传统的法定封闭公司,后者的经营必须遵守法定的程序,否则可能导致"揭开公司法人面纱"制度的适用。日本2005年《公司法》也借鉴了该种公司模式,将其命名为合同公司。这种公司可谓小微公司的法定形态,既实现了股东可以承担有限责任,又无须遵守过多法定的程序义务的愿望。在这种公司形态中,其经营管理基本上是依照股东协议进行的。它们可以授权公司完全抛弃董事会,而由股东依据合伙的或是采取其他一些管理体制来运作企业。同时,考虑到较大型有限责任公司的人数较多,实践中,其管理也比较严格,和股份有限公司没有什么两样。日本2005年《公司法》取消了传统的有限责任公司,而将其纳入股份公司序列,仅有上市与非上市股份公司之分。因此,被股份公司化的较大型有限公司应当更多地严格按照股份公司的法定程式经营。

由于我国《公司法》只是简单地将公司分为有限责任公司和股份有限公司两类,涉及股东协议时应对相应的有限公司进行类型化,从而判断股东协议的效力并公平处理相关纠纷。同样,对于不上市的股份公司,如果其股东人数很少,则股东之间通过章程之外的协议安排有关经营事项也未尝不可。在前述甲与乙的案件中,2人组建的有限责任公司是典型的小微型企业,要求其完全按照公司法规定建立相应形式框架制度是没有实际意义的,他们总会通过各种各样的方式回避这些烦琐的形式要求,而按照自己的实际情况及想法经营公司。可以说,2人之间的股东协议应当是有效的。至于2人之间的协议是否公平合理,则另当别论。

除了由于人数多少导致的有限责任公司类型化外,尚需考虑因不同身份或不同情况下的股东组成的有限责任公司的类型而导致的股东协议的效力,如因夫妻之间、兄弟之间、父子之间等由具有亲情关系的人组成的公司与非因此组成的公司的股东协议,其效力的考察的因素就会不同。小股东为职工的公司与小股东非为职工的公司的大股东之间的协议,以及小股东是通过赠送还是购买获得股权的公司的大股东之间的协议效力,都会影响到相应股东协议的效力认定。

五、股东协议的效力与债权人的保护

股东协议尽管有利于构建公司治理的私人秩序，体现了私法自治的精神，但它毕竟是对公司法规定秩序的改变，也影响到了公司第三人的利益。在总体承认股东协议的基础上，如何保护第三人就成为一个重要课题。正如前述，股东协议只要不损害债权人的利益，就可以认定其效力。那么，如何判断股东协议损害或没有损害债权人的利益？

现代企业组织法的一个重要角色是对企业的财产进行了所谓的“分割”，即一个企业的债权人可以依此对抗该公司的私有财产的所有人及其受益人，从而获得对企业财产的优先权。该角色被认为是企业组织法的根本功能。① 这是从企业作为一个相对独立于投资人的组织而在以自己的名义对外从事活动时必须考虑的问题，因为这时的企业须以相对独立的财产为后盾。所以，企业组织法首先是财产法。对于公司法而言，基于股东的有限责任和公司人格的独立，公司债权人对公司财产的优先权更有意义和价值。那么，公司财产的界定与维持就成为债权人利益得以保障的基本。也就是说，判断股东协议是否损害或没有损害债权人的利益的关键在于其对于公司财产的影响。

现代很多国家公司法已经放松了资本管制，既不设定公司资本最低限额，也不要求实际缴付。我国 2013 年 10 月国务院决定实施的公司登记制度改革取消了公司的最低注册资本制，推行完全的认缴资本制。2013 年《公司法》则完全采纳了这些改革措施，从而使我国的公司以后甚至可以采取“零资本制”成立；即使缴纳资本，也可以根据公司经营需要分期缴纳。这就提出一个问题：在这种情况下，公司债权人的利益如何保障？采取最低资本制与法定资本制的本意是为了保障债权人，但实践表明，这种制度并不能很好地保护债权人，而且随着信息的发达及商业经营的大众化，使债权人实际上并不需要这种仅具有形式意义的规定。在公司零资本或自有资本数额很小的情况下，与这种公司进行交易的债权人完全可以通过其他方式保证自己的利益，如要求股东提供担保、考察公司的信

① See Henry Hansmann, Reinier Kraakman, "The Essential Role of Organizational Law", *The Yale Law Journal*, Vol. 110, p. 393.

用、采取钱货两清或要求公司先发货自己再付款的方式等进行。也就是说，公司最低资本制度及法定资本制对于保护债权人已经意义不大。

但尽管如此，公司的经营必然需要相应的资本，公司股东也常常会通过章程明确各自的出资义务来保证公司基本的经营需要。如果公司通过章程明确了股东的出资数额及期限，则构成公司的现有和将来的自有资本。这时，股东协议及其履行不得有损于已经通过章程明确的公司资本，而且须遵守公司法关于利润分配、公积金提取及公司会计制度的规定。如果股东通过其协议分配利润减少了公司资本，或者在没有依法弥补亏损的情况下分配利润，或者非现金出资估价过高等，则可以按照公司法相应的利润分配制度和实物出资的规定要求予以追讨来保护债权人。

对于小型的有限责任公司，由于其经营十分灵活，再加上没有最低资本制的要求，因此需要法律对其收益的分配作出限制。但我国 2014 年《公司法》修改仅按照国务院的要求对公司资本缴纳及登记作出了简单的规定，对于其如何分配利润还是按照 2005 年《公司法》的规定去做的，而没有相应进一步的规定。对此，我国下一步《公司法》修改时，可以适当借鉴美国关于有限责任公司法的规定。根据美国《有限责任公司法》规定，有限责任公司如何在成员之间分派收益可以由公司的经营协议规定，法律并不要求一律。但公司能否进行利润分配，却有严格的法律规定，因为它涉及公司成员以外的债权人及公司中享有优先权的成员的利益。公司收益的分配不得损害债权人的利益，这是一般公司法的原则，也是《有限责任公司法》的基本原则。[①] 美国《统一有限责任公司法》(1996 年)规定了公司收益的分配必须符合法定条件，否则为非法分配，并且会引起有关人员的责任。例如，其第 406 条关于“分配的限制”第 1 款规定：“遇有下列情形时不得进行分配，如果(1)有限责任公司于常规经营中不能偿付其已到期之债务；或者(2)该公司的总资产少于其总负债加上应满足成员于解散、清算及终止时所应享有的优先于分配接受人之优先受偿人之优先受偿数额，如果该公司于进行分配之时将被解散、清算与终止。”该法第 407 条则进一步明确了非法分配的责任，即有关成员及经理须承担个人补偿责任。那么，对于股东协议，如果按照协议分配利润或分红时不能偿付到期债务，或者其总负债大于现资产，则构成非法

① 参见宋永新：《美国非公司型企业法》，社会科学文献出版社 2000 年版，第 205 页。

分配,可以追究有关人员的责任。

总之,股东协议对于债权人的利益影响是间接的,其并不会因为影响债权人的利益而认定无效,关键是相应公司立法及司法如何对公司债权人利益进行救济。

六、结语:有限责任公司的工具化与我国公司法的完善

20 世纪 80 年代以来,西方主要国家美国、英国、德国、日本等进行了一系列企业立法变革。各国关于企业形态的法律规定,由原先主要由强调企业形态外表,即其对外责任的承担,以确保第三人利益的实现,到开始强调企业内部构成与股东自治,从而鼓励投资。① 特别是对于代表中小企业形态的有限责任公司,更是放松资本与其内部治理结构的形式化管制,将对债权人的保护问题更多交给了市场和债权人自己。它们认识到防范风险首先是债权人的义务,而非法律的义务。与有限公司打交道的商人必须通过自己尽可能获得的公司信息对风险进行判断与预测,而且公司的登记公示制度使债权人很容易判断如何更好地与某个公司进行交易,法律所做的主要在于明确有关主体的责任及相应的救济方法。② 当然,这一点对于股东也同样如此。也就是说,有限责任公司仅是投资者的投资工具,可以根据投资者的需要灵活改造。公司法并非公司自然发展的产物,恰恰相反,公司完全是一种法律的创造物。公司法最初的重要发展表现在其将企业公司作为一种实现经济目标的合法工具从法律上加以确认。公司作为法律的创造物看不见,摸不着,只存在于法律的想象之中。③ 所以,在创造公司的作用中,公司法更多的是提供一种样板,而非标准。承认股东协议可以改变法定的公司法秩序不是对于公司法的背叛,而是一种还原和发展。

自 1993 年《公司法》颁布以来,我国一直试图将公司当作一种不论在财产还是在人格方面都完全有别于股东的具有实质意义的独立法人。2005 年《公司

---

① 参见徐强胜:《商法导论》,法律出版社 2013 年版,第 213 ~ 214 页。

② 参见吴越主编:《私人有限公司的百年论战与世纪重构——中国与欧盟的比较》,法律出版社 2005 年版,第 474 ~ 475 页。

③ 参见[美]伯纳德·施瓦茨:《美国法律史》,王军等译,中国政法大学出版社 1990 年版,第 73 页。

法》尽管放松了管制,但仍然强调公司法人的独立价值,其对于代表广大中小企业的有限责任公司仍主要是按照股份公司的模式规范的。2013 年《公司法》在公司资本制度上做了很大的变革,采取完全的认缴资本制。应该说,公司资本制度变化对于公司而言是根本性的,即公司存在的基础在于股东而非法律,公司更多地体现了投资人而非债权人的利益。进一步说,在我国,通过公司资本制度的改革,公司的工具价值要大于其独立于股东的法人价值。但是,尽管如此,2013 年《公司法》也仅是在资本缴纳与公司登记方面做了改革,但相应的一系列制度改革并没有体现。例如,是否应当同时承认小型公司的股东协议;公司盈利如何在保证债权人利益情形下进行分配;股东权利增强了其义务如何强化,等等。

以前,人们认为法律是保护性的、管制性的、父爱性的,法律被认为是社会最为重要的道德感的表达,但现在,法律逐渐被认为是用以实现个人欲望的工具,而且它反映的仅仅是现在的经济和政治权力组织的利益。[①] 那么,鼓励投资的现代公司法就更是一种用以实现投资者利益的工具,其应该随着现代科技的发达及法律对投资者、公司治理能力的提高而及时变革,使公司能够具有更多的主动性与灵活性。可以说,经过这次公司资本制度改革,我国的《公司法》大规模而非小修小改式的改革已经提到议程,特别是对于小型公司的改革已经势在必行了。

---

① 参见[美]莫顿·J. 霍维茨:《美国法的变迁(1780~1860)》,谢鸿飞译,中国政法大学出版社 2005 年版,第 383 页。

信托财产权的法律地位及信托受益权的性质研究

赵廉慧*

一、论证逻辑和分析框架

(一)信托财产的"所有权"抑或"财产权"?

对不存在衡平法和普通法划分的大陆法系诸国和地区及自认沿袭大陆法系传统的我国而言,如何论证信托财产权的性质,使之融入民法的概念及制度体系,始终是一个绕不过去的问题。在研究公司法的时候,曾有研究者试图以传统民法物权、债权和所有权的思路对公司财产权和股权进行定性研究,产生了很多无谓的争议。① 其实,不独对公司,即便对自然人而言,其全部财产权是包括物权、债权、股权、知识产权甚至负债(消极财产)的一般财产(又称"概括财产"或"责任财产"),基于"一物一权"之法理,在其上不能成立大陆法系的"所有权",民法上也一般不说对自己"一般财产"的所有权;同理,既无法认定谁是公司财产的物权法意义上之"所有人",也

---

* 中国政法大学副教授,法学博士。

① 对当时有关公司财产权和股权问题讨论的总结,参见葛云松:《股权、公司财产权性质问题研究》,载梁慧星主编:《民商法论丛》(第11卷),法律出版社1999年版。

无法认定谁是信托财产的“所有人”。[①] 但是很多学者坚持使用“信托财产所有权”这样的表述,[②]来讨论信托财产权归属问题,而罔顾《信托法》第 2 条明智地采用了“财产权”这一概念的事实。虽然《信托法》第 7 条规定设立信托的财产必须是“委托人合法所有的财产”,但后者的“所有”应理解为享有对财产的处分权,而非物权法意义上的所有权,否则就会出现“对债权的所有权”“对股权的所有权”等误解。为了避免概念之争,本文坚持使用“财产权”这样的表述,研究“信托财产权的归属”问题。

在研究信托财产权性质的时候,也不应照搬大陆法系的所有权理论。学者认为,《法国民法典》所宣扬的所有权绝对性原则纯粹是一种价值表述,而不是法律的客观逻辑。在逻辑层面上,财产权的本质是“权利或法律关系的集束”,可以分解至权利或法律关系的元形式。这是以霍菲尔德为代表的现代分析法学在财产法领域所引发的理论革命,即“财产权碎片化”(fragmentation of property rights)理论。在它的视野中,所谓所有权的绝对性是可以突破的教条。在英美法上,财产权人(“title holder”或“owner”)并不一定享有物的全部权利,物的某些权利可能通过法律的特别规定或合同的特别约定而属于他人。[③] 其实,这种观念在我国民法上亦非不能存在,他物权的概念就是对物上权利的分割或者碎片化的最显而易见的例子。我国既无法采用英美法上的衡平法所有权/法定所有权的区分,也不能坚持物权法上的绝对的、完全的、针对有体物的所有权概念,在解释信托财产权的归属问题时仍然需要运用权利碎片化理论,具体讨论针对信托财产的利益相关者——“信托本身”、委托人、受托人和受益人对信托财产有什么性质和内容的权利。[④]

---

① 周小明博士在其著作中指出,信托财产本身并不是一种独立的财产种类。参见周小明:《信托制度:法理与实务》,中国法制出版社 2012 年版,第 197 页。

② 参见张淳:《中国信托法特色论》,法律出版社 2013 年版,第二章;于海涌:《英美信托财产双重所有权在中国的本土化》,中国政法大学出版社 2011 年版;于朝印:《特定目的信托法律规制研究》,厦门大学出版社 2013 年版,第 207 页。以“信托财产所有权”为关键词的论文不胜枚举。

③ 参见王涌:《论信托法与物权法的关系——信托法在民法法系中的问题》,载《北京大学学报》(哲学社会科学版)2008 年第 6 期。

④ 信托财产甚至不是任何人真正意义上可以“所有”的财产。当然,这也并不意味着信托财产为“无主财产”。

(二)本文的逻辑框架

研究信托财产权的问题须有清晰的论证逻辑。本文在以下分析框架内对财产权的归属进行讨论:

第一,信托财产权是"信托"的财产权吗?传统上的通说认为,信托财产没有独立的法人资格,所以信托财产并不像公司财产是"公司的财产"那样属于"信托的财产",受托人管理信托事务过程中对第三人所负债务严格来说也不能称为"信托债务"(虽然为了简便都这样表述),而仍只能说是受托人的债务,但这和受托人固有财产所负的"真正"债务就无法区分。为此,日本《信托法》(2006年)中使用了"信托财产责任负担债务"的概念来描述我们通常所称的"信托债务"。[①] 这虽然是一种拗口的、充满学究气的描述,但确是一种准确的描述。虽然也有授予信托财产独立法人资格的立法例(后述),但是目前尚未被接受为信托法的一般规则。

第二,信托委托人对信托财产有什么样的权利?在信托设立之后,和其他普通的财产权转移一样,财产权至少在形式上属于受让人,委托人不得认为这些财产仍属其所有,所以一般而言,委托人对信托财产几乎没有什么财产权利。对此结论虽然并非没有争议,[②]但是比较法上确无采信托财产归委托人的成例。[③] 剩下的问题是,受托人、受益人对信托财产享有什么样的权利?

第三,信托受益人对信托财产有什么样的权利?从形式上来看,信托受益权的核心为针对受托人的请求权,是一种类似债权的权利;但从实质上来看,信托受益权不同于债权,而和股权相类。笔者将另文探讨这一问题,本文不赘。

第四,信托受托人对信托财产有什么样的权利?此为本文的核心论题。

---

① 该法第2条之9规定:"本法所称'信托财产责任负担债务',是指受托人以信托财产项下之财产负有履行之责任的债务。"

② 此观点最具有代表性的学者为张淳教授。张淳教授从《信托法》第2条、第7条、第15条、第20条、第28条、第29条等的文义解释出发,认为我国信托法上采信托财产归委托人所有的立场。参见张淳:《中国信托法特色论》,法律出版社2013年版,第33~97页。

③ 张淳教授归纳了国外信托法关于信托财产权归属的三种类型,均没有采"委托人为信托财产所有权人"立场的。参见张淳:《中国信托法特色论》,法律出版社2013年版,第36~41页。

(三)“旧瓶”和“新酒”

英美法上较早期有观点认为,信托财产的财产权(英文亦使用“ownership”这样的术语,虽可直接翻译为“所有权”,但此所有权和大陆法系物权法意义上的所有权相去甚远)全部在受托人手中,受托人的财产权只受其对受益人的一种“债务性义务”的限制,即受益权是一种债权、对人请求权和诉体动产,最多仅是一种受衡平法保护的债权而已。但是美国现代的多数观点认为,受益人享有信托的衡平法利益或者产权,以和受托人的法定所有权相对应。① 目前被广为接受的观点认为,在英美信托法上,存在法定的财产权人和衡平法上财产权人的划分,财产利益的归属人即衡平法上的所有人(受益人)才是真正意义的所有权人。当然,衡平法并不干涉法定所有人对财产的所有权(title)和占有权,受托人有义务为受益人(衡平法所有权人)的利益持有信托财产,该义务指向的对象是受益人,因此,受益人有权强制执行信托财产。对信托财产的衡平法所有权是一种特殊的财产权,只要信托存续,衡平法所有权人不是通过直接和信托财产打交道而取得其财产利益(而传统意义上的所有人正需要直接和财产发生联系)的,而是通过强制执行其针对法律所有人(受托人)的信托权利的方式来间接实现其信托利益。② 需要重申的是,英语世界中的“所有权”(ownership)并不是大陆法系中所熟悉的、作为“最完整”意义上的财产所有权。

一般认为,基于司法体制和文化传统的原因,英美法系的“双重所有权”理论无法和大陆法系的权利理论融合,甚至由此而产生的“名义所有权/实质所有权”理论也很难被学界所接受。本文尝试引入大陆法系和英美法系均普遍存在的“财团”概念和“双财团理论”,为信托财产的性质提供一个能最大限度地契合于大陆法系民法理论的解说。③ 根据该理论,受托人名下有两组财产或者“财团”,信托财产是受托人名下的区别于其一般财产(固有财产)的特别财产。

---

① See Edward C. Halbach, Jr., *Trusts*, *Gilbert Law Summaries*, Thomas/West, 2008, p. 1.

② See J. E. Penner, *The Law of Trusts*, 4th edition, Oxford University Press, 2005, pp. 17 – 18.

③ 比较法的研究已经长期关注“财团理论”在信托法理论构建中的有效性。参见 Lusina Ho 和 Rebecca Lee 在其编著的书中的注释中的总结。See *Trust Law in Asian Civil Law Jurisdictions*, *A Comparative Analysis*, edited by Lusina Ho & Rebecca Lee, Cambridge, 2013, p. 5, note 11.

二、“双财团理论”和信托财产的法律地位

（一）非普通法国家和地区的“财团”概念

“财团”(patrimony)①是一个非常古老的概念，可以追溯到罗马法，②目前在民法法系中也甚为常见。③ 在19世纪30年代，法国法学家 Pierre Lepaulle 指出，财团是人的财产和责任之集合。在普通情形下，一个人只有一个一般财团；但是在特殊情形下，一个人在持有其一般财团的同时还可能持有一个服从于某种特殊目的的财团，④或许正是在这种观念影响下，坚持“所有权绝对”的法国在2007年2月19日修改民法典，在第十四章专设有关信托的规定(第2011～2028条)。深受法国法影响的《魁北克民法典》中就确认信托财产是没有所有人的特殊目的财团(patrimoine d'affectation)。更有非普通法法域的法学家承认财团理论在解释信托方面具有非常强的解释力，例如，苏格兰爱丁堡大学比较法教授 George L Gretton 就指出：“以财团理论解释信托，一切皆浑然天成。”⑤

1. 一般财团(general patrimony)或一般财产

一般财团也被称为“一般责任财产”“一般担保财产”“概括财产”，是一个人的财产性权利和义务的集合，属于“一揽子财产”，既包括民事主体所有的如动产、不动产等有体物，也包括金钱、股份和其他投资、遗产或者信托项下的权利等无体物财产。值得注意的是，债权和债务都是属于一般财产的构成部分。由于

---

① 在民法上还有一个不同的“财团”的概念，民法理论上有财团法人和基金会，在德语中称之为“Stiftung”，类似英语中的“foundation”，和这里的财团的含义大为不同，值得注意。

② “Patrimonium〈拉〉(罗马法)可继承财产，又称财产物(res in nostro patrimonio)，指完全归属于个人所有并由个人支配、可通过父亲或从父亲处继承的财产。财产物可作为个人财产的构成部分。与之相对，不能构成个人财产、不能为个人所有的物位非财产物(res extra nostrum patrimonium)”。参见薛波主编：《元照英美法词典》，法律出版社2003年版，第1035页。

③ P. Lepaulle, Traité théorique et pratique des trusts en droit interne, en droit fiscal et en droit international(Paris: Rousseau et Cie, 1931). 其更早的作品请见“An Outsider's View Point of the Nature of Trusts”(1928) 14 Cornell L. Q. 52。另外，对财团理论的全面论述，See Kenneth G. C. Reid, “National Report for Scotland”, *in Principles of European Trust Law*, ed. David J. Hayton and others, (The Hague: Kluwer Law International, 1999), pp. 68－69.

④ 参见加拿大《魁北克民法典》第1261条。

⑤ See George L Gretton, “Trusts without Equity”(2000), *International and Comparative Law Quarterly* Vol. 49 pp. 599－620, at 612. “With the explanation of trust as patrimony everything falls into place.”

民事主体不断从事各种经济或者非经济的活动,所以其一般财产一直处于变动状态。① 针对这种作为一揽子财产的信托财产,正像一般不能使用"对债权的所有权,对股权的所有权"一样,笔者不愿意使用"信托财产的所有权"这种表达。"一般财产"或"一般财团"是民法上普遍承认的一个基本概念。②

2. 特别财团或特别财产

原则上,一个法律主体只有一种由全部具有金钱价值的权利所构成的财产集合。但有时法律会承认:同一主体的名下除了有一般财产外,还有一种需要在法律上单独对待的财产关系,仿佛这些财产属于另外的一个人。这种财产被称为特别财产(património autónomo)或者分离财产(património separado)。这样,同一主体名下出现了两个以上的独立财产:对主要财产或一般财产适用一般的法律规定,而对特别财产则适用特别的法律规定。③ 承认特有财产或者分离财产的标准可以是多样的,既可以是某一财产的特殊用途,也可以是这批财产的单独管理,也可以是债务责任。④

特别财产的形成原因各种各样,例如:

第一,这个特别财产可能主要或只用来满足某个或某组债权人的债权。例如,在破产程序中,债务人的破产财产用于同时满足所有的债权人。"破产财团"和其他"不属于破产财产"的财产分开。其实,设立担保物权也是分割出特别财产的一种常见的方法。担保人通过约定的方式把自己部分特定的财产从一般财产中独立出来,成立担保物权,为某一债权人设立优先的权利。

第二,特别财产的目的也可以是为了满足对特别财产的特殊利用,或者是为

---

① See Scottish Law Commission, *Discussion Paper* No. 133, October 2006, para 2. 16.

② 相关论述请参见江平主编:《民法学》,中国政法大学出版社 2008 年版,第 481 页;王泽鉴:《民法总则》(增订版),中国政法大学出版社 2001 年版,第 235 页;[日]内田贵:《民法 III 债权总论 担保物权》(第 3 版),东京大学出版会 2005 年版,第 273 页;[德]卡尔·拉伦茨:《德国民法通论》(上册),王晓晔等译,法律出版社 2003 年版,第 417 ~ 420 页。

③ 在罗马法中存在父予特有产(peculium profecticium),指的是"家父给予家子个人支配和经管的钱财。对于此种特有产,家子按照家父的要求进行管理,并且向家父汇报有关的经营状况;家父只在该特有产的范围内对有关的债务承担责任。在优士丁尼法中,家父成为该特有产的形式所有主,不再享有处分权"。参见黄风编著:《罗马法词典》,法律出版社 2002 年版,第 198 页。由于家子没有法律主体地位,父予特有产相当于家父自己的针对特别债权人的特别财产。其他类似的概念还有妻子特有产和奴隶特有产等。

④ 参见[葡]Carlos Alberto Da Mota Pinto:《民法总论》,澳门翻译公司、林炳辉等译,法务局、澳门大学法学院 2001 年版,第 190 ~ 193 页。

了这个财产的承受人而保留。遗嘱执行人可以对给予不同继承人的财产分开进行管理，从而使被继承人的处分意愿能够得到实现。特别是在遗嘱继承中指定了次位继承人的情况下，给次位继承人的财产作为特别财产是和先位继承人的财产分开的。

第三，在夫妻对夫妻共有财产制有约定的情况下，夫妻双方除了拥有夫妻共同财产外，还拥有一个特有财产和保留财产。夫妻双方独立地管理自己的特有财产和保留财产。①

笔者主张"财团理论"的主要目的在于"财团"的概念是大陆法系所熟悉的概念，传统民法也承认同一主体名下存在不同类型、受不同对待的财产，以此来论证信托财产是受托人名下独立于其一般财团的特殊财团。所谓信托法在大陆法系中的"水土不服"，其实并不像有些观点理解的那么严重。

（二）"双财团理论"在非普通法国家和地区立法中的体现

特别财产或者独立财产的概念早已体现在很多国家和地区的民法体系中，在瑞士和意大利法律中，一位死者授予其继承人的财产构成独立财产，直至他接受了所有财产上的权利和义务；代理人手中的属于被披露的委托人的财产，在代理人不能清偿到期债务时是受保护的。《意大利民法典》第 167 条至第 171 条还规定了"fondo patrimoniale"，是指由配偶持有的、用以满足家庭需要的财产。其他例子还包括荷兰的公证人客户账户等。②

"双财团观念"对很多国家和地区的信托法产生了极大的影响。除了前述的《魁北克民法典》之外，拉丁美洲信托法的发展也受其很大影响。有学者解释，拉丁美洲的"信托"一语，包括下列内涵：信托文件（信托合同、遗嘱等）产生把委托人的特定财产转移给受托人的效果，创设出"属于"受托人的特别财团，同时创设出受托人作为特别目的财团（special purpose patrimony）所有人对受益

---

① 把财产作特别区分（Sonderung），对财产的管理、财产持有人对财产的处分权、使用权以及债务责任的发生等都具有特定的意义。参见［德］卡尔·拉伦茨：《德国民法通论》（上册），王晓晔等译，法律出版社 2003 年版，第 417～420 页。

② 参见［英］D. J. 海顿《信托法》（第 4 版），周翼、王昊译，法律出版社 2004 年版，第 16 页。

人的义务(债务)。[①] 而且苏格兰也非常重视财团理论的解释力,2006 年苏格兰法律委员会的报告中甚至建议采用"双财团理论"作为改革苏格兰法的基础。该报告中指出,"毫无疑问,'双财团理论'为苏格兰信托法的性质提供了具有说服力的和令人满意的解释"。[②] 另外,《海牙信托法公约》(1985 年)是大陆法系国家及地区和普通法系国家及地区共同订立的承认信托制度及其法律适用的公约,该公约第 2 条所要求的信托财产是独立的、不同于受托人之基金的财产,这也和"双财团理论"是一致的。

为了使信托法原理尽可能多地适用于欧洲各国及地区,《欧洲信托法原则》被制定出来。该原则第 1 条所确立的核心信托概念是:受托人名下的独立信托财产,该财产应与受托人的个人财产(private patrimony)相分立,以确保该财产(trust fund 或者 asset segregated)免受受托人的债权人、配偶和继承人的干预。[③] 另外,南非信托法采纳了"独立财团"(Separate patrimony/estate)的理论,[④]该理论体现在 1988 年南非《信托财产管理法》第 12 条的规定中。根据该条规定,信托财产不构成受托人的私人财产。

(三)信托财产为受托人名下的一种特别财团

"双财团理论"简单明了地解释了信托财产的法律地位。通常情况下,一个人只有一个财团,但信托受托人还持有信托财产,该财团不同于受托人的个人财团。每个财团有其自身的债务人——信托财产是信托债务(也包括受益人)的债务人,受托人的个人财团是其个人债务的债务人。这既构成财产的分离,也是责任的分离。

在我国信托法下,信托财产可以理解为受托人名下的特别财产或者独立财产。《信托法》第 2 条规定,受托人要"以自己的名义"处理信托事务,对于和信托财产打交道的第三人而言,其交易的对象为受托人,第三人可把受托人作为信托

---

① See Nicolás Malumián, *Trusts in Latin America*, Oxford, University Press, 2009, pp. 21 – 23. 拉丁美洲国家的法律多受大陆法系国家特别是法国的影响,其信托法理论更是受法国学者 Pierre Lepaulle 的财团理论的影响。但是其信托法立法更多地借鉴美国法,从正文的分析分明能看出英美法把受托人看作是信托财产所有人,把受益权看作对受托人的属人财产权(债权)的早期观念。

② Scottish Law Commission, *Discussion Paper* No. 133, October 2006, para 2. 25.

③ 参见[英]D. J. 海顿《信托法》(第 4 版),周翼、王昊译,法律出版社 2004 年版,第 16 页。

④ See Tony Honoré, *The South African Law of Trusts*, Juta, 2002, p. 49.

财产的完全财产权人来对待。《信托法》第 14 条规定,信托财产是受托人"因承诺信托而取得的财产",该财产构成一个财团,这样,受托人的名下就有两个以上的财团,一个属于其一般财产(固有财产),其他的属于特别财产,这些特别财产用于委托人所设定的目的,该财产只对受托人因管理该财产而产生的负债以及对受益人的义务承担责任(此为日本《信托法》上的"信托财产责任负担债务"①),正像物权担保的担保财产只对特定的债务承担责任一样。②

如此,从形式上来看,信托财产为受托人的(特别)财产,受益权为受益人针对受托人的特殊权利(特殊债权)的观点是符合逻辑的。"双财团理论"为信托财产的归属、信托受益权的性质及受托人权利的性质提供了一个合理的分析框架。

另外,"双财团理论"也为承认宣言信托提供了更清晰的、更有说服力的解释。根据通行的理论定义,宣言信托是委托人和受托人为同一人的信托。委托人以宣言的形式宣称自己成为自己名下的某一财产的受托人,为第三人的利益对其进行管理。在宣言信托的情况下,信托财产为委托人(=受托人)名下的特别财团,独立于委托人(=受托人)自己的一般财产或者固有财产。这里可以看出,设立信托的关键是确立信托财产的相对独立的特别财团之地位,③而并不需要一般意义上的财产转移。当然,如果非要使用"财产的移转"这样的术语描述这一过程,也可以说财产从"作为委托人的甲"转移给了"作为受托人的甲"。④

---

① 此即通常所说"信托财产的债务",该概念虽然拗口,但因回避了信托财产是否能成为主体的问题,甚为准确。

② 日本《信托法》第 2 条第 3 款规定:"本法所称'信托财产',是指归属于受托人、可作为信托进行管理或处分的全部财产。"同条第 8 款规定:"本法所称'固有财产',是指归属于受托人所有,但非为信托财产的一切财产。"可以看出,日本《信托法》虽然没有直接称受托人为信托财产的所有人,但把信托财产和固有财产理解为受托人名下的不同"财团"是符合逻辑的。

③ 信托法的独特之处在于,它创设了一种灵活的财产权结构,信托财产的严格意义上的所有权(物权法意义上的所有权)并不归属于委托人、受托人和受益人中的任何一方。设立信托的目的是创设出独立于委托人、受托人和受益人的财产。对此问题的一个富有启发的讨论,参见[日]道垣内弘人:《中国信托法与所有权的功能》,高庆凯译,载渠涛主编:《中日民商法研究》(第 10 卷),法律出版社 2011 年版,第 105~113 页。

④ 也有观点认为这纯粹是无意义的语言游戏。See Edward C. Halbach Jr., *Trusts*, *Gilbert Law Summaries*, Thomas/West, 2008, p. 79.

三、承认信托财产法人资格的可能性

(一)承认信托法人格的学说和立法例

现代法律必须为财产寻找自己的主人。如果信托具有法人人格,信托财产就成为"信托的财产",不需要借重受托人的人格了。探究信托财产的主体性的理论和立法的努力一直存在。

日本四宫和夫教授提出了"实质的法主体说"。他指出,综合信托法对信托所现实赋予的法律效果,信托财产除了处于权利客体的地位之外,还可以假定为是独立于受托人个人之外的实质上的法律主体。① 而且信托虽然没有公司的组织机构,但是,信托受益人和公司股东,信托的变更和公司的分立合并,信托的清算和公司的清算等方面都与其存在很大的类似性。

日本《信托法》虽在整体上否认信托的法人资格,但是在其第74条明确规定:因第56条第1项第1号所列之事由(受托人任务终止事由)受托人任务终止时,信托财产"视为法人"该规定更是体现出来了日本法的实用主义倾向。

其实,在意大利和瑞士,在强制执行债务以及破产等特定目的上,也单独授予信托法人格,这被称为物化或者实体化(reification)。②

在英美法上,由于不存在大陆法系意义上的财团法人,所以对于基金和信托,均可承认其主体资格。特别是在美国,其现代倾向是承认商事信托的主体资格,显得相对灵活。美国从19世纪中期开始使用信托从事事业,这种信托被称为商业信托(business trust);1988年特拉华州制定的《特拉华商业信托法》中(Delaware Business Trust Act)认可了商业信托,之后在2002年该法的名称和信托的名称相应地被改为"Delaware Statutory Trust Act"和"statutory trust",基于该法,不限于过去的商业信托和麻州信托(Massachusetts Trusts),还包括广泛的以营利为目的的信托,都被授予了法律人格。③ 这一立场在美国统一州法委员会

---

① [日]四宫和夫:『信託法[新版]』、有斐閣、法律学全集、1989年、頁70。

② 苏格兰法律委员会(the Scottish Law Commission)也曾经讨论过授予信托完全的法人格。Scottish Law Commission, *Discussion Paper* No. 133, October 2006, para 2.40.

③ See Langbein, "The Secret Life of the Trust: The Trust as an Instrument of Commerce", 107 *Yale L. J.* (1977), pp. 183 - 185.

2009 年公布的示范法——《统一法定信托实体法》(Uniform Statutory Trust Entity Act)得到集中的体现。

(二)信托财产在破产法上的地位

信托债权人期待就信托财产进行清算取得分配是合理的。法律为存在无限责任成员的合伙企业也提供了破产程序(《合伙企业法》第 92 条),如果承认有限责任信托①,为信托财产提供破产程序就更属必要的。制定了破产程序还可以明确关系人的风险负担,确立信托财产的独立责任财产的地位,借以促进对信托制度的利用。② 因此,为信托财产制定破产程序是必要的。

即使是不承认信托之主体资格的日本,在其《破产法》中用第十章之二单独规定了"关于信托财产破产的特则",承认了信托财产可以破产。在美国的《联邦破产法》中,也认可了商业信托的破产能力。③

四、信托财产独立性和法人格

(一)信托财产具有独立性≠信托财产具有法人格

信托法上的一个重要的规则是信托财产的独立性,学者基于此主张,信托财产的独立性效力体现出信托财产的主体性,信托财产类似法人财产而具有独立

① 限定责任信托,或称"有限责任信托",我国《信托法》没有规定这种制度,原则上可以认为在我国信托法上受托人对第三人承担个人的无限责任。日本《信托法》用第九章整章规定了"限定责任信托的特则",恰恰证明了日本信托法的一般原则是受托人承担无限的个人责任,第九章的规定是特殊规定和例外,只有当事人选择了限定责任信托这种形态,受托人才以信托财产为限承担对第三人的责任。可以把第九章看作一种备用性规则,但是和合同法上的备用性规则不同的是:在合同法上,若当事人没有就相关事项进行规定,则合同法的相关规则自动成为合同的一部分,当事人可以通过约定的方式规定和合同法的备用性规则不同的规则;但是在《信托法》中,受托人欲享有有限责任,须按照第九章的要求设立信托,满足第九章的条件,或者至少和第三人通过合同的方式限定自己的责任,否则,受托人应承担无限的个人责任。法律规则的效力层级复杂若此,不得不查。

② 概括的论述,参见[日]小野傑、深山雅也編:『新しい信託法』、三省堂、2007 年,頁 53~55。

③ 而实际上,美国法上并不一般性地承认信托财产的破产能力。因此和日本法上不存在继承人场合把继承财产视为继承财产法人的做法不同(日本《民法》第 951 条),就是否认可不具有法人格的信托财产的破产能力是有疑问的。[日]小野傑、深山雅也編:『新しい信託法』、三省堂、2007 年,頁 53~55。

地位。[①] 略作考察即可得知,中国、日本、韩国信托法以及我国台湾地区的"信托法"都有类似的维护信托财产独立性的规定,但这恰恰证明信托财产不具有主体性——若具备主体性,则信托的财产和受托人的财产非常明确是属于不同主体的财产,根本不需要以专门的条款规定禁止混同、抵销,因为这是不言自明的——例如,公司具有法人格,公司法上就不需要抵销禁止、混同禁止等规则来申明公司财产的独立性。我国《信托法》强调信托财产的独立性和责任承担的独立性,但是却不能根据"独立财产 + 独立责任 = 独立法律人格"的教条承认信托财产的法人资格,原因是什么呢?简单的答案是法律政策的选择问题,但这并不具有说服力。

(二)信托财产独立性的相对性

信托财产并不具有完全的独立性。《信托法》所规定的信托财产独立性,主要是强调信托财产独立于委托人、受益人特别是受托人之财产的独立性。[②] 但是,受托人的固有财产是否独立于信托财产呢?有人会认为答案是不言而喻的,但实际上并非如此。《信托法》确定了信托财产独立于受托人的固有财产,目的是使信托财产免于受托人个人债权人的追索,隔离于受托人个人破产的风险,这对于《信托法》而言是非常重要的。但是并不能反过来说:《信托法》也确立了把受托人的固有财产免受信托债权人的追索,使受托人固有财产隔离于信托财产破产风险的规则。这也是信托受托人地位和公司经理人之地位的不同之处。[③] 更准确地说,信托中固有财产和信托财产之间的风险隔离原则上是单向的。

---

① 参见谢哲胜:《信托法》,台北,元照出版股份有限公司 2009 年版,第 111 页。季奎明在其著作中多次强调信托财产的独立性可以证成信托具有法人格。参见季奎明:《组织法视角下的商事信托法律问题研究》,法律出版社 2014 年版。另参见于朝印:《特定目的信托法律规制研究》,厦门大学出版社 2013 年版,第 207 页。

② 参见《信托法》第 15 条、第 16 条。

③ 《信托公司管理办法》第 3 条规定:"信托财产不属于信托公司的固有财产,也不属于信托公司对受益人的负债。信托公司终止时,信托财产不属于其清算财产。"该规定在强调了信托财产独立于受托人(信托公司)、信托受益人,但是在说信托财产不属于"信托公司对受益人的负债"的时候,似有进一步讨论之余地。信托财产是受益人请求支付受益权的标的(受益人请求支付的对象只能是受托人,所以在英美法上有主张受益权为对人权的),或者按照日本《信托法》的语言,信托财产是受益权的"责任负担财产",但是由于信托财产据通说并不具备法人资格,受益人形式上的请求对象(债务人?)仍然为受托人(信托公司等)。因受托人和受益人的关系为内部关系,受托人对受益人以信托财产为限承担给付责任能得到完全的贯彻("有限责任")(《信托法》第 34 条)。

再从债权人的角度来看这个问题。对于受托人个人(固有财产)的债权人而言,其能强制执行的只有受托人的固有财产,此时信托财产的独立性就起了作用;而对于和信托财产因交易或者基于其他关系取得债权的信托债权人而言,该权利的责任财产首先是信托财产,但不仅仅是信托财产——因为该债务形式上的责任人是受托人,此时受托人原则上以固有财产承担信托财产不足清偿全部债务的风险,因此是一种无限责任。也就是说,信托财产的独立性并不彻底,和公司法中的经理和董事等能把其个人财产和公司财产不足以支付公司债务的风险隔离开来不同,受托人的固有财产原则上并不完全隔离于信托财产对第三人的责任。公司的结构中,因公司具有法人资格,财产的独立也比较彻底,因此,经理人和公司之间的责任隔离是双向的、明确的。但是在信托的结构中,信托财产按通说不具备法人资格,财产的独立性贯彻得并不彻底。为了信托财产的安全性,信托法的规则确认了信托财产独立于受托人个人的破产风险,但是反过来看,受托人在和第三人交易的时候,第三人有时并不能完全清晰辨别信托财产和固有财产之间的界限,信托法确定受托人的个人责任,就把通过约定限制对第三人个人责任以及对信托财产进行公示的义务更清晰地分配给了受托人,受托人虽然有权就其偿还信托债务可以向信托财产求偿,但是信托财产不足以偿债的风险仍然在受托人处;而和公司经理人处于类似法律地位的受托人欲避免自己的无限责任和风险,就应在交易时通过和第三人约定加以解决。信托财产仅具有相对的独立性和受托人对信托关系之外的第三人的个人责任在逻辑上是具有一致性的。此点正是信托和公司的不同之处,是体现信托制度灵活性的一个例证。

也有观点认为,授予信托法人资格可能让信托财产取得权利主体的资格,使其具备起诉和被诉的功能,在程序上更为便利。而从商业信托(business trust)的角度来看承认信托的主体地位或有一定的说服力,①但是,是否授予诉讼主体资格和是否授予法人资格是不同的问题,例如,合伙和其他非法人团体虽被授予了诉讼主体的资格,但是却没有法律主体资格。② 本文认为,不能一般性地承认信

① 在美国,商业信托类似公司,可被赋予法人资格,可以起诉和被诉;在符合一定的条件下可以享受免于缴纳营利事业所得税的待遇,还能规避公司法的某些限制性的规定,所以还受到一些投资者的欢迎。参见谢哲胜:《信托法》,台北,元照出版股份有限公司2009年版,第238~239页。

② 《民事诉讼法》第3条规定了“其他组织”的诉讼主体地位。

托财产的主体性。

(三)信托原则上不具有法人格的论证

信托作为一种灵活的制度,在最初产生之时比较仰赖受托人的信用;即使是在现代社会,若承认信托财产的法人属性,则没有办法利用受托人本身的这种信用。我国信托法和日本信托法等的备用性规则都确立了这样的原则:没有约定或者关于有限责任信托的法律规定之时,作为原则,受托人是信托财产之债权人的债务人,要承担个人责任。受托人的固有财产可能被信托财产的债权人强制执行,这对信托财产的债权人是一个保障。在理论上,信托的受托人为管理信托事务承担无限责任。这样就保留了把受托人的信用引入信托结构中的可能性;特别是在受托人既有能力又有动机对信托债权人采取机会主义行为时,受托人个人责任可以作为一种合理的威慑机制。① 如果一般性地承认信托财产的主体地位,则信托和公司(法人)制度就逐渐趋同,信托制度也就丧失了其自身的优势。把信托财产不具有法人资格和受托人个人责任作为法律的备用性规则,当事人基于自己的需要可以做出约定,比如,受托人可以在合同中约定仅以信托财产为限对和信托交易的第三人承担责任,可以约定自己仅承担类似代理人的职责,约定信托财产独立承担责任。甚至可以在商业信托的领域通过立法的方式承认某些商业信托的结构具有法人资格,这样就把在普通信托法的领域做出约定的义务施加给了一般而言处于优势地位的受托人,具有一定的合理性。②

信托可被用于各种用途,现有信托结构的价值是其面对新的经济和社会环境的便利性和适应性。可以试想,在现实中若以信托财产为主体,成为“财团法人”,则会遇到什么问题?授予其法人资格会使信托的结构复杂化,信托也还需要通过代理人(受托人)行使其积极权能,除了权限范围问题外,调整信托、受托

---

① 参见[美]乌戈·马太:《比较法律经济学》,沈宗灵译,北京大学出版社2005年版,第165页。

② 但是,并无充分的理由可以合理论证信托为什么一定不能取得法人格,至少的商业信托领域存在承认信托的法人资格、承认受托人对第三人有限责任的例子。在19世纪,美国的马萨诸塞州出现了商业信托,属于习惯法上私益信托的变形。商业信托利用信托的形式,代表投资人经营事业,投资人成为信托受益人,投资人的受益权通常是可以转让的,这类似于公司之股票;投资人也有权利选举受托人,如同公司的股东选举董事。1988年特拉华州也制定了《商业信托法》,提供一个具有公司特征的法律实体——法律上的人格、受益人和管理人的有限责任,却免去了设立公司的成本(至少共同基金是这样)。商业信托有和公司法人趋同的迹象。

人和第三人之间关系的代理规则也会非常复杂。一般认为,即使信托有了独立的法人资格,受托人仍然还要对受益人以及信托本身承担忠实义务,正如公司法中的情形一样,可以预见会产生非常复杂的利益冲突问题。① 所以,仍应将信托理解为一种在委托人、受托人和受益人之间创造法律关系,特别是信义关系的机制。所以,还是要把承认信托财产的独立性和承认信托财产的法人格区别开来。② 因此,我国信托法仍不应直接承认信托财产的主体性。

五、信托财产和非法人财团

"财团"的概念特指一组概括财产,这组财产有时可以取得法人资格,此即大陆法系的财团法人和社团法人(财团法人的人格是以财产为中心的似无争议,社团法人中的财产和成员一起共同构成其法人人格);该组财产亦可能无法取得法人资格,此时的财产可以称为"无权利能力财团",其典型例即合伙企业的财产。合伙企业财产等"无权利能力社团"的财产,并非其构成者或其代表者的财产,因其实质上属于社团的财产,故社团的构成者或代表者的债权人均不得追及无权利能力社团的财产。在日本,其下级法院有裁决指出,即使社团财产登记在其代表者之名下,亦不允许代表者个人的债权人执行。③ 社团财产的独立性问题似可通过类推适用信托法理得到某种程度的解决,但根据日本《信托法》,能进行登记注册的财产,非经登记注册,不能排除受托人个人债权人的强制执行,(日本《信托法》第 14 条)我国《信托法》第 10 条也有类似的规定,这一点带来了问题。但是,若考虑财产的实质关系,即使不满足信托构成要件或者对抗要件,用信托法理对相关关系人进行保护的"作为救济法理的信托"的观点也是有力的。④

信托和合伙企业制度虽然有很多重大的差异,但是信托财产的法律地位和合伙财产具有一定的可类比性。信托和合伙均属于信义关系(fiduciary relationship),合伙的各个合伙人之间存在相互代理的关系;《合伙企业法》第二章的第二节和第四节规定了和《信托法》类似的确保合伙财产的"相对独立性"

---

① Scottish Law Commission, *Discussion Paper* No. 133, October 2006, para 2.41.

② 参见[日]能見善久:『現代信託法』、有斐閣、2004 年、頁 45。

③ 东京地判昭和 59.1.19 判时 1125 - 129。

④ [日]四宫和夫、能见善久:《民法总则》、弘文堂、2010 年、頁 151。

的规则,特别是其第41条的禁止抵销规则。相比之下,信托财产的独立性比合伙更强,但是这并不意味着信托财产具有主体地位——信托财产虽然可以隔断委托人的债权人、受托人的债权人和受益人的债权人的追索,但是,我国《信托法》并没有排除信托财产上负债的债权人对受托人固有财产的请求权,(《信托法》第32条、第37条)所以在一般意义上,信托财产不具备法人地位和主体资格,可以将其理解为"非法人财团"。

接受了"双财团理论"之后,受托人的地位也得以确定:受托人是信托财产的财产权人;信托财产只是受托人名下的特殊财团,该特殊财团受信托目的之限制。

六、关于信托受益权性质的代表性观点

英美法上也讨论受益权属于对人权还是对物权的问题,因为这种区分会在裁判管辖权的归属,课税关系,受益权转让时所涉及的必要的程序,继承的时候是否成为寡妇财产权的对象等各方面产生一些重要的差异。就此,美国《信托法第二次重述》第130条根据作为受益权对象的信托财产性质给出了决定受益权性质的简明规则:信托财产是动产的时候,对于受益人而言就是对人的财产,而当信托财产是土地等不动产的时候,受益权就属于对物的财产。① 但是需要注意的是,这些规则并不能直接对应大陆法系"债权说"和"物权说"——虽然大陆法系的学者经常从英美法系的相关争议中寻找论据。下面介绍的关于受益权性质的学说大多是发源于日本而由东亚的研究者提出的,目前也存在很多变形和修正,这里仅概括介绍最具代表性的几种学说。

---

① "对人权/对物权的区分有着微妙的交错,很难做出明确的划分,这是很奇特的现象。……既然受益人的权利是一种对人权,人们会期待该受益权会劣后于受托人的无担保债权人。但是实际上并非如此。它虽然是一个对人权,但它是一种强化版的对人权,以至于有人甚至想称呼其为对物权,当然,这种观点并非主流。信托受益人的权利在我们的法律中并非对物权而是更接近对人权,但属于一种具有对物权属性的对人权……正是这种属性把信托法完全从债法中剔除出来——虽然受益人没有对构成信托财产的财产享有实产权(物权),他或许只能请求债法上的救济权。"See G. L. Gretton, "Constructive Trusts", (1997) 1 *Edinburgh Law Review* 281, at 287.

(一)"债权说"

"债权说"是视受益权为债权的学说。该学说认为,信托设立即意味着信托财产归属于受托人,受托人有义务按照信托目的为受益人的利益管理和处分信托财产;而受益人对信托财产并不享有直接的权利,只是取得相对于受托人的对人性债权而已。也就是说,受托人承担按照信托目的为受益人的利益管理和处分财产的义务,受益人享有请求受托人支付信托利益的权利。① "债权说"主张,信托是由受托人对信托财产的"完整权"和受益人的债权两方面构成的。债权说重视与日本民法的整合性,把信托看作委托人、受托人、受益人之间的债权债务关系。②

但有反对观点认为,信托财产虽归属于受托人名下,但受托人必须服从委托人确立的信托目的,无法自由地管理和处分信托财产;受托人不得利用信托财产谋取任何利益,即受托人对信托财产并不享受收益权,仅此一点就与大陆法系的所有权概念所包含的占有、使用、收益、处分4项权能有很大差异,这和受托人对信托财产享有"完整权"的主张是冲突的。另外,信托财产的独立性、信托财产的物上代位性以及信托财产的不可侵犯性等法律效果都与受托人享有信托财产的完整权相斥,并且受益人的撤销权也远远超越了债权学说的范围。③

日本《信托法》(2006)部分采"债权说"。根据该法第2条第7项的规定,所谓受益权,是"基于信托行为,受托人对受益人承担债务,交付信托财产等的和信托财产给付相关之债权以及为了确保前述权利的实现,根据本法的规定要求受托人等为一定行为的权利"。根据这一定义,信托受益人的地位类似于公司股东的地位,其权利包含有自益权和共益权。在受益权中,从受托财产中接受给付的自益权部分有债权之性质,被称为"受益债权"。日本《信托法》把受益权规定为债权的同时,也增加了很多强化保护受益人的规则。

---

① 在该学说下,受托人为信托财产的所有人,受益人只存在对受托人的债权,而无法对信托财产对物的权利。

② 该学说为日本信托法制定初期非常盛行的学说,它确立于昭和5~6年(1930~1931年)间。该学说的提倡者为信托法的起草者池田寅二郎博士,其主要代表人物有青木彻二(代表作《信托法论》,1926年版)、入江真太郎(代表作《全订信托法原论》,1933年版)。参见[日]新井誠:『信託法〔第3版〕』、有斐閣、2008年、頁40~43。

③ [日]四宫和夫:『信託法〔新版〕』、有斐閣、法律学全集、1989年、頁61~62。

(二)“物权说”

“物权说”对“债权说”持批判态度,主张信托受益权的本质并非相对于受托人的债权,而是相对于信托财产的物权。① 其根据是,受托人只在信托目的限制的范围内对信托财产享有权利,而受益人享有的权利是超越单纯债权性质的权利。② 比如,各国信托法有关信托财产以及受托人管理信托财产方法的规定,其实质意义在于保障信托财产的安全性和独立性,以使受益人的利益得以最终实现。也就是说,实质上,与其说受益人对受托人享有权利,毋宁说受益人是对信托财产享有权利。在“物权说”下,对受益人的撤销权我国(《信托法》第 22 条、第 49 条)、受益人能对抗除了善意第三人以外的所有人以及受益人作为所有人被征税等问题都有了相对合理的解释。③

但是按照“物权说”,受托人对信托财产享有完整权的同时,受益人也对信托财产享有直接、完整的权利。如此,就形成同一个信托财产之上存在两个权利主体的现象。所以,批判物权说的观点认为其违反“一物一权”的原则。④ 对此,“物权说”似可做出修正,否认受托人对信托财产享有完整权、所有权即可。不能直接说信托受益权是物权,形式上的理由至少还有两点:第一,物权的客体是物,受益权并非是直接对物的权利,其客体在很多时候不是物;第二,物权是直接支配权,而受益权并非支配权。

(三)信托财产“实质法主体说”和受益权“物权说”

四宫和夫教授提出的“实质法主体说”是日本信托法上最具影响力的传统学说。该学说的本质在于强调信托财产的独立性,这和性质上将受益权处理为债权是可以并存的。该学说主张,受益权并非针对受托人的债权,而是针对信托财

---

① 日本学者新井诚是“物权说”的代表人物。新井誠:『信託法〔第 3 版〕』、有斐閣、2008 年、頁 34。

② 能见善久教授虽然不直接持物权说,但是提出信托受益权类似非占有的担保物权,为一种价值权,而不是传统意义上的物权。参见能見善久:『現代信託法』、有斐閣、2004 年、頁 181。

③ 王涌教授主张至少针对有体物的受益权具有物权属性。参见王涌:《论信托法与物权法的关系——信托法在民法法系中的问题》,载《北京大学学报》(哲学社会科学版)2008 年第 6 期。可称为“有限的物权说”。

④ 参见张军建:《信托法基础理论研究》,中国财政经济出版社 2009 年版,第 45 页。

产的债权;更进一步,四宫博士认为受益权并非像债权说那样是对受托人的请求权,而是一种和信托财产有“物的关系”的物权性质的权利,借以批判把受益权仅仅当作债权的债权说。①

在四宫博士的信托观中,把受益权视为对信托财产的物权性质的权利,并承认信托财产实质的法主体性,两者在强化对受益人的保护这一关联点上衔接起来。这可以说是四宫博士信托理论之车的两轮。把信托财产当作实质的法主体,这一观点虽说仅是比喻性的说明,却会受到于法律上是不正确的批判。实际上,信托财产没有法人人格,对此观点并无异议,“实质的法主体说”在说明信托关系的时候虽然比较便利,但问题是对其难以做出严格的法律论证。而且把受益权当作物权性权利来解释的观点,其支持者也因最近“债权说”的复兴而减少了。②

(四)“特殊权利说”或“新权利说”

这是我国的多数学者的观点。该观点主张:信托因受益权的范围与性质难以完全纳入大陆法系的物权与债权,主张把受益权看成一种根据《信托法》创设的类似股权的特殊权利,其性质内容及产生和行使,适用《信托法》的特殊规定,而不是直接套用一般民法理论,以免过分强调受益权的债权性质,产生对受益人保护不周之虞;或者过分强调其物权性质,导致对受益人的过分保护,难免带来影响第三人权益之忧。③

“特殊权利说”内部也各有侧重,有把受益权称为“特殊性质的债权”的,也有强调其与股权的联系的,④也有强调受益权兼具债权和物权性质的。例如,日本学者神作裕之教授指出,若设立信托把受一定目的拘束的财产处分给受托人,就产生了对受托人享有债权性质的权利的同时也对信托财产有物权性权利的受益权。受益人在保持和信托财产之间的对物关系的同时,可以采取优先劣后的

---

① [日]新井誠:『信託法[第3版]』、有斐閣、2008年、頁76~81。

② 参见[日]能见善久:《日本新信托法的理论课题》,赵廉慧译,载《比较法研究》2008年第5期。

③ 参见周小明:《信托制度:法理与实务》,中国法制出版社2012年版,第250页;何宝玉:《信托法原理研究》,中国政法大学出版社2004年版,第169页;张军建:《信托法基础理论研究》,中国财政出版社2009年版,第162页。

④ 参见周小明:《信托制度:法理与实务》,中国法制出版社2012年版,第250页。周小明博士同时指出这种权利和股权的相似性。

构造对财产权内容进行灵活和自由的安排。而且受益人还有对受托人违反信托处分行为的撤销权、①信息请求权等监督纠正的权利。若着眼于此,可以说受益人处于实质的所有人的地位。这和公司与股东之间的关系极为类似。② 事实上,受益权在日本《金融商品交易法》上被确认为一种有价证券,③一种类似股权的权利。

笔者基本认同把信托受益权作为一种新的独立民事权利,并在不同的侧面强调其与债权和股权的相似性。不过,在强调受益权和股权的相似性时,要注意其与股权的不同之处:营业性的集合信托中存在多个受益人,而每个受益人的权利是标准化的(信托单位),且受益人的权利也有社员权的一面;但是对于信托中很多缺乏标准化特征的信托类型而言,受益权的性质就更复杂一些。

(五)"双重所有权学说"下的衡平法所有权

在产生信托的早期英国,普通法法院和衡平法院相互分离,普通法法院保护受托人,而受益人的权利则通过衡平法院得以保护,于是,在根据信托目的将一定的财产转移给受托人时,信托财产在归属于受托人的同时也归属于受益人。所谓"双重所有权说"的重点是,虽然受托人是信托财产的所有权人,但信托财产的利益则由衡平法上的权利人即受益人享有。该学说导致的结果是,法律必须承认同一财产上出现两个权利主体的现象。一般认为,这种观点在大陆法系各国家和地区是得不到支持的。

(六)对各种观点的评述

信托受益权性质问题和信托财产的法律地位有关。如果信托财产有法人资格,则信托财产就真正成为"信托的财产",此时受益权的性质几乎和股

---

① 受益人的撤销权和债权人的撤销权有很大区别:第一,合同法上债权人的撤销权要求债务人资不抵债为条件,而把信托财产向第三人的处分如果超出受托人的处分权限,或者违背信托的目的,第三人非为善意的第三人的,即可撤销,对受托人或者信托财产的资力并没有要求。第二,第三人和信托打交道的时候,即使知道是信托,不会仅仅因为知道是信托财产就不能取得信托财产的权利——因为第三人并无由知道受托人的处分权限,此时受益人不可撤销。这样对第三人的保护更强一些,或者说受益人撤销权的效力更弱一些。

② 参见[日]神作裕之:《组织——以信托的基础的变更为素材》,NBL791 号第 29 页(2004)。

③ 参见日本《金融商品交易法》第 2 条第 1 项第 10~14 号。

权一样。[①] “实质法主体说”揭示了受益权和股权的类似之处。虽然多数法域不承认信托财产具有法人资格，但是，该学说在说明受益人权利具有超越普通债权方面具有一定的解释力。

既然信托财产自身不能成为主体，于是“债权说”就把信托财产解释为受托人的财产，受托人是所有权人，而受益权是受益人针对受托人的对人权、债权。即“债权说”有两层意味：一是受托人的所有权；二是受益人的债权。就第一点，“债权说”无法解释的是：若作为一种财产权，则受托人应对信托财产有可以转让的利益，但是很显然，受托人没有这种权利。就第二点，受益人享有的这种债权具有传统债权所没有的众多效力。这种请求权虽然形式上指向受托人，但是实质上是指向信托财产的（这点和信托财产的“实质的法主体说”契合），这和担保物权人对担保物的权利非常类似。而且这种权利人还有撤销权、追及权以及其他的类似物权的效力——而这恰恰是“物权说”所尝试论证的。但受益权“物权说”本身也存在一定的问题，因为受益权也不具有物权所具有的客体为有体物、性质的优先性以及“一物一权”等特征。

同样，英美法上把受托人和受益人分别称为信托财产的普通法所有人（“legal owner”）和衡平法所有人（“equitable owner”），其“所有权”的含义和大陆法系的“所有权”的含义并不相同，其中的“owner”绝不能直接转换成大陆法意义上的“所有权”，[②]因为这样做的实质相当于承认信托财产上有两种（物权）所有权。[③]

本文在赞同“特殊权利说”的基础上，因信托受益权在形式上体现为一种请求权，采其中的“特别债权说”。该说和解释信托财产地位的“双财团理论”有一定的契合度，还可以对受益权适用诉讼时效，以免对受益人提供过分的保护。

---

① 进行这种类比其实是很危险的。因为股权具有抽象性和标准性，而信托受益权并不一定如此：金钱投资信托等标准化程度比较高的信托的受益权，在法律上属于有价证券，和股权几乎相同；但对某些以财产分配和财产转移为目的的民事信托，其受益权可能是取得原始受托的信托财产（例如房屋）本身，这种权利具有对物权类似的属性。

② 英国学者冉得教授指出：普通法学者认为有了财产的经营管理和买卖支配权便有了“所有权”，这是由于他们对所有权概念理解的侧重点所决定的。普通法学者更重视实用性强的各种产权（title），而非完整的、严格的所有权概念。参见[英]F. H. 劳森、伯纳德·冉得：《英国财产法导论》，曹培译，法律出版社2009年版，第98页。

③ 英国信托法学者潘纳教授认为不能把受益权理解为一种所有权，他认为，“在多数的信托中，受益人能从信托财产中取得的利益都是确定的、受信托条款的限制的。受益人通常没有和所有权或者产权相联系的权力”，受益人只能得到委托人想让其得到的，这种权利不是所有权，否则委托人可以直接赠予。J. E. Penner, *The Law of Trusts*, 4th edition, Oxford University Press, 2005, p. 30.

但是,在采"特别债权说"的同时也应意识到,为保护以信托利益给付请求权为中心的受益权,《信托法》赋予受益人的对非法强制执行信托财产的异议申诉权、对受托人违反信托目的处分信托财产的信托财产恢复原状请求权和损失补偿请求权以及对受托人违反信托目的的处分行为的撤销权等,都包含在由受益权派生出来的受益权的附随性权利之内。换言之,受益人的受益权不是单纯要求受托人给付信托利益的权利,它还包括当此信托利益给付请求权受到侵害时排除该侵害并得到救济的权利。① 而且特别是对具有信托公示方法的信托来说,受益权因具有对抗要件,尽管它在形式上是债权,可是因为其具有对抗要件而拥有很强的排他性。因此,可以说信托法上的受益权又具有近似于物权的某些特征。因此,目前在我国占主导地位的"特殊权利说"或把信托受益权称为特殊债权(包含"债权说"),或称为混合债权和物权两种性质的综合性权利,还有学者指出了受益权和股权的联系②(接近"实质法主体说")。

总而言之,各种学说在不同侧面指出了信托受益权性质的复杂内涵,引导我们接近信托受益权概念的本质。③ 仔细观察就可以看出,各种学说实际上是有联系、有共识的,只是很多时候,不同的学者对不同概念的边界有不同界定,以致产生了形式上的争议。

由于传统的对财产权的分析框架并不能完全适应新财产权形态的快速发展。笔者尝试提出一种观察信托受益权乃至财产权的新维度,意图对财产权理论的发展有些许贡献。

七、物权债权"二元论"解读信托受益权的不足及"剩余索取权理论"的引入

信托财产权和受益人受益权的性质问题是大陆法系民商法制度引入英美法财产权制度的一个不可回避的问题。说不可回避,是说必须对信托财产权的性

---

① 参见张军建:《信托法基础理论研究》,中国财政经济出版社 2009 年版,第 161 页。

② 参见周小明:《信托制度:法理与实务》,中国法制出版社 2012 年版,第 249~250 页。

③ 学说在某种意义上是一种分析模型,一种类比和隐喻。"在积极的一面,类比和模型能够帮助我们去理解那些曾是含混迷惑的东西;但另一方面,它也能够引导我们去做不确切的假设或者是误导,到之处不适当的小差异或是强调,有时也可能是严重的扭曲。"参见[英]阿利斯科·E.麦克格拉思:《科学与宗教引论》,王毅译,上海人民出版社 2000 年版,第 187 页。

质进行一个界定。但是,这种界定也绝对不是用大陆法系的债权/物权两元划分的方法来把信托财产权归入其中就可以解决的——即使在大陆法系国家和地区,对某些新的财产权也已经出现了归类的难题。在制度冲撞的时候,相互产生影响是必然的。

传统上对物权和债权的区分方法是概念性的,强调物权的绝对性、优先性和物权标的的有体性及确定性,"这种截然的二元划分忽视了大量存在的中间状态,忽视了权利形态的渐进性"。[①] 如果把财产权简单地分为"物权性"的和"债权性"的,这样似乎就避免了两元的定性分析。不过,即使是用"物权性"和"债权性"的这种分类,也并没有完全避免分类难题——某种财产权利到底是物权性的还是债权性的?应得到什么样的救济?所以在现代法上,还需要更有效的、多维的区分和辨别手段。

简单回顾一下民法的基本概念。区分财产权还是人身权首要要素是看该权利是否以财产价值为核心,这样,(金钱等)债权、所有权、他物权、股权、知识产权、信托受益权等都能被包括在内。在区分债权和物权的时候,通行的方法是看有没有对抗第三人的效力、有没有追及性、有没有撤销权、有没有优先性、是支配权还是请求权等,在涉及对具体权利的归类的时候,很多论者拿同样的论据做不同方向之解说,其说服力有限,而且这种分析结构无法容纳股权和信托受益权等新的权利形态。

第一,关于优先性。"物权说"认为受益人的受益权能免受委托人、受托人甚至受益人个人的债权人的追索,具有超越的效力,这应是物权才具有的优先效力,而信托受托人的个人债权人仅能对受托人之固有财产主张权利,无法向信托财产追索,所以受益权具有优先性;[②]"债权说"则可能认为作为信托财产的债权人,受益人的顺位反而劣后于信托财产的其他债权人。实际上,信托受益权无法用是否具有优先性去描述。一般所讨论的受益权优先性,表达的意思是受益权优先于信托受托人的债权人,但这根本就不是什么优先性的问题——由于信托财产根本就不是信托受托人的责任财产,所以更谈不上谁优先于谁的问题。而信托受益权的超越性也是对信托财产独立性内涵的深化认识而已,无法证明信

① 赵廉慧:《财产权的概念——从契约的视角分析》,知识产权出版社 2005 年版,第 1 页。

② 参见方嘉麟:《信托法之理论与实务》,中国政法大学出版社 2004 年版,第 50 ~ 51 页。

托财产的所谓优先性。如果按照传统的对债权/物权的分析方法分析受益权,则信托受益人除了能撤销受托人超越权限处分信托财产的行为之外(普通的债权人也有这种权限),受益人的权利和信托财产之普通债权人的权利相比,不仅不具有优先性和所谓“超越性”,反而是一种劣后的权利。受益人能击败受托人的个人债权人并非因为其权利是物权或者准物权性的,而是因为其权利指向不同的财团。①

拿受益权和受托人之债权人对信托财产的请求权进行对比②并不是一种恰当的比较方法。在真正可以比较优先劣后的场合——在受益权和信托债权的关系上,受益权恰恰是顺位靠后的。③ 日本《信托法》第101条就直接规定,“受益债权处于信托债权之后”。④

第二,关于对人权和对物权的问题。“债权说”认为受益权是对人权,因信托财产无独立人格,只能针对受托人行使;“物权说”则认为虽然信托财产的名义财产权人是受托人,但是信托财产的确是受益人请求的对象或者责任财产,实质上还是针对信托财产的对物权。⑤

第三,关于对抗第三人的问题。权利人的权利能否对抗第三人基本上取决

---

① 既然是不同的财团,因此,针对不同财团的债权人的权利理论上是平等的:受托人个人债权人不能向信托财产主张权利,信托债权人也不能向受托人的个人财团主张权利。但是,值得注意的是,由于受托人原则上要就对第三人的信托债务承担个人责任,受托人的个人财团可能并不能免于信托(第三人)债权人的权利主张。也就是说,针对不同财团的债权人的权利其实并非完全平等,受托人的个人财产对信托财产的第三人债权人有时需要承担补充责任。这正是信托机制的特别之处之一。

② 参见方嘉麟:《信托法之理论与实务》,中国政法大学出版社2004年版,第3页。See K G C Reid,“Patrimony Not Equity: the trust in Scotland”,(2000)8 *European Review of Private Law* 427, at 432. 在我国,张天民博士较早指出了这种比较的错位。参见张天民:《失去衡平法的信托——信托观念的扩张与中国信托法的机遇和挑战》,中信出版社2004年版,第408~409页。

③ 股权亦类似。股权和公司的债权人相比当然是劣后的,从来没有人把股权人的地位和公司债权人(第三人债权人、公司雇员、公司的经理人等)的地位做比较,没有人说股权优先于上述债权人,甚至也没有人因此说股权是一种类似债权的权利,股权债权说从来也没有占据过优势说的地位。

④ 日本《信托法》第101条规定:受益债权劣后于信托债权。根据日本法制审议会信托法部会的解释,信托债权优先的根据主要有以下几个方面:第一,信托债权对信托财产的增值保值有一定贡献;第二,信托受益权人对信托有监督的权利和一定的控制力,而信托债权人对信托没有控制的权利。而且加入把信托受益权和信托债权在实体法上做同顺位处理,为了防止对信托财产的不当侵害,有必要对受益权进行适当的分配限制,如果在信托法中导入这样的分配限制,会使信托的结构过分僵硬,因此绝非妥当。转引自[日]神作裕之:《金钱债权流动化における「信託勘定借入スキム」之检讨》,载[日]能见善久编:《信托的实务与理论》,有斐阁2009年版,第72~73页。

⑤ 相比之下,因为公司财产具有独立的法人人格,股权具有一定的对物性。

于这种权利是否进行了合理的公示,例如,采取登记对抗主义的物权,若未经登记,其物权性甚为稀薄;(《物权法》第 24 条等)而经过预登记的债权则能取得了类似物权的效力。(《物权法》第 20 条)①

第四,关于撤销权和排除妨碍请求权。受益人的撤销权(《信托法》第 22 条、第 49 条)可以被拿来论证债权说,也可以来论证物权说。物权说认为受益人撤销权是产生对第三人的效力,类似物权的追及效力,是物权的一种特殊的属性;但债权说则认为普通的债权人在符合一定的条件下也可以行使撤销权,虽然比受益人的撤销权的条件更为严格。(《合同法》第 74 条)

排除妨害请求权的有无也不是判断某一权利是物权还是债权的决定性标准,例如,占有人就有排除妨害请求权,(《物权法》第 245 条)并非物权人所独有。信托受益人虽然可以在受托人不履行职责的时候代位行使排除妨害请求权,但是由于受益人并非信托财产的占有人,其原则上是不能自己直接行使这种权利的。

表 1 传统债权/物权的分析标签在财产权领域的应用

权利类型 属性	债权	物权	知识产权	信托受益权	股权
优先性	非优先性	优先性	优先性?	非优先性?	非优先性?
对物权 v 对人权	对人权	对物权	对物权?	对人权?	对物权?
对抗第三人效力	无	有	有	有?	有
支配权 v 请求权	请求权	支配权	支配权?	请求权?	请求权?
时间限制	有	无	有	有	无
撤销权	有	有	有	有	有?
剩余索取权 v 固定索取权	固定索取权	剩余索取权	剩余索取权	剩余索取权	剩余索取权

说明:表 1 中的“有”“无”和各种定性均是原则上的判断

① 按照这种逻辑分析,《合同法》第 229 条关于“买卖不破租赁”的规则存在瑕疵,应把能产生“买卖不破租赁”效果的承租权限定为进行了合理的登记或者备案的承租权,否则对新所有权人是不公平的。

从表1中也可以看出,传统的区分债权和物权的分析工具在分析知识产权时就已经出现词不达意的现象,用来分析股权和信托受益权更显得牵强。在传统的论证模式中,同样的论据有时可能会被论证截然不同的论点,显示出语言是机会主义的。传统的分类标准和论证方式在新的财产权面前失去了解释力。

在现代社会,随着财产的重心从实物形态朝法律关系形态的转换,新的财产形态主要都体现为请求权:对存款债权体现为请求权,对出售理财产品的金融机构的权利也体现为请求权,受益人对受托人的权利也体现为请求权,股东对公司财产权利的核心在形式也体现为请求权,甚至物权也能理解为多种请求权的集合。① 但是,虽然同为请求权,我们应能同意第一种和后面几种是有根本不同的。因此,仅仅从形式上是否为请求权并不能对权利形态做出区别。无形财产、金融资产成为财产的重要组成部分,不能为物权的概念所涵括(物权的客体主要是有体物)。在现代的融资实践中,融资主要分为债务型融资(debt finance)和权益型融资(equity finance)两种,财产权的分析框架也应能容纳这种现实的安排。因此,应尊重这种财产形态的转变,采取能对这种财产进行分析的更具包容性的分析结构或者分类标准。

八、剩余索取权理论和私法上的财产权属性分析

现代社会法律关系的变化,特别是财产形态的变化,使债物二元划分的模式在分析财产权,特别是类似信托受益权这种新的权利方面的解释力逐渐下降。因此,有必要引入多维的分析方法,用剩余索取权理论再建对财产权的划分。

所谓剩余索取权,是指对财产(资源)的所有(合同)债权性质的请求权都被满足之后所剩余之价值产生的请求权(claim);②相应地,债权人的地位属于固定索取权人。财产管理人的地位大多类似于债权人,因为其只能取得约定的固定利益。但是财产管理人(特别是受托人和公司经理人)的法律地位不同于债的当事人的特殊之处在于其虽然是固定索取权人,但是管理人大多对其所管理事务

① See Wesley Newcomb Hohfeld, "Fundamental Legal Conceptions as Applied in Judicial Reasoning", 26, *Yale Law Review*. 710(1917), p. 91.

② See Eugene F. Fama & Michael C. Jensen, "Agency Problem and Residual Claims", 26 *J. L. & Econ.* 327, 328(1983).

具有一定的裁量权,因此属于剩余控制权人。① 基于上述概念,判定财产权性质的一个新的尺度是,看其权利人对财产是否有一种剩余权利(或至少能从这种财产增加的价值中取得收益的权利)。传统民法中能被归类为对物权的权利——所有权、用益物权②和知识产权、股权以及信托受益权大都能归属于这一类。

(一)“剩余索取权理论”的知识来源——经济学中的产权理论

在20世纪30年代,美国经济学家伯利和米恩斯(Berle Adolf & Means Gardiner)因为洞悉企业所有者兼具经营者的做法存在极大的弊端,于是提出“委托代理理论”(principal-agent theory),倡导所有权和经营权分离,③企业所有者保留剩余索取权(residual claim),而将经营权利让渡。可以说,“委托—代理理论”早已成为现代公司治理的逻辑起点。之后,经济学家尤金·法玛(Eugene F. Fama)和迈克尔·詹森(Michael C. Jensen)对委托代理理论和剩余索取权进行了深入的研究,上文中的剩余索取权定义就是由他们提出的。另外,新制度经济学家巴泽尔(Yoram Barzel)则基于剩余索取权的观念发展了其财产权理论。④笔者不是非常清楚这些著名经济学在其领域内做出的精细贡献,但是下面的概括即使法学者似乎亦能赞同:私人公司或者企业只是一种形式的法律拟制,其实质上是合同订立关系的连接,其特征是在组织的资产和现金流上存在可分割的剩余索取权,这种剩余索取权人多数情况下是股东。⑤

我国《公司法》第4条规定,“公司股东依法享有资产收益、参与重大决策和选择管理者等权利”,其中“资产收益”权即具有剩余索取权的性质。经济学学者

---

① 受托人“权力”的剩余控制权属性因不是本文论述的重点,故不展开,仅做简短说明。受托人的剩余索取权是指就如何经营管理公司,除当事人有约定以及法律的限制之外,受托人有裁量权,受托人对信托财产享有除取得收益权之外的类似所有权的全部权力(power)。

② 只有在这种意义上,学者主张的“担保物权并不是一种支配性的物权”的观点才有一定的道理。参见梁上上:《物权法定主义:在自由与强制之间》,载《法学研究》2003年第3期。

③ See Berle Adolf & Means Gardiner, *The Modern Corporation and Private Property*, Transaction Pubulishers, 1991(初版于1932年)。

④ Yoram Barzel, *Economic Analysis of Property Rights* 33(2d ed. 1997)。国内把该书名翻译为《产权的经济分析》,似乎无意间强调了经济学术语和法学术语的区别。参见[美]Y. 巴泽尔:《产权的经济分析》,费方域、段毅才译,上海人民出版社1997年版。

⑤ 参见[美]迈克尔·詹森、威廉姆·麦克林:《企业理论:经理行为、代理成本和所有权结构》,载[美]路易斯·普特曼、兰德尔·克罗茨纳:《企业的经济性质》,孙经纬译,上海财经大学出版社2000年版,第412页。

讨论的问题是如何将剩余索取权分配给经营者,让经营者持有股份或分配给经营者期权,为经营者提供一种激励。这种激励方式的主要机理在于让经营者成为公司的股东或虚拟股东,使经营者与其他股东形成利益共同体,利益取向一致。可以看出,其前提恰恰是股东为公司的剩余权索取人,而公司的经营者并非剩余权索取人,而是固定权索取人,在法律地位上更接近于公司的雇员或者说是债权人。①

把剩余权理论引入财产法的一个主要原因在于由于合同的不完备性(incomplete contract),在约定权利和法定权利之间存在剩余权利。传统民法的合同理论是建立在完备合同的假设之上的,而现实中的合同几乎没有完备的。法律关系在逐渐长期化和复杂化,当事人几乎没有办法在合同中详细约定当事人的权利义务。② 特别是在信义法(fiduciary law)的领域,总有一方当事人取得剩余权利。

剩余索取权的相关规则是法定规则,但当事人可以通过约定进行一些修改。这和忠实义务等的信义义务的规则也是具有一定任意性的法定规则之属性是一致的。

(二)公司股权的剩余权属性分析——和公司债权人法律地位比较

公司的股东与公司的债权人(在解释公司管理者的债权人属性时需要稍费周折,把他们解释为公司的人力资本投资者)同属于向公司融资或提供信用的人。只不过一个叫债权投资者(creditor investor),一个叫权益投资者(equity investor)。在区分二者的时候,除了从时间上来讲,投资者提供信用的时间要比

---

① 分析公司法的经济结构的经典著作,参见 Frank H. Easterbrook, Daniel R. Fischel, *The Economic Structure of Corporate Law*, Harvard University Press, 1996。

② 虽然用语不同,但几乎所有的合同法和债法教科书和理论书都承认强制法和诚实信用原则对合同的补充作用,承认合同上的义务不仅是约定义务,违反合同上的义务不仅是违约,在合同法上也会产生法定义务的违反以及对诚实信用义务的违反。参见江平主编:《民法学》(第2版),中国政法大学出版社2007年版,第607~608页;韩世远:《合同法总论》,法律出版社2004年版,第685~686页。英国合同法教授P. S. 阿狄亚在其《合同法导论》中甚至有一章标题为"非当事人约定的合同义务"。See P. S. Atiyah, *An Introduction to the Law of Contract*, fifth edition, Clarendon Press, Oxford, 1995. Chaper 11. 另参见[日]内田贵:《民法II债权各论》,东京大学出版会2006年版,第23~26页;[日]北川善太郎:《民法讲要IV债权各论》(第3版),有斐阁2003年版,第24~28页,第143~151页;[德]迪特尔·梅迪库斯:《德国债法总论》,杜景林、卢谌译,法律出版社2004年版,第117~125页。

债权人长,股权的转让性比债权要好这两个方面的相对区别之外,二者区别的关键在于第三点,即公司债权人的权利是一种固定索取权,股东的权利是一种剩余索取权。债权人的固定索取权是用合同确定的,在固定期间要求履行的权利;而所谓股东的剩余索取权是相对于债权人的合同收益权而言的,指的是对公司收入在扣除所有对债权人的固定合同支付(如原材料成本、固定工资、本金和利息等)之余额的要求权。在顺位上,债权投资者的权利优越于股权投资者。因此,公司法和公司章程中一般都有规定:公司的赢利水平不达到一定的标准,不得向股东分配利润。这是为了避免股权侵蚀债权,违反股权的剩余索取权的性质而作的规定。

债权投资的风险低,但潜在的收益较小且固定。而股权投资的风险较高,但是潜在的回报较为丰厚。公司的剩余索取权人即公司风险的承担者,因为剩余是不确定的、没有保证的,在固定权利被支付之前,剩余索取人是什么也得不到的。如果说上述两种提供信用的行为都需要得到某种方式的保障,则债权人的保障来自合同中事前详细具体的约定和有关担保条款,而投资者的保障更多地来源于市场——投资者通过在市场上多元化投资以分担风险。这里,由于债权投资和股权投资具有不同的收益和风险结构,投资者应当根据具体的情形来选择投资的模式。

和信托受益权类似,股权反而是劣后于公司债权的。这一方面揭示了简单地用优先和劣后划分权利的不足之处;另一方面也揭示了权利效力排序方面的复杂性,并不是简单地按照一个标准对财产权利进行排序,而应从多个维度来对财产权进行划分。

(三)用益物权的剩余索取权属性

所有权本身是剩余权利。所有权确定了这样的逻辑:没有经过所有人同意出让给你的,都是所有人的。在处理所有权和债权的关系问题上,所有权具有绝对性和优先性,债权人除了根据约定取得固定的利益,取得所有人明确的授权和利益转让,除此之外的一切利益都归属于所有人。但是,在所有权分离出用益物权的时候,所有权和用益物权之间的关系如何,值得探讨。用益物权为物权,这在物权法中明确确定下来。但是,传统民法上存在所谓用益债权的概念(如承租权),如何证明物权法上的用益物权为物权,并非仅仅冠之于“物权”就解决的问题,同样需要一系列的条文去贯彻其物权属性。《物权法》第120条规定,所有权人不得干涉用益物权人行使权利,这强调了用益物权的独立性,但是仍然不能证明其物权性——即使是合同债权,也具有不得被干涉和侵害的属性。[①] 下面本文对物权法相关的条文进行分析。

1. 农村土地上的用益物权的剩余索取权属性

始于20世纪70年代末的农村改革使中国农业的生产组织形式恢复到以家庭为单位的传统模式,每个农户逐渐成为农业生产中各项扣除以后的剩余索取人。《物权法》颁布之后,更逐渐强化了农民的剩余索取权人的地位。《物权法》在以下几个方面保障农民的权利,使其脱离原来的单纯债权属性。

第一,征收农民的土地以后补偿应该给农民,即补给集体的成员而不是集体组织。《物权法》明确规定,如果国家征收农民土地,则土地的承包经营人有权获得补偿,这样就真正保护了成员的权利。[②] 征收集体所有的土地,若补偿的对象是所有人,则承包人就什么利益也得不到了。

第二,在征地问题上,《物权法》除了确定3种类型的补偿外,还要补偿被征土地的农民的社会保障费用,这也说明土地对农民不仅仅是一种债权性质的权利。

第三,《物权法》对于集体成员的重大决策权、收益分配权、财务知情权乃至诉权都作了规定——只要集体组织或者其管理机构负责人给成员造成了侵害,成员就有权向法院提起诉讼。(《物权法》第63条)[③]

2. 城市建设用地使用权的剩余索取权属性

"不动产"应包括"房产"和"地产"两个方面。就房产而言,由于房主持有房屋所有权证,房主对房屋的所有权一般没有什么争议。而地产的所有权属于国家,私人所拥有的是"建设用地使用权"(《物权法》第十二章),该权利作为他物权的一种,自然属于私人的财产权。我国的特殊性在于基于国家的公有制性质,国家拥有对最基本财富的控制,国家不允许土地私有。但是,用益物权制度正是

① 第三人侵害债权的禁止是其例。另外,如农村土地经营权,在《物权法》颁行之前,土地承包经营权受到合同法的保护,虽然这是一种比较弱的保护。

② 《物权法》第132条规定,承包地被征收的,土地承包经营权人有权依照本法第42条第2款的规定获得相应补偿。

③ 参见江平:《物权法的矛盾与冲突》,载《读书》2008年第7期。

力图解决土地的公有和使用的私有之间矛盾的制度,这是利用现有的民法制度来解决中国的重大权利分配问题的充满政治智慧的做法。通过这一制度,国家在保留所有权的基础上,把所有权中的重要的部分授权私人所有,在这个转让的过程中,国家取得部分土地收益,而让私人取得对土地的使用收益和处分的权能。这样的权利虽然不如所有权完美,但是绝对不能理解为租赁或者租借,不能把土地使用权人理解为土地的承租人这样的债权人。

认清土地出让金的法律性质,有助于理解用益物权的属性。《物权法》第148条规定:"建设用地使用权期间届满前,因公共利益需要提前收回该土地的,应当依照本法第四十二条的规定对该土地上的房屋及其他不动产给予补偿,并退还相应的出让金。"由于土地出让金制度借鉴自我国香港特别行政区的批租制度,其中的"租"字容易给人带来误解。批租制使人误以为土地使用权人取得的只是根据租赁合同产生的债权,正因如此,现实中很多学者主张土地出让金属于地租范畴,而不具有房产税的税收属性。笼统地说土地出让金属于地租并无大错(很多人是在政治经济学意义上使用"地租"的概念,但这并非法律术语),这揭示了土地所有人是国家这一属性,但是由此说国家和土地的私人使用者之间是租赁关系则是错误的。城市的土地归国家所有,土地的私人利用者和国家之间能构建的关系除了租赁关系之外,还有用益物权关系。① 如前面所论述的,《物权法》确定了房主对房屋之下土地的用益物权人的身份,也就是说,其虽然不是所有权人,但对土地也有财产权,这种权利是超越合同债权的。如果房主的土地使用权仅仅是一种债权性质的租赁权,那么根据《合同法》第214条的规定,这种权利不得超过20年,这就无法解释住宅建设用地使用权的期限为什么能是70年。而且作为用益物权的建设用地使用权和作为合同债权的租赁权相比还有两点不同:(1)土地使用权的转让不需要得到所有权人的同意,而租赁权的转让则需要得到出租人的同意;(2)土地使用权作为一种物权,权利人拥有一定的剩余权利。如土地的增值收益和征收补偿,其对象都包括用益物权人,而承租人不具有这种权利。虽然约定俗成说土地出让金是一种地租,但是不能由此认为土地使用权人所享有的只是一种债权,否则《物权法》单章规定建设用地使用权就失去了意义。

---

① 参见杨振山:《从劳动论到民法本体论和立法思想》,载刘俊海等编:《中国民事与社会权利现状》,昆仑出版社2001年版,第83页。

物权性的财产权属于剩余权,物权人是剩余权索取人,也就意味着财产权人有取得财产增值收益的权利和资格。

3. 用益物权人和所有人在孳息归属方面的规则

《物权法》第116条是一个常被忽视的条文,该条规定:“天然孳息,由所有权人取得;既有所有权人又有用益物权人的,由用益物权人取得。当事人另有约定的,按照约定。”该条文实际上揭示了一个非常重要的规则:用益物权人对孳息的权利优越于所有人的权利,即用益物权具有剩余索取权的属性。

《物权法》规定用益物权的主要目的是要解决资源的公有和利用的私有问题。① 国家作为所有权人是最终的剩余索取权人。但是,国家保留过多的剩余索取权违背《物权法》为授权法和“放权法”的属性,国家控制这么多的财产并无意义。最终仍然确立用益物权的私权属性。用剩余索取权理论去解释用益物权的时候,并不是要把用益物权人解释为像所有人那样的完全的剩余权索取人,而只要承认其有分享财产价值增值的法律地位就够了。

(四)债权的固定索取权属性

相反,债权性的财产权是不能从财产的价值(包括财产未来增加的价值)中取得约定以外的额外利益的。债权性的财产权只能取得合同约定的确定的、固定的利益,所以被称为一种固定索取权。典型的例子是存款债权,这种债权虽因银行的强大的信用而具有近似于物权的效力,但是从本质上来看,在银行存款的人只能取得固定的利息,而无法干涉银行如何利用这笔财产,也不管银行从运用这笔财产取得多少收益。银行就好像在利用自己的财产一样运用从储户手中吸纳的存款。正是在这种意义上,说银行对存入的款项有所有权是有道理的。

金融财产权在形式上都体现为一种请求权,如果不引入剩余索取权理论,则将面临巨大的分类难题。

---

① 参见杨振山:《从劳动论到民法本体论和立法思想》,载刘俊海等编:《中国民事与社会权利现状》,昆仑出版社2001年版,第83页。

九、信托受益权的剩余索取权属性分析

（一）受托人权利的固有索取权属性

1.《信托法》的规定

在信托中，受托人虽然为信托财产的名义所有人，但受托人对信托财产只有管理和处分的权限，没有从中取得收益的权利。《信托法》第26条前段规定，“受托人除依照本法规定取得报酬外，不得利用信托财产为自己谋取利益”，即受托人只在有约定的时候才能从信托财产取得报酬，这种报酬多为固定的数额或者比例，受托人不能享受剩余利益。除了约定之外，受托人若从信托财产或者信托财产的管理过程取得其他利益，一般会构成利益冲突行为（违背忠实义务），这种利益冲突行为是《信托法》调整的重要内容，受托人由此取得的利益最终也要归属于信托财产。（《信托法》第26条后段规定，受托人利用信托财产为自己谋取利益的，“所得利益归入信托财产”。）

因此，即使承认受托人对信托财产有什么权利（利益），除了财产管理权（虽名为“权”，但实际上是职责和不利益）之外，受托人的权利地位也类似债权人的地位，仅仅能根据约定取得固定的利益。这类似于公司的管理者，是公司的受雇者身份，只能根据劳动契约等取得报酬。

2. 英美信托法上受托人权利的性质

英美法上，受托人是普通法上的财产权人，是对外交易的主体、诉讼的主体，也是权利义务的名义的承担者，但是最终利益由受益人取得。英美法的立法、示范法、学说和判例都一再申明设立信托需要转移财产权于受托人，受托人对信托财产的管理权限几乎是不受限制的，①在这种意义上，受托人更接近民法中的所

① James L. J. 指出：“受托人是信托财产的所有人，他可以像所有人那样完全的处分信托财产，只是在管理信托财产时，基于其所处的受托人地位，对受益人负有衡平法上的义务。” See Smith V. Anderson（1880）15 Ch. D. 247 at 275. Mason 法官也强调：“信托财产被授予受托人，是信托关系所必要的。” CCSD V. ISPT Pty Ltd.（1999）2 I. T. E. L. R. 1 at 15。英国2000年《受托人法》第3条等（1）款规定：“根据本部分的规定，受托人可以像拥有完全产权的人那样运用信托财产进行投资。”美国《第二次信托法重述》第2条第1款、第17条第（b）项分别规定：“信托是一种诚信关系，在这种关系中，一个人拥有一项财产权，并同时负有为他人的利益而保存、使用这一财产的衡平法上的义务。”“所有人可以通过合同将财产权移转给他人而设立信托。”《第三次信托法重述》第10条作了相同的规定。

有人地位。但是,在判断财产权的属性方面,更多的应是从利益(财产价值)的归属进行。受托人虽然也是剩余权人,但是仅为剩余控制权人。受托人的一个最大的特点是在管理信托事务中的裁量权,除非信托文件和法律对其权利施加了限制,几乎不受限制。这种地位和公司法上的经营管理者的剩余控制权人的地位暗合。但是对信托财产中的利益而言,受托人仅仅处于一个债权人的地位,其利益的有无和大小取决于信托文件中如何约定。

(二)信托受益权的剩余索取权属性

相反,信托财产的全部价值都是为了全体受益人(在自益信托的场合=委托人)的利益。《信托法》在第2条定义中明确规定信托是“为受益人的利益”,根据传统信托法理,信托只为了受益人的利益而存在。

同时,作为剩余利益索取者,受益人应承担信托财产产生之风险。例如,《信托公司管理办法》第34条规定,信托公司开展信托业务,不得“承诺信托财产不受损失或者保证最低收益”。《信托公司集合资金信托计划管理办法》第8条也规定,信托公司推介信托计划时,不得“以任何方式承诺信托资金不受损失,或者以任何方式承诺信托资金的最低收益”。该办法第11条规定认购风险申明书必须注明:“信托计划不承诺保本和最低收益,具有一定的投资风险,适合风险识别、评估、承受能力较强的合格投资者。”这些规定在揭示了委托人=受托人是风险承担者的同时,也确定了委托人=受益人的剩余索取权人的地位。虽然日本《信托法》(2006)明文规定受益人的权利为债权,但这并不妨碍对受益权的性质进行理论论证。同法第101条确定了受益债权劣后于信托债权人的地位,这也从一个侧面证明了受益人之风险承担者和剩余索取者的地位。

和公司类比的时候,和受托人类似的是公司的经营管理者,这些人是公司的债权人——固定索取权人(当然有例外),和受益人类似的是股东,这些人是剩余权索取人。比较有意思的是,信托结构中的受托人是公司财产的名义人,而在公司中,公司就是公司财产的财产权人。

(三)从受益权的转让性来看受益权的性质

1. 受益权的转让性

受益权为财产权,和股权及债权类似,原则上具有可转让性,不过该种转让性受到约定、法定和其本身性质的限制(《信托法》第47条、第48条),此处不赘述。

2. 受益权是否适用担保带来的启示

根据我国台湾地区"信托法"第20条之规定,于受益权之让与准用台湾地区"民法"第294条至第299条关于债权让与之规定。这可以看出我国台湾地区"信托法"和日本《信托法》类似,对受益权的性质基本采债权说,因此才有民法债权转让相关规定之准用。但问题在于民法债权让与中(如台湾地区"民法"第295条)担保及从权利也随同转移的规定是否适用。受益权"债权说"的局限在这一点上有所显现。原因在于至少在形式上,受益权上不可能附有担保。在营业信托中,受益权有越来越接近股权的倾向,此时的受益权是一种投资受益权,受托人并不担保委托人 = 受益人取回本金和固定的收益。营业信托的受托财产主要是金钱,受益人的权利体现为一种抽象的份额的权利,各个受益人的权利之间只有量的区别而没有质的区别。而且在集合资金信托计划中,由于受益人人数众多,为了确保受益人权利的行使,法律法规规定了受益人大会这样的制度框架,使受益人行使范围广泛的对信托事务的决策权。[①] 因此,应注意信托受益权不同于债权的特点。

十、实务中受益权的异变

(一)原则和对原则的偏离

理论上,信托受益权应为浮动收益。受益人作为投资者,其受益权具有类似股权的属性,除了相关主体(受托人等)根据约定享有固定的报酬之外,剩余的收益全部归受益人所有。当然,如果受托人尽到了管理职责而信托财产仍然遭受损失,则由受益人承担不能取得任何收益的风险。但是,在现实的商事信托实务中,对受益权的安排或多或少都改变了其典型特征。

(二)贷款信托的例子

信托财产的运用方式会或多或少地直接影响到信托受益权的性质。信托财

① 参见《信托公司集合资金信托计划管理办法》第42条。

产的运用方式包括债权、物权和股权方式等。[①] 以贷款信托为例,其信托财产的运用方式是对作为金钱的信托财产进行贷款运用,为了确保信托债权人的按时清偿,受托人一般都要求交易相对人(取得信托财产贷款的人)提供各种方式的担保。由于资金的运用方式是债权式的,其收益自然是固定收益型。其实,除了贷款信托之外,我国现实存在的信托产品虽然不能承诺保本保息,但多数都属于固定收益类产品。

在日本的贷款信托中,有两种做法很值得思考,即本金补偿合同和利益补足合同。因贷款信托也系运用方法不特定的金钱信托之一种。所以尽管日本《兼营法》第 2 条第 1 项规定有准用日本《信托业法》第 24 条第 1 项第 4 号的规定,亦可依日本《兼营法》第 6 条之规定缔结本金补偿契约。[②] 就信托银行所经营的特定运用之外的金钱信托,根据内阁府令,当信托财产发生灭失、减少的情形时,可以约定以自己的固有财产负责补偿当初的本金数额,这就是本金补足合同。信托银行也可以约定补足信托利益至一定的比例,这就是利益补足合同。(日本《兼营法》第 6 条、日本《贷信法》第 14 条)之所以允许这种约定,是考虑到信托银行有较大的裁量权,为了保护投资人的安全,有必要先通过储蓄和贷款的方式培育信托的发展。现在虽然没有独立的内阁府令,但是各个信托银行所采取的形式都是将本金补偿或者利益补足的金钱信托的种类、实施时间和计算方法等记载于一定的业务方法书中,取得内阁总理大臣的承认。但是,这是信托法上的例外。日本《兼营法》只对信托银行承认这种例外的操作方式。而且违反《信托业法》签订本金补偿合同的,信托业者的董事会被课以 100 万日元以下的罚款。(日本《兼营法》第 22 条第 1 款)[③]

(三)预期收益率

在信托产品说明中规定预期收益率是很多信托产品的通行做法。信托产品

---

① 《信托公司管理办法》第 19 条规定:“信托公司管理运用或处分信托财产时,可以依照信托文件的约定,采取投资、出售、存放同业、买入返售、租赁、贷款等方式进行。中国银行业监督管理委员会另有规定的,从其规定。”而《信托公司集合资金信托计划管理办法》第 26 条又把对资金信托的信托财产的运用方式归纳为“债权、股权、物权及其他可行方式”。

② 日本信托银行的本金保证贷款信托的产品,请见瑞穗信托银行的网页:http://www.mizuho-tb.co.jp/info/kinri/trust.html,最后访问日期:2014 年 2 月 18 日。

③ 参见[日]三菱信託銀行信託研究会『信託の法務と実務〔5 訂版〕』、金融財政事情研究会、2008 年、頁 76。

计划中规定预期收益率的主要作用是,在规避信托公司不得"承诺信托财产不受损失或者保证最低收益(《信托公司管理办法》第34条第3款)"之规定的同时,起到吸引投资者的作用。但有趣的是,这种预期收益率在事实上还起到了规定受益人能取得收益之上限的功能。普通投资者(作为劣后受益人或者普通合伙人的机构投资者例外)最终还是变成了固定收益索取人,这或多或少偏离了典型信托的本质。

在目前的信托产品中,最典型的提供浮动收益的信托产品是证券投资信托。根据银监会的相关规定,证券投资信托产品除了和其他信托产品一样不得"以任何方式承诺信托资金不受损失,或者以任何方式承诺信托资金的最低收益"之外,还不得"为证券投资信托产品设定预期收益率",①这样,受益人的收益为浮动收益。比较而言,证券投资信托中的受益人更接近于投资风险的最终承担者的地位。② 而且还会让人产生证券投资信托产品靠什么吸引投资者的担忧。

不能因为贷款信托等固定收益信托在现实中的比重是压倒性的,我们就把信托受益权的性质据此来判断。这并不能改变我们的判断,即典型的信托受益权仍然是剩余索取权。

(四)不同类型受益人的受益权

受益人之中存在优先级受益人和劣后受益人的划分。在分配信托利益的时候,优先级受益人有优先的顺位,只有优先级的受益人取得约定收益之后,劣后级的受益人才有机会分配剩余的利益。受托人对信托进行管理所取得的信托收益,在对优先级的投资者进行分配之后,全部归劣后的受益人。可以看出,我们在说受益人为剩余利益获得者的时候,并不是特别准确,或者说有时仍需做进一步细分。在受益人中的优先级受益人接近固定利益获得者,而劣后的受益人才更接近剩余利益获得者的地位。劣后级的受益人通常通过战略投资分析,以一定的杠杆效应来博取更大的收益,为某些专业的投资机构所偏好。

另外,本金受益人和受益受益人所享有的受益权是不同的,保护信托、自由

---

① 参见银监会颁布的《信托公司证券投资信托业务操作指引》(2009)第24条。

② 根据中国信托业协会的统计,2013年6月末,全部信托公司所受托的8.91万亿资金信托余额中的11%投向证券市场(包括股票、基金和债券)。载中国信托业协会:http://www.trustee.org.cn/sjtj/16924.html,最后访问日期:2013年8月7日。

裁量信托[1]和反浪费信托中的受益人的受益权与普通信托中受益人的受益权的性质又有很大的区别。因此,很难对受益权的性质一概而论。

(五)受托人的权利被“裁剪”为剩余权利

在实务中,在进行股权性投资运用信托财产的时候,信托财产的收益是不确定的。受托人(信托公司)是信托结构的发起者,受托人通常的做法是在信托合同中为受益人约定预期收益率,[2]这个收益率最终会成为最高收益率,若信托财产的运用所得收益较高,受托人可能会取得剩余收益。当然,多数受托人都不会这样明确地写入信托合同,而是通过作为费用和成本收取或者作为投资顾问费收取的方法。这样,受托人在实际上就成为剩余索取权人。个人认为,受益人是最终的风险承担者,其受益权的范围就不应该封顶,这种做法并不十分公平。但是,这种安排可以被理解为一种交换。在信托投资的领域,投资者(委托人=受益人)对信托机制还不是十分理解,对信托受托人也不是十分的信任,因此,受益人多数只愿意接受稳定的回报,而信托公司也正处在构建自己信用的阶段,努力把信托产品的风险降到最低,为此很多信托公司甚至不惜以自己的信用来解决正常的经营所带来的风险。为此,信托公司也承担了一定的风险。但是,这种情形不应该是信托机制的常态和未来发展方向。

当然,即使安排信托受托人享有一定的剩余索取权,似乎也并不能说就违背了信托法原理。在公司法中有类似的例子:为了给公司的经营管理者提供激励,加强利益相关性,更好地为股东的利益服务,现代公司法理论允许通过股权激励计划使经营管理者成为股东。公司法这样做并不违背股东是公司财产剩余索取权人的地位,反而是承认这样的原理的基础之上的。在信托法中也应适用同样的论证逻辑,只是应特别注意不要违背其忠实义务,不产生利益冲突即可。(参照《信托法》第28条第1款但书)

---

① 参见[英]D. J. 海顿:《信托法》,法律出版社2004年版,第179页。

② 《信托公司管理办法》第34条和《信托公司集合资金信托计划管理办法》第11条只是禁止信托公司承诺保本和最低收益,并没有一般性地禁止信托公司设置预期收益率。我国法律只在《信托公司证券投资信托业务操作指引》(银监发〔2009〕11号)第24条中明文禁止为证券投资信托产品设定预期收益率。

十一、小　结

本文提出的"双财团理论"和"受益权为剩余索取权"的观念能充分地和我国的财产法及物权法理论契合。据此,信托财产权仅是受托人名下的一种特殊财团而已,并没有创设出一种新的财产权类型。① 而在关于信托受益权性质的传统学说中,笔者倾向于"特别权利说"。该说具有综合性,吸纳了债权说、物权说的某些合理之处,更强调信托受益权和股权的类似性。虽然该说可能被非议为"中庸说"、大杂烩,但是,在承认信托法为民法特别法的前提下,认可信托法创设了一种新型的民事权利也是符合逻辑的。笔者不赞成按照民法上的区分债权和物权的一些标签,牵强地把信托受益权归类为债权和物权。传统的论证方法重视定性分析,亦有不少争论是在论证半杯水到底是"半满的"还是"半空的",多属言辞之争。

本文提出的"信托受益权为剩余索取权"的观念,只是为理解受益权的属性提供一种新的维度,为分析财产权提供一种新的分析工具和框架而已,并非否认传统学说的合理之处。没有理论是完美的。基于信托受益权内部形态的复杂性,剩余索取权理论也仅仅提供了一种对典型的(paradigmatic)信托受益权的分析工具,在现实中很多具体的受益权类型会或多或少都会偏离这种典型特征。

---

① 有学者主张受托人是信托财产的所有权人,只不过是一种受限制的所有权人。参见周小明:《信托制度:法理与实务》,中国法制出版社2012年版,第207~208页。

我国公司类别股设置与股东控制权分配的制度完善

周林彬* 韦宜耀仪**

2013年12月18日在股东就谷歌设立无投票权C股的集团诉讼中,审判长利奥斯特林批准了一项和解协议。原告律师获得850万美元的律师费,另加791,652.06美元的诉讼费。股东获得这笔费用的代价是,发起人加强了对C股转让的某些限制,以及谷歌"调整"了协议。和解协议很有可能不能真正地解决资本重组的股权问题,即发起人控制权的扩大和由公众股东造成的未来的投票权的相应损失——估计损失几十亿美元。①

公司法的一个重要功能是关切控制权的构造。控制权的分配将不仅对公司治理的关切做出回应,而且也对公司参与人如何分配公司内部产生的盈利做出的限制做

---

* 中山大学法学院教授、博士研究生导师,博士。

** 中山大学2012级法学院2012级民商法专业博士生,广西现代职业技术学院讲师。

① See Paul Lee, "Protecting Public Shareholders: the Case of Google's Recapitalization". *Harvard Business Law Review Summer*, 2015, p. 281.

出回应。[①]

股东控制权是公司治理的一个至关重要的问题。2007年欧盟的《股东权利指令》明确传达了一个重要的信号,即通过股东权益运动来实现有效的股东控制是完善公司治理的一个必要条件,因而,股东控制应该得到促进和鼓励。[②] 2013年11月12日,党的十八届三中全会《中共中央关于全面深化改革若干重大问题的决定》明确指出中国发展混合所有制经济,必将促进中国类别股法律制度的发展。类别股的设置是对股东异质性的关切,考虑股东不同的权利要求,与股东控制权的分配密切相关。公司法实践中,股东之间的诸多纠纷往往与股东控制权的分配相关,实质上是股东控制权的分配问题,一些公司通过类别股的设置来对股东控制权进行分配。理论上,虽然国内外有一些学者对类别股的设置以及股东控制权的问题进行了一些探讨,但是尚未有学者对类别股的设置与股东控制权分配问题进行专门的研究。本文尝试就这个问题进行初步的探讨,就我国公司类别股设置与股东控制权分配的制度完善提出一些意见和建议,希望起到抛砖引玉的作用。

一、公司类别股设置与股东控制权分配的法律经济分析

股东控制权是指股东对公司的重大事项的决策权和对企业的重大生产经营活动的管理权,包括投票权和经营管理权两项权利。有的学者认为,股东控制被认为是被改编了的所有权控制,通过投票机制起作用。投票权决定了一个股东是拥有公司的控制权还是被持有公司多数投票权的人所控制。[③] 控制是股东投票权的最重要特征,目的在于监督公司的活动和公司的管理层。在所有权和经营权合一的公司,股东控制权既包括投票权,也包括经营管理权。在所有权和经

---

① See Maria Isabel Saez and Damaso Riano, "Corporate Governance and the Shareholders' Meeting: Voting and Litigation", *European Business Organization Law Review* 2013, 14(3), pp. 343–399.

② See Andrea Sacco Ginevri, "The Rise of Long-term Minority Shareholders' Rights in Publicly Held Corporations and its Effect on Corporate Governance", *European Business Organization Law Review* 2011, 12(4), pp. 587–618.

③ See Ataollah Rahmani, "Shareholder Control and its Nemesis." *International Company and Commercial Law Review* 2012, 23(1), pp. 12–23.

营权相互分离的公司,股东控制权主要表现为投票权。

在公司法发展过程中,出现了几种对股东控制权进行方配的方式,下文将对这些分配方式进行法律经济分析。

(一)股东控制权分配的传统方式分析

股东获取控制权分配的传统方式有两种,即法律规定和法定协议安排。下面将对这两种分配方式进行法律分析与经济分析。

1. 法律分析

法律规定是股东获取控制权一种传统的默认方式。大多数国家和地区的法律或有关规范规定,股东按照投资额的大小享有相应的股东权利,股东持有公司股份达到一定比例以上即可享有控制权。控制可以分为绝对控制和相对控制。股东持有一个公司已发行的股份总额超过50%的即为绝对控制,股东持有一个公司股份总额达20%以上但在50%以下的即为相对控制。按照这种控制权分配方式,持股的大小成为股东获取控制权的唯一标准。股东可以通过股票交易的一级市场和二级市场,获得达到控制要求的持股比例。这种控制权分配方式遵守"一股一权"的股权平等原则,"资本多数决"是法定的决议原则,因为控制股东经常滥用"资本多数决"原则,因此,执行该原则的结果往往损害到中小股东的合法权利。股东获得控制权的另一种方式是法定协议安排,一般在公司章程予以明确。虽然股东持股没有达到20%以上,但是,通过协议安排也可以获得控制权。有的学者认为,由于公司法没有特别规定,实践中往往通过投资者与公司或原始股东进行个别的合同约定,以满足投资者和公司各自的特别要求。通过合同进行特别约定的解决办法虽具有灵活性,但这种合同安排有较大的法律不确定性。[①] 该观点包括了投资者通过与原有股东和公司协商的方式取得控制权的情况。笔者认为,按照现有的协议安排,控制权通常被分配了给处于优势地位的股东,例如,某股东拥有知识产权、某些特殊的资源等,其他股东无法通过协议安排获得控制权。

2. 经济分析

按照经济学的观点,股东控制权是一种产权,是出资权、经营权和管理权的

---

① 参见朱慈蕴、沈朝晖:《类别股与中国公司法的演进》,载《中国社会科学》2013年第9期。

统一,因此,股东控制权有利于公司降低代理成本和监督成本。股东对公司的控制最终归结为对公司剩余现金流权的控制。股东控制公司剩余现金流权的首选方式包括差异投票权、交叉持股和构建公司“金字塔”等几种方式。① 这几种控制方式具有有利的一面,也有不利的一面。理论界对它们持有不同的观点。公司法实践中,不同的国家和地区对它们持有不同的态度,一些国家和地区禁止其中的某一种方式,而允许采用其中的其他分配方式。例如,一些公司在公司章程中明确规定差异投票权。② 有的学者认为,在私人公司和非上市公司实行差异投票权可以真正避免简单多数决,但是在上市公司实施有差别的投票权既不现实,也不能得到许可。③ 例如,出于对规避风险的考虑,某些国家的一些行业如银行业④禁止交叉持股。由于担心影响到行业的竞争,交叉持股在网络运营业⑤会被禁止。控股股东通常利用“公司金字塔”进行“隧道挖掘”,将子公司的利益输送给母公司,然后将公司利益占为己有。在美国,公司“金字塔”在法律上是不受到鼓励的。直到最近为止,一些欧洲国家,包括西班牙、葡萄牙、希腊和意大利等已经禁止采用多重投票权股,而采取一些相似的相反措施,允许上市公司构建“金字塔”。其他国家和地区对控股股东构建“金字塔”或更开放,或更封闭。例如,瑞典的一些比较富裕的家庭联合采用多重投票权股和“金字塔”所有权结构来控制扩大了的和多样化的公司集团。然而,以色列却采取其他的措施,如在2013年禁止使用多重投票权股之后,立法者批准了一项改革措施,目的是不鼓励构造新的“公司金字塔”,拆分目前的“公司金字塔”。⑥ 另外,法定协议安排虽然能够

---

① See Alma Pekmezovic, “Determinants of Corporate Oownership: the Question of Legal Origin: Part 1”, *International Company and Commercial Law Review* 2007, 18(3), pp. 97 - 106.

② See Vatsala Sahay, “Corporate Governance, Virtual Shareholders' Meetings, and Analysing Godrej: the Bombay High Court Decision on the (Indian) Companies Act 2013”, *International Company and Commercial Law Review* 2014, 25(11), pp. 396 - 403.

③ See A. J. Boyle, “Economic Considerations in Part 3 of the Law Commission's Paper on Company Directors”, *Company Lawyer* 1999, 20(6), pp. 210 - 212.

④ See Dr. Themis D. Pantos, “Prudential Regulation in the United Arab Emirates: Risk and Wealth Effects”, *Journal of International Banking Law and Regulation* 2015, 30(8), pp. 423 - 431.

⑤ See Anne Looijestijn-Clearie, “Breaking up is Hard to Do: Dutch Unbundling Legislation and the Free Movement of Capital,” *European Business Organization Law Review* 2014, 15(3), pp. 337 - 355.

⑥ See Federico Cenzi Venezze, “The Costs of Control-Enhancing Mechanisms: How Regulatory Dualism can Create Value in the Privatisation of State-Owned Firms in Europe”, *European Business Organization Law Review* 2014, 15(4), pp. 499 - 544.

激励股东私人协商解决他们之间的纠纷,但是,协议的不完备性会导致协议的执行成本增加。①

笔者认为,传统的股东控制权分配方式固然有许多合理和可行之处,但是,公司法的实践已经证明了这些传统的分配方式还存在一些不足之处,需要得到完善。这说明这些传统的股东控制权分配方式并没有使股东控制权得到有效的分配,以致需要寻求更有效的股东控制权分配方式。

(二)设置类别股进行股东控制权分配的分析

与股东控制权分配的传统方式不同,最新发展起来的分配方式是类别股的设置。以下对类别股的设置与股东控制权分配的关系进行法律经济分析:

1. 法律分析

类别股是可以将对财产收益权或表决控制权有不同偏好的投资者容纳到同一公司中的一种法律制度。②

根据《公司法》和《证券法》的规定,股权包括股东大会的召集权、参加权和表决权、股份转让权、新股认购权或优先购买权、重大决策权、对公司的经营管理权和控制权等权利。理论上认为,这些权利可以相互分离并再次组合。1971 年 Stroh v. Blachawk Holding Corp. 一案中,法院提出了一种理论:股权中的参与公司管理与控制的权利,获得经营盈余和利润的权利、取得分配资产的权利,三者可以分离,一个股份不需要这三者是完整和对称的。③ 一个公司的股份资本可以被拆分为不同的种类,公司对每一种类股份赋予不同的权利或者权利组合,并明确规定每一类股份所包含的权利的大小,其中包括赋予每一类股份不同的投票权或者经营管理权。股东享有的控制权随着他们拥有的股份种类不同而发生变化,股东享有控制权的大小取决于他们享有的股份种类的不同以及股份的多少。这就意味着公司可以设置类别股对股东控制权进行分配。有的学者认为,类别

---

① See Rita Cheung, "The Use of Statutory Unanimous Shareholder Agreements and Entrenched Articles in Reserving Minority Shareholders' Rights: a Comparative Analysis", *Company Lawyer* 2008, 29 (8), pp. 234 - 241.

② 参见朱慈蕴、沈朝晖:《类别股与中国公司法的演进》,载《中国社会科学》2013 年第 9 期。

③ 参见沈朝晖:《公司类别股的立法规制和修法建议——以类别股股东权的保护机制为中小》,载张育军主编:《证券法苑》(第 5 卷),法律出版社 2011 年版。

股的实质就是股权的类别化,即股权内容的自治性配置。① 有的学者认为,具有分散投票权的类别股能够比较公平合理地把控制权分配给对公司有不同的资本或者专业技能贡献的投资者。②

在当前的公司实践中,一些公司发行优先股和普通股,并对普通股赋予某些特权或者对普通股的某些权利进行限制,主要的股票种类有加权股、增强股、限制股和无投票权股。③ 还有的公司发行多重投票权股,为各种类型股票的所有者提供不同的投票权。例如,一个公司可以发行面值为 1 个投票权的 A 股和面值为 10 投票权的 B 股。另一种方法是,发行每 10 个面值 1 个投票权的 A 股和每面值 1 个投票权的 B 股。这种资本结构允许持有大量 B 股的股东可以实施对公司的控制而不需要承担与此相对应的经济风险。④

2. 经济分析

科斯定理表明,在交易成本大于零的情况下,权利的清晰界定将有助于降低人们在交易过程中的成本,改进经济效率。法律应该在权利界定上使社会成本最低化、社会资源配置达到最优点。科斯认为,企业的设置有利于节约市场交易成本。公司契约理论认为,公司是一系列契约的联结,公司法是一个的标准合同,公司法条款是使公司参与各方协商成本最小化的制度安排。股东控制权是以效率为其合法存在的基础。⑤ 股东控制通过允许股东保留对公司的控制、审查董事的活动和惩罚管理不善的行为,以激励公司进行融资。⑥ 类别股的设置有助于对股东控制权进行有效的分配,降低社会成本。首先,类别股的设置能够较为细致地考虑到股东自身的许多情况,对股东控制权进行清晰和详细地界定,把不同种类的股票与不同种类股东的控制权对应起来,各个股东可以根据自身的经

---

① 参见任尔昕:《关于我国设置公司种类股的思考》,载《中国法学》2010 年第 6 期。

② See George O. Barboutis, "Takeover Defence Tactics: Part 2 - Specific Defensive Devices", *Company Lawyer Comp. Law*. 1999, 20(2), pp. 40 - 49.

③ See Ataollah Rahmani, "Shareholder Control and its Nemesis", *International Company and Commercial Law Review* 2012, 23(1), pp. 12 - 23.

④ See Federico Cenzi Venezze, "The Costs of Control-Enhancing Mechanisms: How Regulatory Dualism can Create Value in the Privatisation of State-Owned Firms in Europe", *European Business Organization Law Review* 2014, 15(4), pp. 499 - 544.

⑤ See Michaela Aristotelous, "How are Shareholders' Rights Justified? Parts 2 and 3", *International Corporate Rescue* 2013, 10(5), pp. 337 - 342.

⑥ See Ataollah Rahmani, "Shareholder Control and Its Nemesis", *International Company and Commercial Law Review* 2012, 23(1), pp. 12 - 23.

济能力和对控制权的需要程度取得相应的控制权,从而降低股东取得控制权的交易成本。其次,通过类别股的设置对股东控制权进行有效的配置,能够激励各类股东根据所享有的控制权大小,参与公司治理,减少代理成本。最后,类别股的设置能够清晰地界定和分配股东的控制权,减少股东之间由于控制权界定不清晰而产生的控制权纠纷,降低解决控制权纠纷所产生的诉讼成本。

二、中、美公司类别股设置与股东控制权分配的制度实践

在公司的制度实践中,美国有丰富的类别股设置和股东控制权制度实践经验,因此,本文选择美国类别股设置和股东控制权的制度实践,作为中国完善类别股设置和股东控制权分配制度的一个参考。

(一)美国类别股设置与股东控制权分配的制度实践

一般来说,可以从多个角度对一个国家和地区的制度实践进行考察。本文分别从法律规定、公司实践和司法案例 3 个角度来考察美国的类别股设置与股东控制权分配的制度实践。

1. 美国类别股的设置和公司控制权分配的法律规定

美国的标准公司法给予公司设置股票种类很大的灵活性。公司章程可以授予股票特殊的、附条件的或者有限制的投票权或者没有投票权。公司可以以任何的方式进行盈余分配。① 美国的一些公司发行双重股票。双重股票结构使得内部人在公司首次公开发行股票之后,能够控制公司。② 美国关于类别股的设置一般都涉及股东控制权的分配,其中涉及的控制权主要是投票权、清算权和分红权,这些规定或者写在制定法里,或者存在于司法判决中。

以得克萨斯州和特拉华州法律关于类别股与公司控制权分配关系的规定为例。特拉华州的法律限制公司建立某些股票权利(如优先分红和特别清算权),

① See Michele Benedetto Neitz, "Hobby Lobby and Social Justice: How the Supreme Court Opened the Door for Socially Conscious Investors", *SMU Law Review Winter* 2015, 68, p. 243.

② See Shen Wei KoGuan&Angus Young, "Dual Share Plan in Context: Making Sense of Hong Kong's Decision not to Embrace Alibaba's Listing", *International Company and Commercial Law Review*, 2015, 26(1), pp. 4 – 17.

对公司建立股票权利的限制一般能被写在法律里，在优先股和特别股的股东权利得到满足之后，普通股的股票种类或者股票系列应该具有一般表决权以及获得分红和配股权。在特拉华州，如果没有法律或者协议的相反约定，则特别股享有与普通股具有同样的权利。因而，对优先股的优先权或者限制仅限于规律规定或者协议明确规定创造这样的优先权利或者限制。但是，如果协议没有将优先权授予优先股，则不需要遵循那些优先权。这可以用两个例子来说明，如果一份特别股上有特定的权利、优先权等，而没有有关投票权的规定，或者没有创造清算权，则事实上并不是这种股票没有投票权或者没有清算权。更确切地说，在这种情况下，这种优先股具有与普通股相同的权利。① 德克萨斯州和特拉华州都假设同一系列的股票是相同的，都考虑对相同种类或者系列股票的股东的权利加以限制，以便让他们拥有不同的投票权。这种权利在德州的制定法里有规定，而在特拉华州，则由法院参照《特拉华州普通公司法》第 212 条规定的权利作出司法裁决。②

2. 美国公司关于类别股的设置和公司控制权分配的实践

美国法律允许通过发行由控股股东持有的多重投票权股的方法来实现控制权和现金流权的分离。多重投票权股被许多著名的上市公司所采用，如福特公司、谷歌公司、飞斯簿可公司、伯克希尔·哈撒韦公司。③ 这些公司发行具有不同投票权的双重股票，给予公司发起人和公司高管对股东表决方面很大的控制权。美国科技集团如谷歌公司、飞斯簿可公司、星佳公司的发起人在公司上市之后都持有公司重大决策的控制权和董事会组成的控制权。④ 根据最近的研究，总体上来看，美国的双重类别股公司包括 6% 的公众公司和 8% 的市场资本化公司。最

---

① See Marilyn B. Cane & Joong-Sik Choi & Scott B. Gitterman, "Recent Developments Concerning Preferred Stockholder Rights Under Delaware Law", *Virginia Law & Business Review Winter* 2011, 5, 377, p. 11.

② See Curtis W. Huff, "Choice of State of Incorporation—Texas Versus Delaware: is it now Time to Rethink Traditional Notions?" *Bulletin of the Business Law Section of the State Bar of Texas December*, 1994, 31 – DEC, p. 9.

③ See Federico Cenzi Venezze, "The Costs of Control-Enhancing Mechanisms: How Regulatory Dualism can Create Value in the Privatisation of State-Owned Firms in Europe", *European Business Organization Law Review* 2014, 15(4), pp. 499 – 544.

④ See Shen Wei Ko Guan & Angus Young, "Dual Share Plan in Context: Making Sense of Hong Kong's Decision not to Embrace Alibaba's Listing", *International Company and Commercial Law Review* 2015, 26(1), pp. 4 – 17.

常见的是,普通股只是一股一票,而优良股则是一股10票。而在一些案例中,分配给普通股的表决权和高级股的表决权之间的差距甚至更大。例如,由福特家族持有的福特公司B股拥有公司总表决权的40%。2014年3月福特公司发行38.81亿普通股和7000万B股,每股面值为0.01美元。因此,在2014年年会上,每份B股被授予超过36票的表决权,福特家族持有总投票权的40%,但被授予少于1.8%的现金流权。①

3. 司法案例②

由于美国的类别股制度发展得比较成熟,因此,相关的司法案例也较多。以下是一个与公司控制权分配相关的特别股案例。

在职业足球大联盟开始运营之前,当它难以吸引投资者时,它被迫修改它的组织结构。潜在投资者对隐匿它们作用的投资失去信心,而愿意更多地参与团队的经营管理。按照新的方案,职业足球大联盟保留它对特许经营权的正式所有权,但是发行一种特别股给投资者——经营管理者。这种特别股给予他们对某些特定营业机构的几乎全部经营控制权。这种营业机构与联盟平等地享有当地的营业收入,而联盟保留所有国家电视和销售收入。职业足球大联盟获取的资金部分用于支付球员的薪酬。投资—经营管理者获得来自于联盟经营利润的红利,就像在传统的联盟里一样,他们也可以把他们的特别股卖给外部团体。沙利文法院注意到在新的组织结构里,职业足球大联盟在某些相同的方面互相竞争。如此一来,这个新的组织结构很显然没有罗森伯克最初想象的职业足球大联盟单一实体那么纯粹,并且稍微更像按传统方式组成的联盟。

职业足球大联盟开始时有10个球队。投资者—经营管理者在7个主要的城市,它们花了500万美元换取特别股,经营当地的球队联盟经营其余的3个球队。加上另外的2个球队,联盟目前有12个球队,而投资者—经营管理者控制9个球队,联盟者经营其余的3个球队。尽管最初联盟依照《谢尔曼法》第一部分的规定召集,修订了的或者改变了的组织结构被创造出来,目的是尽可能地吸引投资

① See Federico Cenzi Venezze, "The Costs of Control-Enhancing Mechanisms: How Regulatory Dualism can Create Value in the Privatisation of State-Owned Firms in Europe", *European Business Organization Law Review* 2014, 15(4), pp. 499 – 544.

② See Edward Mathias, "Big League Perestroika? the Implications of Fraser v. Major League Soccer", *University of Pennsylvania Law Review November* 1999, 148, 203, p. 9.

者,或者不吸引投资者。尽管案件中的许多事实处在争议当中,然而不可争议的是,所有的投资者共同分享一些收入,包括那些经营各自球队的投资者和那些不经营球队的投资者。对各方的事实进行研究表明,争议的焦点在于对各自的球队,联盟拥有多少控制权和投资者—经营者拥有多少控制权?

上述案例中,作为潜在投资者的股东不仅希望享有股东的权利,而且希望享有经营公司的权利。公司为了满足这一类投资者对控制权的需要,公司通过发行特别股,将控制权在公司和公司的投资者之间进行较为详细的分配。同时,虽然联盟和投资者之间已经就公司经营收入分享问题进行了约定,但是双方之间还是发生了这方面的纠纷,而这些纠纷的实质是公司控制权的分配问题。可见,联盟发行类别股来分配控制权的做法虽然可以解决控制权分配的一部分问题,但是这种做法本身还有欠缺。同时,这也说明了联盟需要完善类别股的设置,才有可能使公司控制权得到有效的分配。

(二)中国类别股设置与股东控制权分配的制度实践

虽然中国经历的类别股实践时间很短,但是我们仍然可以从以下几个方面去考察中国的类别股设置与股东控制权分配的制度实践。

1. 相关的法律规定

从我国类别股的立法现状可以看出,我国正在逐步制定和完善有关类别股的相关法律规范。2013 年 11 月 12 日《中共中央关于全面深化改革若干重大问题的决定》指出,积极发展混合所有制经济。国有资本、集体资本、非公有资本等交叉持股、相互融合的混合所有制经济,是基本经济制度的重要实现形式,有利于国有资本放大功能、保值增值、提高竞争力,有利于各种所有制资本取长补短、相互促进、共同发展。允许更多国有经济和其他所有制经济发展成为混合所有制经济。国有资本投资项目允许非国有资本参股。允许混合所有制经济实行企业员工持股,形成资本所有者和劳动者利益共同体。2013 年 11 月 30 日,国务院发布《关于开展优先股试点的指导意见》,规定了优先股股东的权利与义务、优先股发行与交易、组织管理和配套政策等相关内容。2014 年修订后的《公司法》第 131 条规定,国务院可以对公司发行本法规规定以外的其他种类的股份,另行作出规定。明确由国务院制定有关类别股发行的相关具体规定。2014 年 3 月 21 日,证监会发布《优先股试点管理办法》,该办法包括总则、优先股股东权利的行使、上市公司发行优先股、非上市公众公司非公开发行优先股、交易转让及登记结算、信息披露、回购与并购重组、监管措施和法律责任、附则第九章共70条，自公布之日起施。其第3条规定，上市公司可以公开发行优先股，非上市公司公众公司可以非公开发行优先股。2015年9月24日，国务院出台《关于国有企业发展混合所有制经济的意见》，提出分类推进国有企业混合所有制改革，即把国有企业分为商业类和公益类，其中商业类分为主业处于充分竞争行业和领域以及主业处于重要行业和关键领域，引导国有企业规范开展混合所有制改革。提出分层推进国有企业混合所有制改革，分别在子公司层面、在集团公司层面和地方层面推进混合所有制改革；对非公有资本、集体资本和外资参与国有企业混合所有制改革实行不同的政策；推广政府和社会资本合作（Public-Private Parthership，PPP）模式；鼓励国有资本以多种方式入股非国有企业；探索完善优先股和国家特殊管理股方式；探索实行混合所有制企业员工持股等内容。

2. 相关的实践

中国对股票的分类情况如下：根据上市地点的不同，将股份公司发行的股票分为A股、B股、H股、N股和由设在中国境内的上市公司发行的在海外上市的其他特别股。[①] 根据股份的外部价值，可以将公司的股票分为流通股和非流通股。根据分配权利的不同，可以将其分为普通股和特别股，优先股属于特别股的一种形式。

目前，中国已经发行的特别股只有优先股。中国的优先股在20世纪80年代末90年代初经历了短暂的发展历程，其后因2005年新修订《公司法》的出台实施未明确规定优先股制度，而使优先股制度在我国失去了法律依据，发展一度处于停滞状态。[②] 2014年《优先股试点管理办法》出台后，中国优先股又开始了新的发展阶段。2015年3月9日，中国建筑（601668）公布首期优先股发行结果，共计发行1.5亿股，募集资金150亿元，中国建筑拟发行的优先股总数不超过3亿股，募集资金总额不超过人民币300亿元。[③] 中国电力建设股份有限公司非公开

---

① See Jim Jinpeng Zhang& Jung Y. Lowe, "Forcign Investment Companies Limited by Shares: the Late Ganization for Major International Ventures", *Northwestern Journal of International Law and Business Winter* 2001, 21 409, p. 10.

② 参见"中国优先股发展情况分析（图）"，中商情报网，http://www.askci.com，最后访问日期：2017年4月8日。

③ "中国建筑发1.5亿优先股　股息率5.8%"，载网易财经，http://money.163.com/15/0309/10/AK8PD49800253B0H.html，最后访问日期：2017年4月8日。

发行优先股,2015年9月15日17时申购结束后,本次发行优先股总数为2000万股,本次发行募集资金总额为人民币20亿元。① 随着经济改革的全面深入,中国也将有更多的类别股法律法规出台,中国企业也将发行更多的类别股。

3. 司法案例

由于中国类别股的发展正处在初期阶段,因此,目前中国有关类别股的司法案例还非常少。"对赌协议"第一案即"海富投资与世恒公司案",是有关优先股的司法案例。

2007年10月"海富投资"与"甘肃世恒""香港迪亚"签订《增资协议书》,约定了"对赌条款"。2008年投资双方发生补偿纠纷,"海富投资"将"甘肃世恒"告上了法庭。2010年12月兰州市中级人民法院对此案作出一审判决,判定"对赌条款"无效,驳回"海富投资"的所有请求。"海富投资"对一审判决不服,提起上诉。2011年9月甘肃省高级人民法院对此案作出二审判决,认定该案中"对赌协议"无效,判决"甘肃世恒"向投资人返还1885万元和利息。"甘肃世恒"对判决不服,向最高人民法院提出再审申请。2011年12月最高人民法院受理此案。2012年11月最高人民法院判决,撤销甘肃省高级人民法院对此案的二审判决,并判"迪亚公司"向"海富投资"支付协议补偿款19,982,095元。最高人民法院的判决否认了股东与公司之间损害公司及公司债权人利益的"对赌条款"的法律效力,但认可了股东与股东之间"对赌条款"的合法有效性,维护了投资者合法利益。②

此案例涉及优先股东与公司之间、优先股东与公司债权人、优先股东与普通股东之间的权利义务关系问题。股东有权处分自己合法权利,其中包括控制权,但是,股东有义务尊重他人的合法权利。公司进行优先股设置的时候,除考虑将控制权在优先股东之间的分配问题之外,还需要注意不可以侵犯利益关系人的合法权益。

---

① "中国电建:北京市嘉源律师事务所关于公司非公开发行优先股发行过程及认购对象合规性的见证意见",载凤凰网:http://app.finance.ifeng.com/data/stock/ggzw.php? id=15285563&symbol=601669,最后访问日期:2017年6月2日。

② "中国PE'对赌协议'第一条",载财新网:http://opinion.caixin.com/2013-01-25/100486138.html,最后访问日期:2017年6月2日。

（三）对中、美类别股和股东控制权分配制度实践的评价

从中、美类别股设置和股东控制权的制度实践可以看出，美国的类别股设置和股东控制权分配的立法、公司实践和司法都非常成熟，而中国在这些方面仅仅处在起步阶段。中国目前除优先股的行政法规和部门规章之外，尚未有关于其他公司类别股的立法，可见，中国的公司类别股的法律相对单一，已有的法律数量较为欠缺，落后于公司改革和实践的需要以及资本市场创新发展的需要。同时，美国通过发行优先股和普通股以及多重投票制来分配股东控制权的做法虽然有很多优点，但是美国是在发行双重股票的基础上，通过对普通股设置不同的表决权来分配公司的控制权，显然这种做法并没有很好地区分类别股的控制权和普通股的控制权。目前的公司实践表明，这样设置的股票种类过于简单和粗糙，不能满足不同的股东对公司控制权的多样性需要。因此，中国既可以借鉴美国的成功做法，同时也应当对其中的不足之处加以完善。

三、我国公司类别股设置与股东控制权分配的制度完善

中国发展混合所有制经济，中国的企业将实行股权多元化改革，必然出现各种不同种类的股东，他们对控制权会有不同的需求，中国企业必须对他们的不同要求做出回应。中国企业在设置类别股时，应该考虑将控制权在不同的股东之间进行有效的分配。因此，中国有必要在借鉴美国类别股制度的基础上，结合中国公司法实践和资本市场创新发展的需要，完善公司类别股设置与股东控制权分配的制度。

（一）我国公司类别股设置与股东控制权分配制度完善的总体思路和总体要求

本文提出我国类别股设置与股东控制权分配制度完善的总体思路和总体要求如下。

1. 总体思路

第一，中国应该明确区分类别股的控制权和普通股的控制权。第二，中国需要完善类别股设置和股东控制权分配的法律制度。在立法方面，中国可以采取法律规定和司法裁判的方式来进行类别股设置和分配股东控制权。在公司实践

方面，中国公司可以借鉴美国设置不同种类普通股的做法，较为详细地设置种类多样的类别股；也可以借鉴美国多重投票制，精心设置每一种类别股的投票权，使不同种类的股票的投票权具有明显的差异，以便更有效地分配股东控制权。在司法方面，司法机关要查明类别股东控制权纠纷案件的事实，准确确定双方的争议焦点，作出高效率的裁决，有效地解决双方的纠纷。

2. 总体要求

中国应该加快制定不同种类的类别股法律，提高类别股的立法层次，以满足公司改革和实践的需要以及资本市场创新发展的需要。公司类别股的设置应该考虑到各类股东对控制权的不同要求，设置种类多样的股票，满足不同种类股东对控制权的不同要求。首先，公司类别股的设置应该考虑股东持股时间的差别。股东持股时间有短期、中期和长期之分，持股时间不同的股东对控制权有不同的要求，应该设置时间长短不同的股票类别，在每一类别的股票中配置不同的控制权。当然，控制权的大小不需要与持股时间的长短一一对应，即持股时间短并不意味着享有的控制权就少。其次，公司类别股的设置应该考虑公司股东组织形式的差别。从组织形式的角度来看，股东有集团股东、单个公司股东和个人股东之分，不同组织形式的股东对控制权有不同的要求，应该设置不同组织形式的股票类别，每一组织形式的股票类别再配置不同的控制权。最后，公司类别股的设置应该考虑股东取得股权时间、方式和途径的差别，从而应该把股东分为不同的类别，如现有股东和潜在股东等，设置与这些股东要求相适应的股票类型，明确取得未来股东地位的条件、途径和方式。

（二）我国类别股设置与股东控制权分配制度完善的具体建议

我国的一些学者对公司类别股的设置进行了研究，提出了我国应该设置的公司类别股种类，虽然也设计一些股东控制权的问题，但是他们并未从专门股东控制权分配的角度来研究这个问题。[①] 本文基于股东控制权分配的考虑，又因文

---

① 参见郭富青：《公司设置特别股权的法律透视》，载《河北法学》2002 年第 5 期；徐胜强：《论公司股份种类的设置》，载《河北法学》2006 年第 9 期；任尔昕：《关于我国设置公司种类股的思考》，载《中国法学》2010 年第 6 期；沈朝晖：《公司类别股的立法规制和修法建议——以类别股股东权的保护机制为中小》，载《证券法苑》2011 年第 5 期；李海燕：《建立我国类别股制度的构思》，吉林大学法学院 2014 年博士学位论文；杨齐岭：《类别股的公司法规范》，华东政法大学经济法学院 2014 年硕士学位论文。

章篇幅有限,故在此只提出几点类别股设置和股东控制权分配制度完善的建议:

1. 优先股设置与优先股东控制权分配的制度完善

可以考虑从以下几个方面完善优先股设置和优先股东控制权分配的制度:

(1)应该满足国家强制性法律关于优先股发行的条件

在法律允许股东自行协商发行优先股的情况下,优先股的发行条件由股东协商一致进行确定。但是,一些国家和地区出于维护证券市场秩序的考虑,对公司发行优先股进行严格的管理,明确要求公司发行优先股必须满足规定的条件。在国家制定有关于发行优先股必须具备的条件的情况下,公司要发行优先股,应该遵守相关规定,违反者将受到证券监管部门的处罚。

(2)应该明确每股所含控制权的大小

优先股包括无控制权的优先股和有控制权的优先股。对于有控制权的优先股,公司应该将控制权进行有效的分配。股票所含控制权的大小可以用投票权的多少来衡量,或者可以在优先股上明确投资者享有经营控制权的具体种类。在注意优先股所包含的控制权不能超过普通股所包含的控制权的前提下,公司应该明确优先股每股所包含的投票权的多少,方便投资者进行选择。

(3)应该明确每一控制权所对应的价格大小

根据经济学的机会成本理论,股东取得公司控制权是应该付出代价的。另外,投资者获取控制权的能力有很大的差别,不同的投资者会根据自己的能力大小来决定需要拥有的控制权的多少。优先股明确每一控制权所对应的价格,可以引导投资者选择与自己能力相适应的控制权。

(4)应该明确取得优先股控制权的条件

并不是任何一个优先股的股东都能够有效地行使公司的控制权。因此,为了更好地分配优先股的控制权,公司应该将控制权分配给有能力行使控制权的股东,而且应当是最能有效行使控制权的股东。为此,公司应该明确优先股的股东取得控制权的条件,只有满足规定条件的优先股股东才能取得控制权。

此外,公司还必须明确投资者取得优先股控制权的方式、优先股控制权的转让、优先股控制权的回购和保护等。

2. 中小股设置与长期持股的中小股东控制权分配的制度完善

大多数学者认为,由于大股东对公司有大额的投资,他们需要承担较大的风险,因此,权力和控制是大股东追求的目标。然而,对于中小股东来说,由于成本的原因,他们的目标是获得好的投资回报。[①] 然而,另外却有学者注意到中小股东控制权的存在。伯林和米恩斯把公司控制分为以下五种类型:几乎完全的所有权控制、大股东控制、无大股东所有权情况下通过法律赋予的方法进行的控制、中小股东控制以及管理层控制。[②] 其中就包含中小股东控制权。

最近,欧美新实施的法律以中小股东持股时间的不同,对它们做出区分,据此将特殊的权利赋予那些至少持股达到最短时间以上的中小股东(长期持股的股东)。根据立法者和监管部门的意思,并不是所有的中小股东都应得到同等对待和被赋予相同的权利。更准确地说,只有长期股东才应拥有某些特殊的权利,因为他们持有股票达到规定的最短时间以上,这较好地证明了这些股东对公司的长期贡献和其在公司中的利益。[③]

可以考虑从以下几个方面完善中小股设置和中小股东控制权分配的制度:

(1)应该设置中小股东取得控制权的条件

由于中小股东持股时间长短不同,他们对公司经营状况的关注程度各不相同,对经营管理公司的权利要求也各不相同。另外,他们经营管理公司的能力也不相同。因此,公司应该就中小股东取得控制权的条件作出相应的规定:首先,可以规定中小股东持股达到最低时间以上才可以取得控制权。其次,可以规定中小股东的经营能力、经营规模和信誉等级要符合规定的标准才能取得控制权。这些规定是为了使得公司控制权得到有效的配置,以便使未来的公司价值得到增长。

(2)应该明确中小股东取得控制权的具体内容

一些中小股东不满足于仅仅拥有股东权利,希望更多地参与公司经营管理,希望给公司创造价值并作出自己的贡献。在公司中,他们具有双重身份,其既是投资者,也是经营管理者。因此,公司除要给这些中小股东配置投票权之外,还应该考虑到他们参与公司经营管理的需要,给予他们经营控制权。经营控制权

---

① See Themistokles Lazarides and Evaggelos Drimpetas, "Corporate Governance Regulatory Convergence: a Remedy for the Wrong Problem", *International Journal of Law & Management* 2010, 52 (3), pp. 182 – 192.

② See Muhammad Zubair Abbasi, "Legal Analysis of Agency Theory: an Inquiry into the Nature of Corporation", *International Journal of Law & Management* 2009, 51(6), pp. 401 – 420.

③ See Andrea Sacco Ginevri, "The Rise of Long-term Minority Shareholders' Rights in Publicly Held Corporations and its Effect on Corporate Governance", *European Business Organization Law Review*2011, 12(4), pp. 587 – 618.

包括产、供、销、人、财、物等权利，因此，公司还可以考虑对经营控制权进行细分，由中小股东根据自己的需要选择适合自己的控制权种类。

（3）应该设置中小股东取得控制权的差异价格

从经济学和财务管理学的角度来分析，时间是有价格的。从法学来分析，时间的差异意味着权利和义务的差异。就适格的中小股东来说，他们持股时间长短不同，对公司控制权的要求也不同，对公司价值的贡献也不相同，因此，公司应该根据他们持股时间的长短设置中小股不同的控制权价格，中小投资者会根据自己的能力和需要选择可以接受的价格。此外，公司应该设置中小股东控制权的取得方式、转让、收回和保护等内容。

3. 集团股设置与集团股东控制权分配的制度完善

公司实践中，集团股东控制权的不合理分配导致的集团股东侵犯中小股东利益的现象十分普遍。集团股的设置应当对集团股东控制权的分配做出合理的限制。

（1）应该明确集团股占公司全部股份的比例不得超过规定的限度

在公司同时发行普通股和多种类型股的情况下，各种类型股票发行的数量占全部股票总数的比例，体现了不同类型股东之间力量的大小，同时也体现了控制权在不同类型股东之间的分配比例。为了平衡集团股东与其他股东之间的利益，防止集团股所占体现的比例过大而导致集团股东操纵公司业务、侵犯公司利益和其他股东利益，应当明确集团股占公司全部股份的比例不得超过规定的限度。

（2）应该设置集团股东取得控制权的条件

为了能更好地促使集团股东依法行使控制权，公司应该尽可能地将控制权分配给那些没用过不良记录的集团股东。因此，公司设置集团股东取得控制权的条件，主要是对集团股东的信誉提出明确的要求，规定如果集团股东曾经因为利用关联方担保或者实施关联方占款等违法行为侵犯中小股东的利益，则应对集团股东取得控制权加以适当的限制，或者禁止该集团股东有控制权。

（3）应该设置每一个集团股东取得控制权的数量

为了防止集团股东因为持有集团股过多、控制权过大而操纵公司和侵犯中小股东利益，集团股东的控制权应该分配给两个或者两个以上的集团股东。因此，公司应该对每一个集团股东将取得的控制权数量作出规定。

此外,公司还应该设置集团股东控制权取得控制权的方式、集团股东控制权的转让和明确集团股东控制权的收回等内容。

4. 潜在股设置与其他股东控制权分配的制度完善

公司存在一些当前虽然不是公司股东,但是已经是公司的利益关系人,在未来他们有可能成为公司的股东,这些潜在股东主要包括公司管理层、公司债权人和公司员工。一些国家和地区为这些潜在股东设置了相应的类别股,例如,许多大公司发行跟踪股、附属股和风险资金以吸引和留住高管,公司也提供特别股期权补助那些重新签订合同的高管,类似于提供签约奖。①

潜在股设置与潜在股东控制权分配的制度完善包括以下两个方面:

(1)明确潜在股东取得股东控制权的条件

在公司管理层方面,取得股东控制权的条件应当包括取得的经营业绩、经营管理能力和拟在公司任职1年以上等。公司债权人方面,取得公司控制权的条件应当包括债权时间在1年或1年以上、债权达到一定数额以上等条件。公司员工方面,取得公司控制权的条件应当包括具有较强的业务能力、取得较好的业务成果和拟在公司任职1年以上等。

(2)明确潜在股东取得控制权价格

因为潜在股东在成为公司股东之前,就与公司存在法律上的权利义务关系,与公司的其他类别股东以及普通股东都不相同,所以他们取得控制权的价格也应与其他类别股和普通股的价格有所不同,公司应当为各类潜在股东设置不同的控制权价格。

四、结　语

传统的股东控制权分配方式有很多的优点,但是公司实践证明这些传统的分配方式存在不足之处,因此,股东控制权分配的制度需要得到完善。类别股的设置能够对股东控制权进行清晰的界定和有效的分配,从而降低股东控制权分配的社会成本,提高股东控制权分配的社会效率。但是,已有的类别股制度还不

---

① See Linda Barrett, "Uusharing the Wealth: Recent Economic Volatil Executive Compensation", *Rutgers Law Revi Fall*, 2001, 54, 293, p. 1.

能很好地满足股东控制权分配的要求,因此,需要完善现有的类别股设置的制度。控制权在不同类别的股东之间进行分配具有不同的特点,需要完善类别股设置与不同类别股东控制权分配的制度。本文只是对我国类别股制度设置与股东控制权分配的制度完善提出初步的建议,而公司的改革和实践以及资本市场的创新发展亟待这些问题得到进一步具体的研究。

从信托受益权质押担保市场创新现状谈起

明朗朗*

一、前　　言

信托受益权的可质押性尚未在我国获得制度认可，但是实务界的信托受益权质押担保探索却是由来已久，于此境况下建构信托受益权质押担保制度，属于制度滞后、实务先行，继而制度对市场创新做出回应的回应型制度建构，规范实务中的已存问题、对市场业已形成的不与法律基本原则相抵触的惯常性操作做出制度化处理，应是其首要任务所在，此则奠定了信托受益权质押担保实务梳理于信托受益权质押担保制度建构的基础性前提地位。唯有清楚实务发展现状，才能明晰事物发展对制度建构的具体需求，在此指导下进行制度建构路径选择，方能恰如其分地切实推动事物的全面发展，达到事半功倍之效果。

目前有关我国信托受益权质押实务操作的介绍，多碎片状散见于网络资料、报刊报道中，且其均仅做了“有该事实发生”的简单现象陈述。本文集聚了已见诸世的

* 西南政法大学民商法学院硕士研究生。

所有信托受益权质押担保典型案例,并且笔者对信托受益权质押担保实践进行了首创性的类型化处理,依据不同标准将其分门别类,并于案例剖析中辅以特征梳理和类比联系,力图全而不繁地清晰展现我国信托受益权质押担保市场创新之全貌,为今后的信托受益权质押制度建构提供实证性研究资料。另外,依托实务梳理结果,并加以理论分析,笔者于本文的第三部分整理归纳出两点以信托受益权设立质押担保的特殊规律性结论,望能为信托受益权质押担保的具体制度路径选择略尽绵薄之力。

二、实务梳理:展我国信托受益权质押担保市场创新全貌

(一)我国信托受益权质押担保实务概况

《物权法》和《担保法》对可出质之权利做出了明确列举,并以“法律行政法规规定可以出质的其他财产权利”①兜底,但遗憾的是,信托受益权既不属于其列举的六项权利,也未有行政法规对其质押性做出肯定,“皮之不存毛将焉附”,对信托受益权质押担保问题进行系统规范的,所谓信托受益权质押担保制度就更自然处于缺位状态。但是这并未影响实务界对信托受益权质押担保的热情,我国的信托受益权质押担保实践已呈现出以下特征:

第一,主体类型多样。目前,信托公司、P2P(person-to-person,P2P)网络金融平台、商业银行以及个人均在一定程度上接受了信托受益权质押担保。信托公司进行信托受益权质押担保,业务形态多样且复杂,甚至运用类 TOT 模式(trust of trust,信托中的信托)链接投融资双方;P2P 网络金融平台操作信托受益权质押担保,方式灵活,有效衔接各方需求缺口;银行是最早接受信托受益权质押担保的主体,其业务模式固定且明确,风控措施严密;至于个人作为信托受益权的质权主体,笔者虽也有耳闻,但相比上述 3 种类型,尚属个案。

---

① 虽然《担保法》对可质押权利的兜底表述为:依法可以质押的其他权利,但是《担保法》与《物权法》均属全国人大制定的法律规范且《物权法》颁布在后,依效力层级相同之从新原则,《担保法》与《物权法》就同一内容的不同规定,以《物权法》的规定为准。因此,就权利质权的范围以《物权法》第 223 条的规定为准。《物权法》第 223 条规定:“债务人或者第三人有权处分的下列权利可以出质:(一)汇票、支票、本票;(二)债券、存款单;(三)仓单、提单;(四)可以转让的基金份额、股权;(五)可以转让的注册商标专用权、专利权、著作权等知识产权中的财产权;(六)应收账款;(七)法律、行政法规规定可以出质的其他财产权利。”

第二,操作模式创新。以质押期间入质信托受益权是否被变更登记于质权人名下为分类标准,可以将实务中的信托受益权担保归为两大类,即典型质押模式及类质押模式。《物权法》规定的权利质押,系以入质权利设定具有担保作用之定限物权为其构造型态,权利虽已设质但出质人仍为入质权利之所有者,双方通过签订质押合同或在主合同中约定质押条款,并进行质押登记或交付权利凭证完成质权设立,此即本文所指"典型质押模式",包括"质押条款型"和"质押合同型"。而信托受益权"类质押模式"则特指实务中以受让信托受益权之方式,寻求债权实现担保的操作模式。类质押模式中,虽然当事人的行为目的和结果均仍是以信托受益权发挥担保功能,但双方对入质信托受益权进行了转让登记,质押期间质权人成为入质信托受益权的名义持有人。以当事人间所签合同类型的不同,可将"类质押模式"细分为"借贷—转让型"和"转让—回购型"两种。

第三,业务形式两分。这主要是对于信托公司和P2P平台的业务开展而言。实务中,信托公司和P2P平台对信托受益权质押担保的参与以两种身份①进行:一是债权人,信托公司或P2P平台以自有资金向融资方提供借款,接受融资方的信托受益权质押;二是中介方,信托公司或P2P平台提供通道服务链接投融资双方,担当质押登记登记名义人。二者类似于证券交易中的"做市商"制度与"撮合交易"模式。

本文拟首先以质权主体为划分标准,将信托受益权担保实践类型化为信托公司型、P2P平台型、商业银行型以及个人型信托受益权质押担保,在其项下再依操作模式作梳理脉络,挑选每种操作模式中的典型案例进行详细剖析。

(二)信托受益权质押担保案例剖析

1. 信托公司型信托受益权质押担保

与其他主体主导的质押担保相比,信托公司型信托受益权质押担保的最大特色如下:其一,交易形态最多样复杂。除未出现"借贷—回购型"模式以外,信托公司开展信托受益权质押担保涉及了上述列举的所有操作模式和业务形式,并且其引入类TOT模式,利用自身优势最大限度地为融资方筹措资金。其二,信

① 此处仅指以当事人身份实质参与信托受益权质押担保,不包括信托公司的质押或转让登记人的身份。

托公司的质权人身份来源根据有二。当信托公司以其自有资金向融资方提供借款时,信托公司基于对自己财产享有的所有权而当然获得质权人的身份。当出借资金为信托财产时,信托公司则基于其信托计划受托人身份所赋予的对该信托财产的名义所有权,而得以出面接受融资方的质押,成为质押登记名义人。此种情形发生在存在两个信托计划(A、B)的场合,融资方以其所享有的信托受益权 A,担保其在信托计划 B 中的义务的履行,除华宝信托的"流通宝"服务外,已出现的信托公司型质押担保均呈此种两个信托计划并存的样态。

(1)信托公司型信托受益权担保之"类质押模式"("转让—回购型")

信托公司已进行的"类质押模式"仅限于"转让—回购型"一种,但业务形式包括"撮合交易式"和"做市商式"。

其一,华宝信托"流通宝"。2013 年华宝信托"流通宝"服务平台上线,"流通宝"中的信托计划融通服务内容,即信托公司接受借款人以信托受益权类质押,并以公司自有资金向其授信。具体而言,华宝信托产品的持有人若有 1 年期内的资金流动需要,则可通过"流通宝"平台与华宝信托签订"转让—回购协议",一方面将该信托产品项下的信托受益权转让给华宝信托公司以获得融资;另一方面同时做出承诺到期溢价回购该信托收益权,回购后其仍然享受转让期间的信托收益。这是华宝信托动用自有资金提升本公司信托产品流动性的增值服务,类似于证券业的做市商机制,在优财富的"流通宝"出现前,甚至算是垄断做市商。

其二,平安信托"平安财富 · 睿盈系列集合资金信托计划"。平安信托推出的"平安财富 · 睿盈系列集合资金信托计划"是信托公司以"转让—回购型"模式链接融投资双方,完成信托受益权担保融资的典型之作,极具特色。其交易结构大致为:信托计划 A 的持有者出于融资目的,以信托受益权 A 为质押标的向平安信托申请融资;若经平安信托审查信托计划 A 适于质押,则由平安信托发起设立一项新的集合资金信托计划"睿盈 X 号",为该融资者筹措资金;广大投资者交付资金认购集合资金信托计划"睿盈 X 号"的信托份额,获得"睿盈 X 号"的受益权,同时该融资方向平安信托转让信托受益权 A,以签订对 A 的"转让与回购"合同为条件,获得融资放款;待约定期限届满,融资方按约溢价回购入质信托受益权 A,投资者获得还本付息,"睿盈 X 号"信托计划终止。如图 1、图 2 所示。

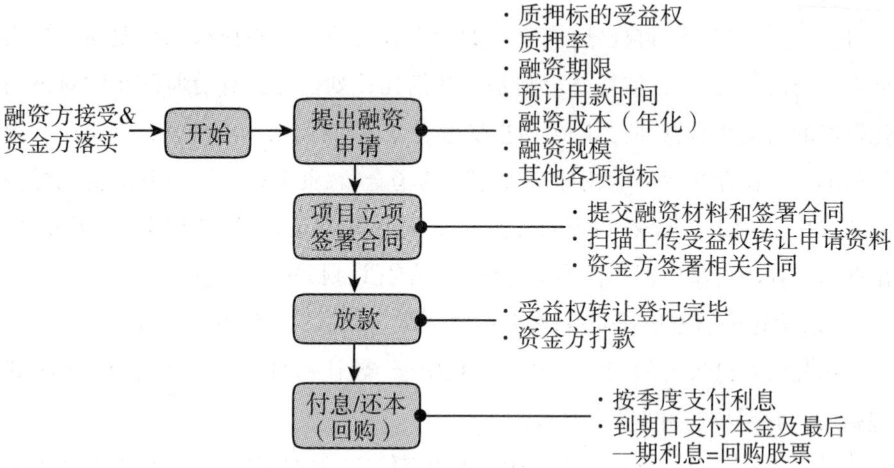

图 1 "睿盈"系列操作流程①

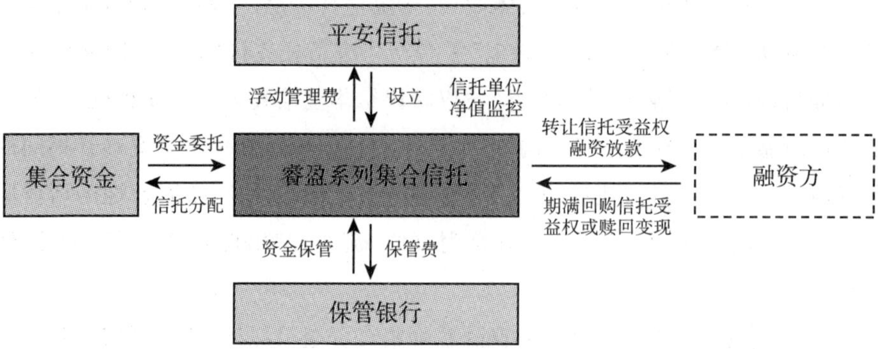

图 2 "睿盈"系列交易结构②

"平安财富·睿盈系列集合资金信托计划"的特征可以梳理如下：第一，"转让与回购"合同代替质押贷款协议。虽然融资方所持信托受益权事实上是被当作担保工具在使用的，但信托公司与融资方之间并不签订质押贷款合同，而是采

① 《融资业务手册》，载百度文库：http://wenku.baidu.com/view/c53289bcf121dd36a32d821c.html? from=search，最后访问日期：2017 年 7 月 8 日。

② 参见平安信托官网：http://trust.pingan.com/index.shtml，最后访问日期：2017 年 7 月 8 日。

用“转让与回购”合同,并进行受益权的转让变更登记。第二,采用表面 TOT 模式[①]为融资方筹措资金。接受融资方的质押融资申请后,平安信托发起设立集合资金信托计划“睿盈 X 号”,但其所募资金的名义用途为受让信托受益权 A。虽然在信托公司型的信托受益权质押担保中,出现两个信托计划并存是常态,但通常是一个信托计划为另一个信托计划信用增信,而此处是一个信托计划“买”另一个信托计划;通常是先有本信托,为了给本信托提供担保将另一个信托计划引入,但此处是先有拟质押的信托计划,而为了筹集融资款并接受该信托计划的质押再特意专设另一个信托计划作为本信托,此即“睿盈”的独特所在。第三,项目筛选以及预警线、平仓线、质押率的设置是风控核心。为确保对该入质信托产品的全面了解及风险把控,平安只接受自身发行的信托产品做质押,且最初只接受“阳光私募”产品。根据入质信托受益权质量、融资期限的不同,信托公司为该信托受益权的信托单位净值设置不同的预警及平仓线,若单位净值降至预警线,则融资方需追加保证金;若降至平仓线,则信托公司赎回全部信托受益权(抛售股票)支付本息,仍不足由融资方补足。至于之后被纳入“睿盈”认可范围的房地产信托、跨市场货币基金和债券投资信托、结构化优先受益权等,由于基础产品不再是股票,无法逐日盯市,以致质押率成为风控的核心。

另外,华宝信托 2007 年也推出了一款通过“转让—回购”模式发挥信托受益权担保功能的产品——“中华企业债权信托优先受益权转让及回购信托计划”,其操作模式与“睿盈”系列大体相似。

(2)信托公司型信托受益权担保之“典型质押模式”

信托公司采用“典型质押模式”进行信托受益权质押担保,多是针对单一资金信托计划项下的信托受益权。

①“质押条款型”

“爱建信托—武汉信用流动资金贷款集合资金信托计划”是目前唯一一例以主合同中的单项条款记载质押意思表示的案例。“爱建信托—武汉信用流动资金贷款集合资金信托计划”由爱建信托发起设立,向公众募集资金,资金用于向

---

① TOT(trust of trust),即信托中的信托,指在信托平台成立一个母信托,然后由母信托再选择阳光私募信托计划(现在采取 TOT 形式的母信托其目标信托产品多为阳光私募)进行投资配置,形成一个母信托控制多个子信托的信托组合品。简单来说,就是通过一个信托计划买另一个或多个信托计划。

武汉信用风险管理有限公司提供贷款,项目的唯一增信手段为武汉信用公司以其所持的同以爱建信为受托人的单一信托受益权担保该集合资金信托计划的本息归还。但双方未签订单独的质押合同也未进行质押或者转让登记,仅在信托计划的信用增级措施中记载:武汉信用以其持有的4.5亿元规模单一资金信托为本集合信托贷款提供增信保障,若武汉信用到期无法归还集合信托本息,则武汉信用有义务将4.5亿元规模的单一信托受益权以0元价格转让给爱建信托,爱建信托有权处置该信托受益权,用以偿还贷款本息。①

相关报道称,这是爱建信托为回避信托受益权质押法律根据缺失的问题采取的变通做法,此行为既能为债权的实现增信,又因其并非质押而不存在质权无效的风险。但笔者以为不然,虽然上述条款中未出现"质押""担保"之词,但从其文意观之,武汉信用即是以单一资金计划担保贷款本息的清偿,在债务履行期届满武汉信用未归还本息时,爱建信托作为该集合信托的受托人有权变价该单一信托产品并优先受偿,符合质押的特征。而且按我国《担保法》第93条的规定,质押合同可以表现为主合同中一项或几项有关质权设立的条款,因此,该增信条款的记载应被认为是质押合同。只是该质押未进行设立公示,质权恐怕难以有效成立。

②"质押合同型"

信托公司型信托受益权担保之"质押合同型"的频发场合是需要使用"资金沉淀"机制②的房地产项目。出于降低融资方融资成本的考虑,现信托公司多建议融资方将本应放置于房地产项目的信托财产专户中的沉淀资金,委托给其设立单一资金信托。该单一资金信托计划由融资方为委托人和受益人,操作房地产信托项目的信托公司为受托人,在信托合同中明确约定信托公司可以使用该信托财产专户中的资金进行适当投资,收益折抵房地产信托项目本息。然后,融

① "爱建信托——武汉信用流动资金贷款集合资金信托计划",载同花顺网:http://trust.10jqka.com.cn/00070181/xt124571/,最后访问日期:2017年6月18日。

② 资金沉淀,即信托公司要求融资方在信托计划规定的还款日前,即要放置一定的资金在指定账户。这主要是因为房地产信托项目中融资方通常会以在建的标的房地产项目及其所占地块进行抵押担保,而这就与房地产的销售存在冲突,房产的销售必然要求抵押权的解除,因此,出于控制抵押率的需要,信托公司则要求融资方先缴纳部分资金再解押或者在解押房产所得的部分销售额沉淀于指定账户。同时,为避免融资方信托计划到期集中还款的流动性风险,信托公司也会要求其在到期日前的一段时间逐步归集资金。

资方将该信托计划项下的信托受益权质押给信托公司,担保房地产信托计划的还本付息,双方签订质押合同并进行质押登记。如此,沉淀资金既得以"活"起来,又不丧失本应具有的担保信托计划还本付息的作用;既实现了沉淀资金与融资方个人债务的隔离,又使信托公司对该笔资金的操作不受原房地产信托计划的限制,实在妙不可言。

另外,《肉牛指数投资1号集合资金信托计划推介书》是笔者在公众可自由获取到的信托文件中,迄今为止发现的唯一1份明确以"质押"2字表明该信托受益权担保功能的资料。① 但由于未能收集到该信托计划中信托受益权质押的具体操作细节,因此无法展开阐述,实属可惜。

2. P2P型信托受益权质押担保

互联网金融持续趋热,继商业保理、融资租赁、小贷以后,高收益且"刚性兑付"事实保底的信托产品又成为P2P新"围猎目标",当前P2P平台与信托的嫁接已形成平台担保融资、对接销售、受益权流通(信托受益权质押担保)3种较为稳定的业务类型。对于信托受益权质押担保,P2P平台出于风控的考虑,目前尚仅以"类质押模式"进行,包括"借贷—回购型"和"转让—回购型",分别采用"撮合交易"和"做市商"的业务形式。

(1)P2P型信托受益权担保之"类质押模式"("借贷—回购型")

北京乐钱"中央级信托公司信托产品足额抵押融资"项目以及轰动一时的深圳高搜易"信托宝",均是采用"借贷—回购"操作模式接受借款人的信托受益权担保融资,其交易结构大致如下:借款人以其持有的已成立且未到期的信托单位份额为信用支持向P2P平台申请借款;平台审查该信托单位并根据其所属信托产品的质量及借款期限确定借款额度(通常最高不超过信托受益权当刻财产价值的80%);借款人与P2P平台投资者签订个人借款合同,并将该信托份额单位质押给平台;P2P平台投资者提供的融资金到位后,平台通过第三方账户一次性打款给借款人,借款人完成融资。如图3所示。

① 该推介书的第1条第7款规定了风险控制措施,如信托受益权质押:余粮畜业承诺无条件按照包销总价包销育肥牛,自然人为余粮畜业的包销义务提供信托受益权质押担保,该信托受益权的委托金额为4000万元。

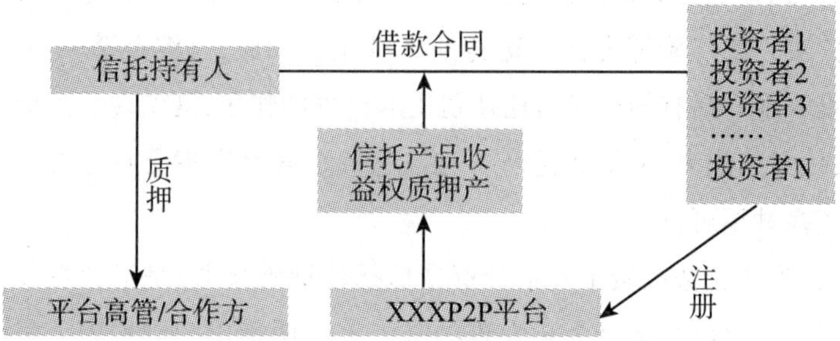

图3 P2P型信托受益权担保之"类质押模式"交易结构

由此观之,其主要特征如下:第一,投融资双方间存在直接的债权债务关系。融资方获得融资需签订借款合同,且该借款合同由融资人与P2P投资者直接签署,P2P平台只是撮合交易达成的居间人。第二,转让变更登记替代质押登记。融资方虽只是以信托受益权做担保获得借款,但该受益权被直接变更登记到平台高管或合作方名下,主要是出于质权保全的考虑,入质信托受益权的保全需要作为信托受托人的信托公司的深度配合,而P2P平台作为一般的商事主体难以与不特定的信托公司皆形成合作关系。不过,值得注意的是,转让登记的名义人是平台高管或合作方而非投资者。P2P的投资者人数众多,若受益权登记到每个人名下,则涉及受益权的拆分转让问题,因此,为保合规前提,乐钱和高搜易均采用了由P2P平台出面统一接受质押的做法,其行为的根据是全体P2P投资者的集体授权。第三,风控措施包括项目筛选和项目调查。P2P平台普遍对被质押信托产品的投资标的有要求,最初仅限于投资于行业百强的房地产企业或政府投资项目的信托产品。另外,虽然为避免涉及非法吸收公众存款,P2P平台通常不承诺兜底,但多设有风险保障基金,如若出现风险,平台会对投资者进行适当补偿。第四,该模式下的信托受益权质押担保颇具"投资担保"功能。业内有名的P2T模式(以P2P产品挂钩信托产品受益权转让),①其实质正是此处讨论的信托受益权质押担保。② 对融资方而言,以信托受益权出质仅是其获得借款的担保

① P2T模式(以P2P产品挂钩信托产品受益权转让),即投资者认购P2P产品,依此持有原信托受益人转让的未到期的信托单位份额。

② 基于集合资金信托受益权份额不可拆分转让自然人的强制性规定,P2T模式中的集合资金信托受益权不能发生实质性转移,因此为保证合规前提,信托公司皆纷纷采用了"名为转让,实为质押"的产品结构设计,即将P2P产品标的设置为债权,再以借款方所持的信托受益权为该债权设立质押担保。

方式,但是在P2P投资者眼中,这更是他们分羹信托计划高收益的变通渠道。

(2)P2P型信托受益权担保之“类质押模式”(“转让—回购型”)

中天嘉华集团优财富平台与光大控股携手推出的“信易贷”服务,是第一例以“转让—回购型”模式开展的P2P型信托受益权质押案例。其交易结构如下:“信易贷”客户(融资方)以其所持信托受益权为信用支持申请融资,平台确定质押率,双方签订信托受益权“转让—回购”合同,合同同时对转让及溢价回购的价格、期限做出约定,信托受益权转让登记完成后2个工作日内,平台以其自有资金完成放款。“信易贷”的操作模式与华宝“流通宝”类似,这种“做市商”模式的信托受益权类质押融资,相对于高搜易“信托宝”的撮合交易模式,确实能更高效率的完成信托受益权的阶段性流动。而“信易贷”与“流通宝”相比的最大区别在于“流通宝”只限于华宝信托的“自家货”,但“信易贷”则能接受国内大多数信托公司发行的信托产品,以此实现了信托产品的跨平台流动。不过,这也意味着优财富平台在质押率设置、质押风险的把控方面面临着较大挑战。

3. 银行型信托受益权质押担保

商业银行是最早开展信托受益权质押融资业务的主体,银行型信托受益权质押担保是最普遍的信托受益权质押担保类型。早在2002年,中国民生银行就基于其与北京国际信托投资公司(以下简称北京国投)签订的《信托合同质押贷款协议》,向北京国投“债权投资资金信托计划”的受益人提供了受益权质押贷款服务。此后,招商银行与北京国投、上海浦东发展银行天津分行与天津信托、广发银行与中煤信托等相继进行了信托受益权质押贷款合作,而兴业银行更在其官网的“个人质押贷款业务”栏项下明确表明接受信托收益权质押担保。

虽然业务数量较大,但银行开展信托受益权质押担保融资业务的模式单一,从笔者已掌握的资料来看,仅为“典型质押模式”,即质押合同+质押登记。以兴业银行的信托受益权质押贷款业务为例,其大致流程如下:借款人向银行提出以其所持信托产品项下的信托受益权为担保的贷款申请;银行委托信托公司核实拟入质信托受益权的真实性及有效性,经确认无误即与借款人签订个人质押贷款合同;银行委托信托公司办理该信托受益权的质押及止付登记,并由银行留存信托合同原件及载明质押及止付登记已完成的相关证明文件,银行放款。

银行型信托受益权质押担保的最大特点是引入了第三方当事人——信托公司。实务中,各商业银行均是以发行某信托产品的信托公司已与本行签订了有关该产品质押融资的合作协议书为前提，方才接受个人或机构就该信托产品的质押贷款申请。合作协议主要用于明确信托公司的配合义务，以兴业银行与信托公司间的《信托受益权质押融资业务合作协议书》为例，主要包括以下几个方面：其一，质押前的配合核查义务。兴业银行受理贷款申请后，向信托公司发出《信托受益权凭证查询书》，信托公司有义务核实该信托受益权的真实性及有效性，回复《信托受益权凭证确认书》，并对确认书记载的真实性负责。其二，质押期间的质押"冻结"配合义务。信托公司在质押期间，未经兴业银行同意，不受理委托人要求办理已作为质物的信托受益权的挂失、退款及转让等申请，暂停办理该信托受益权分配和信托财产兑付（或将信托收益或到期兑付款直接划至借款人在兴业银行开立的账户），且不变更信托计划上的其他约定事项。其三，违约后的配合处理义务。信托公司收到银行的《处置信托受益权通知书》后，协助银行已折价、拍卖、变卖的方式处置信托受益权，并将转让款或受益权到期兑付款直接划至借款人在兴业银行开立的账户。当然，除此以外，银行通常还会适用严格的产品筛选标准、严格的质押率等预防入质信托受益权权值下跌对其担保价值造成的风险。例如，兴业银行仅接受其能够且已经形成全面认识了解的信托产品做质押，目前仅有由其代理资金收付的、由其为信托项目提供担保的以及由其以回购方式转出的信贷资产为主体发行的信托产品。银行一向厉行谨慎原则，总体而言，银行型信托受益权质的风控措施较完整全面。

4.个人型信托受益权质押担保

信托产品的高投资门槛决定了信托受益权质押担保所涉资金额较大，而以信托受益权设立质押担保目前在我国又缺乏法律根据，而且现行制度框架下，仅凭质权人的一己之力难以实现质权保全，各种原因合力之下，使很少有私人愿意接受信托受益权质押担保借款，即使偶有出现，据笔者了解也均采用名义转让形式，即将拟质押信托受益权变更登记于出借人名下，待借款归还后再将该受益权返还于借款人。其操作模式与类质押中的"借款—回购型"类似，对此不再赘述。

三、略有所思：推进我国信托受益权质押担保的路径选择

有风方起浪，无潮水自平。每一现象之呈现，都必然事出有因。笔者以实务梳理结果为基础，并从信托受益权的自身特殊性出发之理论分析，得出以下几点

结论,望能为加快我国信托受益权质押担保制度的建构步伐,为信托受益权质押担保的具体制度路径选择略尽绵薄之力。

(一)急不可待,构建信托受益权质押担保制度

现行制度环境下,以典型质押模式进行的信托受益权质押担保存在质权未有效设立的问题。一方面,它与物权法定原则相冲突。我国实行严格的物权法定原则,①物权类型以及包括物权客体在内的构成物权的各项要素,皆由法律规定,若当事人创设了法律没有规定的物权类型或者约定的物权内容与法定内容不相符,则其行为不能产生其所欲创设的物权的法律效果,权利质权固然为我国《物权法》所承认,但是为现行法律法规所承认的权利质权的标的尚未包含信托受益权,以其为基础权利设立质押担保则难免有打破物权法定之类型固定之嫌。另一方面,它也不符合物权公示原则的要求。于质权设立公示,实务中当事人均在作为信托受托人的信托公司处办理质押登记,但信托公司的登记机构资格未受法律认可,而信托公司在本公司管理系统上所做的信托受益权已设质押的记载,仅是为方便公司自身对信托合同的后期管理而进行的,且基于对信托受益人负有的保密义务,目前各信托公司均未将该登记信息向公众开放查询。是故虽有登记记载行为,但既不能达致"公之于众"的效果,也难以产生公示公信效力,故不能以之认定当事人进行了物权设立公示,而从《物权法》对已列明的六项可质押权利的规定来看,我国对权利质权采公示要件主义,至少以公示要件主义为原则。

诚然,出于维护交易安全和稳定金融秩序的考虑,法院不会直接依物权法定原则和公示原则即断然认定已进行的信托受益权质押担保均未有效设立,但在现行的制度框架下,欲承认其有效也难免欠缺理据。从银行到信托公司,再到P2P网络金融平台,甚至个人作为质权主体;从信托公司、P2P平台仅提供质押担保的通道服务,到其以"做市商"形式直接参与信托受益权的质押担保,实务界层出不穷的探索直指信托受益权质押担保的高市场需求,这是信托受益权质押担保凭借自身对推动信托产品流动性提升的强大作用力以及高效益的双向投资功

① 我国《物权法》起草过程中,曾经一度确定了物权法定缓和的立法方案,即"物权的种类和内容,由法律规定;法律未作规定的,符合物权特征的权利,视为物权",但是,最终颁布生效的《物权法》版本删除了此部分的内容,即意味着目前我国仍然实行的是严格的物权法定主义。

能之应得，加之近年国家确立了“用好增量、盘活存量”的金融指导政策，银监会107号文提出了“探索信托受益权流通”的明确要求，这势必将令信托受益权质押担保日益获得实务界追捧，此即对信托受益权质押担保制度建构之推促，撤除我国金融业界普遍违规的怪异现象。当然，对蓬勃社会需求予以回应，也正是立法适时性原则的当然要求，是法律自身生命力之所在“法的发展是伴随经济社会发展不断走向新的健全和完善的”。

另外，应看到的是，信托受益权质押担保之“类质押模式”也存在明显的法律风险，不可寄望于以此为发挥信托受益权债权担保效能的普遍形式。如前所述，实务中的信托受益权类质押是一种以转移信托受益权为手段，以达成债权担保为目的的权利转移型的担保模式。虽然类质押中当事人进行了信托受益权的转让和价金的交割，但是基于双方均无转让或受让该信托受益权的真意，①其行为不宜被认定为买卖，同时又由于双方当事人未签订质押合同且未进行质押公示，因此，其行为也不能被判定为通常意义上的质押，不过，稍加分析即可发现，它与让与担保的特征完全契合，是让与担保的表现形式。“让与担保的根本性质是所有权担保，即由债权人以拥有所有权来担保其债权的实现的担保制度”，②类质押模式中的“借贷—转让型”和“转让—回购型”与让与担保的两种类型：让与式担保和买卖式担保恰一一对应，依据日本大审院推事前田直之助的观点，③二者的区别即在于融资者与出资者之间是否具有债权债务关系。是故实务中的信托受益权类质押担保应该且仅应该被划定为让与担保，按让与担保发生效力。不过问题也正在于此：让与担保是在社会交易中自发产生后被逐渐利用的一种非典型担保，至今未获得我国法律的明文承认，以让与担保形式完成的质押融资同样也面临物权法定原则的质疑，并且让与担保，即此处的信托受益权质押担保还涉

① 实务中受让方在合同约定期间内，不能按其自主意思对“受让”的信托受益权进行处分即是对其行为的“设定担保”而非“买卖”目的的力证。

② 孙忠宪：《德国当代物权法》，法律出版社1997年版，第340页。

③ 让与担保起源于罗马法和日耳曼法上的信托，而现代让与担保理论则在德、日两国得到较全面的研究。1930年时任日本大审院推事的前田直之助是首位撰文区分让与式与买卖式担保差异的学者，其观点随后也成为了通说。

嫌以迂回手段实施法律所欲禁止之行为,[1]依《民法通则》也当属无效。类质押模式是市场在信托受益权质押法律根据缺失下,欲以信托受益权发挥债权担保效能进行的创新探索,但上述分析已表明,该种操作模式极有可能为当事人带来严重的法律风险,不可广而用之。是故欲以信托受益权发挥担保功能而完成主体间的投融资,希望以信托受益权质押的形式实现信托产品的阶段性流动,则切实建构信托受益权质押担保制度实为必需之举。

(二)信托受托人,信托受益权质权保全的关键人物

权利质权的入质标的是权利,出质人即使不直接占有该权利(如持有权利凭证),也完全可以通过法律行为使入质权利消灭,因此,与动产质权强调质权人对质押动产的实际管领不同,权利质权保全应以限制出质人对入质权利的处分行为为核心。信托受益权质押担保中,出质人对入质信托受益权处分的完成均以作为受托人的信托公司之配合为必要条件:其一,出质人可能转让入质信托受益权,[2]但信托受益权的转让需在信托受托人处办理转让登记手续;其二,出质人可能赎回信托单位,而信托单位的赎回需向信托受托人提出申请;其三,出质人可能终止信托合同,合同终止是双方法律行为,与信托受托人协商一致是为《信托法》明文规定[3]的信托合同终止条件;其四,出质人可能受领信托财产兑付,包括接受信托收益的分配和受领经清算所剩的信托财产,[4]兑付信托财产是受托人最主要的义务所在,实务中信托财产均是由信托公司直接划归至信托受益人所属

---

① 在信托受益权类质押模式中,当事人于债权债务成立之时,即办理了信托受益权的转让登记,其效果与在债务履行期届满前即做出约定,若债权到期未得以实现则入质信托受益权归债权人所有并无区别,暗含了当事人对入质标的流质的追求,而我国《物权法》明文规定质押禁止流质,于此,类质押模式即可能被认定为是以合法形式掩盖非法目的的民事行为。

② "转让"虽然按理只会相对消灭入质信托受益权,质权人可凭借质权的追及效力,追至入质权利之所在继续行使质权,但正如前文所述,实务中进行的信托受益权质押缺少公示方法,质权即使能够成立,恐怕也难以对抗第三人,所以于此状况下的信托受益权转让对质权人而言,事实上就等同于该权利的绝对消灭。

③ 《信托法》第25条规定:"有下列情形之一的,信托终止……(四)信托当事人协商同意……"但应注意,此情形多仅会发生在单一信托的场合。集合信托的委托人(受益人)众多,因此通常不具有所有当事人均同意中途终止信托合同进而结束信托计划的现实可能性。

④ 虽然受益人接受信托财产兑付是对信托受益权的实现而非处分行为,但由于该行为事实上减少了入质信托受益权的财产价值,其担保物权之机能将因而尽失,对债权人而言其效果与处分行为相同,故将其列于此一并讨论。

信托利益分配账户。由此观之,缺失信托受托人的配合,出质人的处分行为根本不可能完成,换言之,寻求信托受托人的质押“冻结”配合,[①]即剔除出质人处分入质信托受益权的客观条件,以此确保入质信托受益权按债权人的预期持续存续,自然是最行之有效的质权保全。信托受益权之债权属性决定了信托受益权质押于当事人关系上类似于债权质押担保,信托受托人相当于债权质押担保中的第三债务人,纵观各国法律,凡已明文将一般债权列入可质押权利范围的,均将单独通知第三债务人作为质权设立的生效要件,至少是对第三债务人生效的对抗要件,此正是出于对“第三债务人”于质权保全的重要性考虑而为之。

我国的信托制度现状对信托受益权质权保全不利。一方面,尚未有制度规范对出质人于入质信托受益权之“处分”设置限制性条件或作出禁止性要求,相反,由于信托受益权质押不等同于信托受益权转让,所以信托受益权虽已设质但出质人的受益人身份并不丧失,出质人基于其质押期间仍得持有的信托受益人身份,拥有转让、赎回信托单位,终止信托合同以及接受信托财产兑付的客观前提;另一方面,强制要求信托受托人质押“冻结”配合的制度规范处于缺位状态,作为信托受托人的信托公司尚不存在配合“冻结”入质信托受益权的法定义务。但是,迄今为止,我国确未出现因出质人质押期间处分入质信托受益权致债权丧失担保的司法纠纷,究其原因,前文的实务梳理给出了答案:银行以与信托公司签有信托受益权质押融资协议为条件,方才接受以其为受托人的信托产品质押,而信托公司的质押“冻结”配合义务是信托受益权质押融资协议的核心内容;信托公司接受质押的均为同以本公司为受托人的信托产品,这类似于以对自己的债权设定之质权,出于对自身利益的考虑,信托公司自然不会接受出质人的“处分”;而P2P平台正是基于难以与不特定的信托公司均建立质押“冻结”合作关系,进而至今未以“典型质押模式”开展信托受益权担保融资业务,如此种种,各质权主体为能实现自身对入质信托受益权的控制而选择采取的措施及其施行效果力证了信托受托人于质权保全的关键地位,信托受托人的质押“冻结”配合于质权保全的实质性作用。

缺失法律对信托受益权可质性之肯定,信托受益权质押担保将与物权法定

---

① 即质押期间,未经质权人同意,信托公司不受理信托委托人(受益人)对入质信托受益权的转让、退款等申请,不同意其信托合同终止要求,并暂停办理该信托受益权对应的收益分配和信托本金兑付。银行在质押合作协议中即对信托公司做出了此类“冻结”义务的明确要求。

原则相冲突,进而招致质权未有效设立之结果;而质押标的之灭失是为各国物权法公认的质权消灭原因,出质人对入质信托受益权的绝对处分必然导致当事人间的质押法律关系不复存在,二者效果异曲同工:债权沦为一般债权,就债务人的普通财产平等受偿。是故,从以信托受益权发挥担保功能的角度来看,信托受益权质押质权保全问题与赋予信托受益权可质性同等重要,在建构信托受益权质押担保制度时应对其予以充分重视。如上所述,信托受托人处于出质人处分入质信托受益权的关口位置,信托受托人的配合是出质人得以消灭入质信托受益权的必要条件,因此,进行以寻求受托人质押"冻结"配合为核心的质权保全制度设计,不失为保证入质信托受益权按预期持续存续的切实之举。在条款内容的具体设计上,可考虑在明确信托受托人的质押"冻结"义务的同时,亦对出质人质押期间处分入质信托受益权作出限制性规定,令受托人既有义务为之且为之不存在侵权之法律风险。

(三)信托产品信息披露和质押风险管理制度,信托受益权质押担保普遍设立的客观必需

银行仅接受其有涉足的信托产品(如由其代理资金收付、由其为信托项目提供担保等)做质押贷款,信托公司仅接受"自家"产品质押担保,P2P网络金融平台也对质押产品设置了严格的筛选标准,最初仅限于投资于行业百强的房地产企业或政府投资项目的信托产品质押。各质权主体筛选入质信托产品的具体要求不同,但显而易见的是其抽象标准是一致的:仅接受能够完全了解的或者其信托财产投资标的之高信誉(低风险)足以保证其预期收益的信托产品质押。

信托计划具有双投资性。一方面,对于委托人而言,购买信托产品是一种投资行为。委托人将资金委托于信托公司的目的即在于,依托信托公司的专业财产管理能力实现自我的财富增值,特别是在集合资金信托场合,信托实际上是被作为一种单纯的财产管理工具在运用,发挥的是财产管理的功能。① 另一方面,信托公司管理受托财产的方式是将信托计划项下资金投资于实体或金融领域,以此实现信托资金的保值增值。"现代信托的一个重要发展动向就是信托的积极化,即受托人在信托财产管理中承担起越来越主动、积极的职责,其主要的表

---

① 参见周小明:《信托制度:法理与实务》,中国法制出版社2012年版,第92页。

现就是信托与投资日益紧密的结合,投资已成为信托的应有之义。"①而投资既能带来收益,就必然隐藏风险。信托投资中,信托委托人(受益人)所持信托受益权的财产净值面临两个方面的风险:一是归因于信托计划投资标的的风险,国家政策、经济运行周期、市场利率水平、目标公司或收益权兑付方的财务状况及经营业绩、借款人信用等因素都可能令信托计划财产遭受损失,而基于谁受益谁担险的原理,该损失应由受益人全部承担。二是来自信托计划本身的风险,包括流动性风险、管理风险等自然也应由受益人当然承受之。因此,信托受益权财产价值的高低必然是不确定的,信托合同载明的信托收益率仅是一个预期理想值,当信托计划发生实质性违约时,甚至存在信托本金到期不能足额兑付的可能。

权利质权为价值权,是以支配入质权利的交换价值供债权优先清偿的,是故入质权利的权值浮动性即当然决定了其担保功能发挥的有限性。以信托受益权设立质押担保意味着为其所担保的债权在质押设立之初,即面临着无法通过质押变价款全部受偿的风险。在如此境况下,资金持有方若仍然愿意接受信托受益权质押融资,则依据人的普遍理性,除非存在两种情形:

其一,其认为入质信托受益权财产价值的下跌不会发生,或者认为即使发生,对其而言也幅度甚微。即虽然信托受益权财产价值的下跌具有理论上的充分可能性,但资金方已形成了权值下跌程度处于自身可承受范围内的内心确信。此种内心确信的形成以对信托计划和信托计划投资标的的充分、全面了解为基础前提——这正是前文所言入质信托产品抽象筛选标准的存在原因。对此,信托产品的风险披露制度,包括信托产品信息披露制度和信托产品信用评级制度,②显然是必不可少的。信息披露制度解决来源问题,没有信息披露,何来全面了解,其重要性不言而喻;信用评级制度则着力于"分析"二字。信托产品的结构复杂,大量涉及非标资产,加之运营方式多样且配置领域广泛,因此,无论机构或是个人投资者,即使其能够获取全面准确的信息,但由于专业知识和时间精力的限制,往往也难以准确判断出该信托计划蕴含的全部风险,而专业、中立的风险评级机构,依据权威、统一的评级标准对信托产品做出的风险评级结果则是一个

---

① 参见周小明:《信托制度:法理与实务》,中国法制出版社2012年版,第92页。

② 信用评级又称资信评级,是第三方信用评级机构对经济主体和金融工具的信用信息进行分析、综合,用简明的符号来解释信用风险并向市场公开,达到为广泛的市场参与者服务目的一种社会中介活动。参见封红梅:《信用评级法律制度研究》,法律出版社2014年版,第39页。

最佳的风险揭示工具。

其二,入质信托受益权权值下跌的风险虽然现实存在,但不会有损其担保功能的发挥,债权人事实上没有后顾之忧。固然,信托受益权权值的不确定性无法避免,但是可控制其对被担保债权实现的影响程度,若能将二者隔离,则债权人接受信托受益权质押担保的意愿也不会因权值的不确定而减损。以股票质押为例,为控制股票价格波动给担保债权实现带来的风险,《证券公司股票质押贷款管理办法》特设警戒线和平仓线,并赋予贷款人在质押股票市值与贷款本金之比降至警戒线时的质押价值缺口补足请求权,及比例降至平仓线时的质押股票出售权。① 如果贷款人行动及时,则即使"120%"的最低比例也已完全能够保证贷款本息的足额清偿,以此入质权利财产价值的下降风险即得以与其担保效能完美隔离。股票市值瞬息万变,但即使2015年6月我国A股市场经历巨大波动期间,业内人士也仍表示,"虽然市场行情非常糟糕,但是不至于威胁到股票质押这块业务"。这不得不归功于上述的"风险闸门",它们是股票质押权人最好的"定心丸",保证其质押热情持续火热。

综上所述,信托产品信息披露制度、信托产品信用评级制度以及信托受益权质押的风险管理制度,虽非皆为规范信托受益权质押担保的专项制度,但是根源于信托产品投资属性的信托受益权权值下跌风险,决定了信托受益权质押担保的普遍设立需要上述制度的客观存在。在我国相关制度缺位的现状下,各质权主体拟接受质押之信托产品的极小范围即是对其的明证。今后进行信托受益权质押路径设计,应将信托产品风险披露和质押风险管理制度囊括其中,鉴于中国银监会于信托业和信托公司的双重监管地位,可由其牵头制定专项管理办法。

四、结　　语

梳理信托受益权质押担保实践,整理信托受益权质押担保的特殊性规律都

---

① "为控制因股票价格波动带来的风险,特设立警戒线和平仓线。警戒线比例(质押股票市值/贷款本金×100%)最低为135%,平仓线比例(质押股票市值/贷款本金×100%)最低为120%。在质押股票市值与贷款本金之比降至警戒线时,贷款人应要求借款人即时补足因证券价格下跌造成的质押价值缺口。在质押股票市值与贷款本金之比降至平仓线时,贷款人应及时出售质押股票,所得款项用于还本付息,余款清退给借款人,不足部分由借款人清偿。"参见《证券公司股票质押贷款管理办法》(2004)第27条。

是为能更好地建构信托受益权质押担保制度"添砖加瓦"。信托受益权质押担保制度的建构有其特殊性。一方面,其"市场回应型"的制度建构属性决定了实务梳理于其的基础性前提地位;另一方面,作为质押标的的信托受益权极具独特性,因此,信托受益权质押担保制度不能直接套用权利质押的一般规定。例如,如本文所言,信托受益权的权值具有浮动性,因此,广义的信托受益权质押担保制度应囊括信托产品风险披露和质押风险管理制度。信托受托人处于出质人处分信托受益权的关口性位置,因此,信托受益权的质权保全可考虑以明确信托受托人的质押"冻结"义务为内容设计等。当然,此则仅为有实践例证的结论,而对信托受益权质押制度应予以特殊化设计之处绝不限于此。例如,对于质权设立而言,通知信托受托人是否应作为质权设立生效要件、是否应允许信托受益权一权多质;①再比如,对质权实现而言,质权实现方式是否需分信托产品到期日与其所担保债权的清偿期之先后分别而论,质权人能否以自己的名义针对信托财产行使清偿权,信托公司型信托受益权质押中质权实行能否以抵消方式为之②等,由于篇幅限制笔者无法一一探讨。随着市场对信托受益权质押担保热情的日益高涨,建构信托受益权质押担保制度势在必行。学术界应对信托受益权质押担保问题予以重视和深入研究,从信托受益权自身的特殊性出发并立足于市场实践,从理论层面对信托受益权质押担保制度的建构提出行之有效的建议。

---

① 《信托公司集合资金信托计划管理办法》第29条限制了集合资金信托受益权拆分转让自然人,但这是否就当然决定了出质人不能以集合资金信托受益权向多个自然人质押融资?如若允许一权多质,又应进行怎样的特殊制度设计使各个质权人的利益得到保障。

② 信托公司在信托计划中接受同以本公司为受托人的信托计划做质押时,在主体重合方面类似于以对自己的债权设定之质权,在一般的金钱债权质押场合,此种质权的实行以抵消方法受偿为常例,但是信托财产的独立性原则包括各个信托财产相互间的独立,因此抵消之质权实现方式是否仍得适用呢?

商业信托的未来

——对美国与加拿大统一立法的比较分析

[加]保罗·B. 米勒* 著 唐小淇** 译

商业信托有着重要的商业功能,但就现状来说,商业信托仍然有待进一步分析和利用。在美国和加拿大,由于缺乏详细的组织法,使商业信托的展现和使用并不充分,激励了最近起草统一立法的改革,即加拿大《统一收益信托法》和美国《统一法定信托实体法》。作者着重分析这两部统一立法,认为这两部统一法的立法目的明显不同。加拿大法认为信托应该有强大的强制性规则以固定组织形式,事实上是为了推动收益型信托的治理和解决适用普通信托法所带来的不确定性问题。而美国法的目标更加复杂。它创造了一个全新的实体,能适应不同的商业目标、市场和投资者的偏好,从而产生有效的收益。作者还对统一立法进行了功能评析,每一部统一法都未完全实现其立法目的。作者还关注组织法主要的规范性问题,并对二者进行了规范评价。加拿大法对投资者提供了重要的保护。而美国法则使责任成本更加灵活,但对投资者和受托人保护的不足。

* 加拿大女王大学教授。

** 西南政法大学民商法学院硕士研究生。

本文源于 *Queen' s Law Journal* 2011 年第 36 期。

一、介　　绍

尽管商业信托对于北美的资本市场来说很重要，但它能否作为一个商事组织还有待进一步考察。学者和立法者更多地关注如法人、合伙企业一类已经形成的生产性的组织形式。这是因为商业信托主要应用于集合基金投资及避开纳税，而这些功能对于现存的资本市场的生产型经济来说并不是主要的。

最近在加拿大掀起了一场有关商业信托的税收套利功能的讨论。几年前，由于高额的回报和规律的现金流，加拿大收益型信托出现了空前而短暂的繁荣。但因避免交税而获得的高额回报导致收益型信托飞速膨胀，以致税收法律和政策的一些重要问题浮现出来。同时，公众对收益型信托的管理力度密切关注，使一些商事法律问题浮出水面，特别是收益型信托是否应当纳入组织法中统一规制的问题。紧接着，加拿大统一法律委员会（Canadian Unification Law Commission，ULCC）调查并报道了立法机构统一法的合理性并于 2008 年 8 月批准该法。

保守党联邦政府在 2006 年决定管制收益型信托使其税收负担与公司股利相匹配，这一决定戏剧性地改变了收益型信托的繁荣景象。从这以后，收益型信托的景象大不如前。这种富有戏剧性的决策将注意力转移到对信托的商事使用上来。一些人认为收益型信托的破产事实上意味着商业信托的终止，但在税收政策方面的变化仍未改变信托最传统的商业应用，收益型信托经济的重要性必然明显地下降，部分预示着其他信托未来的有关变化。那些引起统一立法在加拿大发展的部分问题将继续在未来做出回应。

相反，美国的经历使他们关注为什么没有以商业组织形式来操作信托。美国从来没有经历收益型信托的繁荣和破产。在税收法律政策方面的不同是，美国的信托没有将其构建成为促进税收套利的导管型实体。另外，正如加拿大一样，在美国，信托存在现有的和潜在的商业用途，因此也存在多样的商业功能，导致在美国也出现了统一立法——统一州法全国委员会议在 2009 年 8 月批准通过了一个扩展的统一法。

加拿大和美国的统一立法的制定都可以反映出商业信托的未来趋势。两部统一立法各自以不同的视角体现出什么样的组织法可能实现及其如何实现与其他商事组织机构管制法律的联系。但特别的是,美国这部统一法为信托开拓了一片新领域,即信托最终可能被作为组织机构而更普遍地应用于商事领域。

当然,两部统一法的未来取决于其是否被加拿大各省或美国各州所广泛认可。但统一法提出了对商业信托至关重要的两个问题:第一,统一法能否提高商业信托在现存商业应用中的管理质量和效用?第二,统一法能否使信托与其他商事组织机构相匹配?加拿大统一法只存在第一个问题,而美国统一法存在以上两个问题。根据这些问题而对统一立法的比较分析揭示了一个重要的分歧,即现有的商事组织形式(特别是合伙组织)是否与商业型信托匹配。这个分歧又指出,组织法构建生产企业的管理结构的目标是基础性问题,而投融资是次要问题。

本文针对这些问题谨慎评价了统一法。第一部分概述了目前加拿大和美国法律对商业信托的安排,揭示了对一部综合性的统一法的需求。第二部分回顾和比较了两个国家的立法者为统一法作出的努力,进一步强调对统一法的需求。第三部分在统一立法的功能和规范方面进行了严谨的分析,即统一立法是否能够实现预期的目标,立法者能否在规范方面做出合适的选择。本文最后反思了规范问题的重要性。

(一)信托作为商事组织的简要历史

在加拿大,收益型信托几年前的繁荣使我们误以为信托只应用于商业中。事实上,信托是一种古老的商业联合(业务联系)形式。Robert Sitkoff 指出,在 19 世纪末 20 世纪初合伙组织形成之前,美国普通法的商业信托作为商事组织的一种模型,对于公司来说是一个有力的竞争对手。信托的商业使用在加拿大同样有很深的历史渊源。

1. 信托的商业功能

信托作为经营实体曾经挑战了公司的统治地位,但是其持久性和当代意义仅限于专营市场,对于生产型企业来说仅具有次要商业功能。在加拿大和美国,信托曾经有如下 3 个功能。

第一,信托是主要的管理汇集资产的组织机构。养老基金、共同基金以及其他集合投资方式都是以信托的方式组织起来进行大规模管理的。自从组合投资崛起以来,这些基金对于资本市场的运行起着举足轻重的作用。信托普遍用于基金管理,在对多个投资者的集合财产的管理和有多个受益人的普通私人捐赠的信托财产的管理之间具有相同之处。信托具有公司型组织机构的优势而没有它们的劣势。例如,公司财产的所有权与管理权相分离,而信托财产的法律所有权和衡平所有权也分离,委托专门管理者对信托财产进行管理。所有权分离使积极财产分离出来,免于受托人和受益人的个人债权人的索债请求。就像公司的管理一样,信托的管理受制于基于信义的严苛要求,即要防止管理人的不谨慎、不忠实。信托法不会强制信托采用公司结构和公司管理(越过了信义要求限制),因此,信义的使用避免了现代公司立法不合适的管制。

第二,信托通过促进资产证券化而在结构性融资中扮演了重要的角色。美国和加拿大利用信托对财产份额进行分离、重组、销售,包括银行和其他金融机构拥有的应收账款。发起人(主要是银行)产生或者购买应收账款,并将应收账款转为信托财产,将其中的份额随后以证券形式卖给投资者。正如 Langbein 解释的那样,资产证券化信托为全部抵押债务、信用卡债务、汽车债务、学生贷款债务的大部分提供资金——更准确地说,是重新募集资金。信用违约互换是结构性融资的一种特别复杂的形式。在金融危机中,由于信用违约互换而不能准确地计算结构性融资和资产证券化的社会价值。因此,资产证券化信托继续在结构性融资中扮演重要的角色。

第三,信托是有利于税收套利的组织机构,避免了其他组织机构的缺点。前几年收益型信托在加拿大的繁荣就可以证明其经济重要性。在加拿大,人们偏向于规避税收,因此产生了大量的收益型信托。但是,收益型信托并不被典型地用于财产或商业管理,而是用作导管实体介于投资者和收益产生实体(如公司或者合伙组织)之间。

信托作为商业经营的一种组织形式与公司形成真正的竞争是在公司被自由、广泛地利用前。从那时起,只有在例外的情况下才以信托的方式建立经营实体(如潜在产生固定收入的不动产和开采行业)。信托应该更具有竞争性;它提供了更有价值的合作形式,它更具有灵活性。Sitkoff 指出,因为法律不恰当地规制商业信托,使信托的商业使用减少。考虑到美国和加拿大统一立法存在相同的观念,因此对商业信托的现存法律待遇做出如下简单的解释。

2. 商业信托的法律待遇

商业信托一直就是一个法律的孤儿。商业信托受到忽视从而导致其不确定,这印证了 Sitkoff 的假设,即由于法律的缺乏,信托的商业应用被逐渐破坏。在美国和加拿大,商业信托的建立受制于普通信托法律原则。关于主体地位、结构、管理和救济这些事项,要遵循私人捐赠信托法律。然而,商业信托与私人捐助信托在目的、功能、结构等方面有很大不同,并且这些不同导致了在商业环境中对普通信托原则适用结果的不确定。例如,Sitkoff 解释道,许多法院认为商业信托是无效的,因为它并不是私人捐赠法律,它是对公司法的非法规避。他还指出,某些一般信托原则并不适用于商业信托,事实上,这些原则可能会限制信托的商业功能。这些原则包括反永续规则和限制受托人的自由裁量权规则。一般信托法是否能够恰当平衡和保护委托人与受托人的利益受到质疑,尤其是对受益人和受托人缺乏有限责任的保护。而投资者利益群体也强烈关注投资者利益保护。

在美国和加拿大,对以上问题的初始反应并不具有广泛性。加拿大对这些问题逐个立法以拼凑出解决办法。如安大略湖、亚伯达、大列颠哥伦比亚、萨斯卡通的相关立法都对收益型信托的单位信托证券持有者赋予有限责任,以此保护持有者。相反,美国是广泛的、斯巴达式的授权立法。特拉华州于 2002 年通过颁布《特拉华州法定信托法》,实现了一种开创性的管理。该法赋予商业信托以法律人格,为委托人设置了有限责任,并合并了《普通信托法》(同时调整了《普通信托法》中不适用的原则)。

在这两个国家,对综合立法的需求引起了对统一法的讨论。加拿大统一法律委员会于 2008 年采纳了《统一收益信托法案》(Unifiorm Income Trust Act, UITA)。但 UITA 至今未被各省正式通过,随着收益型信托的衰落,UITA 也可能衰落。

美国的统一信托法的发展更加循序渐进,更加深思熟虑。Sitkoff 通过对商业信托立法改革的研究认识到商业信托更多的经济意义,也意识到对组织法的强烈需求。这唤起了对信托有能力成为一种商事组织的一部分觉醒。必然地,最关注前文所提到的两个问题以及信托潜力的人起草了统一立法,形成了现存的最综合的商业信托立法。2009 年的《统一法定信托实体法》(Uniform Statutory Trust Entity Act, USTEA)提供了详细的法定框架以填补管理空缺,同时最大化财产托管人对信托条款的自由裁量权。如果 USTEA 被广泛采取,那么它将革命性地调整信托的商业应用,并使信托作为经营实体使用而使其更具吸引力。

(二)商业信托组织法——统一立法

UITA 和 USTEA 的目的都是提供稳定、清晰的组织法,以提高商业信托的生命力。但二者采取了不同的立法手段。虽然它们体现的目标对于所有的统一法来说都是一样的,但这些目标是由不同的因素而形成。这一部分将讨论这些不同的因素及其重要性。

2006 年由律师和学者组成的工作组向加拿大统一法律委员会做出的报告在很大程度上奠定了 UITA 的基础。这份报告于 2005 年由 Wayen Gray 和 Raymonde Crete 在出席统一法律委员会年会时提出,强调了对非公司组织机构形式的立法需求,并特别确定商业信托作为优先选择。工作组模仿收益型信托的管理并紧紧围绕着《加拿大商业公司法》(Canada the Business Corporation Act, CBCA)开展工作,谨慎吸收公司的特点,填补管理漏洞,但又不削弱商业信托的税收优势。

相反,USTEA 并不关注任何商业信托的特别形式,而是提高信托的商业使用率。由 Harry Haynsworth 于 2002 年向 ULC 作出的一份报告指出了统一法的一些立法理由,即商业信托的深远意义、某些立法规定的缺乏及其他方面的不完整性。另外,普通信托法在商业领域应用结果的不确定性也是立法理由之一。2003 年 8 月起草委员会被任命并于 2004 年 4 月着手起草工作,并参照《特拉华州公司法》《普通信托法》以及现有的《商业信托条例》,特别是《特拉华州法定信托法》。委员会广泛地参考资源,意图为统一法的起草提供混合了现有形式所有优势的唯一的信托组织结构形式。

1. 立法目的和范围

UITA 和 USTEA 有一些相同的立法目的,如验证和规范信托的商业应用、维系现有的优势、建立并改进组织结构和管理等。但最重要的是,USTEA 在很大程度上被另一个目的影响,即使财产托管人在设置信托建立和管理条款时享有最大自由。因此,USTEA 所有条款都是受制于合同代理佣金的缺省规则。不同的是,UITA 强调提高对投资者和包括债权人在内的其他利益相关者的保护。加拿大工作组更偏向于稳定的组织结构和管理,因此,统一法由大量强制性规则组成。

UITA 和 USTEA 的立法范围明显不同。UITA 仅限于公开交易的收益型信托及其他相关信托,并不包含如养老基金和共同基金等其他信托。而 USTEA 没有此种限制,只要不是为捐赠目的而建立信托,其他的都可以根据 USTEA 建立。

2. 成立和有效

在 UITA 和 USTEA 下,商业信托的成立和有效的条件也不同。UITA 是强制性组织法,适用于以申报的方式创建的收益型信托及相关信托。不同于现代公司法,现代公司的设立需要在法定组织登记注册才能成立,而 UITA 下信托成立的条件限制仅仅是普通信托法的限制。

而 USTEA 设置登记制度,根据该登记制度设立的信托才是合法的实体。这并不适用于普通法下的信托及其他合法信托,而只适用于依 USTEA 设立的合法信托实体(Statutory Trust Entity,STE)。事实上,USTEA 只设置了最低限度的登记标准。STE 于国家官员颁发受托人签名的信托证书并存档之时成立。如果已经支付费用且信托证书陈述了必备信息,则国家官员无权拒绝登记。另外,提醒受托人和受益人承担有限责任也是登记制度的一个惯常目的。美国普通法对商业信托的确认是不确定的,但 USTEA 允许 STE 拥有除捐赠以外的任何合法的目的。

3. 法律人格及有限责任

有限责任是公司相比信托来说最重要的优势,赋予信托参与人(主要是受托人和单位证券持有者)以有限责任是商业信托吸引力的关键。加拿大收益型信托治理的讨论提出,单个证券持有者需要承担有限责任。美国 USTEA 起草委员会也关注有限责任。事实上,普通信托法对商业信托提出了有限责任的合理假设。在普通信托法下,受托人对信托财产享有唯一权利,但如果放弃对信托利益的职责,则其将承担个人责任。在信托的管理中,受益人不享有任何权利,也不承担任何责任。信托财产在管理过程中有所损失,只要受托人尽善良管理义务,即对损失不承担责任。在这种情况下,受托人和受益人可以免责或免于责任的影响,这与对公司的股东和管理者的保护相似。但又不完全相似:如果信托管理处于受益人充分控制之下,则受益人可能承担责任;另外,由于信托责任,托管人可能不能得到充分补偿。而 UITA 和 USTEA 为了解决这种不确定性,都规定了清楚的有限责任条款以扩大对受益人和证券持有者的保护。

从历史的观点来看,有限责任与公司的法律人格具有关联。由于经营实体具有法律人格,所以对参与者予以有限责任保护是符合逻辑的。正式地说,法律人格意味着享有法律权利和承担法律义务的能力。假设责任是个人的(没有额外的权利滥用或误用),那么法人的责任就是法人这个单独的个人的。有限责任揭示了组织具有法律人格的含义。法律人格延伸至组织及参与者,同时配以强制性组织法固定的问责机制。但私营个体经营(如独资经营)或者合资经营(如合伙和普通法下商业信托)所产生的交易使法律人格具有灵活性,从而使有限责任也具有了灵活性。

UITA 体现了法律人格和有限责任之间的联系。它直接强调信托并没有法律人格。立法工作组认为,赋予信托以法律人格会抹杀信托和公司之间的区别,也会危及信托的税收优势。

USTEA 的观点是:STE 具有从一般意义上理解的法律人格。而法律人格除了有限责任以外,还包括在权利范围内拥有财产的能力(并使财产免于受托人和受益人的个人债权人的请求)以及以自己的名义起诉与被诉的权利和义务。

4. 组织结构与治理

UITA 和 USTEA 在组织结构和治理上也有重大不同。这两部统一法的起草者都认为信托必须区分信托财产的所有权和管理权(更确切地说是区分资金的投入和管理)。毕竟,普通法下的信托的部分商业魅力在于衡平权利和法定权利实现了分离。为了这个目的,UITA 和 USTEA 这两部统一法都正视了对投资者的资金的专业管理,而投资者在对资金每天的管理中处于消极的地位。这样的组织结构规则反映出受托人应该对信托财产拥有广泛的管理权。治理规则指出,由于证券持有者的权利容易受到受托人滥用权力的威胁,因此,他们的权利应特别保护。但 UITA 和 USTEA 采用了不同的方式改进信托的组织结构和治理。

就组织结构来说,UITA 所采取的信托结构近似公司结构。受托人有广泛的剩余权利(由多数决产生)管理信托财产,也拥有可以代表证券持有者的权利的权威。但根据 CBCA,这种权威所代表的权利是有限的。如受托人不能代表证券持有者对需要呈递给由持有者批准的事项做出决定,不能填补受托人和审计员的空缺、不能批准经济报表、不能修改信托申报。UITA 赋予证券持有者通过强制性的投票权管理信托实体,就与公司股东一样(但普通法下的信托受益人对信托没有任何直接的控制权)。在公司法中,对需要股东批准的代表性事项的决定赋予股东投票权,如受托人的选举和除名、自治的批准、合同文件的修改。另外,为了增加投资者的发言权和管理责任,单个证券持有者可以提交待批准的建议,占份额5%的持有人可以召集持有人会议,但同时也禁止滥用和浪费这些权利。正如公司法的规定,管理者服从投资者的管理决定可以免责。

UTIA构建信托结构借鉴了公司法的结构特征并具有强制性,而USTEA选择了灵活的信托结构,将信托作为组织结构实验的样板。USTEA在结构方面很少具有强制性的规定,如管理权限取决于受托人。受托人拥有广泛的剩余权利,但他们权利的范围受制于信托的申请文件。为了促进有效的托管制度,受托人合理地拥有一项绝对的权利,即知情权,便于受托人了解信托事务及他们的责任,但对于知情权的披露标准可以由信托申请文件确定,确定之后需要被遵守,除非该标准明显不合理。受托人拥有一项可取消的权利来代表管理权威,即选择代理人,但必须合理地选择代理人,设置代理条款,并对代理人进行监管。有趣的是,USTEA允许信托申报授予任何人权利决定信托管理事项,而不受托管制度的规定。受托人有义务按指令行事,除非指令明显与信托申报的条款相违背或者严重违反受托义务。

UATES最令人惊奇的特点之一是,证券持有者在STE的组织结构的地位中没有得到确定。确实,对于证券持有者权利的研究很少,他们没有投票权和发言权;如果他们想拥有投票权或者其他参与权,那么必须在信托申报上明确确定。USTEA规定了一条缺省规则,即以多数决的方式投票做出决定。就像受托人那样,证券持有者也拥有对信托事项和利益的绝对知情权,在信托申报中注明披露标准,除非明显不合理,否则就应当被遵守。但知情权与投票权不同,它不保证参与SET的事务,但它会保证通知证券持有者信托的实质性发展,以确保市场退出作为一个可以选择的控制和发言方式。

UTIA和USTEA在信托治理方面相近。二者都借鉴了现代公司治理的原则,公司管理允许自治,但以强制性受托义务规制管理者。但两部统一法之间仍然存在重大不同。例如,一方面,由于信托在UITA下并不具有独立的法律人格,所以证券持有者才承担托管制度下的责任,而信托实体则不承担责任。另一方面,USTEA遵循公司法,责任归于信托实体。USTEA首先考虑给予合同自由,减少对信托管理的范围(理论上应增加)。但UITA中信托的治理比公司治理更保守。

与公司治理一样,UITA下信托治理的关键是信托管理的诚信限制。受托人管理信托时负有谨慎和忠实义务。这种行为标准很宽松,源自现代公司法,而这也反映了一种公认的智慧,即对于信托来说,更为严苛的行为标准不适应商业环境。忠实义务要求受托人诚实行为、善意行为、为所有证券持有者的普遍利益行为。这种宽松的行为标准在于自治,即利益最大化规则的替代物。UITA 甚至默认受托人与证券持有人利益上的一致,但禁止受托人将自己的利益建立在持有人的损失上。UITA 规定的谨慎义务要求小心操作、勤勉管理、技巧管理,并达到相同情况下合理谨慎的人的水平。

UITA 明确强调不会废止强制性的谨慎和忠实义务。然而,对于公司律师来说,谨慎义务和忠实义务的强制性影响并不那么强烈。第一,自治可能对信托来说是利益最大化的行为,UITA 规定了消极的规则规制这种行为,即如果获得授权并适当披露,而且条款对于证券持有者来说是公平且合理的,那么自治行为就是有效的,也不违反诚信责任。第二,UITA 对于保护受托人也设置了消极的强制性的规则。如果受托人为持有人利益最大化而忠实、善意行为或者有理由相信其为了追求持有人利益最大化而行为,那么受托人将受到保护。但这要求受托人具备以上所有条件且没有过错,还要求存在引起信托利益损失的侵权行为或者合同责任。第三,UITA 允许无限购买责任保险。

USTEA 的信托管理表面上与 UITA 相似,都是以强制性固定责任为基础。正如 UITA 下的受托人一样,USTEA 下的受托人必须合理、善意实施管理行为。然而,仔细比较就会发现二者有明显不同。受托义务以持有人的利益最大化为尽责标准,要求受托人善意行为或者有理由相信其是为了持有人利益最大化而行为。但起草委员会拒绝将“善意”写进法律,他们认为应当在商事和信托法律实例中解释“善意”。起草委员会复制《特拉华州公司法》的诚信义务的多重注意标准,排除重大过失,而强调受托人的主观方面(受托人的态度及重要事实),并为这些强制性责任设立了行为缺省规则。通过信托申报明确谨慎和忠实义务的行为标准,除非明显不合理否则必须遵守。不同于 UITA 的是,USTEA 并不强调忠实和谨慎义务的强制性;相反,它强调合同自由,包括受托人、受益人、法定信托及其他人的权利、利益、责任、义务、权力、联系。

USTEA 与 UITA 类似,均以诚信义务的限制为特色。USTEA 对于自治的规定更加消极,其设置了自治缺省规则,这种缺省规则如果经验证对信托来说是不公平的可被撤销,否则就是有效的。该规则不要求披露,也不要求许可。受托人如果没有恶意、故意的不道德行为,也没有疏忽大意,则将受到保护。虽然责任免除也受到与赔偿相同的限制,但其在任何情况下都不具有强制性。

5. 救济

UITA 和 USTEA 在管理方面仿佛在模仿公司法,但两部法律在救济方面明显与公司法不同。

UITA 规定,大部分公司法救济以当事人做出选择为基础。压迫性救济规定最初是作为限制多数人滥用权力而保护少数人的一种构想。然而,在普通法里,压迫性救济只是多种公司法救济中的一种,以保护股东免于不公平地对待。UITA 尽管对证券持有者有所限制,但它的救济措施很宽泛,救济目标是那些压迫和不公平的损害,或者是不公平地忽视单位持有人利益的做法。如果法院发现存在压迫行为,则其可发出强制令以矫正受益人所诉称的问题。而且补救措施以事前同意为条件,而非强制性,因为缺乏广泛的对公营公司的压迫性救济的成本与收益的最终分析。

传统的公司法的典型规则是,如果公司遭遇不公正待遇,则股东可以为公司利益寻求救济。UITA 也包含这类规则,但也是建立在选择的基础之上。其主要目的是缓和人格化所带来的不便,即经营实体的代理人有权利决定是否寻找救济,从而导致经营实体被不恰当地对待。由于 UITA 未赋予收益型信托法律人格,而普通法又赋予了证券持有者对抗受托人违反信托行为的个人权利,因此,引进上述公司法典型规则的股东权利看起来似乎是多余的。然而,UITA 它为单位持有人提供了一种简单易行且普遍公认的方法来行使收益信托的权利。

另外,UITA 提供了证券持有人的异议回购请求权,允许证券持有人对要求批准的事项登记不同的意见,这与 CABA 的评估救济制度相似。如果该事项被批准,那么单位证券持有人可以请求信托组织以公平市价回购其证券。立法工作组解释说,异议回购请求权并不是强制性的权利,事实上,它是一项高额的救济,特别是在有足够的市场替代物的时候。最明显的市场替代物就是市场退出。

UITA 授予投资者根据市场限制从公司法标准救济中选择救济方式,而 USTEA 却采取极端保守控制的方式,实际上相当于没有救济。它并不提供压迫性救济或者任何代表诉讼救济方式,也没有建立评估救济制度。原则上,投资者可以采取信托申报中的任何救济,但成本高昂。

USTEA 设置了对抗受托人的强制性权利,吸收了证券持有人享有的普通法权利,如果使 SET 受到损害的错误行为被辩护,那么可以针对信托背叛引入个人债权诉讼。该法案也允许证券持有者进行代表诉讼以纠正错误。但代表诉讼受到以下限制:首先,受托人应继续信托事项的进行,而且证券持有人只有在错误行为能导致承担义务的情况下才能提起诉讼,诉讼的利益将归于信托。另外,信托申报可以明确规定代表诉讼的限制,只要信托申报的条款不是明显不合理的,就必须遵守。

6. 第三人的保护

加拿大公司法对于公司交易的第三人予以保护。除了保护第三人免于侵权行为的普通法主义以外,还有对雇员和合同债权人的法定保护。例如,公司破产的情况下,根据 CBCA 的条款,公司主管需要支付雇员 6 个月的工资。债权人可以声称压榨,也可以提起代表诉讼,可以通过纠正法令和限制令控制公司,他们基于对公司代理人拟定的合同条款的善意信赖将受到保护,而且债权人不需要调查公司内部事务而与公司进行交易。

由于商业信托有史以来的专营市场的功能,所以以前不保护与信托交易的第三人。根据普通信托法的规定,第三人相对于受益人来说明显处于不利地位。可适用于公司债权人的救济和规则并不利于债权人,债权人在交易时需要对受托人和信托财产投入更多的注意,一旦松弛,将会面临严峻的结果。

考虑到 UITA 的范围,其很少注意对第三人的保护是可以理解的。选择救济仅限于证券持有人,没有提及对于信托交易的合同债权人的保护。然而,尽管信托不具有法律人格,债权人仍然有权根据 UITA 要求支付信托财产。

USTEA 对第三人的保护更全面一些。它要求财产托管人指派并保持一个代理人进行申请证书的程序,从而帮助第三人对信托更多地注意法律问题。它也明确规定证券持有人和受托人的个人债权人对信托财产没有任何权利,而且它对第三人和信托之间的事项也有详细规定。值得注意的是,如果受托人滥用权利、无权代理或者没有代理权而处理信托财产,那么 USTEA 保护那些因为善意相信受托人而帮助受托人或者与受托人交易的第三人。USTEA 也规定了第三人的普通法义务,以保证信托财产得到合理使用。

7. 与普通信托法的关系

UITA 和 USTEA 都意图使信托更好地适用于商事领域。值得注意的是,为了达到这种目的,两部法律都有部分条款区别于普通信托法。确实,两部法律都致使商业信托不被学者承认。管理委托人关系和第三人关系的条款明显受公司法和合同法的影响,其中一些条款使商业信托从不适当的信托法原则中解脱出来。前文强调了两部法律对普通信托法的主要改革,但某些信托法的细节仍然是危险的。因此,有必要探索每一部法律如何定义其与普通信托法的关系。

一方面,尽管 UITA 范围有限,但并未详细表达其与普通信托法原则的关系。简单地说,普通信托法仅仅关注信托的合法性、结构及管理,但并未关注其规则是否适用于商业环境,也没有清楚地表明信托法原则是否适用于其他事项。

另一方面,USTEA 采纳了起草委员会的建议,即清楚表明普通信托法对法定信托的适用性以及普通信托与法定信托实体的关系。起草委员会采取的方式是多面性的。他们修改或者排除普通信托法条款。明确排除了极其麻烦的信托法规则。除了被条款或者信托申报修改、排除或者替代的条款以外,其他的普通信托法原则继续适用。

(三)对于统一立法的分析

UITA 和 USTEA 都是组织法,并对商业信托未来可能的前景有不同的观点。这些不同点反映了立法范围的不同。另外,在商业信托与其他组织结构,特别是与公司的正确关系上,二者形成鲜明的对比,反映了两部组织法所追求的不同价值。

1. 立法视野评价

UITA 和 USTEA 对于商业信托所面临的问题存在共识,都相信立法的介入会推动信托的商业使用。然而,在组织形式方面,二者有不同的观点。UITA 认为商业信托应该是一种信托和公司的混合物,并受制于组织结构和治理方面的既定原则。它反映了对立法者能力的信任,要求立法者设计出能恰当平衡多个股东利益的新型组织结构。相反,USTEA 少量的确定性原则和充分的灵活性对于商业信托来说才是最好的,才具有适应性,它没有结构要求,同时对托管管理的要求也最少。它认为市场才是组织形式的主要驱动者。

UITA 的立法者认为,收益信托治理结构上的缺陷能够通过借鉴和吸收公司治理上的优势加以克服。因此,UITA 提供了一种新型的组织形式,是由信托与公司形式混合而成,在这种层面上,商业信托与有限责任合伙、有限责任公司等组织形式相类似,都借鉴了公司的一些成分。

正如捐赠信托一样,UITA下收益型信托需要信托申报才能建立,它的成立与有效的要件由信托法规定。在财产方面,管理委托人之间关系的条款部分来自于公司法。就信托财产的归属而言,与捐赠信托一样,受托人是法律所有人,证券持有人享有信托的利益。就权利和责任来说,受托人与证券持有人的关系也借鉴了公司法的规则,受托人受证券持有人的委托,而不是受信托实体的委托,但这方面没有更多如同公司那样严格的标准。

公司法提供了分割委托人权利的条款。普通信托法限制受托人只能行使托管人明示或者暗示授权的权利。同时,也有效地限制了受益人的权利,受益人在信托财产方面只有少量的控制权和发言权。但UITA摒弃了普通信托法的相关规定,收益型信托的建立是为了证券持有者集体的利益,受托人享有广泛的管理权,包括委托他人代为管理信托事务的权利,并通过强制性规范赋予单位持有人投票权和提案权,使单位持有人能够参与到信托管理事务之中。

尽管UITA没有赋予收益型信托法律人格,但却赋予了对收益信托受托人和受益人有限责任的保护。第三人不享有救济,所以显得更加不利。相对于股东来说,这种选择的救济意味着证券持有人在责任管理的能力方面受到限制。

UITA下,收益型信托与相关新型商业组织相似,他们都是对现存形式的一种探索。当然,这种探索被变幻莫测的商业利益指导而不考虑一般优势,因此是有风险的。但对这些商业利益的考虑是实际的,因为一些重要的商业决定是由税收决定的。

USTEA展现了一个更广阔的视野,它允许商业信托有各种目的(除了主要以捐赠为目的的信托)。由于关注得较早,起草委员会对商业信托的历史和现存组织形式的可能性有非常敏锐的理解。由于是从历史视角和比较视角关注商业信托,因此产生了创新的结果:USTEA确立的法定信托并不仅仅是现有组织类型的简单融合,它实际上打破了建立在现有组织类型之上的分类标准。与UITA相反,USTEA并没有提供一种新的组织形式,而是使形式的灵活性最大化,认为市场秩序是驱动者。从根本上来说,USTEA认为组织法应当促进而不是阻碍组织的发展。一些强制性规则确定了STE的一些基本特征,但重要的缺口以及缺省规则的运用意味着信托形式的不确定性,以至于更多的人倾向于称其为"信托模板"而不是"信托形式"。通过鼓励在组织创设上做出大胆的选择的创新,立法能够培育出众多不同类型的实体组织用以满足委托人的不同需求,这些实体组织只需服从有限的法律规制和市场规制。

STE 和现代的公司一样，都是法定产物，经由登记而成立。在信托财产方面，规定托管人之间的关系的条款借鉴了公司法的规则。法律赋予信托实体以法律人格，在财产的归属和权利方面有法律人格一般性的含义。就财产归属而言，托管人投入的资金属于信托的财产。信托财产的剩余利益将被分配给证券持有人，如同公司资本有效运作的利益将分配给公司股东一样。就权利而言，受托人必然为了 STE 的利益而基于信义处理信托财产。另外，行为缺省规则来源于特拉华州公司法。

信托的法律地位以及对于市场秩序来说，信托的含义(拥有财产的能力和承担侵权责任及合同责任的能力)是固定的。USTEA 为托管人修改信托财产和管理的权利义务的构成要件设置了明确界限。就信托财产而言，信托申报可能要求向证券持有人分配收益。USTEA 虽然对受托人有诸多限制，但是它仍然赋予受托人从信托财产中获得补偿的权利。就信托管理而言，信托申报可以修改诚信标准，从而阻碍公司法和信托法中受托义务最小化。

尽管 USTEA 为受托人设置了广泛的剩余权利，但并未划分委托人的权利，而是允许通过合同来划分。托管人可以授予任何人权利向受托人发出指令。他允许委托人免责，但并不是强制性的。

USTEA 在定义第三人和信托的关系时也向市场规制作出让步，将其留待私人间做出安排。有限责任保护委托人免于信托对第三人的债务和义务。而对第三人，该法案只在合同公平的层面上保护第三人。如前所述，USTEA 保留了代表诉讼而舍去了其他公司法救济，而且需要授权。与第三人一样，证券持有人只有在救济个人受到的损失时才能起诉。

USTEA 从根本上勾勒了商业信托的前景：吸收了公司形式的主要优势，但又克服了公司形式的僵硬性。STE 拥有惊人的延展性，这种延展性使 STE 可以容纳多种目的，并更符合市场偏向。因此，公平地说，USTEA 是商业组织设计的开端。

2. 功能评估

加拿大和美国的统一法因为不同的立法授权和不同的规范性承诺而对商业信托的未来有不同规划。从这个层面上来讲，二者是否都达到了预期目的？

根据第二部分所描述的，UITA 的目标是比较适度的，即解决普通信托法适用的不确定性问题以及避免价值约束规则、避免税收套利的干涉。

UITA 最后只是实现了部分目标。由于它没有妨碍收益型信托有利的税收地位,因此 UITA 并未受到非难。然而,充分考虑所有优势,应该考虑为何对税收的关注会影响到 UITA 其他目的的实现。关于受到税收指导的信托组织形式设计最重要的点是信托的实体法律地位问题。信托不具备法律人格,会对证券持有人的利益产生影响,但这个问题可以通过减弱对实体地位的管制来缓解。UITA 虽然没赋予信托法律人格,但向证券持有人提供了有限责任保护。与公司股东不同,证券持有人享有受托管理义务带来的直接利益。立法者试图将收益信托税收地位的保留对治理机制造成的影响降至最低,这是值得称赞的。

UITA 试图在保护投资者和追求经济效益这两个目的之间找到平衡。除了受托义务,证券持有人的委托授权和一些辅助的权利(控制和发言权)使保护投资者的目的得以实现。然而,起草委员会认为公司法上的救济措施有可能会影响到信托价值的实现,因此 UITA 对救济的选择妥协于投资者保护。立法工作组认为公司法救济的重要性在降低,但没有任何证据证明其产生的影响,因此,对收益型信托的经济分析建议改革或者寻找替代物而不是淘汰救济选择。

UITA 解决了一些普通信托法适用的不确定性问题。一些特殊的条款部分决定了法定组织法和普通信托法之间的关系。最值得注意的是,信托的成立及其地位的事项由信托法规定,而关于信托的治理和结构的事项由组织法规定(受公司法影响)。然而,UITA 并没有明确某些信托法原则,如受托人一致同意原则是否适用于商业信托,也没有明确一般情况下商业信托制定法与普通信托法的关系如何。原则的适用极其不确定,并且 UITA 调整经申报而成立的收益型信托,但投资者认为自己受普通信托法的调整。

USTEA 在目标方面更具野心,目标更加复杂。如前所述,USTEA 形成于对所有商业信托的经济重要性的认知和对连贯的组织法的需求。起草委员会旨在解决商业信托的有效性问题,消除不合适的规则,明确商业信托制定法与普通信托法的界限,并制定出一部能赋予私人秩序最大法律效力的组织法。

与 UITA 相似,USTEA 部分实现了目标。毫无疑问,它拓展了信托的商业应用,这是一个重要的进步。它解决了关于信托商业应用的有效性的疑问。它谨慎有效地排除了确实不适用于商业信托的普通信托法规则,如禁止代理(与保留特定化职业经理人相抵触)和反永续规则(原因是不适用于商业信托)。USTEA

清楚地定义了本法与普通信托的关系。赠予型信托由普通信托法进行调整,但商业信托并非完全排除普通信托法的适用,普通信托法对于商业信托发挥着漏洞填补的功能。

USTEA 成功地使私人秩序对信托组织形式的影响最大化。确实,USTEA 不能再随和了。它有大量的缺省规则,可以通过合同的方式排除或修改。只有很少的强制性规则,并且强制性规则置于缺省性规则之上,使其强制性特征得以缓解。事实上,强制性规则限于信托的无争议的实体地位、能力、结构问题,这些问题主要是商事组织法规定,如人格、管理权、实体债务责任、实体资金结构等。值得称赞的是,USTEA 的保守主义派考虑到了一些被忽略的问题:证券持有人的投票权及辅助权利、管理权的划分与平衡、集会需求以及救济。组织法和市场秩序之间如果还有任何疑问,那么 USTEA 的清晰的规则可以做出说明——授权尊重合同自由。

然而,USTEA 位于合同之下,这引起了规范和功能问题。合同自由最大化是法律经济分析的基石,但采取的促进合同自由的以提高经济效益的一些特殊决定会导致逻辑一致性方面的问题。

信托的商业应用缺乏详细的组织法,意味着统一立法最重要的发展是提出把信托作为经营实体来对待。然而,USTEA 起草委员会将信托想象成为公司的竞争者,这种观点是假设公司这种形式无论是对于商业经营或者特殊企业都不是最经济的选择。但这种假设可以解释起草委员会对缺省规则的偏爱,也可以解释组织法保守主义观点。但是将信托作为经营实体将会引起对公司形式核心问题的辩护。

公司法的传统的经济分析方法的智慧,在于它充分证明了赋予公司以经营实体的地位是一种国际偏好。它集合了可供选择的具有经济合理性的组织形式设计。USTEA 在 STE 上延续了公司形式的成分——法律人格、有限责任、可代表的管理权和可转移的股份。然而,传统的经济分析方法认为,公司形式的竞争优势是因为现代公司的股东导向的特点,比如强大的股东投票权、设置独立董事的要求、严格的信息披露要求以及一系列方便股东表达自己意见和退出公司的救济权利。

USTEA 展现出一种对公司形式的令人迷惑的背离。它更接近于管理至上主义而不是投资者至上主义。在许多方面,它认为管理者的自由裁量权优于投资者的保护,证券持有者本质上没有控制权。独立托管不被授权。个人可能被授权行使托管权而不受信托义务的限制。受托义务受到作为必要披露内容的缺省规则的限制。最后,许多传统的投资者救济都是缺乏的。这些背离让人感到迷惑,因为在规模和性质上,商业信托和公司的代理成本的差别并不明显。

USTEA 对传统的经济分析的背离可以由一个例子很好地揭示。公司法经济分析提供了公司形式的最关键成分的非标准化理由,但是对信托义务投入了过多的关注。对于这种状况,USTEA 做出了令人惊讶的转变。转变的程度可能很小,毕竟,USTEA 在管理的强制性信托义务上遵循公司法。然而,信托义务并不适用于每一个有效行使托管权的人和运用缺省规则的人。让我们简单考虑一下在传统经济分析下这为什么是个麻烦。

许多公司法的经济分析都是契约论者的分析,主张公司由生产要素之间的契约关系组成,公司法应当促进公司的经济功能,即生产效益最大化功能,事实上,公司法也产生了这样的效果。公司法通过在公司的参与人(股东、经理、办公人员)之间建立有效的契约来实现以上功能。公司与其他生产要素(如供应厂商、贷款人、员工)之间的契约关系由普通公司法和下级特别法(如劳工法、安全交易法)来规定。

明显地,契约论者偏向于市场秩序的规范。契约论者认为公司法主要由且应由缺省规则组成,在减少交易费用以促进合作、提高收益的情况下填补空缺。强制性规则只在救济普通事务性缺陷中作为选择性的方式。

而公司法的经济分析恰恰关注受托义务而反对契约主义解释。受托义务是强制性的,并且是公司治理的中心。这与对缺省规则的强调不一致,也与公司法基础性授权的表述不一致。受托义务要求受托人克制或者放弃他们自己的利益。这与合同当事人为他们共同的利益而行为是不一致的。最后,公司受托义务的合意排除或者修改受到许多限制,违背了合同自由观念。

但以上的情况并没有阻碍最坚定的契约论主义者。Easterbrook 和 Fischel 都认为受托义务本质上仍然是契约。他们认为受托义务暗含于强调所有权与管理权分离的代理成本的公司合同条款中。由于未知的问题和信息不对称问题致使代理成本无法达到合理的标准,但受托义务促进了这个问题的有效解决。换句话说,受托义务是处理公司合同代理成本问题的有效缺省规则。

但 USTEA 与受托义务的契约论分析、非契约论经济分析都不同。当谈到受托义务是契约型义务的时候,契约论者并不认为受托义务可以谈判或者可以通过谈判来解决。反而,他们认为明确定义受托义务暗含于条款之中,用来填补条款的空缺,促进代理成本问题的解决。契约论者并不支持通过合同修改诚信责任标准。非契约论主义的受托义务的经济分析明确指出税收是经济原理。但也不支持通过合同改变诚信责任标准。

因此,USTEA 的受托义务很麻烦。并没有文献证明通过合同改变责任标准的经济合理性。既然 USTEA 反映了对组织法的经济分析,那么有两个问题值得考虑:起草委员会是否考虑了不同的商业信托可能产生不同的代理成本?起草委员会是否考虑了约定"非明显不合理"这样的模糊不清的限制条款的义务标准的成本?这些问题都反映了 USTEA 可能加剧托管制度的代理成本。

3. 规范评价

UITA 和 USTEA 都提出了不同的但很重要的规范问题,即值得关注的组织法与组织形式设计的价值问题。每部法律的起草者都着眼于对公司形式的限制以及商业信托与捐赠信托的区别。对两部法律进行比较分析可以更具有批判性地检阅组织法的价值。

UITA 和 USTEA 在组织法的一些规范维度上有不同的观点,包括以下几点:(1)组织的法律和经济特点;(2)组织的显著利益;(3)组织法对上述利益的态度;(4)组织法和其他法律秩序形式的关系。这些维度在一个更大的问题上得到了解释,即控制和问责制。关于控制问题,两部法律力图追求受托人行使权利的自然和平衡。而问责问题则演变成对以下问题的回答,即怎样问责,对谁问责以及以何种标准问责。这两个方面的问题都涉及了组织的合法性以及代表组织行使权利的问题。

有史以来,公司法理论被权利分离和责任分配所主导。这些问题的重要性在股东代理进入公司事物参与的话题讨论中被揭示出来。下面将对权利和责任进行评论。对于最近的目标,问题不在于两部法律是否设置了正确的权利分离,也不在于是否正确分配了受托人的责任,更不在于是否提供了有效的法律责任机制。相反,问题在于起草者考虑到权利和责任问题而做出的立法决定是否合法。Prima Face 考虑了组织中的各种利益(可能冲突的利益)支持这一观点。

商业信托对规范价值提出了独一的挑战。因为不同的信托有不同的功能,所以要求规范。最终,规范问题必须考虑信托的不同种类的特点。实体的相关利益依赖于实体的本质。确定的利益相关者,如贸易和供应债权人、雇员,在商业管理型信托时享有显著利益,而在共享基金管理或者导管型实体管理时没有。

UITA 并不关注这些功能性区别的规范重要性,而是关注收益型信托的规范重要性。因为收益型信托是产生于投资者和经营实体(特别是公司)之间的导管型实体,起草者更关注对股东的平等对待。对于此,现代公司是明显的模型。

UITA 对于 USTEA 来说目标相对较窄,但是 UITA 提出了规范问题,它认为应从公司控制出发建立公司形式,而不是从问责制出发。就控制而言,UITA 认为应该像管理公司那样管理收益型信托。受托人拥有更广泛的剩余管理权,包括委托他人管理信托事务的权力。受托人的权利仍然受到证券持有人的投票权的控制。权利分离是对传统规范的考虑:为了组织的利益,管理人应有权将权力委托他人行使,只要他们保留了监督的权力并对他人的管理行为承担责任。投资者应享有与受托人签约、续约、解雇受托人的权利,因为投资者提供了组织的资金。收益型信托受托人是经营性实体典型的管理成员。投资者的介入会使受托人失去对经营实体的直接管控,因此,投票权对于经营者来说很重要。

关于问责的问题,应区分投资者和第三人。UITA 与 USTEA 相比,UITA 赋予投资者强制投票权和其他辅助参与权,这与公司股东享有的权利一样。投资者可以管控、发言是组织责任的内在基础。不同于股东的是,证券持有人个人拥有管理受托责任的权利,并且可以表达自己的不同观点。UITA 支持对不当管理或者滥用信托权利的行为进行纠正,因此对于投资者来说更加简单,成本也更低。

但 UITA 缺乏对投资者管理责任的强制性救济。特别是没有评估救济权和压迫救济权。市场退出的法律机制是实现责任承担的一种方式。由于证券市场具有流动性,从上市交易的实体中退出很容易,因此要控制管理。但在市场退出困难时,法律应当提供一种退出困难的替代物。在投资者反对根本性变化且不能退出时,评估救济权能保证投资者以公平市价退出,即要求实体购买其证券。由于上市交易具有流动性,从而导致交易具有不确定性,因此,UITA 的强制退市权利是一个能保护投资者选择和维护市场纪律的非常有意义的方法。

立法没有授权压迫救济,从某种程度上说是合理的。CBCA 的压迫救济非常宽泛和强大,其中一些存在争议。而且 CBCA 救济在实践中没有过度侵入。如果一个委托人或者信托的委托人们在某种程度上为获得利益行使权利,从而侵犯了其他受托人或者第三人对利益的可期待性,则压迫救济可以为委托人和确定的第三人提供一条救济的路径。但由于收益型信托是典型的建立于法人与投资者之间的导管,因此,信托的管理在权利的误用和滥用方面仍然是有风险的。而没有赋予压迫救济以法律强制力破坏了收益信托当事人之间和收益信托当事人与交易第三人之间的责任分配。

未设置压迫救济是UITA忽略第三人保护的一个表现。尽管委托人受到有限责任的保护引起人们对信托商业使用的关注,但这是一种风险转换,并不利于第三人。债权人或许能够控制风险,但自我保护是不完美的,特别是在面对不诚信行为时。这就需要对债权人进行例外的合同外的保护。这套救济满足了公司法的需要,但在UITA却并未被强调。

USTEA与UITA不同,它关注商业信托功能的多样性。STE可能构建基金的管理或者证券化管理或者商业管理形式,USTEA的灵活性为STE功能的多样性做出让步,否则将意味着做出“组织法将可以适用于信托功能多样性”这样愚蠢的假设。

为了本文的目标,本文只关注将STE作为经营实体所带来的规范性问题。无论USTEA是否将信托视为一种投资工具或者贸易手段,或者导管型实体,其最大的贡献就是使作为经营实体的信托更有吸引力。商业信托有史以来最大的烦恼是以公司形式解释其衰败。但最令人振奋的问题是,未来它是否可以重获竞争力?

USTEA在一定程度上是因为认识到这个问题才被起草的。它提供了非常灵活的有限责任组织形式,对组织形式的要求最低,十分便利,为实体的结构和管理决定留下了相当大的空间。结果是它打破了传统并获得利益。然而,人们可能会对起草委员会的选择考虑规范性因素。

由于STE被赋予拟制的人格,所以受托管理存在内在的模糊性,这导致USTEA特别强调控制和责任机制。托管人诚信地行使权利,并且只对这个拟制实体负责而不必对任何单个委托人负责。当然,公司管理也是如此。但对普通法下的信托和合伙并不适用。

原则上,设置受托管理是由于其受制于众所周知的、普遍应用的义务,即受托人仅仅为了收益人利益而行使权利,所以要求托管人承担谨慎义务和忠实义务,要求为了受益人的利益忠实地行使权利并辅以应有的谨慎。然而,受托管理至少在两个方面是模糊的。第一,受益人的利益是迷糊的。拟人的实体可以被赋予目标,但是他们的实质利益不断变化。换句话说,受托管理涉及对受益人利益的确定和追求两方面。第二,受托义务是不透明的。例如,权利滥用和谋私交易中,很难判断是否违反了忠实义务。这是由实体利益具有模糊性的本质推导出来的,并且实体利益将随着环境的变化而不断变化。

除了模糊性以外,还有一个特殊的责任机制问题。首先,在设置目标和追求目标的权利之间是不安的。受益人确定目标,而受托人追求这个明确的目标,此时诚信责任是明确的。但当受托人的权利延伸到对目标的选择以及对追求方法的选择时,就很难判断是否恰当了。其次,实体不能独立管理受托人,也不能为了保护自己的利益采取行动,因为它们不是自然人,它们不能了解受托人如何行使权利,也无法对受托人如何行使权利产生影响。最后,实体不能独立认识和纠正法律错误。这普遍由受托人采取行动,但受托人因此会利用这种权利对信托实体产生不利。

如前所述,对拟人化的实体的管理,相比诚信关系中的自然人有更广的托管权和更少的受托义务。强调权利、减少义务对于实体本身来说则意义不大,因为没有多少利益可得,而对于自然人来说则意义重大,因为他们在实体中有既定利益。在拟人化的商业组织中,自然人(出借人、供应人、雇员及其他)的利益合并于实体生产经营的长期集体利益之中。尽管合作和投资多样化,但每个人、每个组织都能够保证自己的利益,并能控制收益不佳和投资失败的风险。然而,没有人能够担保集体利益,也没有人能够保证恰当的权利分配和运行。

尽管诚信是作为特征出现的,但信义法对此却并不关注,而需要由组织法强调。公司法提供了处理受托义务的策略,包括谨慎分离权利以保证在权利行使和法律责任机制(使委托人、股东、法院能够矫正权利的滥用和误用)的创设之间能够得到充足的平衡。而 USTEA 则没有完全解决这个问题。

有效的权利分配能够为好的管理提供制度上的优势。现代法定公司就是例子。传统的权力分配的优势几乎不可怀疑。托管人权利普遍被授予专业人员,这些人员享有广泛的剩余权利,他们向公司董事负责,董事对他们有监管的权力。相应地,董事要向公司股东负责,股东有权选任或解任这些董事会的成员。

USTEA 没有采取权利分离的责任机制。它授予董事会剩余权利并允许董事会转授权利。USTEA 并不强制民主管理:受托人在普通的商业程序中不对其他委托人负责。而且 USTEA 没有设置用于检查受托人权利是否有效行使的适当机制。虽然没有采取权利分离的责任机制,但 USTEA 在 STE 的权利分配上设置了一些限制。

不强制权利分离意味着 STE 可能不会存在良好管理的最低标准。在实务中反映为群体不享有参与管理的权利。由于没有这样的参与权,可能使受托人的本来就不怎么积极,也不怎么得心应手的内在监督更加低迷。

虽然内在责任机制普遍足以阻碍受托人权利滥用,但法律责任机制也是必要的。内在的控制不能解决普通代理成本问题以及自由裁量权行使的特殊问题。而公司法提出了一种可能的路径。

最重要的法律责任机制是代表人诉讼。受托义务的标准应在商业环境中设置。法人信托义务要求忠实于法人利益并合理行使权利。法人信托义务意味着管理权属于实体,并且是为了实体的目标而被行使。违反受托义务是一种法律上的错误,可通过被授权的代表诉讼来维护实体利益。公司法允许股东和其他人提起代表诉讼,但要受到司法审查和指导。

这种机制的有效性使代表性诉讼更加容易,也使受托义务的内容更容易被识别。USTEA 规定管理应遵守强制的受托义务,允许代表诉讼的实施。但是,代表诉讼受到的限制和受托义务标准的弱化会使法律责任机制遭到破坏。

在 USTEA 下,只有证券持有者才可以提起代表诉讼且受制于信托申报的明确表示。然而,一些限制可以防止权力滥用(如注意义务和善意义务),否则会引致障碍。但只有证券持有者才可以提起代表诉讼这种规定,可能会使不当行为和不公平行为得不到矫正。

在 USTEA 下,信托义务的限制是微弱的。强制性的受托义务受制于要求最低的行为缺省规则。例如,忠实缺省规则要求为 STE 的利益善意行为,与传统禁止利益冲突、禁止违背责任的严格标准相反。较低的标准可能招致司法高风险。而且受托义务不适用于被授权向受托人发出指示的人,受托人应当遵守这些指示,只有在明显违反受托义务的情况下承担责任,但 USTEA 并未指明"明显违反"的具体含义。如此,受托人可能被强迫遵守赤裸裸的利己主义指示,USTEA 在很大程度上降低了那些拥有实际有效权力的人的信托责任。

公司形式的经验告诉我们,信托管理拟人化的实体会引起权利的滥用但达不到违反信托义务的要求。对委托人或利益相关者的利益的不公平对待,普通法已经无法企及,因此要求衡平法审查。典型的例子就是少数遭遇了不公平待遇的股东通过管理部门或其他股东合法地做出决定。许多司法机关以压迫救济的形式灵活地回应这个问题。在加拿大,压迫救济使法庭拥有更广泛的自由裁量权来界定委托人与股东的合理期待,并确定及救济不公平的对待。

尽管大量条款被明确表达,但公平问题仍然是十分特别的。为实体利益而不是某一个委托人或委托人全体而进行管理是公司法的基础规则。被赋予实体的共同目的反映出实体本身的利益。受托人固定、追求实体的利益,注意平衡委托人和利益相关者的利益。平衡需要公平。压迫性救济意味着权利的行使是为委托人的利益而牺牲其他委托人,但不是为实体的共同目的。

由于 USTEA 允许授权非受信托人向受托人发出指令,因此,USTEA 关注滥用甚至垄断权利的风险。向受托人发出指令的权利如同受托人的管理权一样容易被滥用甚至垄断,但发出指令的这些人并不必须考虑实体或实体的委托人和股东的利益。因此,USTEA 产生了滥用和垄断权利的高风险,又没有给予相关保护。

公司法为司法审查保留了剩余权利。商业管理的缺省规则表现之一即商业判断规则仅仅使大部分的注意形式化,而准行政权力及于整个公司。然而,在行政法领域,缺省规则并不妨碍司法审查,因为行政法可以保证权力在合法和平等的范围内行使。加拿大公司法的法庭审查权包括为了阻止必要的权利滥用撤销法律地位和有限责任的衡平法权力、命令遵从确定文件的权力、调查的权力、批准和指导代表诉讼的权力。当法庭行使这些权利的时候,它就按照剩余轨迹起到控制一些目的的作用,包括确保实体的法律地位不被滥用、确保实体的章程被遵守、确保权利行使是为了实体的利益。

USTEA 大部分放弃了这种责任机制。它主要强调法庭是仲裁人,并且它并没有大量明示公司法创造的司法审查的权力。

总的来说,USTEA 戏剧性地打破了权利和责任的平衡,而以传统的观点来看,这种平衡适合对拟人化的商业实体的管理。权利和责任的明显不对称造成了对 USTEA 是否能限制信托责任的普通问题产生了疑问,更别说更复杂的拟人化商业实体的管理问题了。

二、结　论

商业信托在北美洲的前景是不确定的。这种不确定性是因为商业信托功能的多样性。功能的多样性产生的迷惑使人们对信托在商业领域扮演的角色产生错误的印象。加拿大收益型信托的结局导致一些人认为商业信托的结局就是衰退。而美国提供了一个有用的观点,即套利者一般将信托作为导管实体来使用。美国对信托广泛的商业应用有一个更好的理解,从而对信托作为商事组织来使用进行了探索和发展。在经济组织中,信托比公司更具有优势地位,目前信托作为一种经营实体的组织形式尚没有竞争力,因此激励了对信托与现有组织形式的比较分析。

美国和加拿大的信托有至关重要的功能,但它不是正式组织法的客体,也不适用普通信托法。怀疑论者可能因此考虑改革是否必要。但是两部法律都建立在一个合理期待的基础上,即正式组织法可以推动信托的商业使用和管理。

这种期待在 UITA 和 USTEA 形成了不同的反响。一方面,UITA 仅仅强调信托作为导管实体来使用,而公司形式就是改革的模型;另一方面,信托的应用受制于对税收的关注。UITA 的目标很狭窄,导致其无法抓住组织设计的深层问题。然而,公司形式的适用引起了重要的功能和规范问题。对收益型信托强制适用公司组织结构和管理机制反映了人们对既定组织法的信赖,也反映了公司作为一种组织设计具有吸引力。对公司形式的坚持暗示了对组织法目标的保守理解。

然而,UITA 中并不是所有的事项都来自既定的公司法。其中,废除强制性救济反映了组织法在矫正错误上对市场限制的偏好。但是,这种偏好的理由仅仅是经济效益而缺乏法律或政策的论证,从而导致了规范困境。难道建立在强迫救济基础上的权利滥用或垄断的风险不支持收益型信托吗?难道建立在评估救济基础上的市场退出障碍的严重性相对较轻吗?

如果 UITA 在相关形式上为组织法的发展提出了警告,那么 USTEA 提出了更深入的问题。起草 USTEA 就是为了提高所有种类的商业信托的商业使用率。在深入比较各种组织形式的优缺点后,起草委员会大胆地重新想象信托组织形式适应市场偏好的独特能力。STE 具有可塑性,并且比普通法下的信托具有更加惊人的灵活性,同时拥有公司形式最具价值的特点。

STE 作为经营实体,说服了那些认为公司具备或应当具备的传统经济特征的人。契约论者的经济分析坚持认为公司是一种合约的联结。但这种观念与实际并不一致,大部分期望的公司形式的特点(最重要的是法律人格和有限责任)

只有在国家承认时才得以展现。而且公司法的重要部分是强制性的,不能通过合同改变。

在这个意义上,USTEA为契约论者的观点提供了支撑。STE有公司的特点,如法律人格的优势、有限责任和广泛管理权的优势,实体结构、管理、救济的强制性要求最小化的优势。大部分的规则是缺省规则,解释规则也尊重合同自由。组织法附属于合同意味着市场力量将决定实体设计的大部分事项。市场规则将使实体设计产生竞争性,从而缓和现有组织法的严格性。

USTEA的起草者可能想实现合同关系式的公司,但结果是有趣的,USTEA创造了一个史无前例的程序。以前从来没有想过合同可以单纯地创造拟人化实体。确实,由于对责任机制的考虑,合伙关系一直被否认法律人格和有限责任。拟人化商业实体,特别是公司证明了对信义管理的普通或者特别的限制是正当的。但USTEA并未采取太多限制,也未提供替代物。结果是权利和责任不平衡,从而导致更宽的问题,这超过了本文讨论的范围。关于组织法,在组织结构和管理上,没有强制性规则,也没有强大的责任机制,人们可能会怀疑延伸的法律人格和有限责任的合理性。关于信义法,人们可能会考虑完整的信义义务是否使对信义义务的实质性要求最小化,是否有不能通过合同改变的要求。

尽管两国的统一立法还存在一些不足之处而有待改进,但两国的立法者的出色贡献是值得称赞的,因为正是他们的努力使一种极为重要的企业组织模式得以冉冉升起。

表决权信托之目的正当性判断

吴梦琪*

一、问题与思路

表决权信托是信托原理在公司表决权行使领域创新运用而形成的一种法律制度。表决权信托在信托和公司双重制度的框架下运行,同时也继受了这两种制度的固有属性,将二者追求经济自由及利益最大化的特点发挥到了极致,在维持公司经营政策、保护中小股东、防止敌意收购、扩大融资、公司重整等方面发挥了巨大的作用。通过对表决权富有创造性的各种信托安排,当事人得以实现不同的需求,甚至有人毫不夸张地说:表决权信托制度能够为经济发展实现的有益功能仅受限于人们的想象力。[①] 然而,在对经济发展作出巨大贡献的同时,表决权信托也暴露出了易为滥用的弊端。最为典型的例子是为了市场竞争而通过表决权信托成立的1882年美国标准石油信托公司。美国标准石油信托公司导致了石油市场的垄断,直接催生了之后的反垄断法。为了克服表决权

---

* 重庆市江北区人民法院,西南政法大学民商法专业硕士。

本文系在硕士学位论文的基础上系修改而成的。

① 参见漆丹:《我国股份公司股东表决权信托的法律效力》,载《中南大学学报》(社会科学版)2006年第4期。

信托的这一缺陷,美国法律严格规定了信托的成立方式、目的、存续期限以及公示。其中,严格限制信托目的是美国表决权信托制度中最突出的内容。

我国《公司法》等立法中尚未有关于表决权信托的规定,但已有表决权信托运用的成功案例。2002 年青岛啤酒公司向当时世界最大的啤酒酿造商安海斯—布希公司融资 1.82 亿美元,同时将该公司拥有的青岛啤酒 7% 的股权通过表决权信托的方式授予青岛国资办行使,最终实现了青岛啤酒公司融资且维持对公司控制权的目的。①

如果继续推行表决权信托,则在发挥其积极意义的同时如何防止被滥用的弊端呢?这是一个现实问题。这其中最关键的是,如何确保表决权信托维系其正当目的。我国《信托法》第 6 条规定,设立信托,必须有合法的信托目的。在实践中,信托目的的合法性判断几乎转化为目的正当性判断。

本文试图通过对国外(主要是英美法系国家)和地区散见于各个判例中正当目的的归纳,结合我国的法律制度基础及现实要求,以期实现表决权信托正当目的规则的本土化移植。即建立何为正当的判断标准,探寻股东自治在表决权信托行使上的权利边界,同时进一步分析目的失当的法律后果,为该标准的实际运用创造制度条件。

二、表决权信托目的之确证

(一)表决权信托目的理论

目的在信托法中具有极其重要的地位,信托目的不仅是区分信托类型的重要依据,根据目的是否具有公益性的不同,信托可以被区分为公益信托和私益信托,并因此受到法律不同程度的监督,在有关表决权信托的概念争议中(主要是关于表决权是否独立于股权而单独信托的争论),也有学者根据行使表决权的信托目的区分股权信托与表决权信托;②信托目的作为整个信托的核心,还决定着

---

① 参见《与狼共舞——青啤股权变更案之投行全记录》,载金融界:http://trust.jrj.com.cn/2009/07/0619115435792.shtml,最后访问日期:2014 年 3 月 14 日。

② [日]中野正俊:《股东表决权的信托行使》,漆丹译,载漆多俊主编:《经济论丛》(第 8 卷),中国方正出版社 2003 年版,第 370 页:表决权信托和一般的股份信托可以根据信托设置的动机是否以行使股东的表决权为主要目的,还是只以股份的管理(股份管理信托)、运用(股份运用信托)、处理(股份处理信托)为主要目的区别开。

信托协议的具体内容以及受托人的行为，当出现信托目的已经实现和不能实现时将导致信托的终止。此外，根据信托目的合法原则，信托目的非法还可能对信托行为的效力造成影响，但对于究竟何为信托目的这一问题，判例法及成文法都未能给出明确的回答。

1. 从法律行为目的来看表决权信托目的

法律行为概念自确立至今，一直凭借其高度抽象的理论而持续存在，并不断地将社会发展过程中出现的新行为涵盖于自己的体系之中，因此，信托本质上可以被看作一种法律行为，对于信托目的内涵的考察可以首先从法律行为目的入手。从大陆法系国家和地区对于法律行为概念的理解来看，法律行为是一种以最后引起某种法律后果为目的的行为。[①] 当事人进行法律行为的目的是获取法律上的效果（通常来说是权利的取得和义务的负担），但与此同时，当事人也在追求“另一个较远的经济上的效果”，[②]即所谓的经济目的，这与前述的法律目的并不存在矛盾。

以表决权信托为例，其信托目的可以分成两类：一类是直接的法律上的目的，即当事人设立表决权信托是为了在委托人和受托人之间实现表决权的转移，相应地取得收益权、取得报酬权并负担各自的义务；另一类是间接的经济上的目的，如提高表决权的行使效率以便获得更高的股利收入的目的，对于当事人来说，这一经济目的的实现有赖于前一类法律目的的先行达成，即只有将表决权转移给受托人以设立信托，即在双方之间产生法律后果（即实现法律上的目的）之后，才有可能进一步实现自己获得股利的经济目的。这种经济目的到底是否可以归入法律行为目的的概念之中呢？本文认为，至少在讨论信托目的非法是否影响信托效力的问题时是可以的。考虑到人类意识活动的连续性，受意识支配的行为也是一个连续的过程，即每一个行为除了有自身的特定目的之外，还有促成后一环节行为实现的目的，行为本身的目的称为“直接目的”，而将实施后一行为的目的称为“间接目的”。[③] 就民事行为来说，意欲实现法律上效果的目的为

---

① 参见[德]卡尔·拉伦茨：《德国民法通论》（下册），王晓晔译，法律出版社2013年版，第426页。

② 同上。行为人想取得法律上的效果（如移转物的所有权、承担义务或使他的合同当事人承担义务）是为了达到另一个较远的经济上的效果。

③ 薛虹：《民事行为之目的刍议》，载《法律科学》1994年第3期。

直接目的，而更进一步的经济目的则为间接目的。当间接目的不明确或者不存在时，民事行为依然可以独立存在；但一旦当事人实施民事行为时怀有明确的间接目的，民事行为实际上成了当事人实现间接目的的手段，此时间接目的不合法，作为手段的民事行为效力也应当受到相当程度的影响。因此，在本文正当目的研究的命题下，表决权信托目的应当包括法律行为中直接的法律目的以及间接的经济目的。

在大陆法系法律行为概念下行为目的的具体认定方法上，意思表示是法律行为的核心，表意人向他人发出表示，根据其意愿以发生某种特定的法律后果。如果该项意思符合法律制度的规定，那么该项意思表示具有法律效力。换言之，法律效果是以当事人的意思表示为发生依据的，这种意思表示包括了当事人实现某些经济或非经济性效果之欲望的目的意思，希望使目的意思发生法律效果的效果意思以及最终将内在的两种主观意思体现于外部的客观表示行为。因此，在大陆法系中对于法律行为的认定，出于保护交易安全的考虑，一般通过外在的表示行为进行，重在探究相对人能够理解的客观外在表示，而当事人内心主观追求效果考察仅居于辅助地位；在更为追求效率的商事领域，因为商事外观主义原则的运用，这一点表现得更为明显。只有当意思表示的认定发生分歧时，才有可能引入目的解释确认当事人的真实意思。与之相适应的，在传统法律行为概念下，主观的行为目的对于法律行为效力来说，一般并没有直接的决定作用。有学者认为，既然目的本身具有主观不确定性，并且通过行为本身也足以进行合法与否的判断，那么在信托法中区分行为与目的，“特地有别于民法强调目的之正当性恐将使许多目前实务上认为合法之设计在立法后反有违法之虞，信托让与担保即为一例”。[①] 这在法条的表述中也得到了体现：无论是《德国民法典》第134条还是我国《民法通则》第58条第5项，均针对“法律行为”及“民事行为”违反法律而产生无效后果进行了规定，并未涉及行为目的的考察。而仅在出现了规避行为[②]（我国《民法通则》第58条第7项规定的以合法形式掩盖非法目的情形）时，才有可能因此目的违法而直接否认行为的效力。

综上，根据大陆法系法律行为以客观为主的解释方法，客观外在的表示才是

---

① 方嘉麟：《信托法之理论与实务》，中国政法大学出版社2004年版，第76页。

② 参见［德］卡尔·拉伦茨：《德国民法通论》（下册），王晓晔译，法律出版社2013年版，第594页。

行为认定及对效力影响的考察重点,而主观目的(当事人真意之考察)相对居于次要地位,这似乎并不能完全解释各国信托法中信托目的违法直接导致信托无效的规定。因此,对于表决权信托目的的理解还要结合衡平法中的个案判断经验进行。

2. 从衡平法的个案判断来看表决权信托目的

信托制度源于英国的衡平法,在长期的司法实践中形成了一套独特的法律理念,目的要件分析在表决权信托的效力问题上居于重要的地位。信托制度产生的初衷是为了规避封建土地规范对于土地转让的不合理限制,早期的信托安排以权利转移为中心,虽然随着封建土地规范的逐渐消失,信托功能也从单纯的财产转移方法变成了财产管理方法,但信托财产所有权与收益权的分离以及信托财产的独立性仍然为当事人规避其他法律提供了充分的空间,信托制度始终无法摆脱其自身的规避功能。可以说,信托制度的发展过程就是规避行为与既存法律制度博弈的过程,对于信托行为合法与否的问题,在某种意义上就是考察规避行为合法与否。而规避的"设法避开"之意本身就含有主观目的,因此对于信托目的的分析,是为了确定信托设立是否有规避法律的意图以及这种规避是否法律所允许,是信托整个制度中必不可少的内容。表决权信托制度延续了信托制度的主要特征,不可避免地具有实现法律规避的功能,并以表决权配置和行使为中心的表决权信托,其目的正当与否可能对公司经营及社会经济的稳定造成较大的影响。因此,单独以信托行为之外而对信托目的正当性要求,以便防止当事人利用信托形式规避法律的强制规定,从而发挥表决权信托的实际功能,也是无可厚非的。

在衡平法的个案判断中,信托目的的判断采用实质标准,即当事人通过语言或文字表达于外并被相对人所知晓的外部目的,并不能当然地被认定为信托目的,而是需要法官结合整个信托构造,探寻当事人的真意,以确认真正的信托目的。与大陆法系法律行为的解释方法比较来看,衡平法上的信托目的方法更注重对当事人主观目的的考察,虽然这种考察仍然需要通过外部行为来进行。这种实质判断标准对于法官自由裁量权的运用提出了更高的要求,与衡平法一贯的法律传统相适应。

综上所述,在进行表决权信托目的本身认定及其是否正当的判断时,要通过信托行为的外在表现采取实质判断标准,认定当事人的内心真实意欲实现的法律目的及经济目的。

(二)表决权信托目的的认定

前文中从与一般法律行为目的比较及衡平法个案判断的经验借鉴,界定了表决权信托目的的内涵,这些信托目的内涵对于法官的司法实践活动有何指导意义呢？即法官在进行正当性判断时如何认定不同信托构造中的信托目的,这是本文需要解决的重点问题。

1. 单一信托目的认定依据

表决权信托目的在信托中处于核心的地位,它实际上决定了信托的成立、存续及受托人信托行为的行使。当事人的这一主观目的可能会有客观的外在体现,但信托目的的认定归根结底仍然是法官基于自由心证而进行的法律事实认定活动,这对法官自由裁量权的行使提出了极高的要求。因此,本文只能尽量列举信托目的认定需要考量的各种因素,而实际上很难提出一套确定不变的判断规则以及量化的标准。

信托目的认定首先应当从信托协议中的相关条款入手,信托协议条款可以分为信托目的条款及其他条款。英美法系国家将"信托目的确定"作为信托成立的三大条件之一,而各国的信托法也通常规定信托协议必须采取书面的形式且需要进行登记,因此,信托目的有可能作为目的条款而直接以书面形式记载于信托协议中,此时,若没有出现其他导致合理怀疑的情形或是有充分的证据表明书面记载的信托目的是虚假的,则法官应当认定书面记载的目的即为表决权信托的目的。

在信托协议中缺乏目的条款时,法官也可以结合信托协议中的其他条款认定信托目的。前文论述的表决权信托目的其实包括直接的法律目的和间接的经济目的,法律目的的认定相对较为容易,表决权信托以表决权的配置和行使为中心,当事人意欲追求的法律效果无非是围绕表决权而进行的权利设定与义务承担,这些一般都是信托协议中不可或缺的重要内容,因此对于法律目的的推定可以通过考察协议中的权利义务条款进行。而经济目的的考察相对来说较为复杂,需要法官结合整个案情从协议的其他条款中一一分辨。例如,在 Bankers'F. & M. 公司诉 Sloss 一案中,表决权信托协议的双方是被告与原告的股东,双方就原告公司的解散和清算事宜约定了具体条款,法官以这一条款为主,认定被告行使表决权有追求原告解散的目的,因此判决被告妨碍原告经营之目的致使信托无效。①

最后,考虑表决权信托的规避功能,当事人通常会隐藏真实的违法目的并在信托协议中记载虚假的信托目的,这时就需要法院结合其他相关的法律文件以及当事人在法院或其他场合所做的陈述,以当事人的行为为中心进行判断。对于表决权信托行为来说,应当重点关注受托人行使表决权的行为,因为信托目的的实现必然要通过表决权行使方能达成,但同时也要注意并不是受托人的任何行为都与信托目的直接联系。对于当事人信托目的的考察还可以结合当事人的身份进行,表决权信托的委托人只可能是公司的股东,但根据其目持股标不同可以分为投机股东和经营股东,根据其持股所占比重的不同,又可以被区分为大股东和中小股东,股东设立表决权信托的目的有可能与自身在公司的地位相关,如巩固提升现有地位又或是改变现有地位,对委托人股东身份的考察在一定程度上能够帮助表决权信托目的的认定。而受托人的身份则具有更大的不确定性,理论上可以是任何民事主体,但实践中通常是其他股东(包括本公司和其他公司的)、专业信托机构以及公司债权人等,委托人通常依据不同的信托目的也会选择不同的受托人,如为了获取股利而选择专业信托机构,为了解决财务困难而将表决权信托给债权人等,因此,从受托人身份的考察上也能在一定程度上反推出表决权信托的目的。

2. 多重目的信托目的认定方法

在信托涉及多重目的时,情况就变得更加复杂,这主要是为了解决多重目的中部分合法而部分不合法时的信托效力问题。对于一般信托多重目的的判断,英美法系的通常做法是:承认信托目的的可分性,如果违法目的可以独自分离,那么为了合法目的而设立的信托效力就可以不受影响;如果受托人不能将用于不同信托目的的财产分开,那么信托只有因为部分目的的非法性而整个归于无效。②

然而,考虑到表决权信托中的信托财产只能是表决权,并且表决权的信托行使通常是统一进行的,难以进行某一部分表决权是对应某一信托目的的区分,所

① Bankers'F. & M. Ins. Co. v. Sloss(1934)229 Ala 26,155 So 371.

② 参见陈向聪:《信托法律制度研究》,中国检察出版社2007年版,第98页。

以表决权信托中部分目的非法通常会导致对整个信托效力的否认,有可能出现对于无过错方保护不力的情形。对此,本文认为可以根据当事人在非法目的上主导程度的不同,在当事人之间合理的分配责任。在遇到多重目的的复杂情况时,首先需要采用单一目的的判断方法,将多重目的或效果予以一一确定,然后分析各个目的及效果在信托中所起的作用,采用价值抵消的方法进行综合的衡量。

在 Frost 诉 Carse 一案中,受托人作为公司的发起人为寻求表决权的集中而设立了表决权信托,这其中实际上包含了两重目的:一是防止德国代理人取得对公司的控制权;二是维持自身作为发起人对公司的控制。① 在这一案例中其实并不需要分析何为主导目的,因为此案中的表决权信托的两重目的都具有正当性且相互之间并不冲突。这一案例其实并不足以展示多重目的的复杂情形,但受到本文判例分析数量上的限制,目前尚难以展示更为复杂的涉及多重目的的判例。

三、法律适用视野下的表决权信托目的正当性

(一)不违反法律的强制性规定

1. 不得违反公法中的强制性规定

公法中的影响法律行为效力的强制性规定通常包括宪法中的公民基本权利规定、刑法规定以及经济法规定等几个方面,对于表决权信托目的来说:

表决权信托不能以实施犯罪活动为直接目的,也不能用于协助或者是鼓励犯罪活动的实施,以维护刑法所保护的社会秩序。典型例子为成立公司之后,以表决权信托形式集中其他股东的表决权,以控制看似合法的公司从事洗钱活动。

表决权信托不能以垄断性经营为目的,以维护垄断法所保护的自由充分竞争的经济秩序。典型案例便是前文所述的 1882 年美国标准石油信托公司的成立,为了与洛克菲勒及其同盟者相竞争,46 家不同的石油企业向标准石油公司信托股份,通过收购表决权信托证书,使在表面上看似独立的这些公司事实上全部成为受某种单一意志控制的联合企业,干扰了市场的竞争机制的运行。

---

① Frost v. Carse(1919)91 NJ Eq 124,108 A 642.

2. 不得违反公司的基础法律构造

在我国,针对公司法强制性色彩较为浓厚以及政府对于公司内部事务干预过多的问题,学者们一直在提出加强公司自治和放松政府干预的建议。2005 年 10 月 27 日,全国人大常委会通过了修改《公司法》的决定,此次修改几乎涉及了《公司法》条文的大部分内容,只有约 20 条保持原先内容,其他条款均有不同程度的添加、删改。从 2013 年 12 月 28 日现行《公司法》的最新修改来看,立法进一步放宽了对公司注册资本的要求。两次修改旨在改善《公司法》强制性有余而任意性不足的缺陷,在法治的基础上充分实现公司自治,以适应公司经营发展及当事人的实际需要。

而从国外的研究来看,以科斯为代表的新制度经济学将"交易成本"概念引入对企业理论的研究,引发了学者对于企业性质的激烈争论,并最终形成了影响力极大的"公司合同理论"。在这一理论下,公司法存在的价值基础在于为市场提供国家制定的、平衡了各方利益的标准合同范本,起到节约当事人的交易成本、漏洞补充和实现一些非效率性目标(例如,国有公司中必须要有职工监事)的作用,公司法本身体现的是适应而非管制性品格。①

从国外理论的研究来看,公司法本身更倾向于体现任意法的性质,而我国的立法实践也在着重强调逐步减少强制性规范,那么强制性规范在公司法中到底居于怎样的地位?其地位又会否影响本文以公司法的强制性规范角度出发构建目的有利于公司经营原则呢?

本文认为,公司法在总体上属于私法,作为意思自治原则在公司领域的体现,公司自治使公司法中必然存在大量的任意性规范,但这并不能否定公司法中强制性规范实际存在的事实及其存在的合理意义。就公司治理的调整机制而言,主要有内部机制、市场机制和法律机制,内部机制通常可以解决公司日常经营内部的一般问题,但容易出现因当事人地位不平等或者取得的信息差异而发生强势一方对于弱势一方的侵害,导致公司治理的内部机制失控,例如,大股东利用控制地位剥夺小股东权益、经理谋求私利而损害股东利益等。而市场机制主要是指通过外部市场中的竞争机制对于公司业绩的评价,来引导公司参与人的行为,但这种不具有强制性的激励引导机制,因为本身信息不对称等问题而时

---

① 罗培新:《公司法的合同解释》,北京大学出版社 2004 年版,第 76 ~ 78 页。

有失灵的情况发生。因此,针对内部和市场机制力所不逮的情形,公司立法设定了不能由当事人自由选择的强制性规范以保障公司的运营。这些强制性规范,是由国家通过对理论研究的吸收以及法院审理案件中遇到的成千上万的问题及解决途径的归纳总结,进行形成一整套规则向社会提供,体现了国家对于公司自治的适度干预和矫正。因此,这些强制性规范也是表决权信托目的所应当遵循的。

第一,表决权信托不应以破坏公司的组织机构形式为目的。

经过长期的公司活动实践,现代大陆法系国家公司内部权力的配置形成了“股东会—董事会—监事会”3 层结构,并经由公司法通过强制性规范的设定予以确定。在这一结构中,股东会作为最高权力机构,通过表决权的行使选任并形成董事会,董事会成员负责任命经理等高级管理人员,负责公司正常经营的展开,而监事会成员对董事任职情况及公司运作状况进行监督。随着企业规模的不断扩大,公司的股权也呈日益分散态势,在这种情况下,当有公司事务急需决策之时,等待股东聚齐并召开股东会议进行决议难免贻误商机,更不用说股东主观上缺乏参与公司事务的热情以及客观上缺乏管理公司的专业知识和经验的现实情况。因此,现代公司法的一个趋势是强化董事会的职能,赋予董事会决定公司事务的自主决策权和控制权。尽管由此可能会带来公司经营者与公司所有者利益追求不一致而产生的代理成本问题,但是出于公司所追求的效率目标考虑,这仍然是目前最为合理的公司治理结构。

在这一方面,最有可能出现的不正当信托目的是股东通过信托将表决权集中行使以限制董事自由决策权,这种限制有可能并不是对于董事权利的直接剥夺,而是通过直接决定应当由董事决策的某些事项甚至是以更隐蔽的手段来实现。在 Cone 诉 Russell 一案中,原告方和被告方同为该公司的股东,双方所占股份的总和占公司股份总额的绝对多数,原告与被告达成协议,将原告方的表决权全部信托给被告,被告有权在所有的股东会议上行使,但被告需要确保原告中的一人持续地担任公司的经理,且工资数额确定为每年 2500 美元。在该案中,原告方的那一人单就资质而言足以胜任经理一职,担任经理并没有对公司经营造成损害。但是法庭援引公司法的规定,认为公司事务应当由董事会进行管理,董事不得预先放弃自己的权利,原告设立这一信托的以保证其当选经理的目的,实际上代行了董事会的职责,限制了董事会自由选任经理的权利,并因此将该表决权信托认定为无效。① 而在 Williams 诉 Fredericks 一案中，股东设立信托的目的同样是为了确保自己期望的管理者持续地当选，与前一案例不同的是，该案采取了集中表决权选举傀儡董事的方式，该案也同样因为限制董事的权利而被认定为无效。②

公司法中关于公司组织结构的规定具有强制性，表决权信托的目的不得突破这一限制，上述的两个美国判例为这一观点提供了例证。然而，本文关于正当目的探讨的最终目的毕竟是讨论在我国的实际运用，因此，在讨论这一问题时还应当注意考察我国与美国公司结构以及公司法规定的差别。首先，关于美国公司治理结构以董事为中心，比起我国而言，董事的地位较高，决策权力范围较广，所以在我国表决权信托目的限制董事权利的认定标准相对更严格，要结合我国《公司法》第 46 条有关董事职权的规定进行。其次，美国依据封闭式公司和开放式公司的不同性质而对公司组织结构有不同的规定，在司法实践中对于股东的权利义务行使也有不同的要求，在 Hayden 诉 Beane 一案中，股东设立信托的目的同样为了保证公司对其的持续雇用，但该公司是仅有 3 个股东的封闭式公司，法院认为虽然该信托对于董事的权利有一定的限制，但是并未完全控制董事权利的行使，实际上也没有对未来的股东造成损害，而最终认定信托有效。③ 该案之所以与 Cone 诉 Russell 一案有截然不同的判决结果，主要是因为封闭式公司中涉及股东人数较少，股东相互之间关系密切，因此法律对于封闭式公司组织结构的要求相对宽松。这一点在我国公司法中并没有得到明显的体现，我国公司法对于股份公司中股东及董事权利的分配简单地参照了有限公司的规定，有待立法的进一步完善。

第二，表决权信托不应以破坏公司法中的时间性规则为目的。

出于追求效率目标，以及对于当事人权利行使期间及方式进行适当的限制，公司法中对于一些程序性问题进行了强制的规定，包括时间性程序规范、事项性程序规范和比例性程序规范 3 类。如公司决议及申请召开临时股东会的比例性规定、优先购买权行使的期限规定等。

表决权信托设立之后，如无受托人履行义务不当等特殊原因，委托人通常不

① Cone v. Russell(1891)48 NJ Eq 208,21 A 847.

② Williams v. Fredericks,187 La. 987,175 So. 642(1937).

③ Hayden v. Beane,293 Mass. 347,199 N. E. 755(1936).

得撤销信托，表决权信托在一个较长的期间内持续有效，实际上成了所谓自身永久存在(self-perpetuating)的机制。因此，表决权信托不应利用自身长期存续的特性，以破坏公司法中的时间性规则为目的。最典型的运用为规避董事和监事的任职期限的规定，根据我国公司法的要求，董事的任期最长不得超过3年，可以连选连任。做出这一强制性限制的意义在于能够定期对董事的能力和业绩进行信任投票，予以肯定或者更换，使董事会的组成在新陈代谢中保持活力。而表决权信托的最长期限通常为10年，股东出于维持董事地位长期不变的目的，经由信托协议的具体安排，便可以保障在最长10年的期间内董事的不变更，实际上规避了关于董事任期的强制限制，因此应当是不正当的信托目的。

第三，表决权信托不应以规避表决权排除为目的：

表决权排除是指当股东大会进行表决的议题与某些股东或代理人存在利害关系时，这些股东或其代理人不能以其所持有的表决权参加对该议案的表决，确立这一规则的目的在于防止股东在使用表决权的过程中过于注重个人利益而损害公司决议的共益性本质。我国在公司法中也确认了表决权排除规则，①主要限制了股东和公司的实际控制人参与公司对其提供担保事项的表决权行使。可以说，我国的股东表决权制度在适用范围以及主体范围上有很大的局限性，但即使按照表决权排除的一般理论，也未能对股东通过信托方式规避表决权排除进行限制。表决权排除理论将与股东具有利害关系(根据公司决议而取得权利或免除义务的法律上的利害关系)的事项都涵盖在适用范围内，在适用主体上不仅适用于股东本人，其代理人也适用同样的排除规定。

表决权信托设立后，包括表决权在内的法律上的权利转让给受托人行使，受托人因此而取得了法律上的公司股东的身份(通常被称为登录股东)，取了包括表决权、保管分红收益权在内的股东的一切权利和对应的义务，而原股东作为受益人此时只享有基于信托协议内容上和一般信托法上的权利，即便法律出于保护受益人的考虑，可能允许受益人保留某些基本权利(如对公司重大事项的询问权)，但这种权利之行使仍是借由受托人为桥梁的，作为原股东的受益人此时与公司已没有法律上的直接联系。根据表决权信托的这一法律构造，股东可以轻

① 《公司法》第16条规定：公司为公司股东或者实际控制人提供担保的，必须经股东会或者股东大会决议。前款规定的股东或者受前款规定的实际控制人支配的股东，不得参加前款规定事项的表决。该项表决由出席会议的其他股东所持表决权的过半数通过。

易地实现规避表决权排除的目的，即针对与股东甲自身有利害关系的待表决权事项，股东甲将表决权信托给乙行使，通过信托协议确保乙行使该表决权促使决议通过，而此时甲并不具有股东身份（且在其实际所持股份也不足以形成对公司的控制的情况下），而乙投票表决事项与乙并无利害关系，因此在形式上体现了表决权行使的合法性。这种行为所达到的实质效果与表决权代理相比其实并无区别，因此也应当被纳入表决权排除范围，但考虑到表决权排除现有理论及立法的实际情况，本文通过确认这一类信托目的失当的方式以求实现同样的保护效果。

（二）不违背公共利益

在一般的信托目的合法原则中，目的不违背违反公序良俗、公共政策或公共利益是一项重要的内容。对于公序良俗（公共秩序与善良风俗）、公共政策或公共利益这 3 个相似概念，有关著作汗牛充栋，在此便不一一赘述，但总体概括来说，这 3 个概念依次是大陆法系国家或地区、英美法系国家或地区及我国基于法律土壤的不同而各自惯用的相似概念。史尚宽先生也对这几种原则相互之间关系做了深刻的剖析：公共利益强调私权之公共性，社会秩序强调私权之社会性，二者相辅为用。诚信原则，要求法律关系当事人间需本着善意行使权利、履行义务，以调整权利主体之间的利益，其基础在于自由主义的思想，从内部进行修补，公序良俗原则同样基于自由主义思想，从外部加以遏制。但公共利益原则，是本于社会的法律思想，更积极地要求个人为公共利益而牺牲，使其有为公共利益而适用之义务。① 这三个概念本身都缺乏确定的外延和内涵，都是作为重要的法律原则维护国家社会一般利益和基础道德观念；其具体的运用都需要综合案件的具体条件进行价值判断和利益衡量。

1. 不违背公共利益对于不违反法律强制性规定的抽象补充

要求表决权信托不违背公共利益，是为了对于不违背法律强制性规定之原则进行抽象补充。各国民法中对于违反强制性规定与违反公共利益（公序良俗）的关系有两种处理方式，一种是以法国、意大利为代表的一元化处理；另一种是

---

① 参见史尚宽：《民法总论》，中国政法大学出版社 2000 年版，第 41 页。

德国、日本采用的二元化立场,我国《合同法》第52条的规定属于后者。[1] 在我国的这种区分之下,当存在确切的法律强制性规定时,行为效力的判断直接通过对法律规定的解释进行;当不存在这样的法律规定时,则由法官援引违反公共利益条款进行判断。但法律的现行规定不可能纳入所有需要强制的事项,受立法水平之限制,某些应当被强制的事项可能尚未进入立法视野,而某些事项虽然已经得到确认但还来不及转化为成文规定。此外,法律的强制性规定也未必都符合正义和理性的要求,以国家为追求一时的政策目标而确立的强制性规定为例,面对这些情况时,法官就能援引不违背公共利益作为原则,在个案中实现公平正义的要求。

2. 表决权信托涉及公共利益的有限列举

表决权信托目的不违背社会公共利益,也是公司社会责任观的体现。社会作为共同生活的全体人类的集合,其进步发展有利于社会中每一个成员的发展,但也相应地受到社会成员自身利益追求行为的制约。公司本身强大经济实力可能在社会利益的促进和损害两个截然相反的尺度上造成巨大的影响,因此,社会于公司之上增添了这样的义务——追求自身利益而不损害社会利益,不放弃自身利益谋求的同时促进社会利益的提升。公司社会责任的承担主体毫无疑问应该是具有独立法律人格的公司本身,但是公司意志的形成、行为的实施以及社会责任的实现有赖于公司控制人(通常为股东、董事及高管)的具体实现,所以,公司股东及董事虽然不是社会责任的主体,但在其处理公司事务进行决策的过程中必然要考虑其决策所导致的公司行为是否符合公司理应承担的社会责任的要求。公司的控制人实施公司决策行为,以表决权的行使为中心,无外乎股东行使表决权—决议重大事项以及股东行使表决权—选任董事—董事决策这两条路径,表决权信托作为公司控制权争夺的方式之一,其目的必然要符合公共利益。

公共利益在利益主体和利益的内容上具有学者们公认的不确定性,这也是这一概念最复杂的特征,在概念本身无法确切地解释何为公共利益时,学者们通常采用不同的标准对公共利益进行类型化的分析,以期能从内容、功能、行使等角度尽量使公共利益的内涵清晰化。庞德以内容为标准将公共利益划分为6种

---

① 参见孙鹏:《论违反强制性规定行为之效力——兼析〈中华人民共和国合同法〉第52条第五项的理解与适用》,载《法商研究》2006年第5期。

类型,即国家安全、社会制度、一般道德、自然资源和人力资源保护、社会进步、个人进步等几个方面。我国《信托法》第60条有关公益信托的规定,也对于公共利益的进行了一定的列举。① 因此,本文也将结合判例研究,对表决权信托涉及的公共利益进行有限的列举:

(1)国家安全

例如,在Frost诉Carse一案中,当时表决权信托的效力尚未得到美国司法界的多数认可,而该案中信托目的非法性被排除的重要原因之一是,股东成立信托的目的是防止该潜水艇公司的股份被德国政府的代理人收购,而将公司的表决权集中行使。该信托设立时正值第一次世界大战爆发,而该公司所生产的潜艇主要向当英国、美国、智利等国家供应,虽然美国并未直接参与第一次世界大战,但该案判决的要旨仍暗含了对维护国家安全的信托目的的认可。②

(2)救助贫困

社会捐赠活动对于改善弱势群体的生活水平、维护社会有益事业的发展有重要意义,毫无疑问地能增进社会公共利益,因此为实现社会捐赠的信托目的具有当然的正当性。早在2009年,我国福耀玻璃股份有限公司的控股股东曹某便试图通过表决权信托安排向慈善基金会进行捐赠,即曹某向慈善基金会捐赠公司股份,但表决权需信托于福耀公司的第一大股东行使,以维持曹某家族对于企业的绝对控制权,而基金会通过收益权的享有接受捐赠,但该信托安排最终因为缺乏相关的法律制度支持而未能实现预期股权数额的捐赠,③这也再一次体现了我国进行制度建设以充分实现表决权信托有益功能发挥的急迫性。

3.不减损社会效益

(1)地区经济利益的提升

以GREENE诉NASH一案为例,原告作为公司的股东拥有对公司的绝对控制权(在公司总共拥有的3616股中占有2000股),在公司取得了建造铁路的特许状之后,原告怠于行使权利致使铁工修建工程长时间未能开工,于是该郡的商

---

① 《信托法》第60条规定:"为了下列公共利益目的之一而设立的信托,属于公益信托:(一)救济贫困;(二)救助灾民;(三)扶助残疾人;(四)发展教育、科技、文化、艺术、体育事业;(五)发展医疗卫生事业;(六)发展环境保护事业,维护生态环境;(七)发展其他社会公益事业。"

② Frost v. Carse(1919)91 NJ Eq 124,108 A 642.

③ 参见李晋、侯雪竹:《曹德旺捐赠股票考验政府智慧四大问题有待解决》,载中国新闻网:http://www.chinanews.com/cj/2011/05-09/3024792-4.shtml,最后访问日期:2014年3月14日。

人们出于促使铁路早日建成以便开展贸易活动的目的，以帮助延长特许状的有效期限为条件，使原告同意将表决权信托给被告行使。[①] 在这一案件中，表决权信托促使铁路建成以发展当地经济的目的被认为是正当的，因为当地经济发展的促进这一事项，虽然缺乏法律的强制性保障，但仍然是作为一种社会效益而存在的。表决权信托目的积极促成了这种没有法律强制性保障的公共利益将会得到法律的肯定，即使没有促成，也不会得到否定性的评价。

(2)有利于公司经营

公司开展经营活动的目标无外乎在维持主体资格存续的前提下，追求利润最大化的目标。表决权信托应当以维持公司经营为目的，根据公司的状况不同，表决权信托正当目的可以分为以下3个层次：

①公司经营的基础目标：维持经营的稳定和长期存续

公司基于其独立的法律人格和特殊的组织结构而形成了资本的永久性联合，几乎不受股东个人存亡的影响，而且公司存续的时间越久，其积累的财产和无形的商誉等资源便越加丰厚，股东的收益也相应地越高。因此，除非有特殊情形的出现，维持公司的稳定存续一般都是股东及公司经营者追求的一般目标。

一方面，在出现了公司的外部威胁和干扰时，股东为了防止竞争者对公司的敌意收购而设立的表决权信托，作为保护公司存续的积极手段而具有正当性；[②] 而外部人干扰公司经营为目的的信托则相应地为失当目的，在 Bankers'F. & M. 公司诉 Sloss 一案中，被告与原告股东签订的信托协议因为干扰了股东与原告公司间的关系，法庭判决被告妨碍原告经营之目的致使信托无效。值得注意的情况是，该案认定信托目的的依据在于协议中有关于原告公司解散和清算措施的条款。[③] 另一方面，在公司的内部经营上，公司发起人因为在公司的创设过程中承担了比后来股东更多的义务和风险，并经常在公司步入正轨和发展壮大的过程中起到了重要作用。在一般情况下，保障发起人对公司的适当控制有利于保持公司经营方针的稳定延续，因此，出于保障发起人对于公司经营事务的适当控制目的的表决权信托具有正当性。[④] 前文中青岛啤酒公司股东出于维护对自己

---

① Greene v. Nash(1892)85 Me 148,26 A 1114.

② Gmbiner v. Alden Inn(1945)389 Ill 273,59 NE2d 648.

③ Bankers'F. & M. Ins. Co. v. Sloss(1934)229 Ala 26,155 So 371.

④ Gray v. Bloomington & N. R. Co. (1905)120 Ill App 159.

一手创立的公司的控制权(同时也是保障民族品牌的独立性)而设立的表决权信托也体现了这一点。

②公司经营的更高追求:公司规模的扩张

考虑到公司盈利最大化的追求以及大企业的成功实践所展示的"大就是强"的规模经济价值观,在实现了公司经营的持续稳定之后,规模扩张便成了公司经营的下一个追求。公司规模扩张可能通过不同的方式进行,核心不变的一点便是投资规模的扩大。因此,为了融资以扩大公司规模的信托目的也具有正当性。在 Mackin 诉 Nicollet Hotel 一案中,为了使公司能有足够的资金建造新的宾馆,股东以表决权信托作为交换,使公司外部人放心地向公司提供贷款,该信托最终成功地为公司筹措了资金,法院也据此维持了信托的有效性。[①]

③公司经营危机的挽救:公司重整

当公司出现财务严重困难或面临破产危险时,为维护公司的存在并使之振兴复苏,以保护股东及公司债权人的利益,公司经向法院申请而进入重整程序。而在重整程序中,表决权信托通常是重整计划的重要一部分内容,为了完成公司重整以及保护债权人利益的信托目的,因其本身具有挽救公司困境可能的积极意义而具有正当性。

在国外实践中,涉及重整计划的表决权信托通常这样构造:在公司开始重整时设立一个新公司,由该公司负责对旧公司的财产管理及经营事务的运作,这一新公司的表决权便通过信托方式交由受托人(由债权人保护委员会选任的,可能是债权人本身,也可能是旧公司的高管等)行使。[②] 结合前述 Mackin 诉 Nicollet Hotel 一案,无论是在公司经营状况良好时为融资而设立的信托,还是作为重整计划一部分的信托,其实质都是股东出让表决权作为担保,以换取公司债权人的倾力支持。前文中已经提及,法院在具体判断时不仅要考虑目的本身的正当性,目的带来的法律效果也是评判信托效力重要考察对象。在此类信托构造中,股东设立信托虽然出于良好的目的,但在目的的实际效果上,却可能因为不确定的商业风险而与目的本身背道而驰。而且股东相对于债权人而言,因为其急于获得援助的急迫而通常处于弱势地位,债权人在信托的实际行使中可能会出现滥

---

① Mackin v Nicollet Hotel, Inc. (1928, CA8 Minn) 25 F2d 783.

② REPORT S. E. C. (1936) 198, 199, 202, 205.

用权利损害公司的情形。对于这两种不可归咎于股东的负面情形,一定要与信托目的及其效果相区分,并通过确认信托无效之外的其他法律手段进行矫正。

(3)股东利益平衡原则

现代公司中股份呈现愈加分散之势,这导致公司所有和公司经营分离程度的进一步加深,公司的控制权也越来越多地掌握于管理者手中,因此,有权选任多数董事的股东才能取得对公司的话语权。这一点对于中小股东来说却无从体现,中小股东较小的投资额使他们普遍对于这一投资的回报并不抱有过多期望,没有参与争夺控制权的热情,而即使参与了控制权争夺,其成功的成本也远远高于大股东,更不用说其个人花费巨大的时间和金钱成本取得的利益将被其他的股东免费分享。中小股东基于理性冷漠通常会选择"搭便车"行为,即使选择积极行使表决权的也因为股份的少量而起不到太大的作用。大股东处于控制公司的支配地位,出于对自己利益的最大化满足而经常实施对小股东权利的侵害。通过表决权信托,小股东可以将分散的小额股份集中行使,形成与大股东相抗衡的控制权争夺力量,而且表决权信托实际上仍然维持"一股一权"的平等实质,而不像表决权排除等制度对于表决权进行限缩,表决权信托制度也因此被视为保护中小股东的重要手段。

表决权信托作为一种争夺控制权的工具,既可以被中小股东用来防止大股东的侵害,同样可以被大股东用来加深对公司的控制。小股东获得控制权的信托目的是否一定正当,而大股东维持控制权的信托目的是否就一定不正当呢?根据本文股东利益平衡的观点来看,答案是否定的。

根据最具代表性的股份公司"一股一权"和资本多数决原则来看,大股东拥有对公司的控制权具有天然的正当性。"一股一权"原则是指在通常的情况下,股东拥有的每一股份有且仅有一个表决权,是股东权利比例性平等的体现。根据资本多数决原则,股东大会根据持有多数股份的股东作出决议,这种股份上的多数可以股东单独持有,也可以由多位股东公共组成。根据以上两条原则,持有公司多数股份的股东在公司实际处于支配地位,而这种支配地位的取得也具有充分的正当性。在公司之中,股东对于公司的经营结果承担有限责任,其所承担的风险与由股份表现出来的出资额形成比例关系,因此,其出资越多,承担的风险也就越大,其对于公司事务的关注程度相应地也就越深,将公司决策权赋予持有股份多数的股东,体现了权利行使与风险承担相一致的合理性。反之,在将表决权信托行使的情形下,若是小股东间聚集表决权交于其中部分股东共同行使,作为受托人的股东实际获得了超出自身承担风险的表决权,则即使有信托协议条款和法定的受托人义务约束,受托人仍有可能出现懈怠或鲁莽的心理。而在受托人是本身不具有股东身份的他人时,受托人在公司中很少或者几乎没有经济利益,更有可能出现类似的情况。

所以,出于股东利益平衡的考虑,股东以控制公司为目的的信托并不必然的有效或无效,而是需要结合股东地位及权利状态的具体状况进行判断:通常情况下,多数股东设立信托以维持对公司控制的信托目的是正当的;而在多数股东没有对少数股东进行权利限制和侵害时,少数股东取得公司控制权的信托目的因不符合表决权的通常配置机制而不正当。即对于少数股东来说,在出现了特殊情况时,保障自身不被侵害的信托目的才具有正当性。

另外,少数股东基于理性冷漠而以赚取股利为目的,将表决权信托给专业人员(包括公司高管和专业信托机构)行使,一般来说并不会对公司造成损害,而且通过富有专业经验的人员的专业安排,更能提高表决权的使用效益,也是表决权信托正当目的的情形。

综上所述,本文中的表决权信托正当目的的 3 个原则其实包含公共利益和社会效益两个不同的层次。在这其中,公共利益因为蕴含了法律秩序的一般要求而优先于社会效益,当事人基于其他利益的追求而违背了公共利益,其实意味着对权利行使合法边界的突破。而社会效益中的其他内容则基本处于平等的状态,在遇有相互冲突时只能通过利益分析进行个案判断。例如,公司非发起人的一般股东为了选任代表自己利益的董事而设立表决权信托,如果没有对公司经营造成不利影响,而且考虑到相关股东利益的增进,表决权信托并不会必然被否认,但如果选任该董事妨碍了公司整理利益的增进,那么同样的表决权信托目的则会被认定为不正当。

四、表决权信托目的失当的法律后果:无效抑或是可撤销

根据各国对信托目的合法原则的一般表述,信托目的违反法律或社会公共利益将导致信托无效的后果,信托目的合法性对于信托效力的这种一般性影响,是否能直接适用于本文的表决权信托呢?答案是否定的。

结合前文的分析来看,根据前文所述的其所维护的利益不同,表决权信托正当目的原则其实分为两个层次:首先是法律的具体强制性规定及抽象公共利益原则维护的公共利益;其次是涉及公司和股东的一般利益的社会效益,前者中的社会公共利益涉及了社会中的一切主体,其实质上是信托目的合法原则在表决权信托领域的体现,而后者中的公司和股东利益不仅在涉及主体的范围上远远小于社会公共利益,而且在出现与前者相冲突的情形时,也应让位于前者。因此,考虑到表决权信托正当目的原则内容其实在信托目的原则上有所扩张,将违反表决权信托正当原则的目的不加以区分一概认定为无效显然不具有合理性。

因此,本文认为,对于侵害了前述强制性法律及公共利益原则所维护的公共利益的表决权信托目的,应当认为无效;而对于侵害了其他一般的公司利益及股东利益的情形,则应当认定为可撤销的信托。其实按照大陆法系民法一般原理,具体的可撤销法律行为最终的结局无非是有效和无效两种。法律行为无效的处理方式同样适用于可撤销法律行为最终沦为无效的情形,单从法律后果上来说其实并没有实质性的区别。但是考虑到前述两层利益毕竟有所不同,而表决权信托侵害非由公司法强制保护的公司利益及股东利益其实更接近可撤销的民事行为的情形,因此还是有必要加以区分。

另外,为表决权信托目的失当增加可撤销路径,其实是给当事人以对自身利益是否受侵害的自主判断权。在前述信托正当目的判断的部分中,本文已经提到信托目的正当与否的判断需要结合案件的具体情况而不断进行各种利益的考量权衡,比起当事人来说,法官对于公司专业而复杂的经营管理事务无论是在专业知识还是对具体情况的了解上,其实并不具有太大的优势。对于仅涉及相关当事人自身利益的事项,赋予其是否选择救济的自主判断权,基于当事人对于自身事务之充分关心和了解,能够实现对于利益是否受侵害的最准确判断,进而选择是否寻求法律的救济。例如,在为了完成公司重整而设立表决权信托时,债权人通常可能处于优势地位,因而在信托目的上占据主导地位,此时表决权信托目的效果可能会体现为债权人对原股东利益的攫取,[①]然而对于原股东来说这种部分利益的丧失是为了换取公司脱离困境而带来更大的利益,此时,原股东选择不撤销该表决权信托而不是由法院认定表决权信托无效才能体现利益的最大化满

---

① REPORT S. E. C. (1936) 198, 199, 202, 205.

足。当然,在可撤销的表决权信托中,需要考虑谁有权行使撤销权的问题,通常来说,撤销权的行使主体包括股东(不管其是否签订了信托协议)及债权人。

鉴于表决权信托目的失当所导致的信托无效和信托被撤销在法律后果上几乎一致,因此,本文主要讨论信托无效的法律后果,对于信托被撤销的后果不再单独涉及。在一般信托无效的法律后果上,两大法系构建了不同的制度。

美国原则上将回复信托规定为无效信托的法律后果,①这种回复信托的设立不是出于当事人的意思,而是由法院直接依据法律或者依据委托人未予明示的假定意图,在原来信托的受托人和委托人之间设立的一种信托。在这种信托的效果上,原信托的受托人作为回复信托的受托人继续行使权利,而原信托的委托人作为回复信托的收益人享有信托利益。而在我国,作为民事特别法的《信托法》没有规定无效信托的法律后果,考虑到信托行为作为法律行为的本质,以及《信托法》与作为民事普通法的《民法通则》的关系,在《信托法》并未明确排斥其适用的情况下,对于信托无效法律后果应当适用《民法通则》中的相关规定进行处理,即根据该法第 61 条的规定,②可能产生返还财产、赔偿损失以及受托人因无因管理而产生的费用等后果。

在一般的信托之中,英美法上的回复信托比我国的无效后果在返还财产上更能保障当事人的权利:在委托人基于不当得利而向受托人主张财产返还时,委托人所享有的其实是一种债权,如果受托人的债权人众多,委托人的债权并不具有优先地位;而在回复信托中,因为信托财产的独立性,其他债权人并不能就信托财产平等受偿,信托的利益全部归委托人享有。但在表决权信托中,英美法系的回复信托其实并没有体现出任何权利保护的优势。表决权信托是以行使表决权为核心的,当表决权因信托目的失当而无效时,如果直接在当事人之间成立回复信托,首先难以确定表决权的行使方式;其次,在表决权信托之中,信托的收益

---

① 《美国信托法重述》(第 2 版)第 411 条规定:财产所有人无偿地转移财产并适当地明示了关于受让人应当以信托方式持有该项财产的意图,但该项信托无效,则产生一项归复信托由该受让人持有该项财产并以该转让人或者其遗产为受益人,除非该转让人已适当地明示了关于不成立归复信托的意图。

② 《民法通则》第 61 条规定:民事行为被确认为无效或者被撤销后,当事人因该行为取得的财产,应当返还给受损失的一方。有过错的一方应当赔偿对方因此所受的损失,双方都有过错的,应当各自承担相应的责任。双方恶意串通,实施民事行为损害国家的、集体的或者第三人的利益的,应当追缴双方取得的财产,收归国家、集体所有或者返还第三人。

人在绝大多数情况下本来就是委托人自己,成立回复信托并无实际意义。因此,表决权信托无效只能参照我国一般民事行为无效的法律后果,但同时也不应忽视表决权的特殊性。

对于原委托人来说,可以基于不当得利要求原受托人返还表决权(通常是股权[①])及相关的收益,包括派发股息、红利以及其他因公司股份而发生的财产权利,并通过办理公司股东名册的变更登记而重新获得公司股东的地位。对于原受托人来说,可以依据无因管理之规定要求委托人支付相应的费用,包括在行使表决权过程中直接支出的费用,以及在该活动中受到的实际损失,同时因为让原委托人的股权返还而丧失了公司股东的身份。另外,对于表决权信托侵害公司或是债权人利益的情形,公司股东可以通过《公司法》第151条"派生诉讼"的规定向委托人及受托人提出赔偿请求,债权人亦可通过诉讼方式主张权益。

---

① 在表决权信托之中,表决权通常是连同股权中的其他权利一同转让的,这一点在关于表决权信托的各种定义中有明显的体现。刘俊海教授认为表决权信托是转移表决权股份,受托人持有该股份并行使表决权;梁上上教授则认为是转移包括表决权在内的法律上的权利,受托人为实现一定的合法目的而行使表决权,且表决权可以从股权之中分离出来而成为一种单独的权利;而中野正俊则认为表决权不能与股权相分离,必须连同股权一同转让。

图书在版编目(CIP)数据

市场创新背景下的公司法与信托法 / 赵万一主编
. --北京:法律出版社,2017
(民商法经典文库)
ISBN 978-7-5197-1645-5

Ⅰ.①市… Ⅱ.①赵… Ⅲ.①公司法-中国-文集②信托法-中国-文集 Ⅳ.①D922.291.914-53 ②D922.282.4-53

中国版本图书馆CIP数据核字(2017)第282093号

市场创新背景下的公司法与信托法
SHICHANG CHUANGXIN BEIJING XIA DE GONGSIFA YU XINTUOFA

赵万一 主编

策划编辑 沈小英
责任编辑 陈 妮
装帧设计 马 帅

出版 法律出版社
总发行 中国法律图书有限公司
经销 新华书店
印刷 北京建筑工业印刷厂
责任校对 王晓萍
责任印制 吕亚莉

编辑统筹 财经出版分社
开本 710毫米×1000毫米 1/16
印张 26.5
字数 460千
版本 2017年12月第1版
印次 2017年12月第1次印刷

法律出版社/北京市丰台区莲花池西里7号(100073)
网址/www.lawpress.com.cn
投稿邮箱/info@lawpress.com.cn
举报维权邮箱/jbwq@lawpress.com.cn
销售热线/010-63939792
咨询电话/010-63939796

中国法律图书有限公司/北京市丰台区莲花池西里7号(100073)
全国各地中法图分、子公司销售电话:
统一销售客服/400-660-6393
第一法律书店/010-63939781/9782
西安分公司/029-85330678
重庆分公司/023-67453036
上海分公司/021-62071639/1636
深圳分公司/0755-83072995

书号:ISBN 978-7-5197-1645-5
定价:86.00元